Pierre Teilhard
de Chardin

DU MÊME AUTEUR

Les Créationnistes, Cerf, 1996.

Darwin, Teilhard de Chardin et Cie, DDB, 1996.

La Théologie après Darwin, Cerf, 1998.

Dieu, le singe et le big bang, Cerf, 2000.

La Dispute sur le vivant (en collaboration avec Jean-Didier Vincent), DDB, 2000.

L'Église et l'histoire de la nature, Cerf/Jaca, 2000.

Quelques pas dans l'univers de Pierre Teilhard de Chardin, Aubin, 2002.

Les Moustaches du diable. Lorsque la foi se frotte à la science, mais aussi à l'astrologie, aux miracles, aux expériences de mort imminente, Cerf, 2003 (prix La Bruyère 2004 de l'Académie française).

Jacques Arnould

Pierre Teilhard de Chardin

PERRIN
www.editions-perrin.fr

ISBN : 2-262-02264-X

« Les pionniers se déchirent les mains aux épines, ils tâtonnent; il faut leur laisser la liberté d'errer. Les pionniers précèdent les maîtres qui fabriqueront des routes pour les carrosses, qui mettront, comme le disait Péguy, des poteaux indicateurs. Les pionniers avancent sans savoir comment et ne laissent aucune trace. On est devant eux (disait Newman) "à la fois enchanté et perplexe". »

JEAN GUITTON

Préambule

Encore une biographie de Pierre Teilhard de Chardin ? Plus d'un lecteur se sera posé la question en découvrant cet ouvrage. Elle mérite que j'y réponde sans autre délai.

Au cours du demi-siècle qui nous sépare de la mort de Teilhard, sous l'effet du succès rencontré par sa pensée et des controverses qu'elle a provoquées, les biographies n'ont pas manqué. Et il faudrait en dire de même des nombreuses présentations et études de la pensée teilhardienne, exercice dans lequel les confrères jésuites de Teilhard se sont taillé, bien naturellement, la part du lion. Dès lors, pourquoi m'être attelé à une nouvelle biographie ?

Il serait vain de cacher que l'anniversaire de son décès offre l'explication la plus immédiate ; elle n'est pas pour autant suffisante à mes yeux. La stimulation provoquée par l'approche d'une telle date n'aurait sans doute eu guère d'effet si la figure, la vie, l'œuvre de Teilhard n'avaient exercé sur moi, et sans doute depuis leur découverte, une véritable fascination. J'entends par là un double effet d'attirance et de répulsion.

Religieux dominicain, engagé depuis une douzaine d'années dans le champ, intellectuel et humain, de ce que l'on a coutume d'appeler « les relations entre Science et Foi », il était inévitable que je rencontre un jour ou l'autre la pensée du jésuite paléontologue. Riche jusqu'au baroque, complexe jusqu'à la contradiction, intelligente jusqu'au mystique, elle suffirait à expliquer la fascination dont je suis l'objet, parfois même le jouet. Dire que je la connais serait d'une détestable prétention et plus d'un spécialiste teilhardien, s'il parcourt les pages qui suivent, repérera aisément les limites de ma compétence et les champs de mon ignorance en la matière. À défaut de tous les connaître, je les assume et m'en excuse d'avance, comme des contresens auxquels ils m'auraient conduit. Je ne m'interdirai pas, pour autant, de croiser le fer avec cette pensée, animé d'une seule prétention : celle d'apporter à cette dispute un peu de l'air de la seconde moitié du XXe siècle. Signe d'une jeunesse ou d'une naïveté intellectuelles ? Vieille tradition entre jésuites et dominicains ? Au lecteur d'en juger. Qu'il n'oublie pas, toutefois, que la fascination dont il est ici question ne s'arrête pas au seul horizon de l'analyse scientifique ou du débat entre intellectuels.

Invité, il y a quelques années, à écrire un article sur Teilhard, j'avais d'abord décliné cette offre, au prétexte de l'ignorance tout à l'heure mentionnée. Pressé d'accepter, j'avais alors choisi d'aborder ce « monument » sous l'angle des amitiés qui jalonnent sa vie. Quelle heureuse découverte ce choix me permit de faire ! Si les grandes lignes de la pensée du jésuite m'étaient déjà sinon familières du moins connues, c'est l'homme, le phénomène Teilhard, pourrais-je dire, que je découvris. Avec sa noblesse et son intelligence, son courage et sa générosité ; avec ses craintes aussi et ses hésitations, ses troubles et ses erreurs. Oserai-je l'écrire : devenu plus humain, Teilhard devint peu à peu un grand frère pour moi. Quelle surprise alors de constater, derrière les distances, historiques et intellectuelles, scientifiques et spirituelles, que ses pas d'homme, de religieux, ont souvent précédé les miens, en des sentiers et sur des terrains étrangement identiques. La tâche à laquelle je me suis attelé, à l'approche de l'anniversaire de sa disparition, celle d'écrire (encore...) une biographie, a pris les allures du devoir de mémoire et de reconnaissance que l'on rend à un frère disparu.

Faut-il le préciser ? Je suis trop jeune pour avoir eu (ou raté) l'occasion de croiser Teilhard. Par contre, j'ai eu le grand bonheur de côtoyer Pierre Leroy : longtemps sans vraiment savoir qui était ce prêtre âgé auquel je servais la messe, puis, plus tard, devenu dominicain et curieux de Teilhard, à deux reprises, peu avant sa mort. Ces brèves rencontres, volées comme par miracle au temps qui passe, m'ont suffi pour voir les effets produits par Teilhard sur l'un de ses plus proches amis, en même temps qu'un de ses confrères. Quelle grande et terrible chose que d'avoir eu Teilhard pour ami et d'avoir été l'ami de Teilhard ! D'un tel titre, je n'oserai m'emparer. Mais parce que nul ne choisit ses frères et que, pour autant, nul ne peut refuser totalement les droits et les devoirs de la fraternité, j'ose ici user d'une plume et d'un regard empreints d'un fraternel sentiment pour retracer, sans doute après bien d'autres et non sans quelque trait caricatural, ce que fut la vie d'un géant de la foi.

C'est avec plaisir que j'exprime ici ma sincère gratitude aux premiers lecteurs des pages qui suivent. Je les ai sollicités pour leur connaissance de Pierre Teilhard de Chardin, pour leur intelligence théologique ou encore pour notre fraternité dans la vie religieuse. Les si nombreuses corrections et critiques apportées par un frère prêcheur (l'un des plus fins connaisseurs et critiques de la pensée du jésuite que je connaisse), les vives réactions d'un authentique « Ami de Teilhard de Chardin », le regard d'un jésuite lui aussi engagé dans le champ « Science et Foi », le souci pastoral d'un autre confrère dominicain : sans leurs apports, leur secours, je n'aurais pu mener à terme ce travail.

Paul-Henri Coutagne, François Euvé, Paul-Dominique Marcovits et Rémo Vescia, soyez-en chaleureusement remerciés.

Introduction

Le gentilhomme de Dieu

New York, 10 avril 1955, six heures du soir. La journée a été magnifique. Au soir de ce dimanche de Pâques, un prêtre jésuite rend visite à des amis, pour un moment de détente. Une vieille habitude chez cet homme qui, dans son pays comme en exil, au milieu des activités les plus débordantes comme au temps des traversées de désert, a toujours gardé du temps pour le consacrer à l'amitié. Subitement, il s'effondre, sous le coup d'une hémorragie cérébrale. Pierre Teilhard de Chardin, le « pèlerin de l'avenir », l'« homme aux semelles de vent », l'arpenteur de tant de déserts africains et extrême-orientaux, accomplit son dernier voyage, son ultime passage. Celui auquel, depuis plusieurs années, il se préparait, s'inquiétant de « bien finir » pour ne pas discréditer cet Évangile ni ce Christ universel auxquels il avait consacré sa vie.

Teilhard mort, le phénomène Teilhard peut quitter les limites dans lesquelles les autorités catholiques étaient parvenues à l'enfermer jusqu'alors, à force de mises en garde et de rappels à l'ordre. Teilhard mort, le monde découvre un prophète. L'engouement est extraordinaire, les éloges nombreux jusqu'à l'excès, comme les critiques qu'ils provoquent. « Pour ou contre Teilhard » titre *Le Figaro* : il paraît impossible de tergiverser. La pensée du jésuite, publiée par les éditions du Seuil, est mise à toutes les sauces, confrontée à tous les courants de pensée, politiques, philosophiques et religieux : Marx et Einstein, Bergson et Thomas d'Aquin, le marxisme et le protestantisme, etc. D'aucuns s'interrogent : Teilhard serait-il dangereux ? inclassable ? apostat ? pseudo-prophète ? auteur de science-fiction ? « Teilhard est un c... », peut-on même lire sous la plume de ses adversaires les plus farouches : l'expression est choquante, je le concède, mais elle dit la passion et même la violence que suscite le phénomène Teilhard, au cours de la décennie qui suit 1955. Aujourd'hui, les esprits se sont calmés. Les détracteurs se sont tus, sans doute occupés à d'autres tâches. Mais l'anniversaire du centenaire de sa naissance, en 1981, a montré qu'il demeurait en disgrâce auprès de plusieurs autorités de l'Église catholique, au grand dam de ses amis qui, réunis en association, ont d'abord assuré la publication de la plupart de ses écrits (qu'il s'agisse de ses publications scientifiques, de ses écrits philosophiques et théologiques, ou encore de sa correspondance) et gardent désormais vivantes sa pensée, sa diffusion et son étude.

Comprendre le phénomène Teilhard exigerait d'élargir la perspective historique à l'époque qui a immédiatement précédé la première moitié du XXe siècle, afin de saisir le contexte social et religieux dans lequel Teilhard lui-même a vécu et celui qui a reçu ses idées. Il serait en effet erroné de considérer Teilhard (et son phénomène) comme un coup de tonnerre dans un ciel serein : en histoire humaine comme en biologie, la génération spontanée n'est qu'un mythe. Teilhard a eu des prédécesseurs, eux aussi sévèrement inquiétés, voire mis en accusation par les autorités romaines ; je pense au théologien américain Zahm ou au dominicain français Leroy. Teilhard a aussi vécu dans un climat de silence lourdement imposé par les mêmes autorités. Si bien que la publication du *Phénomène humain*, en 1955, quelques mois seulement après sa mort, a pris les allures d'une petite révolution ou, plus exactement peut-être, d'une sorte de prise de la Bastille. Pour le dire autrement, le phénomène Teilhard, pour être compris, devrait nécessairement être replacé au milieu d'une histoire, celle de l'accueil par les Églises chrétiennes de l'idée d'évolution du vivant. Cette histoire a longtemps été sinon ignorée, du moins délaissée par les spécialistes ; aujourd'hui, cette lacune est en passe d'être comblée [1].

Ce n'est pas du phénomène Teilhard qu'il est question dans ces pages, mais de Teilhard lui-même. De cet homme, amoureux de Dieu, des hommes et de la terre, qui « traversa la vie à longues enjambées, d'un continent à l'autre, d'un millénaire à l'autre, du désert de Gobi aux forêts birmanes et au Harrar avec Monfreid, un béret sur le crâne, ou un casque colonial, ou un turban, une cape sur les épaules, en short ou en blouson, botté ou chaussé d'espadrilles — un peu Marco Polo, un peu Ricci, un peu Claudel, un peu Rimbaud, hardi, rieur, courtois, une pioche ou un marteau à la main, une parabole à la bouche, vingt histoires en tête, humain trop humain à la fois rivé à sa chaîne consentie et toujours en rupture de ban, prophète foudroyé et sans cesse renaissant [2] ». De cet homme « plus que charmant, séduisant », au « merveilleux sourire, où affleure et rayonne toute la flamme dont brûle son cœur », pour citer deux de ses amies. De cet homme dont, à l'annonce de sa mort, le liftier et la femme de chambre de son hôtel new-yorkais diront : « *He was a good man.* » Finalement, de ce « gentilhomme de Dieu », si l'expression n'était pas aujourd'hui un brin surannée ; mais ses amis américains ne parlaient-ils pas de lui comme d'un *fine gentleman* ?

Comme je le rappelais dans le préambule, les biographies du père Teilhard de Chardin (que, selon la coutume et par facilité, je nommerai le plus souvent Teilhard) ne manquent pas. De celle de Claude Cuénot, l'une des premières, chronologiquement et qualitativement, publiée par les éditions Plon en 1958, à celle d'Édith de la Héronnière, éditée une première fois en 1999, pour ne parler que du monde francophone. Elles ont d'abord été le fait de ceux et celles qui l'ont connu et aimé, puis d'amis de deuxième génération et d'historiens. Nous profitons aussi d'une riche collection photographique, véritable galerie de portraits auxquels il est possible d'accrocher, en guise de légendes, ceux que ses proches ont tracés de lui à maintes reprises ; j'ai largement puisé dans la réserve de ces écrits. Autant sinon plus que ses essais et traités, ses lettres m'ont offert la matière première pour la rédaction de ces pages. Peut-être suis-je parfois tombé dans le piège de la caricature, trop aveuglé par la lecture d'une histoire surprenante ou d'un propos singulier sous la plume de Teilhard pour affiner mon trait. Peut-être aussi ai-je préféré croiser le fer avec certaines de ses idées, oubliant de dire mon accord avec d'autres. Que les spécialistes (scientifiques, philosophes et théologiens), que ceux surtout qui aiment Teilhard et s'en nourrissent, je les en prie une fois encore, m'en excusent et acceptent de voir ici une manière d'hommage fraternel, et nulle part une pointe ou un trait iconoclastes.

Je le répète, c'est de la vie de Teilhard qu'il est question ici avant tout. La chronologie sera donc le fil conducteur logique de ces pages et « les grandes étapes de son évolution » (Claude Cuénot) en constitueront les parties et les chapitres. Je n'y ai introduit aucune originalité vis-à-vis de ceux et celles qui se sont attelés à la même tâche que moi. Mais comme eux, aussi, je me suis permis d'introduire des réflexions plus personnelles, celles, je le répète, d'un théologien frotté de sciences, d'un dominicain né avec la seconde moitié du XXe siècle. Pour paraphraser *Le Phénomène humain*, je ne prétendrai pas décrire Teilhard comme il a été réellement, mais comme je dois me le représenter, afin qu'il me paraisse vrai en ce moment pour moi : son histoire, non en soi, mais telle qu'elle apparaît à l'observateur que je suis, placé sur le sommet avancé où m'a placé ma propre histoire [3]. Pour autant, j'espère être resté fidèle à ce qu'écrivait Jean Rostand dans ses *Pensées d'un biologiste* : « J'admire qu'on se permette de tailler dans le génie et qu'on ose décider que tel grand homme eût été plus grand s'il eût pensé différemment. Savons-nous donc les sources de leur supériorité ? Ceux que je révère, je les prends en bloc, tels qu'ils sont, et, tout matérialiste que je suis, je ne voudrais pas que Pasteur n'eût pas été croyant et que Mendel n'eût pas été prêtre [4]. »

Et maintenant, comme Teilhard aurait pu lui-même le dire, En Avant !

1

Genèse

(1881-1910)

Portraits

« Un garçonnet de quelques années. Il porte une blouse-casaquin de lingerie, ornée de ruchés de dentelle. Ses cheveux bouclent à gauche et à droite. Une frange courte laisse dégagé son grand front. C'est une ronde et harmonieuse figure d'enfant, aux traits bien dessinés. Un enfant affectueux, sage et déjà pieux ? Sans doute [1]. »

« J'ai eu, il y a trente ans, pour élève en Humanités, un petit Auvergnat, très intelligent, le premier en tout, mais d'une désespérante sagesse. Les plus rétifs de la classe et les plus lourdauds s'animaient parfois ; une lecture plus palpitante, un sujet de devoir plus excitant mettaient une flamme dans leurs yeux. Lui, jamais ; je n'ai su que longtemps après le secret de cette indifférence apparente. Il avait une autre passion, jalouse, débordante, absorbante, qui le faisait vivre loin de nous : les pierres [2]. »

« Au noviciat, ce fut un novice exemplaire, modeste, apparemment timide mais toujours prêt à se dépenser... Simple, bon enfant, soucieux de ne se distinguer en rien des autres, gai, vivant, grand marcheur... Grand garçon très gentil, affable, souriant, discret, solidement campé sur ses longues jambes, ses grands pieds, qu'il tenait en marchant très en dehors (signe " atavique ", disait-il, des montagnards)... Un grand garçon très gentleman, jovial, agréable compagnon, ami de la nature et des longues promenades, et, bien sûr, “ édifiant ” comme un novice [3]. »

« *Une famille à mettre sous globe* »

Sarcenat, près d'Orcines, au pied des puys d'Auvergne, 1er mai 1881. Dans la gentilhommière des Teilhard de Chardin, naît Marie-Joseph Pierre, le quatrième enfant d'Emmanuel et de Berthe-Adèle. Le chef de la lignée est un certain Astorg Teillard, anobli en 1538 ; à son nom fut ajouté celui de Chardin lorsque le grand-père de Pierre, Pierre-Cirice Teilhard de Rochecharles-Beaurepaire, épousa en 1841 Victoire Barron de Chardin. Belle devise que celle de la famille, tirée de l'*Énéide* : « De feu est leur vigueur et du ciel leur naissance » (*Igneus est ollis et celestis origo*) !

D'Emmanuel, le père de Pierre, une cousine dresse un portrait où il est plaisant de chercher les traits de ressemblance avec son fils : « Mon oncle Emmanuel, de très haute taille et de belle prestance, avec ses yeux clairs et sa moustache à la gauloise, intimidait ses neveux et je crois aussi ses enfants eux-mêmes par ses silences. Ses rares paroles étaient imprévues, savoureuses, où l'humour le disputait à la bonhomie. Sorti de l'École des chartes, il fit bénéficier sa province de son érudition et dépouilla patiemment, sa vie durant, les archives de Montferrand, énorme travail de bénévole qui a mis au jour les fastes de tout un passé d'Auvergne exhumé par lui de la poudre des chartriers. Et en même temps il dirigeait de fort près l'exploitation de plusieurs domaines, en vrai “ gentleman farmer ” [...] qui recevait des périodiques anglais traitant de ses sujets favoris : l'agriculture, la chasse et les courses de chevaux. Humaniste soucieux d'entretenir sa culture, mon oncle lisait beaucoup, surtout l'histoire, bien entendu, et il choisissait avec goût les lectures de ses enfants [4]. » À ce portrait, il suffira d'ajouter que l'érudit auvergnat, secrétaire perpétuel de l'Académie des sciences, des belles-lettres et des arts de Clermont-Ferrand, découvrit la seule lettre connue de Jeanne d'Arc qui porte sa signature « Jehanne » ; il s'agit, en l'occurrence, de la demande de subsides aux conseils de Riom, qu'elle leur adressa lors de son séjour à Moulins.

En 1873, Emmanuel Teilhard de Chardin a épousé Berthe-Adèle, née Dompierre d'Hornoy. De sa mère, Pierre écrira, dans une lettre datée du 7 février 1936 : « C'est à elle que je dois le meilleur de moi-même. D'elle me sont venus l'amour de Dieu et l'indépendance de l'âme devant l'adversité. » Au terme de sa vie, dans *Le Cœur de la Matière*, il ajoutera : « Si unitive, si " communiante ", et donc si chargée d'émotion qu'ait été, dès l'origine, ma prise de contact et de conscience avec l'Univers, elle était vouée, abandonnée à soi seule, à ne pas dépasser un certain degré, assez médiocre, d'intimité et de chaleur. [...] Il fallait que sur moi tombât une étincelle, pour faire jaillir le feu. Or cette étincelle par quoi " mon Univers ", encore à *demi* seulement personnalisé, *achèverait de se centrer en s'amorisant*, c'est indubitablement à travers ma mère, à partir du courant mystique chrétien, qu'elle a illuminé et allumé mon âme d'enfant. [...] Sucé avec le lait, un Sens " surnaturel " du Divin s'était coulé en moi à côté du Sens " naturel " de la Plénitude. » Et encore : « En ce point apparaît, dans l'histoire de ma vie spirituelle (veuille le lecteur ne pas sourire !), le rôle capital germinal, tenu par une " dévotion " dont ma mère ne s'est jamais lassée de me nourrir, sans se douter des transformations que lui ferait subir mon insatiable besoin d'Organicité cosmique : la dévotion au Cœur de Jésus [5]. » Pieuse et modeste (selon la bonne éducation de son époque, elle évite de s'asseoir dans un fauteuil et se contente du bord de sa chaise), Mme Teilhard de Chardin sait se faire obéir d'une voix douce mais ferme. Rien d'étonnant, dès lors, si, en famille, on évite de parler de l'un de ses arrière-grands-oncles (celui que Pierre appellera lui-même son « respectable grand'oncle ») : Voltaire, en personne !

Le couple aura onze fils et filles : Albéric, Marielle (morte en bas âge), Françoise, Pierre, Marguerite-Marie, Gabriel, Olivier, Joseph, Louise, Gonzague et Victor ; mais Berthe-Adèle, de son vivant, perdra sept de ses enfants. Devant le prêtre qui, lors du décès de l'un de ses fils, lui présente ses condoléances et se met à la plaindre, elle s'étonne : « Mais non, pourquoi, ce n'est pas la peine, il est au Ciel avant nous ! » Soucieux de donner à ses enfants la meilleure éducation, intellectuelle et religieuse, Emmanuel enseigne lui-même à ses fils le latin et le grec avant leur entrée au collège, tandis qu'une *Fraülein* est chargée de leur parler l'allemand. À tous, garçons et filles, il apprend l'art et le goût d'observer, de classer les animaux et les plantes, de lire la carte du ciel. Emmanuel n'a pas transmis son goût pour l'histoire (celle des historiens) à son fils Pierre ; en revanche, les lettres de ce dernier à ses parents contiendront presque toujours de brèves observations destinées à assouvir les penchants naturalistes (donc pour l'histoire naturelle) de l'un ou l'autre des membres de sa famille.

En hiver (c'est-à-dire de janvier à avril), la famille d'Emmanuel Teilhard de Chardin vit dans un hôtel, aujourd'hui démoli, de la place Michel-de-l'Hospital à Clermont. Elle passe le reste de l'année à Sarcenat ou, au moment des vacances, sur les bords de l'Allier, à Murol. La vie quotidienne des enfants, avant que les garçons n'entrent au pensionnat, est réglée comme du papier à musique. Lever à sept heures trente, suivi du petit déjeuner, puis de l'enseignement à domicile. La journée s'achève par le repas familial à six heures du soir, suivi de la prière commune, autour du maître de maison. Le dimanche, toute la famille se rend à la grand-messe ; l'après-midi, les enfants s'occupent grâce à des charades et d'autres jeux de société. Marguerite, la fille de l'oncle Cirice Teillard-Chambon, raconte l'un de ses plus anciens souvenirs à propos de son cousin Pierre : « Ces vieilles bâtisses, avec leurs entrées semblables à celles de caves, leurs immenses cages d'escalier, froides et humides, et leurs pièces, sombres et hautes, offraient un cadre bien sinistre à notre enfance. Mais elles ne nous empêchèrent pas de nous amuser — le “ terrible quarteron ” des garçons, Albéric, Pierre, Gabriel et Joseph, sauvage et bruyant, les filles plus calmes... Si la bande, comme cela arrivait parfois, attrapait l'une d'entre nous par surprise, ils tiraient nos nattes, provoquant bien des larmes. Cependant, l'apparition d'un délicieux goûter, avec de la confiture et des oranges, ramenait la paix [6]. » Éloigné de sa famille lors de son entrée dans la vie religieuse, puis par la Grande Guerre et ses séjours à l'étranger, Pierre Teilhard de Chardin, à la fin de sa vie, retrouvera avec plaisir cette région et l'ambiance des maisons de famille. Sans doute parce que son enfance y a été heureuse.

Pierre a quatre ans. Un soir d'été, à Sarcenat, il n'arrive pas à s'endormir. La bonne le prend dans ses bras et l'emmène promener dans le verger. Un arbre présente ses fruits au bout de ses branches les plus basses. « Veux-tu une pêche ? » lui propose la brave femme. Il montre la boule la plus grosse. « Cette pêche-là, personne au monde ne pourrait te la donner ! » L'enfant désigne en effet... la lune !

Il a cinq ou six ans. Sa mère vient de lui couper une mèche de cheveux. Il s'en empare et, par jeu, les soumet à l'ardeur de l'âtre : évidemment, ils noircissent, se tordent, finissent par brûler. Pierre en est choqué, meurtri ; il se met à pleurer [7]. C'est son premier souvenir d'une expérience commune à tous les humains : la vie, y compris la sienne, est fragile, périssable. À peu près à la même époque, avec sa sœur Marguerite-Marie, il décide d'explorer le Puy Pariou, d'aller « voir ce qu'il y avait à l'intérieur des volcans » ; tout comme, gamine, Thérèse d'Avila quitta la maison familiale pour aller chercher le martyre ! Les deux enfants sont rattrapés au bout de quelques kilomètres et, apparemment, pas trop réprimandés : comment leur père pourrait-il en vouloir à des enfants qui montrent à un âge aussi précoce une telle curiosité de naturaliste ?

Un an plus tard, toujours en quête du non-périssable et du durable, il traverse sa période dite « du Fer ». « Je n'avais certainement pas plus de six ou sept ans, écrira-t-il soixante ans après, dans *Le Cœur de la Matière*, lorsque je commençai à me sentir attiré par la Matière, — ou plus exactement par quelque chose qui " luisait " au cœur de la Matière. » Certes, rassure-t-il, sous l'influence d'une mère aussi pieuse que la sienne, il aime beaucoup le petit Jésus ; pourtant, reconnaît-il, son « moi » est ailleurs, dans ces moments où, en secret, il se retire « dans la contemplation, dans la possession, dans l'existence savourée de [son] " Dieu de Fer " ». Une clef de charrue trouvée à la campagne ou un éclat d'obus, la tête d'une colonnette de renfort, évidemment métallique, émergeant d'un plancher : autant d'idoles que l'enfant littéralement adore. « Pourquoi le *Fer* ? et pourquoi, plus spécialement, *tel* morceau de fer (il me le fallait épais et massif, le plus possible), sinon parce que, pour mon expérience enfantine, rien au monde n'était plus dur, plus lourd, plus tenace, plus durable que cette merveilleuse substance saisie sous forme aussi *pleine* que possible... » Que cherche-t-il déjà, le petit garçon de Sarcenat qui préfère le robuste coléoptère au trop délicat papillon, sinon la consistance et surtout l'inaltérable [8] ? « Jusqu'à maintenant (et jusqu'au bout, je le sens) ce primat de l'Inaltérable, c'est-à-dire de l'Irréversible, n'a pas cessé, ni ne cessera de marquer irrévocablement mes préférences pour le Nécessaire, pour le Général, pour le " Naturel ", — par opposition au Contingent, au Particulier et à l'Artificiel ; — cette disposition ayant du reste longtemps obscurci à mes yeux, ainsi qu'on le verra, les valeurs suprêmes du Personnel et de l'Humain. Sens de la Plénitude, déjà nettement individualisé, et déjà cherchant à se satisfaire dans la saisie d'un Objet défini où se trouvât concentrée l'Essence des Choses. » Il lui faudra encore de nombreuses années pour découvrir « à quel point la Consistance [dont il rêve] alors est un effet non pas de " substance ", mais de " convergence " [9] ».

Collège Notre-Dame de Mongré, 2 août 1897. C'est le jour de la distribution des prix au collège que dirigent les jésuites, non loin de Villefranche-sur-Saône. En plus d'un prix de sagesse attribué par le suffrage des élèves eux-mêmes et de six autres prix, Pierre reçoit cette année-là le prix d'honneur décerné par l'Amicale des anciens élèves, « à l'élève de Philosophie, qui a fait la meilleure dissertation sur un sujet proposé », en l'occurrence : « Le Bon Sens et la Raison ». Il vient de passer et de réussir son second baccalauréat, celui de philosophie, et se prépare à entrer en mathématiques élémentaires à Clermont-Ferrand. Ce succès, véritable apothéose, est à l'image du souvenir qu'il laisse dans la mémoire de ceux qui l'ont connu au cours des cinq années passées dans cet établissement tenu par les pères jésuites : celui d'un sage (et même « d'une désespérante sagesse », a pu écrire Henri Brémond, son professeur) et excellent élève, qui montre aussi un grand souci pour sa vie religieuse (même si c'est le domaine pour lequel il ne reçoit aucun prix). Dès cette époque, il paraît faire sienne la devise du collège : *Le gré de Dieu, mon gré.* Après y avoir fait sa première communion en mai 1892, il entre l'année suivante dans la congrégation de Saint-Louis-de-Gonzague qui regroupe l'élite de la division des moyens. Plus âgé, il rejoint la congrégation de l'Immaculée-Conception, dont il devient le préfet (autrement dit le président), lors de sa dernière année à Mongré. Pour autant, une passion continue à jalousement l'absorber, celle des pierres ; chaque été, il retrouve avec bonheur Sarcenat et les monts d'Auvergne.

Albéric, l'aîné des enfants Teilhard, écrira en 1900 : « Notre famille est à mettre sous globe. » La remarque est sans doute plus exacte que celle de son frère Pierre, tirée de sa *Messe sur le Monde* et dont nous pourrions nous demander si elle concerne ou non son propre milieu d'origine. « C'est une chose terrible d'être né, y écrit-il, c'est-à-dire de se trouver irrévocablement emporté, sans l'avoir voulu, dans un torrent d'énergie formidable qui paraît vouloir détruire tout ce qu'il entraîne en lui [10]. » L'héritage familial a pu paraître par moments à Teilhard plus porteur de contraintes que riche d'ouvertures ; de ces ressources familiales, intellectuelles, culturelles et religieuses, Pierre saura cependant tirer le meilleur dès le début d'une existence qui, aussi terrible et chahutée qu'elle puisse apparaître, n'en a pas moins été celle d'un homme profondément libre.

Une fois ses deux baccalauréats obtenus, s'il doit revenir passer une année à Clermont-Ferrand, ce n'est pas pour obéir à la volonté paternelle... mais parce que sa santé l'impose ! Amaigri et souffrant d'anémie, il goûte alors au confort des répétiteurs et, avant tout peut-être, au plaisir des excursions minéralogiques dominicales. Cette longue année, passée au milieu des siens et couronnée d'un succès scolaire, a dû être particulièrement heureuse. La veille de son second baccalauréat, il a annoncé aux siens son désir d'entrer chez les jésuites. Ses frères et ses sœurs réagissent vivement : « Ah non ! Pas lui ! C'est Gabriel, le saint de la famille ! » Pierre fait fi de cet avis comme des traditions familiales en matière de chasse ou de chevaux ; il répond à ce qu'il considère depuis l'âge de seize ans comme *le gré de Dieu* : il entre dans la Compagnie de Jésus. « À dix-sept ans, le désir du " plus parfait " a déterminé ma vocation de jésuite », expliquera-t-il plus tard. Le 20 mars 1899, il rejoint le noviciat des jésuites de la province de Lyon, à Aix-en-Provence. La même année, le pape Léon XIII consacre l'humanité au Cœur Sacré de Jésus, une dévotion à laquelle Teilhard restera attaché.

Premiers pas chez les jésuites

Le portrait de « frère Pierre », novice jésuite à Aix-en-Provence, tel que je l'ai retranscrit au début de ce chapitre, n'a au fond rien de surprenant, au vu de l'ambiance familiale et scolaire dans laquelle le jeune homme a passé les dix-sept premières années de sa vie. Au cours d'un noviciat qui dure dix-huit mois, retenu loin de ses chers cailloux, Pierre découvre la vie religieuse et entame la longue formation des jésuites, tant humaine et qu'intellectuelle. Celle-ci ne s'achèvera, par nécessité, qu'en décembre 1914, au moment où, devenu le « père Teilhard de Chardin », il sera mobilisé et rejoindra le front. Pour l'heure, en octobre 1900 et au terme de son noviciat, il rejoint la communauté du juvénat à Laval. Dans cette communauté, il suit avant tout des cours de langues (il excelle dans la composition de vers en latin et en grec) et de littérature : en 1902, il reçoit de l'université de Caen son premier grade académique, une licence en lettres. C'est à Laval qu'il prononce ses premiers vœux, le 25 mars 1901, le jour de la fête de l'Annonciation. Cette coïncidence de date, qui ne doit rien au hasard, n'explique pas complètement l'allusion à la Vierge Marie dans la lettre qu'il écrit le même jour à ses parents : « Enfin je suis jésuite : je n'ai pas le temps de vous écrire bien long aujourd'hui, mais je veux vous dire tout mon bonheur d'être enfin tout entier au Sacré Cœur par la Sainte Vierge. Si vous saviez comme je suis heureux de m'être enfin attaché tout à fait, pour toujours, à la Compagnie, surtout au moment où on la persécute. J'ai bien prié pour vous tous aujourd'hui et certainement Notre-Seigneur n'oubliera jamais tout ce que vous avez fait pour faciliter ma vocation. Mais priez bien toujours pour que je sache être à la hauteur de ce que le bon Dieu demande de moi. » Être à la hauteur : le mot pourrait passer inaperçu ou être lu comme une formule de convenance. Je crois plutôt qu'il révèle un ressort essentiel du caractère, humain et religieux, de Teilhard. Ce souci, le jeune jésuite l'a hérité de son milieu familial ; son éducation chez les jésuites de Mongré en a confirmé le bien-fondé, renforcé l'enracinement. Il ne faudrait surtout pas y soupçonner une quelconque prétention personnelle : Pierre ne recherche pas autre chose que de réaliser *le gré de Dieu*, selon la devise de Mongré, ou encore, suivant celle de la Compagnie de Jésus, d'œuvrer pour sa plus grande gloire (*Ad majorem Dei gloriam*). Aucun faux-semblant non plus : Teilhard n'est jamais l'homme du « paraître », même lorsqu'il cherchera à cacher à ses amis ses crises de dépression. Être, être à la hauteur, être plus : voilà ce qui le mobilise tout entier. Et lorsque arrivera le temps de la vieillesse, celui où, selon les mots du vieux sage Qohélet, « l'on redoute la montée et qu'on a des frayeurs en chemin », alors Teilhard s'inquiétera encore : saura-t-il bien finir ? Pour l'heure, il accomplit son juvénat, alors même que, la lettre adressée à ses parents y fait allusion, l'Église de France se trouve en butte à l'adversité.

À la fin du XIXe siècle, en effet, des lois fiscales avaient commencé à fragiliser la présence des congrégations religieuses qui s'étaient reconstituées ou avaient été fondées en France après la Révolution, qu'elles aient ou non demandé et obtenu une autorisation civile. À partir de 1901, leur situation devient plus précaire encore : sous Waldeck-Rousseau, l'administration française se montre de moins en moins tolérante à l'égard des congrégations non autorisées. En 1902, Émile Combes (le « petit père Combes »), président du Conseil, décide la suspension de toutes les procédures de demande d'autorisation entamées auprès du Parlement, puis, finalement, la dispersion des congrégations masculines non autorisées et la vente de leurs biens. S'ils désirent continuer à mener une vie religieuse régulière, les religieux doivent quitter le territoire ; c'est en particulier le cas des communautés monastiques ou de celles consacrées à la formation des jeunes religieux. Celles qui sont engagées dans des tâches apostoliques de prédication et d'enseignement s'installent souvent dans des régions frontalières : leurs membres peuvent ainsi revenir plus aisément, quoique toujours de manière temporaire, sur le territoire français. En juillet 1904, le gouvernement accorde un délai de dix ans aux congrégations enseignantes, même autorisées, pour fermer leurs établissements. Dès le mois de septembre de la même année, Combes peut se vanter d'avoir fermé près de quatorze mille établissements tenus par des religieux congrégationistes, sur les vingt et un mille que compte alors la France. Au terme du délai, lorsque la Première Guerre mondiale éclatera et que les religieux exilés rentreront pour combattre aux côtés de leurs compatriotes, un télégramme du ministre de l'Intérieur annoncera la suspension des mesures de 1904 à l'encontre des congrégations et, après l'armistice, au vu de l'engagement des religieux dans le conflit, des voix s'élèveront pour réclamer l'abrogation pure et simple de ces lois ; mais nous n'en sommes pas encore là. En 1901, les jésuites pensent à quitter la France et choisissent de s'installer en Angleterre et même au plus près de la France : sur l'île de Jersey. C'est là que le frère Pierre arrive à l'automne 1901, au milieu d'un groupe de confrères dont, des années plus tard, le souvenir des accoutrements le fera encore rire. Obligés de voyager en civil, les jésuites ont en effet revêtu les affaires envoyées par leur famille ; autant dire que l'originalité est de rigueur : les casquettes d'automobile sur veston noir côtoient les hauts-de-forme sur jaquette gris clair !

À Jersey, le jeune jésuite séjourne d'abord dans la maison Bon-Secours, afin d'achever son juvénat ; puis, en octobre 1902, il rejoint la maison Saint-Louis, un ancien hôtel acquis à St. Helier par les jésuites, où il reste jusqu'en octobre 1905, pour ses trois années de philosophie. Durant cette période, Teilhard se trouve en compagnie d'Auguste Valensin, dont il a fait la connaissance au cours de son noviciat. Valensin, pendant près de cinquante ans, sera pour Teilhard un ami fidèle et un conseiller averti. « Un des hommes à qui je dois le plus ; et que j'ai le plus aimé », confiera Teilhard. Valensin, de son côté, considérera son confrère auvergnat un peu comme son fils spirituel. Lorsque Valensin explique que « parier, c'est jouer quelque chose sur une éventualité. Croire, c'est jouer tout ! » ou encore qu'il convient de « piquer une tête » dans la foi, de ne pas hésiter à couper les ponts, de ne se ménager aucun retour possible en arrière, aucune porte de sortie, comment ne pas penser que ses paroles rencontrent l'intérêt et l'assentiment de Teilhard, lui qui tient à « être à la hauteur » dans sa vie de foi et son engagement religieux ? À Teilhard, Valensin fait aussi découvrir la pensée de Blondel, en particulier son ouvrage *L'Action* qui orientera la pensée du futur paléontologue vers les idées d'Énergie humaine et de Panchristisme. Si Blondel professe un Dieu plus paternel que le Dieu christique de Teilhard, les deux hommes sont d'accord pour redonner sa place à l'espérance, cette vertu théologale trop souvent cachée par ses deux sœurs, la foi et la charité. Après leur séjour à Jersey, les voies des deux jésuites se séparent : Teilhard se tourne vers la science, Valensin vers la philosophie et les lettres. Mais ils restent très liés : Teilhard ne prendra pas une décision importante sans avoir sollicité l'avis de son ami ; de même lui envoie-t-il ses manuscrits, avant de les communiquer à ses supérieurs français ou romains. De son côté, Valensin prendra à plusieurs reprises la défense de son ami et de ses idées, même s'il lui reproche son « concordisme supérieur ».

Dans la maison Saint-Louis, les jésuites ont installé un observatoire d'astronomie et un laboratoire de géologie ; plus tard, un autre d'archéologie. Autant dire que, dès l'automne 1902, Teilhard commence à consacrer ses temps libres, dimanches et jours fériés, à l'exploration de l'île de Jersey. Cependant, très rapidement, il se heurte à un doute profond et à un dilemme cruel : ne devrait-il pas renoncer à la science des pierres, pour se consacrer seulement et entièrement aux sciences sacrées, aux activités surnaturelles ? Ce n'est sans doute pas la première fois que le jeune homme est confronté à cette question : enfant, n'avait-il pas entretenu une véritable adoration pour les pierres, tout en continuant à prier le petit Jésus ? Mais, à Jersey, il ne s'agit plus d'un jeu d'enfant : il s'est généreusement engagé dans la Compagnie de Jésus, dans la vie religieuse ; ne doit-il pas dès lors considérer sa passion pour la géologie et la minéralogie comme un frein à son désir de perfection et au gré de Dieu ? Sa scrupuleuse interrogation est sans doute rendue plus aiguë par la disparition de son frère aîné Albéric, officier de marine, décédé des suites d'une tuberculose. À la même époque, Françoise, sa sœur aînée, se prépare à entrer chez les Petites Sœurs des pauvres ; sa sœur Marguerite-Marie, surnommée « Guiguite », montre les premiers symptômes d'une grave maladie ; son frère Olivier quitte la France pour découvrir le monde et travailler en Amérique du Sud ; enfin sa plus jeune sœur, Marie-Louise, familièrement appelée Loulou, meurt d'une méningite à l'âge de treize ans. Il paraît difficile au jeune jésuite, dans le contexte d'une famille si éprouvée et pourtant si chrétienne, de ne pas s'interroger sur le sens et les moyens qu'il donne à sa propre existence, y compris son choix d'une consécration religieuse. C'est la sagesse de son père-maître, le père Paul Troussard, qui permet à Teilhard de traverser cette période de doute. Des conseils de son aîné, auquel il ne manque pas d'obéir, il retient : « Le Dieu de la Croix attendait l'expansion " naturelle " de mon être aussi bien que sa sanctification. » Une fois la crise passée, il reprend et poursuit avec enthousiasme ses randonnées. Associé à l'un de ses confrères, le père Félix Pelletier, licencié en chimie et en minéralogie, il publie en 1904, dans le bulletin annuel de la Société jersiaise, une note sur la géologie et la minéralogie de l'île. D'autres travaux suivront, sans doute sous l'impulsion de son professeur de géologie, le père Charles Noury, connu comme le « père de la géologie de Jersey » pour en avoir dressé la première carte. Et, en 1920, après la Grande Guerre, Teilhard publiera encore une monographie *Sur la structure de l'île de Jersey*. Les habitants de cette île ne l'oublieront pas : en 1982, l'administration des Postes éditera un ensemble de timbres retraçant l'existence du jésuite, devenu entre-temps célèbre.

Premières lumières d'Orient

Le Caire, collège de la Sainte-Famille, septembre 1905. À l'instar de la plupart des jésuites, une fois ses études de philosophie terminées et avant d'entamer celles de théologie, Teilhard interrompt son séjour à Jersey pour entamer une période dite de « régence » : il doit rejoindre un collège tenu par la Compagnie, afin d'y assurer une tâche d'encadrement et d'enseignement. À cette époque, la province de Lyon possède des missions en Arménie, en Syrie et en Égypte. C'est dans ce dernier pays, au Caire plus précisément, qu'il part à la fin de l'été 1905 pour prendre la fonction de « lecteur de chimie et de physique ». Finis les ciels pluvieux et les bâtisses grises du nord de l'Europe ! Il embarque à Marseille, un port qui va lui devenir familier, longe les côtes de la Corse et de la Sardaigne, de l'Italie et de la Sicile, passe en Crète avant de débarquer à Alexandrie. Là, il découvre les paysages, les couleurs de l'Orient, dont son frère Albéric avait probablement donné le goût à tous les Teilhard, par les récits qu'il leur faisait parvenir à l'occasion de ses voyages comme officier de marine. Là, il éprouve ses premières émotions scientifiques, ses premières jouissances d'exotisme, mais aussi ses premières tentations panthéistes.

En Égypte, le jeune jésuite doit d'abord assumer des responsabilités éducatives. C'est une tâche nouvelle pour lui, et sa correspondance est riche en allusions à son souci de faire entrer un peu de vérité dans les trente-cinq petites têtes dont il a la responsabilité. Chaque jour, il doit également surveiller les trajets de l'« omnibus » qui recueille et ramène chez eux les élèves externes : « Arrivé devant la maison d'un chacun, je donne un vigoureux coup de sifflet, et si personne n'arrive au bout d'un temps convenable, on repart, laissant en panne le malheureux qui doit s'ingénier pour gagner le collège à temps. Parfois, on le voit apparaître à demi habillé sur un balcon en faisant des gestes de désespoir. C'est très pittoresque, surtout à l'intérieur du véhicule [11]. » Nommé « adjoint au préfet de l'église », il a la charge d'emmener les enfants de chœur « faire le bain », autrement dit se baigner dans la rivière, à Matarieh. Il semble être apprécié des élèves : à trois reprises, il passe des vacances à Alexandrie, accueilli par des familles musulmanes qui ont confié leur progéniture aux pères.

Mais Teilhard prend soin de ne pas se laisser enfermer dans les grandeurs et les servitudes de l'enseignement. Il profite de son séjour au Caire pour s'intéresser à l'Égypte ancienne, visite les Pyramides et le Sphinx, les villes d'Héliopolis, de Memphis, de Louxor et de Karnak ; et il devient membre de l'Institut d'égyptologie. Si son ignorance de l'arabe l'empêche de découvrir l'islam en profondeur (il essaie de profiter de la science de ses confrères islamologues et lit les textes d'un poète arabe du XIIIe siècle), il part à la découverte des autres communautés chrétiennes, orthodoxes, coptes ou maronites. De la vie moderne, rien n'échappe au jésuite : l'inauguration d'une salle de cinéma ; la présence d'un canot automobile sur le Nil (il en bénira un autre, venu tout droit de Paris, dans le port d'Alexandrie) ; le nouvel asphalte dans la cour de récréation ; la première piste de patins à roulettes ; la mode du diabolo, arrivé de Paris avec un ou deux ans de retard et vendu avec les autres jouets dans les magasins locaux du Printemps et du Louvre, etc. Sous sa plume, mais sans doute aussi dans la réalité, l'Égypte semble très active, assoiffée de modernisme et de mode européenne. L'ouverture du canal de Suez, quarante ans plus tôt, y est pour quelque chose. Les sociétés maritimes rivalisent en matière de luxe et de vitesse, pendant que de véritables villes nouvelles apparaissent dans le désert ; mais peut-être serait-il préférable de parler d'oasis nouvelles.

Comme à ses attributions de professeur s'ajoute celle de conservateur du musée, Teilhard en profite pour entreprendre non seulement de conserver, mais aussi d'enrichir les collections recueillies en Égypte par les pères du collège. Il trouve un compagnon d'expédition en la personne du père Joseph Clainpanain. L'un de leurs élèves s'en souvient : « Teilhard et Clainpanain, maigres comme des ascètes, le premier atteignant presque deux mètres sous la toise, l'autre ne dépassant pas un mètre et demi, formaient un contraste frappant qui s'amplifiait lorsqu'on les voyait ensemble ; et ils étaient toujours ensemble par monts et par vaux, et pour la bonne cause. » S'ils subissent d'habitude la fournaise du désert, il leur arrive aussi d'affronter une pluie battante, afin de pouvoir observer sans retard les spécimens paléontologiques dégagés par l'écoulement des eaux. Une technique déjà éprouvée par le jeune naturaliste dans la campagne jersiaise et à laquelle il aura souvent encore recours, à en croire sa correspondance.

Ses méthodes et son opiniâtreté ont du bon : il accumule les découvertes de fossiles dont il envoie des spécimens à divers correspondants. Ainsi peut-il fièrement annoncer à ses parents, dans une lettre datée du 6 décembre 1907 : « Pour achever le réveil de mes correspondants, un certain M. Prieur, de Paris, à qui j'avais envoyé toutes mes récoltes en fait de dents de poissons, m'a appris qu'il avait présenté à la Société géologique de France une note sur icelles. Il y a une espèce et trois variétés nouvelles, dont une *Teilhardi*. Je vous enverrai par curiosité le mémoire quand il m'en arrivera des exemplaires, c.-à-d. dans deux ou trois mois [12]. » D'autres *Teilhardi* suivront : un hyménoptère *Chrysis Teilhardi Buysson* en 1908, un lépidoptère *Enblemma Teilhardi Joannis* en 1909, une étoile de mer *Metapaster Teilhardi* en 1910, puis des plantes fossiles, en 1913, du genre *Teilhardia* ou de l'espèce *Teilhardi*. « Si bien que, des années durant, reconnaîtra-t-il plus tard, la poursuite (en zoologie ou paléontologie) de " l'espèce nouvelle " (j'en souris maintenant) s'est trouvée être un des plus importants pivots de ma vie intérieure. Pente glissante, il faut bien le reconnaître, suivant laquelle je risquais de déraper dans le bourbier des collections et du collectionnage, — n'eût été d'abord mon sens dominant de l'Universel qui, jusque dans la satisfaction de mettre la main sur l'échantillon le plus prisé, ne me permettait d'apprécier, au fond, que la joie d'un contact plus intime (ou du moins imaginé tel) avec ce qui deviendrait plus tard pour moi " la Biosphère " [13]. »

En avril 1907, avec un confrère égyptologue, Teilhard entreprend une expédition d'une semaine dans le Fayoum, la célèbre oasis située au sud-ouest du Caire. L'entreprise n'a rien d'une promenade : les deux hommes ont recours, pour l'occasion, à une véritable petite caravane de mulets. Au retour, Teilhard publie, seul cette fois, son premier article : « Huit jours dans le Fayoum », dans la revue *Relations d'Orient*. Après de savoureuses descriptions des découvertes que cette mission a permis de faire, il conclut : « Tout ceci, remarquez bien, n'est qu'un dehors. Le sérieux de ces huit jours au bord du lac Moeris, venez le voir dans les notes de l'égyptologue ou dans mes collections. » Cette expédition dans le Fayoum est sans doute celle dont Teilhard garde, de son séjour en Égypte, le meilleur souvenir, mais elle n'est pas unique. Car le jeune savant multiplie les occasions de se frotter au désert, de le découvrir, d'en faire l'apprentissage. Et, avant de pratiquer le char chinois ou la voiture à chenilles avec lesquels il traversera un jour les déserts de Chine, il découvre l'art de monter les chameaux. « Avec ses lèvres pendantes et ses gros yeux luisants, il avait une physionomie impayable. Se trouver en plein désert sur cette monture n'était pas moins caractéristique. Elle nous a d'ailleurs rendu grand service, non seulement pour rapporter nos fossiles, mais pour circuler dans cette région qui est très sablonneuse et où la marche devient vite pénible [14]. » Dans les lettres qu'il envoie à ses parents, il accumule les descriptions de paysages, les récits de voyage, les anecdotes de la vie courante, les destinant parfois plus particulièrement à l'un ou l'autre des membres de sa famille. Un exemple parmi tant d'autres : « Il y a huit jours nous avons eu un très fort orage ; c'est d'ordinaire ainsi que finit l'été. Les nuages sont arrivés le soir, remontant le Nil, et de notre terrasse la vue était remarquable ; la moitié du ciel était noire, toute fendillée d'éclairs si beaux que j'ai fait sortir d'étude mes élèves de sciences pour leur montrer ce déploiement d'électricité ; l'autre moitié, au-dessus du désert, était sans une buée, et la pleine lune y montait. L'orage a commencé par une avalanche de grêlons dont beaucoup gros comme des noix ; un peu de pluie ; un quart d'heure après, le ciel était plein d'étoiles. Le plus typique était le bonheur des Arabes qui couraient tous dans les rues pour ramasser les grêlons et les manger. — Depuis, nous avons encore eu un ou deux jours chauds jusqu'à 30° environ. — En Auvergne, je souhaite pour Biel que la neige soit arrivée, avec les bécasses [15]. »

Nombreux sont les témoignages, dans ses lettres comme dans ses écrits ultérieurs, de la fascination que l'Orient commence à opérer sur lui. L'Orient des splendides couchers de soleil et des vastes étendues désertiques, celui de l'ascèse et de la rudesse qu'exige son contact, celui de la fascination jusqu'au désir de la fusion. Il avoue, à maintes reprises, goûter l'Orient avec avidité, « non point du tout dans ses peuples et leur histoire (encore sans intérêt pour moi), mais dans sa lumière, sa végétation, sa faune et ses déserts [16] ». De fait, plus que la pente glissante du « collectionnage », c'est d'abord celle du panthéisme que Teilhard découvre en Égypte, au contact de l'Orient et du désert. « J'ai toujours eu, confesse-t-il, peut-être à cause de ma première initiation et de mon premier enchantement en Égypte, une prédilection pour ces chaudes et désertiques régions de l'Arabie, toutes parfumées d'encens et de café, et j'ai encore senti combien mes sympathies et ma nature — incapables de se maintenir sans Christianisme — sont cependant tout entières de ce côté du monde qui n'est pas encore christianisé [17]. » Il s'en est apparemment fallu de peu pour que Teilhard ne succombe à la beauté et à l'attrait d'un panthéisme imprégné de mystique orientale. Se dissoudre dans le Multiple, se fondre dans le Tout et la Matière : bien des facettes de sa personnalité et de son histoire auraient pu le conduire à emprunter cette voie. Mais d'autres facettes, profondément chrétiennes et issues de son éducation, l'en ont empêché et lui ont permis de transformer cette attirance panthéiste en une redécouverte de la dimension cosmique de la foi et de la tradition chrétiennes. Il prendra davantage conscience de cette tendance, sinon originale du moins tellement personnelle, quelques années plus tard, sur le front de la Grande Guerre : « J'ai toujours eu, je crois, l'âme panthéiste. C'est très commode pour être chrétien [18]. » Et, dans une lettre au père Fontoynont : « L'ivresse du panthéisme païen, je la détournerai à un usage chrétien, en reconnaissant l'action créatrice et formatrice de Dieu dans toutes les caresses et tous les heurts, dans toutes les passivités inévitables et irréductibles [19]. » Quinze ans plus tard, au cours de sa retraite annuelle de 1943, il répète : « Depuis toujours (1906 explicitement) j'ai eu ce sens et cette " mystique " du pan-contact. — Tout le progrès, depuis, s'est fait dans la découverte de la nature et du fondement de ce contact : finalement le Christ-Évoluteur, Super-Christ [20]. » Les charmes de l'Orient, joints aux premières satisfactions scientifiques, ont ainsi joué un rôle crucial dans l'émergence, l'élaboration et la maturation de la pensée de Teilhard. Il dit avoir alors échappé au panthéisme fusionnel, pour pratiquer seulement un panthéisme d'union. Sans doute a-t-il raison, mais il ne parviendra pas toujours à en convaincre ses détracteurs ; j'y reviendrai.

Retour d'Égypte

En France, septembre 1908. Après un dernier été passé à explorer et à fouiller les environs du Caire et d'Alexandrie, Pierre Teilhard de Chardin est de retour auprès des siens : sa période de régence en Égypte est terminée et il se prépare à rejoindre le scolasticat des jésuites en Angleterre, pour y entamer sa formation en théologie. En chemin, il s'arrête à Amiens pour rendre visite à sa sœur Françoise, Petite Sœur des pauvres ; en prenant le voile, elle a reçu le nom de sœur Marie-Albéric du Sacré-Cœur, en mémoire de son frère défunt et par dévotion familiale. Après le passage de son jeune frère, Françoise écrit à son père : « J'espère qu'il n'est pas trop fatigué par Le Caire. Je le trouve bien maigre, mais toujours très heureux. Vous devez en être un peu fier, car il est plus gentil qu'avant encore, si sérieux et si bon toujours. » Alors qu'elle voudrait rester « simple Petite Sœur », ses supérieures lui demandent d'occuper une charge d'assistante. Frère Pierre s'en mêle. Sœur Marie-Albéric, après avoir finalement accepté la charge, écrit à ses parents : « J'ai reçu une bonne petite lettre de Pierre tournée en façon de sermon, comme disait Albéric, elle ressentait évidemment le scolasticat. Entre nous, notre jésuite rêve des oignons d'Égypte et, une fois prêtre, je désire pour son bonheur le revoir retourner là-bas au milieu de ses intellectuelles relations, de ses fossiles, et de tous les vieux souvenirs des Pharaons. Il n'est pas pour rien le fils de Papa... » Quant à son propre avenir, Pierre aurait du mal à contredire les conjectures de son aînée. Deux ans après son retour d'Égypte, il confiera à ses parents : « Mon ami le paléontologiste m'écrit au retour d'une course de 32 jours en chameau, en un lieu sis près de la mer Rouge où il n'a pas plu depuis 7 ans. Il n'y a pas si longtemps cette perspective m'eût fait rêver, et je crois que je n'y serai jamais totalement insensible [21]. » Il ne sera pas non plus insensible aux récits d'un missionnaire jésuite en Alaska : températures extrêmes (— 60 °C), déplacements en traîneau, populations d'Esquimaux et de chercheurs d'or. Une vie de mission et d'aventure sans doute bien tentante pour le jeune jésuite, mais « on ne fait de bien que là où Dieu veut qu'on soit ». Même ton plus tard, lorsqu'il recevra des nouvelles de son frère Olivier qui travaille comme ingénieur dans les mines de cuivre d'El Purgatorio, au Mexique : il reconnaîtra que c'est la vie dont il aurait rêvé, s'il n'était pas jésuite, bien évidemment.

En 1909, Françoise annonce à Pierre son départ pour la Chine : « À l'heure où je n'osais plus l'espérer, Notre-Seigneur, dans son immense bonté, vient de m'offrir... la mission de Chine. Te dire que j'ai accepté après avoir prié de tout mon cœur, est chose inutile. Tu le devines assez, et il n'y a plus de place dans mon âme maintenant que pour la reconnaissance. Que Notre-Seigneur est donc bon pour moi ! Jamais je ne l'ai mieux compris. Moins je méritais cette grâce immense, plus je le trouve généreux de me l'avoir accordée. La chose est maintenant tout à fait décidée et je dois quitter Amiens à la fin de juillet. J'annoncerai moi-même mon départ à maman dans quelques jours : je sais qu'elle et papa feront saintement leur sacrifice. » Petite anecdote de fratrie : Pierre a jugé intéressantes les lettres que lui envoyait sa sœur depuis la Chine ; il les a communiquées aux Petites Sœurs de Jersey. Françoise en est très mécontente et Pierre reçoit sa mercuriale ! C'est à Chang-hai qu'elle mourra de la vérole noire, le 7 juin 1911, quelques semaines avant l'ordination de son frère jésuite. « Que Pierre prie pour moi, écrit-elle encore ; au Ciel, je ne l'oublierai pas. » À l'annonce du décès de sa sœur, Teilhard écrit à ses parents : « Avec le temps, aussi, Dieu aidant, on arrive à mieux comprendre les côtés providentiels de l'épreuve. Et, spécialement pour Françoise, plus on pense à ce qu'a été sa vie, plus on trouve que Dieu lui a ménagé une existence exquisément belle, qu'elle eût peut-être à peine osé souhaiter [22]. »

Considérer ainsi la mort d'une sœur est pour le moins surprenant, voire choquant, pour des esprits et des mentalités du début du XXIe siècle, même religieux. Le plus simple serait sans doute de bien vite oublier de telles paroles, mais je crois qu'elles méritent un peu d'attention : ne sont-elles pas le reflet, l'expression d'une part de cette énergie formidable dont a hérité Teilhard de son milieu ? Sa mère n'a-t-elle pas prononcé les mêmes mots devant le prêtre qui voulait la consoler de la mort d'un de ses fils ? Pour elle comme pour Pierre, Françoise ou Marguerite, une vie réussie, une « belle vie », est celle qui remplit les plans de Dieu, qui se construit et se déroule « au gré de Dieu ». La mort vient-elle l'interrompre prématurément ? Ce ne peut être encore que le gré de Dieu, du moins si cette vie a été menée dans l'obéissance à Dieu. Il y aurait beaucoup à dire sur les fondements religieux d'une telle conviction, sur la place qu'elle peut accorder à l'épreuve et à la souffrance, à l'existence et à la mort. N'oublions pas que Teilhard est d'abord un fils du XIXe siècle et un fils d'Emmanuel et de Berthe-Adèle Teilhard de Chardin. Sa religion est largement empreinte d'obéissance à la volonté de Dieu, comme de confiance en sa toute-puissance (plus peut-être qu'en sa bonté...). Nombreux sont les témoignages d'un tel sentiment dans la correspondance que le jeune jésuite échange avec sa famille. Par exemple, lorsqu'il apprend la maladie d'un de ses frères, alors élève à l'École centrale, il écrit à ses parents : « Vous devez beaucoup souffrir, et vraiment avec Guiguite, et même Gonzague, le bon Dieu ne vous laisse guère de répit ; il y a là matière à beaucoup de confiance en Lui qui mène tout, et peut-être aussi de quoi expier beaucoup pour le pays ; si vraiment c'est cette dernière chose que N.-S. a en vue, c'est un grand honneur pour la famille [23]. » Ici, il n'est question que d'un Dieu « qui mène tout » et auquel l'homme ne peut qu'obéir. À croire que la seule initiative possible laissée aux croyants est de désobéir ! Lorsqu'il s'agit de Lourdes et du culte marial auquel Teilhard est très attaché (à Mongré, il faisait partie de la congrégation dédiée à la Vierge), la vision se fait plus nuancée ; sinon, comment comprendre l'invitation à la prière d'intercession ? En septembre 1907, lorsque ses parents l'informent d'une amélioration dans l'état de santé de sa sœur Marguerite-Marie, atteinte du mal de Pott (une tuberculose des vertèbres qui entraîne la paralysie des membres inférieurs), il leur répond d'Égypte : « Évidemment, je n'ai pas manqué de prier pour vous et la famille, et de remercier encore pour Guiguite ; est-ce que vous ne la mènerez pas à Lourdes, en reconnaissance, et pour achever la guérison [24] ? » Deux mois plus tard, la jeune fille et sa mère sont rentrées de leur pèlerinage dans la cité pyrénéenne. Aux nouvelles qu'elles lui donnent, Pierre répond : « À notre point de vue, le résultat du voyage est une petite déception, mais il n'y a évidemment qu'à laisser la Sainte Vierge faire à son gré; elle saura bien guérir quand elle le voudra, et, en attendant, vous êtes sûrs d'avoir réalisé tout ce qui était en votre pouvoir. Malgré tout, Guiguite a dû jouir de son séjour là-bas[25]. » En 1909, le jeune jésuite publie un article dans la revue *Études* : « Les miracles de Lourdes et les enquêtes canoniques ». Dans ce texte, une belle expression : « L'hypothèse est l'argile obéissante que modèlent les faits. » En 1911, il réitère à ses parents l'invitation de se rendre à Lourdes : « Ne pensez-vous pas qu'à la première occasion, et fallût-il même risquer un peu, il serait bon d'aller à Lourdes ? Je reconnais que c'est là une décision fort délicate à prendre; cependant, s'il venait à se présenter une opportunité, peut-être ne faudrait-il pas la manquer[26]. » « Guiguite » sera, à partir de 1922, une énergique militante au sein de l'Union catholique des malades où, devenue présidente, elle recevra un surnom supplémentaire : « la Maréchale » ! C'est tout dire sur l'esprit de la sœur de Pierre... et de celui qui anime les Teilhard.

Derrière l'empreinte de son temps et de son clan, sans doute faut-il aussi discerner une vision plus teilhardienne, encore en genèse à cette époque. Je veux dire : une certaine manière de considérer le sens, la part déterminée de l'existence humaine et de la réalité à laquelle nous appartenons. Le monde et son histoire, la Révélation évangélique et les pratiques chrétiennes, l'existence et la foi de chacun enfin permettent d'y découvrir, d'y accomplir la volonté de Dieu. Fort de cette conviction, de cette foi, Teilhard peut dire, après la mort de sa sœur Françoise : « Dieu lui a ménagé une existence exquisément belle. » Sans doute mon trait est-il trop épais et donc caricatural; pour autant, même maladroit, il a sa place, me semble-t-il (j'entends, cette recherche d'un juste équilibre entre le destin et le devoir, entre le gré de Dieu et la liberté de l'homme), dans le portrait de Teilhard que j'essaie de brosser ici.

Ore Place

En 1906, les jésuites des provinces de Lyon et de Paris avaient acquis une propriété près de Hastings, dans le Sussex, pour y installer leur scolasticat. « Ore Place » est une immense bâtisse, presque neuve, qui possède une vue magnifique sur une mer sillonnée de divers bateaux, des élégants transatlantiques aux vulgaires cargos. Le ciel lui-même est parfois traversé d'étranges objets : « Un bolide, raconte Teilhard, a passé assez bas dans l'atmosphère, laissant une traînée lumineuse qui a persisté plus d'une heure. Nous avons séance tenante envoyé un rapport aux colonnes hospitalières du *Cosmos*, où il a paru précédé d'une autre note analogue envoyée de Saint-Louis, à Jersey. Évidemment, dans les scolasticats, on a des loisirs pour regarder le ciel [27]. » La campagne, autour d'Hastings, présente bien des charmes pour un jeune naturaliste : la riche forêt du Weald, son alternance de sols sableux, argileux et rocheux, surtout sa richesse fossilifère. Teilhard, pour se consoler d'avoir quitté l'Orient, profite autant qu'il peut de ce terrain d'exploration idéal. Ses dons d'observateur sont d'autant plus étonnants qu'il les applique à tous les domaines. Voit-il un champ de pommes de terre ? Il s'inquiète de leur variété (« quelque chose comme les Carthelades », précise-t-il dans une lettre à ses parents). Croise-t-il un troupeau de vaches lors d'une promenade ? En bon fils de *gentleman farmer*, il en évalue le nombre (« 63 vaches, ce qui est un beau nombre pour le Sussex, malgré que mon compagnon, un Mexicain, trouvât le total maigre en comparaison de ce qui se voit dans les haciendas d'outre-mer »). Le climat pluvieux ne le rebute pas ; au contraire, comme à Jersey ou en Égypte, il se réjouit des averses qui transforment le pays en une éponge et provoquent les glissements de terrain et les affaissements de falaise susceptibles d'assouvir sa soif d'apprenti géologue et paléontologue.

Le 3 juillet 1907, Pie X promulgue le décret *Lamentabili sane exitu* qui condamne les soixante-cinq principales erreurs du modernisme. Le pape réaffirme le rôle et la responsabilité suprêmes du pape et du magistère romain, investis du privilège de l'infaillibilité : ils constituent l'*Ecclesia docens*, la part de l'Église qui possède le savoir. L'*Ecclesia discens*, c'est l'Église enseignante, celle qui est composée des fidèles, des prêtres et des théologiens ; elle a pour mission de transmettre les enseignements reçus de l'*Ecclesia docens*. « Je suis frappé, écrira plus tard Teilhard au père Fontoynont, de ce fait que l'Église manque à peu près complètement d'organe de recherches (à la différence de tout ce qui vit et progresse autour d'elle). Or elle ne gardera la Foi lumineuse pour ses enfants et les étrangers qu'en cherchant, de cette recherche qu'on sent être une question de vie ou de mort... : c'est là un fait qui peut étonner les théologiens béats, mais c'est un fait de quotidienne et dure et salutaire expérience. Donc, il faut que, sous le contrôle de l'*Ecclesia docens*, se développe l'*Ecclesia quaerens*[28]. » Autrement dit, l'Église qui cherche. Ce vœu, pour ne pas être pieux, n'en est pas moins difficile à réaliser : la crise moderniste, à laquelle le décret de Pie X tente de trouver une issue, est née de l'opposition entre les promoteurs d'une science qui devrait s'imposer à l'Église et les défenseurs de l'orthodoxie, promoteurs de la Vérité révélée qui juge toute science humaine. L'opposition entre des positions aussi extrêmes ne pouvait pas donner naissance à un véritable progrès ; elle ne pouvait se résoudre qu'en termes de vainqueur et de vaincu. René d'Ouince a sans doute raison lorsqu'il reconnaît simplement : « La rigueur des condamnations pontificales fut donc bienfaisante. Elle délivrait les catholiques du vertige que provoquait chez eux la fascination de la science. Elle les provoquait à proclamer leur attachement inconditionné à la foi[29]. » Il n'empêche : la période est délicate pour les professeurs et les étudiants en théologie, contraints de prononcer le serment antimoderniste imposé par Pie X ; Teilhard, qui doit être ordonné au cours de l'été 1911, s'y soumet le 26 novembre 1910. Quelques semaines auparavant, à l'annonce de la condamnation du mouvement du Sillon par le pape, il a écrit à ses parents, presque laconiquement : « En arrivant ici, j'ai brusquement entendu lire la Lettre sur le Sillon. Elle fera de la peine à bien des gens, et beaucoup d'autres voudront sans doute y voir une condamnation des œuvres sociales ; il me semble tout de même que Pie X ne pouvait faire autrement, ni dire mieux [30]. » Entre 1899 et 1910, Marc Sangnier a regroupé dans le Mouvement du Sillon des jeunes épris d'un idéal chrétien et démocratique, nourris des Évangiles. Au moment de la séparation de l'Église et de l'État en France, ce réveil des jeunes chrétiens paraissait inouï. L'engagement politique du mouvement, à travers des coopératives et des syndicats, lui a valu de nombreuses critiques, de tous les côtés à la fois, et, finalement, d'être condamné par le pape Pie X dans sa lettre-encyclique aux évêques de France, le 25 août 1910. Il est reproché à Sangnier d'avoir laissé s'infiltrer dans son idéal des positions libérales et même protestantes, d'avoir accueilli dans son mouvement des non-chrétiens. Le fondateur du Sillon se soumit à la volonté du pape ; les sillonnistes étaient alors 500 000. Sans ignorer la gravité de la situation, ni les « passes loin des cornes » (selon l'expression de René d'Ouince) de certains de ses confrères, ni la politique du silence d'autres, Teilhard reste assez loin de la mêlée. Au printemps 1910, il semble être une fois encore pris de doute, quant à la place qu'il doit accorder dans sa vie religieuse à la géologie et aux sciences naturelles. « La théologie, avoue-t-il à ses parents dans une lettre du 23 avril 1910, fait penser à bien des choses et je commence à entrevoir qu'il y a tant d'autres questions, peut-être moins agréables mais plus vitales que les sciences, que je me demande si je ne dévierai pas un jour ou l'autre ; — à moins qu'on me dise de ne pas le faire, ce qui est fort possible. » Il se souvient alors des paroles de son père-maître de Jersey, de son invitation à sanctifier tout son être, et pas seulement sa dimension et ses activités surnaturelles. Une nouvelle fois, il choisit de ne pas sacrifier les sciences et d'y consacrer une part généreuse de sa quête de savoir : « L'effort pour savoir est sacré », écrira-t-il, quelques années plus tard, au cours d'une retraite annuelle. Et, en 1950, lors d'une occasion semblable, il s'avoue à lui-même : « En moi, depuis des mois, la Recherche domine trop sur la Communion. Mais puis-je aimer sans " comprendre " ? et " Chercher " n'est-ce pas ma façon de m'unir et d'Adorer [31] ? »

Pour l'heure, il s'inquiète plutôt de préparer son avenir et passe quelques jours, durant l'automne 1910, en Hollande, dans le scolasticat jésuite de Kasteel Gemert, pour profiter du laboratoire de biologie et des collections que cet établissement abrite. Il apprend bientôt qu'il est destiné à « rejoindre un cabinet de physique » à Paris, en pratique un laboratoire du Muséum national d'histoire naturelle. Le temps des maisons de formation est en train de s'achever ; celui du baptême dans le réel s'annonce. Teilhard ne sait pas que, pour lui comme pour beaucoup d'hommes de sa génération, ce baptême sera celui de la Grande Guerre.

2

Révélation

(1910-1926)

Portraits

« Il parlait peu ; le beau regard profond allait loin et semblait suivre une pensée ; il n'intervenait dans la conversation qu'avec beaucoup de réserve, et sa parole avait quelque chose de grave, d'incisif ; il avait à la fois de l'élan et de la retenue. Et son silence, comme ses remarques rapides, en imposait : on se sentait devant quelqu'un dont on subissait l'ascendant et pour lequel on éprouvait d'emblée une immense sympathie. Haute tenue de gentilhomme religieux, démarche vive de coureur de piste ; l'ascèse burinait ce visage, tout illuminé de vie intérieure [1]. »

« Un matin, venant de Clermont-Ferrand, je vis arriver isolément comme brancardier régimentaire un grand jeune homme, simple et distingué, au clair regard paraissant ouvert, à n'en pas douter, sur une intelligence et sur un cœur. Pour devenir plus profondément “ arabe ”, il avait troqué le bleu horizon contre le kaki des troupes d'Afrique, le képi contre la chéchia [2]. »

Prêtre

Ore Place, 24 août 1911. Pierre Teilhard de Chardin est ordonné prêtre par Mgr Amigo, un évêque anglais coutumier du fait puisqu'il ordonnera au total plus de cinq cents jésuites français en exil. Ses parents sont venus, accompagnés de ses quatre jeunes frères, Gabriel, Joseph, Gonzague et Victor. Sur une photographie prise à cette occasion, tous portent le deuil : Françoise est décédée à Chang-hai, quelques semaines plus tôt. Dès l'automne, le jeune prêtre fait ses premiers pas dans le ministère sacerdotal : il est envoyé prêcher une retraite à un groupe de grandes pensionnaires, chez des religieuses bretonnes exilées.

Dans un texte intitulé *Le Prêtre* (écrit après son expérience de la Grande Guerre et achevé le 8 juillet 1918), il écrit : « Il me semble entendre, sortant de toutes créatures, — et de celles qui sont emprisonnées dans la Matière inerte, — et de celles qui s'éveillent à la lumière de la Vie, — et de celles qui se meuvent dans la liberté —, la plainte universelle : “ Aie pitié de nous, prêtre, si tu le peux. Donne-nous notre achèvement en nous donnant notre Dieu ! ” Qui donc prononcera, sur la masse informe du Monde, les mots qui lui donneront *une âme* ? Quelle voix fera tomber, entre Dieu et la Création, l'obstacle qui empêche *Ceci* de rejoindre cela ? » Le prêtre, pour Teilhard, est le ministre par excellence de l'action divine au sein d'un monde menacé par le chaos : « Grâce au prêtre, la puissance plasmatique du Verbe s'est posée sur le Monde, pour vaincre son néant, sa malignité, sa vanité, son désordre. » Ici, pas de vision idyllique de la Création, mais celle d'un drame cosmique auquel Dieu cherche à trouver un remède. Faut-il pour autant parler d'une œuvre de salut ? Chez Teilhard, le progrès prend le pas sur le salut, la convergence opérée par le Christ sur les fractures et les ruptures du monde, quitte à en séparer « les membres indignes ou gâtés »; mais je reviendrai plus longuement et à plusieurs reprises sur ce lien entre salut et progrès. La consécration du Monde, grâce à l'œuvre du prêtre, ne se fait pas sans douleur : « Pour que Jésus pénètre en nous, il faut alternativement le travail qui dilate et la douleur qui tue, la vie qui fait croître l'homme pour qu'il soit sanctifiable, et la mort qui le diminue pour qu'il soit sanctifié. L'Univers craque; il se scinde douloureusement au cœur de chaque monade, à mesure que naît et croît la Chair du Christ. Comme la Création qu'elle rachète et qu'elle dépasse, l'Incarnation, si désirée, est une opération redoutable; elle se fait par le sang. » Teilhard est conscient du caractère particulier de sa propre vocation religieuse : « Porter le Christ, en vertu d'attaches proprement organiques, au cœur des Réalités réputées les plus dangereuses, les plus naturalistes, les plus païennes, voilà mon évangile et ma mission. » Et lui aussi doit faire « l'offrande à Dieu du Monde tout entier ». Il conclut sa méditation en s'adressant à ses frères en sacerdoce, plongés comme lui dans le réel de la Grande Guerre : « Jamais vous n'avez été plus prêtres que maintenant, mêlés et submergés comme vous êtes, dans la peine et le sang d'une génération, — jamais plus actifs —, jamais plus directement dans la ligne de votre vocation. » « Heureux ceux-là, parmi nous, qui, en ces jours décisifs de la Création et de la Rédemption, sont choisis pour cet acte suprême, couronnement logique de leur sacerdoce : communier jusqu'à la mort avec le Christ naissant et souffrant dans le genre humain [3]. » Dans son *Journal*, il explique : « Le prêtre, ce n'est pas celui qui se drape dans les rites, ni se confine dans l'église et l'administration des sacrements, ni s'absorbe dans les œuvres. C'est le modèle et le premier des hommes, — celui qui est le premier à s'enthousiasmer et à souffrir, le premier à attaquer le Réel pour le faire plier et l'améliorer [4]. »

L'envahissante idée d'évolution

Ordonné, Teilhard n'en oublie pas pour autant la science. Deux semaines avant la cérémonie d'ordination, alors qu'il règle les derniers détails de l'arrivée de ses parents et se prépare à entrer en retraite, il raconte ses dernières expéditions, pour une part ferroviaires, sur la côte britannique, en face de l'île de Wight. Dans la même veine, l'année suivante, alors qu'il se rend à Bramber, près de Brighton, pour préparer son examen de fin d'études, il avoue ne craindre qu'une seule distraction : un terrain géologique trop intéressant. Ses crises de conscience semblent donc avoir été surmontées ; jamais plus, en lui, le religieux n'éclipsera complètement le chercheur.

Mais il est en quête d'une articulation intellectuelle entre ces deux champs d'investigation et de recherche. L'article « Homme », publié en 1911 dans le deuxième tome du *Dictionnaire apologétique de la Foi catholique*, en offre l'illustration. Teilhard en rédige la partie doctrinale, intitulée : « L'Homme devant les enseignements de l'Église et devant la philosophie spiritualiste [5]. » Il y explique : « À la conception évolutionniste qui fait sortir l'Homme d'une force génératrice immanente au monde, il est possible d'accorder une large part de ses postulats. L'Homme n'a pas troué la Nature en y pénétrant ; mais, par quelque chose de lui-même, il est pris dans cette sorte de déterminisme vital qui a présidé à l'apparition graduelle des divers organismes sur la Terre. Il a surgi à une heure et dans des conditions que dictait l'ensemble des lois physiques et biologiques. Il a " poussé " dans le monde plutôt qu'il n'y a été greffé... Mais contre la spiritualité de l'âme et notre transcendance relativement aux autres vivants, qu'en suit-il ? Rien. »

Teilhard n'est pas le premier religieux à se confronter aux débats suscités dans l'Église par la question de l'évolution en général et de l'origine de l'humanité en particulier. Dès le début de l'époque moderne, les propos novateurs des naturalistes suscitèrent des remous au sein des Églises chrétiennes ; avec la publication de l'*Origine des espèces* par Charles Darwin, en 1859, les débats devinrent plus violents, les mises en garde et les condamnations tombèrent. À la fin du XIXe siècle, si le père Monsabré, dominicain, osa parler de l'évolution depuis la chaire de Notre-Dame de Paris, son confrère, le père Dalmace Leroy, eut moins de chance : les autorités du Vatican lui demandèrent de revenir sur ses prises de position théologiques, considérées comme trop bienveillantes à l'égard de la vision scientifique d'alors à propos de l'histoire de la nature et de l'humanité. Le tout dans l'atmosphère de la crise moderniste [6].

Il faut se rappeler que Teilhard n'est pas né évolutionniste, si j'ose m'exprimer ainsi. Son intérêt pour les sciences naturelles trouve d'évidentes racines dans le terroir familial ; mais celui-ci ne l'a apparemment pas initié à la vision évolutionniste du vivant, alors en train de s'élaborer sans pour autant l'empêcher de l'être et d'en accepter le contenu, au cours de sa formation à la biologie. Teilhard a lui-même connu une genèse de sa pensée évolutionniste, tant scientifique que philosophique et théologique. Y a-t-il, dans la vie du jésuite, une expérience singulière, un choc violent, un chemin de Damas, pour que l'idée d'évolution en vienne à envahir son « ciel intérieur tout entier » ? « Je serais embarrassé pour le dire », répond l'intéressé. Il a, dans ce domaine, plusieurs maîtres. Le premier est sans doute le père Joseph Maréchal, dont il fait la connaissance en 1910. Installé à l'université de Louvain, ce confrère y enseigne la biologie ainsi que la psychologie expérimentale (dans ce dernier domaine, il a publié une étude comparative sur la psychologie des mystiques). Teilhard gardera toujours le contact avec Maréchal et le consultera souvent par la suite.

À partir de 1912, le Pr Marcellin Boule, enthousiaste lecteur de Darwin, aura une influence considérable sur Teilhard, devenu son élève puis son collègue au Muséum national d'histoire naturelle. Teilhard rencontre Maréchal et Boule plusieurs années après avoir découvert la pensée de Bergson. « Je me souviens bien, écrira-t-il en 1950, d'avoir lu avidement, en ce temps-là, l'" Évolution Créatrice ". Mais outre que je compris assez mal, à cette époque, en quoi consistait exactement la Durée bergsonienne, je discerne clairement que l'effet sur moi de ces pages ardentes ne fut que d'attiser au moment voulu, et un court instant, un feu qui dévorait déjà mon cœur et mon esprit [7]. »

Henri Bergson a publié *L'Évolution créatrice* en 1907. Le titre de ce livre est lui-même un manifeste : son auteur propose une philosophie de la vie qui à la fois tient compte des théories scientifiques de l'évolution et défend le thème métaphysique de la création, en cherchant à surmonter leur contradiction apparente. Lors de sa publication, l'ouvrage provoque de vifs débats au sein de la communauté intellectuelle française puis au-delà, au fur et à mesure de sa traduction : rapidement, il convient de parler de « la querelle du bergsonisme » ! Les polémiques à propos de *L'Évolution créatrice* ne portent pas seulement sur la possibilité de construire une théorie de la vie autour de l'idée d'élan vital, mais aussi sur la critique générale, menée par Bergson, de la connaissance et de la science ; le philosophe dénonce les illusions de l'entendement humain et propose de s'appuyer sur l'intuition et sur l'action. La distance prise par Teilhard vis-à-vis de Bergson ne semble pas porter sur les enjeux de cette querelle académique, mais avant tout sur la vision de la vie et de son évolution, élaborée et défendue par le philosophe. Le religieux résumera cette différence en une phrase, extraite de son *Journal* de guerre : « La Figure du Monde n'est pas le jaillissement bergsonien, — mais la concentration de rayons de plus en plus lumineux vers un centre en avant[8]. » Jaillissement pour Bergson, concentration pour Teilhard : le désaccord entre les deux hommes porte sur leurs visions respectives du devenir du monde et, par voie de conséquence, du « moment » de son harmonie.

Le monde, tel que le décrit Bergson dans *L'Évolution créatrice*, paraît soumis à une « explosion en éventail » (Jean Guitton), à une irradiation divergente. Il est un en son commencement et s'il peut exister une harmonie entre les éléments ou les êtres, c'est parce qu'ils sont tous issus d'une même source, d'un même tronc. Ensuite, leur évolution n'est soumise à aucun plan, à aucune finalité (ou alors très limitée), mais seulement à l'aléatoire et à l'accidentel. À l'opposé, le monde, tel que le décrit Teilhard et selon une vision qu'il ne cessera de préciser, de fonder, d'étayer, est soumis à un processus global de « concentration », de convergence. Le monde évolue, il est soumis à une évolution, une union créatrice ou, pour le dire avec des mots de la tradition chrétienne, à une Création continuée. Celle-ci ne laisse pas place à l'aléatoire, ni à l'accidentel ; sinon, comment l'évolution pourrait-elle unifier, englober toutes les différenciations et même surmonter l'antique dualisme entre la matière et l'esprit en une seule et même étoffe cosmique ? Ainsi, résume Teilhard, « tandis que, dans l'Évolution créatrice de Bergson, le Kosmos se révèle comme une irradiation divergente à partir d'un centre de jaillissement, la figure de l'Univers, tel que le découvre l'“ Union créatrice ”, est celle d'une réduction, d'une convergence, d'une confluence centripète à partir de quelque sphère infiniment distendue. Également évolutives, les deux théories sont inverses l'une de l'autre[9] ».

En décrivant aussi sommairement le désaccord entre Bergson et Teilhard, j'ai pris un peu d'avance sur l'histoire. À l'époque d'Ore Place et de la découverte de l'évolution par Teilhard, il n'est pas encore question d'une telle différence de vue ; il faut attendre le temps de la Grande

Guerre et de la maturation intellectuelle du jésuite pour la voir se creuser. Pour l'heure, la pensée de Bergson permet surtout à Teilhard d'échapper au panthéisme, à ce qu'il appellera plus tard sa « tentation bouddhiste », née avec sa découverte et au contact de l'Égypte et de l'Orient.

Pour Teilhard, la découverte de l'évolution n'a donc pas pris l'allure d'un chemin de Damas. Et la lecture de *L'Évolution créatrice* n'aura pas déclenché un feu dans l'esprit du jeune religieux, mais plutôt, reconnaît-il, « attis[é] au moment voulu, et un court instant, un feu qui dévorait déjà [son] cœur et [son] esprit [10] ». Ce feu, poursuit-il, a été allumé par la juxtaposition de trois « éléments incendiaires », de trois cultes : celui de la Matière, celui de la Vie et celui de l'Énergie. Et la découverte de l'évolution, face aux falaises d'Angleterre et dans les forêts du Sussex, ouvrait la porte à la possibilité de réunir ce que son éducation et sa religion avaient jusque-là gardé séparés : la Matière et l'Esprit, le Dehors et le Dedans des choses. « Sautant directement du vieux dualisme statique, qui me paralysait, pour émerger dans un univers en état, non seulement d'évolution, mais d'évolution dirigée (c'est-à-dire de Genèse), j'étais amené à opérer un véritable “ tête-à-queue ” dans ma poursuite fondamentale de la Consistance [11]. » Saut, tête-à-queue, feu attisé : les mots importent peu pour désigner ce que Teilhard décrit lui-même comme une libération et le début d'un épanouissement. C'en est fini de l'illusion matérialiste, de l'impasse dualiste ; son Univers est désormais en genèse permanente.

Dans l'histoire de cet homme, se trouvent donc réunies, pour mieux s'articuler ou s'opposer, débattre ou collaborer (que le lecteur excuse cette liste à la Prévert), une tendance moniste à rendre un culte à la Matière, à la Vie et à l'Énergie, une tradition religieuse qui défend une hétérogénéité fondamentale entre la Matière et l'Esprit, une culture sinon scientifique du moins naturaliste qui promeut l'observation et la curiosité, une sensibilité singulière qui s'exprime dans les caractères poétique de son écriture et mystique de sa religiosité, enfin une personnalité généreuse en humanité. Soumise aux soubresauts d'un XXᵉ siècle naissant, cette singulière alchimie, mieux que la pierre philosophale, va donner naissance à l'un des phénomènes les plus surprenants et les plus attachants du siècle désormais achevé : le phénomène Teilhard.

Je voudrais maintenant aborder un dossier que les amis et les connaisseurs de Teilhard auraient préféré classer une fois pour toutes, celui de l'Homme de Piltdown. Est-il nécessaire, m'interrogeront-ils, de revenir sur cette fraude scientifique, de consacrer autant de pages à une triste supercherie ? Ne vaudrait-il pas mieux l'écarter une fois pour toutes du devoir de mémoire auquel Teilhard a droit ? J'en conviendrais si une récente publication n'apportait la note d'apaisement que ce dossier attendait depuis longtemps. Les spécialistes auront toute liberté de juger de son opportunité ; les autres trouveront peut-être un intérêt à découvrir un exemple (et non des moindres) d'un défi constant lancé à la science, celui de la qualité de ses sources, de ses expériences [12]. Tous pourront « passer » rapidement sur les suspicions de Stephen Jay Gould pour en venir au rôle que l'Homme de Piltdown a pu jouer dans l'orientation scientifique de Teilhard.

L'étrange affaire de l'Homme de Piltdown

Piltdown, près de Barkham Manor, dans le Sussex, à une quarantaine de kilomètres d'Hastings, 1908. Des ouvriers travaillent dans une gravière. Charles Dawson, homme de loi et régisseur d'un domaine de la région, archéologue amateur et paléontologue averti, y a déjà repéré des outils taillés. Il demande donc aux ouvriers de mettre de côté le moindre vestige osseux qu'ils pourraient rencontrer. Ce qui finit par arriver... ou du moins c'est ce qu'il raconte à sir Arthur Smith Woodward, conservateur du Département de géologie du British Museum, spécialiste des vertébrés fossiles, lorsqu'il lui rend visite en 1912. Et, parmi les dents d'hippopotame et d'éléphant, les grossiers instruments en silex, il lui indique des fragments d'os, à la couleur brun chocolat : les premiers restes de ce qui va devenir le crâne de Piltdown. Le savant du British Museum accepte sans hésiter de se joindre à Dawson pour une nouvelle campagne de fouilles, à la fin de mai et au cours de juin 1912. Les deux hommes découvrent alors un fragment de mandibule d'allure simiesque et muni de deux dents, de nouveaux débris crâniens, des outils de silex, plusieurs dents et ossements d'animaux fossiles. C'est à cette occasion que Teilhard se joint aux deux savants anglais. Le jeune jésuite avait fait la connaissance de Dawson dès 1909, évidemment près d'une carrière à fossiles, à proximité d'Hastings. En 1912, lui-même trouve à Piltdown un fragment de molaire d'éléphant ; un an plus tard, en juillet 1913, lorsqu'il revient sur les lieux, il met cette fois au jour une canine, d'allure simiesque mais dont l'usure fait plutôt penser à celle de dents humaines.

Entre-temps, dès le 18 décembre 1912, les deux Anglais se sont enquis de présenter les fragments du crâne et du maxillaire inférieur à la Société géologique de Londres, au British Museum, avec une collection de silex et d'ossements travaillés, ainsi que de nombreux fossiles de mammifères. Un nom est alors donné à l'« Homme du Sussex » : *Eoanthropus dawsoni*. Mais il serait préférable de l'appeler l'« Homme d'Angleterre », car la nouvelle de cette découverte prend rapidement les dimensions d'une affaire nationale : l'Angleterre a enfin son premier homme, plus vieux peut-être que l'Homme de Neandertal, l'Homme de Java ou encore l'Homme de Heidelberg ! Les partisans de l'Homme de Piltdown ajoutent que ce dernier pourrait constituer le célèbre chaînon manquant entre les singes anthropoïdes et la lignée humaine. L'association, à première vue étrange, d'une boîte crânienne clairement humaine et d'une mâchoire au contraire simiesque ne vient-elle pas apporter son soutien à l'hypothèse, alors avancée par certains évolutionnistes, de phénomènes évolutifs dits « en mosaïque » ? Pendant que l'opinion anglaise s'empare de la nouvelle, les fouilles sur le terrain continuent : en 1915, les restes d'un second *Eoanthropus* sont découverts à quelques kilomètres du premier site. Malheureusement, le 10 août 1916, Dawson meurt brutalement : à partir de cette date, plus aucun fossile de l'Homme de Piltdown n'est trouvé.

Dès 1912, des voix s'élèvent, du sein de la communauté des paléoanthropologues, pour mettre en doute l'authenticité de la découverte ; parmi les contradicteurs, l'Anglais David Warterson, les Américains Henry Fairfield Osborn et Gerrit Miller, le Français Marcellin Boule. Et durant près de trente ans, les disputes et les révisions, les revirements et les conversions ne vont pas manquer... jusqu'à ce qu'en 1944, après la mort de Woodward, une étude minutieuse puisse être menée par Kenneth P. Oakley, Joseph Weiner et Wilfrid E. Le Gros Clark, à l'aide de techniques modernes : dosages chimiques, mesures de radioactivité, examen aux rayons X, etc. La conclusion des trois savants est sans appel : les fragments de crâne appartiennent bien à un *Homo sapiens*... mais ce dernier a probablement vécu au Moyen Âge ! Quant à la mandibule, elle provient d'un jeune orang-outang et sa coloration comme sa patine ont été obtenues artificiellement. L'une des précieuses canines de l'Homme de Piltdown a également été peinte, après avoir été usée manuellement (comme l'a aussi été la surface des molaires) grâce à un abrasif ou à une lime : les traces de ce travail sont visibles à la loupe. Comment a-t-on pu berner la communauté scientifique durant cette longue période ? Simplement en interdisant l'étude directe des « précieux » fossiles, mis à l'abri sous prétexte de leur valeur. Dans de telles conditions, il n'était pas question d'entreprendre une analyse chimique ; quant à l'étude des moulages, elle ne pouvait être que sommaire, ceux-ci « masquant » nécessairement les traces du travail du faussaire (ou des faussaires). Il reste à se demander à qui a profité ce crime de lèse-paléontologie.

Qui ? Depuis cinquante ans, nombreux sont les noms avancés comme pouvant être ceux des hypothétiques faussaires [13] ; Pierre Teilhard de Chardin n'échappe évidemment pas au soupçon, puisqu'il apparaît très tôt dans le récit de la fraude. Certains auteurs l'innocentent : Teilhard n'est qu'une jeune dupe inconsciente, la victime par excellence, l'homme de paille de Dawson. Le géologue, pas encore licencié en sciences, aurait spontanément ou timidement fait confiance à une sommité de l'envergure de Woodward. Mais d'autres s'accrochent à la piste, comme le paléontologue américain Stephen Jay Gould ; il se rallie toutefois à ceux qui voient dans cette affaire une plaisanterie qui serait allée trop loin, plutôt qu'une contrefaçon malfaisante. Si les dernières années de sa vie ont laissé le souvenir d'un homme plutôt austère, Teilhard, avance le chercheur d'Harvard décédé en mai 2002, aurait été dans sa jeunesse un étudiant prompt à s'amuser ; lui et Dawson auraient imaginé ce canular pour berner Woodward, sans se douter que les plus grandes pointures scientifiques de l'époque joueraient leur carrière sur le prétendu Homme de Piltdown... et sans avoir le temps, l'occasion ou le courage d'avouer la supercherie ; le jeune religieux quitte en effet l'Angleterre à la fin de l'année 1914 pour être mobilisé et Dawson meurt en 1916. Pour appuyer son argumentation, Gould fait référence à une lettre que Teilhard adresse le 28 novembre 1953 à Oakley. Le religieux français commence par féliciter son collègue pour son travail qui a permis de découvrir la fraude : « Je vous félicite très sincèrement de la solution que vous apportez au problème de Piltdown. Anatomiquement parlant, l'*Eoanthropus* était une espèce de monstre. Et, d'un point de vue paléontologique, il était également choquant qu'à l'aurore de l'Humanité un Homme pût apparaître en Angleterre. C'est pourquoi je suis fondamentalement satisfait de vos conclusions, en dépit du fait que, sentimentalement parlant, il gâche l'un de mes souvenirs paléontologiques les plus lumineux et les plus anciens [14]... » Puis, remarque Gould, il poursuit en cherchant à écarter tout soupçon de Woodward et de son ami Dawson : « C'était une personne méthodique et enthousiaste. [...] En outre, son amitié profonde pour Sir Arthur rend impossible la pensée qu'il ait pu tromper son associé pendant plusieurs années. Lorsque nous étions sur le terrain, je n'ai jamais rien remarqué de suspect dans son comportement [15]. » La fraude, conclut-il, ne serait en fait que le résultat d'un accident : un amateur aurait jeté des ossements de singe sur un tas de déblais renfermant déjà les fragments d'un crâne humain... L'explication paraît tellement extravagante qu'elle a longtemps laissé peser sur son auteur de lourds soupçons. Mais Gould ne s'y attarde pas, pour en arriver plus rapidement à la phrase dans laquelle, selon lui, Teilhard se trahit : « Il se borna à me conduire sur l'emplacement du deuxième site et m'expliqua qu'il avait trouvé la molaire isolée et les petits morceaux de crâne dans les tas de gravats et pierraille qui avaient été ratissés à la surface du champ [16]. » Or, remarque Gould, aucun fragment n'a été trouvé sur le second site avant 1915, date à laquelle le Français est déjà sur le front. Pourquoi, par ailleurs, Teilhard a-t-il écrit avoir rencontré Dawson pour la première fois en 1911, alors qu'une lettre à ses parents, datée du 31 mai 1909, évoque « la connaissance d'un géologue du pays, nommé Mr Dawson, et dans des circonstances amusantes » ? Pour

Gould, la cause est entendue : dès 1912, Teilhard de Chardin était au courant de la supercherie et y a même consciemment, sinon volontairement, participé.

L'acharnement de Gould à accumuler enquêtes et preuves pour accuser Teilhard de Chardin dans l'affaire de Piltdown a été jugé comme enfantin [17]. Ou simplement erroné, comme l'explique Herbert Thomas, qui innocente quant à lui le Français. Thomas cite plusieurs de ses lettres, à la vue desquelles il paraît difficile de soupçonner la moindre conspiration avec Dawson. Ainsi, le 26 avril 1912, alors que ce dernier vient de le mettre dans le secret de ses découvertes que seul Woodward connaît jusqu'alors, Teilhard écrit à ses parents : « J'ai eu samedi dernier la visite de mon ami le géologue, M. Dawson. Il m'apportait des restes préhistoriques (silex, dents d'éléphant et d'hippopotame, et surtout fragments d'un crâne humain fort épais et bien fossilisé) qu'il trouve dans des alluvions pas très loin d'ici, pour m'exciter à des recherches semblables ; mais je n'ai plus guère de temps pour cela [18]. » Pour soutenir ici une quelconque machination, il faudrait « imaginer une singulière duplicité de la part de Teilhard, duplicité que d'aucuns, il est vrai, n'ont pas hésité à prêter à l'éducation jésuitique, mais qui dans le cas de Teilhard apparaît totalement incongrue [19] ». Thomas s'en prend ensuite aux accusations de Gould, montrant comment Teilhard n'a jamais cherché à esquiver les questions embarrassantes d'Oakley. « Teilhard eût-il été coupable, eût-il connu la vérité, qu'il n'eût certainement pas commis l'insigne maladresse d'évoquer à plusieurs reprises les années Piltdown [20] », y compris au moment de rédiger une présentation de ses travaux, lors de sa candidature à la chaire de préhistoire du Collège de France. Cette ultime remarque me paraît pleine de bon sens et de sagesse.

Finalement, je suis sensible à la conclusion de Pierre Fournier, dans l'article qu'il consacre à l'affaire de Piltdown :

« Le cas de l'Homme de Piltdown dépasse assurément celui d'une fraude banale, à cause des implications théoriques qu'il a pu avoir du côté de la représentation de l'évolution humaine. Il renseigne également sur les stades historiques de l'objectivité : les travaux scientifiques ne sont pas seulement le résultat d'une recherche, mais aussi, bien souvent, le reflet des conceptions et des techniques d'une époque. Il est possible enfin que l'enthousiasme de Woodward ait été fortement déterminé par le fait que l'Angleterre ne s'était pas jusqu'alors signalée par de grandes découvertes paléontologiques liées à l'origine de l'humanité. Innocent ou coupable, Woodward aurait-il donc été, comme le suggère Charles Devillers, " aveuglé " par un certain sentiment d'orgueil national [21] ? » En 1948, à plus de quatre-vingts ans et aveugle, le savant anglais n'a-t-il pas encore publié *The Earliest Englishman* (*Le Premier Anglais*) ? Si l'Homme de Piltdown n'était pas une farce qui a mal tourné, voire même une fraude, mais avait une telle perspective idéologique, serait-il encore raisonnable d'accuser Teilhard de Chardin ? Je n'en suis vraiment pas persuadé.

« En dépit de la déconvenue que lui réservait cette aventure, écrit de son côté Louis Barjon, le seul fait de s'y être mêlé n'en atteste pas moins chez le Père Teilhard et l'éveil précoce chez lui de cette passion de la fouille anthropologique et le cas que faisaient déjà de ce jeune savant les spécialistes de la question [22]. » Claude Cuénot, déjà, avait posé une conclusion assez analogue : « En fait, le bilan de l'affaire de Piltdown ne fut nullement négatif. Cette prétendue trouvaille, où il n'eut jamais un rôle important, présenta le gros avantage de polariser l'esprit du P. Teilhard et de lui révéler la puissance d'émerveillement que comporte la découverte scientifique en matière anthropologique : FELIX CULPA [23]. » Sans doute est-ce lors de son séjour sur le sol anglais que le jeune Teilhard lie étroitement la Terre et l'Homme, la géologie et la paléoanthropologie (pour le dire avec d'autres mots du jésuite, continentalisation et cérébralisation) : sans la Terre y aurait-il des hommes, et sans les hommes que serait la Terre ? Si, en 1949, presque à la fin de sa carrière, Teilhard n'aura jamais effectivement étudié, en tant que paléontologue, d'Homme fossile, il pourra écrire, dans une notice sur ses titres et ses travaux destinée à appuyer sa candidature au Collège de France : « Les occasions tôt rencontrées d'étudier certains Primates fossiles particulièrement anciens et particulièrement bien conservés, l'atmosphère initiale d'un Laboratoire où se préparaient et s'étudiaient journellement à côté de moi les squelettes de La Chapelle-aux-Saints et de La Ferrassie ; tous ces facteurs, sans parler de la fascination intrinsèque au sujet lui-même, convergeaient dès le début pour m'orienter peu à peu, et de plus en plus, vers les problèmes et la poursuite de l'Homme fossile [24]. »

Premiers pas à Paris

Paris, 16 juillet 1912. Deux jours auparavant, Teilhard a passé à Ore Place l'examen par lequel s'achève sa formation théologique ; il a ensuite quitté l'Angleterre. Le 19 (ou peut-être le 20), il rencontre Marcellin Boule, alors professeur de paléontologie au Muséum national d'histoire naturelle et spécialiste des Neandertaliens trouvés à La Chapelle-aux-Saints. Dans le discours qu'il prononcera en mai 1937, à l'occasion du jubilé de son maître, il évoquera les premiers instants de cette rencontre : « Vous souvenez-vous de notre première entrevue, vers la mi-juillet 1912 ? [...] Ce jour-là, je vins timidement vers les 2 heures, sonner à la porte, si souvent franchie depuis, au laboratoire de la place Valhubert. Vous étiez exactement à la veille (sacrée !) de votre départ en vacances, très occupé. Cependant, Thévenin força la consigne. Vous me reçûtes quand même. Et la canine de

Piltdown (et sans doute aussi ma qualité d'Auvergnat) aidant, vous me fîtes la proposition de venir travailler chez vous, à l'école de Gaudry — à votre école — [25]. » La proposition convient au jeune jésuite et à ses supérieurs : le 15 août, ceux-ci l'informent qu'il poursuivra à la rentrée sa formation scientifique avec le professeur Boule. Auparavant, il passe quelques jours à Orcines, sa paroisse natale, puis rejoint le collège d'Antoing en Belgique, où, auprès du père Cugnien, un professeur d'histoire naturelle, l'attendent de véritables devoirs de vacances, afin de mieux préparer sa rentrée au Muséum. Dans une lettre qu'il envoie à ses parents depuis Antoing, il revient sur son séjour en famille : « On n'est pas long à se réhabituer à Sarcenat ! constate-t-il. Et pourtant, n'est-ce pas, ajoute-t-il, ma place normale n'est plus là... Cela n'empêche pas, vous le savez, que toute mon affection vous reste. Vous avoir tous revus, sur place, m'a fait vraiment reprendre contact avec vous ; prolonger mon séjour n'eût pas été dans la ligne de ma vie et n'eût ajouté rien d'essentiel aux bons et vrais résultats de cette revue, qui sont d'avoir maintenu et resserré les liens de famille que le Bon Dieu bénit [26]. » Dès le 28 septembre 1912, il est de retour à Paris.

À cette époque, les religieux ne sont toujours pas autorisés à vivre en communauté. S'il prend ses repas rue du Regard, Teilhard loge près de l'église Saint-Sulpice, au cinquième étage d'un immeuble qui fait l'angle entre la rue du Vieux-Colombier (au numéro 13) et la rue de Rennes. Il goûte rarement l'agitation de ce quartier, le ronflement du métro : il passe ses journées au Muséum, engagé dans l'étude des carnivores du Quercy qui sera la matière de ses deux premiers écrits paléontologiques, publiés en 1914 et en 1916, dans les *Annales de paléontologie.* « Mon travail va toujours bien, écrit-il à ses parents le 27 novembre 1912 ; seulement j'en arrive au moment où ma population de carnassiers me suggère plus d'idées que je n'arrive à les mettre en ordre. C'est un bon exercice. Ce qui est assez plaisant, c'est d'être aux premières loges pour bénéficier des primeurs ; l'autre jour, l'excellent M. Boule m'a admis à vénérer dans son tiroir un insectivore conservé dans une marne (analogue en aspect et en âge à celles de la Limagne (oligocène), et dont on voit tous les poils !). » Il suit également des cours au Collège de France, à la Sorbonne et à l'Institut catholique.

Dès la rentrée, il rend visite aux membres de sa famille qui habitent Paris. Ainsi retrouve-t-il « l'oncle Cirice » et « la tante Marie », c'est-à-dire M. et Mme Teillard-Chambon, qu'enfant il avait connus à Clermont. Il ne reconnaît pas toujours leurs enfants, ses cousins et cousines : Marcel, Alice, Robert... et Marguerite qui a pris la direction du pensionnat des religieuses de Sion, le futur Institut Notre-Dame-des-Champs. Elle y invite plusieurs fois son cousin Pierre, pour y célébrer la messe ou y donner aux professeurs une conférence sur le transformisme : c'est le début d'une grande amitié.

S'il consacre du temps à ces visites familiales, le père Teilhard profite aussi de son séjour parisien pour faire la connaissance de nombreuses personnalités scientifiques ; parmi elles, l'abbé Henri Breuil, celui qui sera plus tard surnommé le « pape de la préhistoire ». Avec lui, l'abbé Hugo Obermaier et plusieurs autres savants français et étrangers, il part, en juin 1913, pour une tournée des cavernes à peintures préhistoriques dans la région de Santander, au nord-ouest de l'Espagne, là où ont lieu les premières grandes fouilles financées par l'Institut de paléontologie humaine. Les photographies prises au cours de ce voyage montrent Teilhard coiffé d'un feutre noir, muni d'une pioche et accompagné de ses collègues, devant les grottes de Castillo, de Pasiega, d'Altamira [27]. Pour la petite histoire, c'est près de la grotte d'Altamira, dite « la grotte aux cent bisons », que se réunira, en août 1925, un groupe de scientifiques, prêtres et laïcs, soucieux d'objectivité scientifique et de défense de la foi catholique. Le « concile d'Altamira » fera parvenir au pape un texte, rédigé à cette occasion, qui affirme que la théorie de l'évolution ne peut toucher le principe de la création par Dieu : « La théorie de l'Évolution n'atteint que la face extérieure de ce que l'acte créateur permanent de Dieu réalise successivement dans le temps et dans l'espace. »

« Essentiellement, écrit-il à ses parents, j'ai remué et vu remuer beaucoup de terre et de pierres. Dès le matin, c'est-à-dire vers les huit heures, nous montons à la caverne, dans les costumes les plus hardis [il précise ailleurs : " en bleu, avec, aux pieds, des alparagates ou sandales du pays "], et nous y restons jusqu'à 6 heures du soir, en plein air, au bon soleil, en face d'une vue admirable. Nous n'avons pas fait de trouvaille sensationnelle ; les couches se montrent cette année telles que les fouilles des deux dernières années (durant lesquelles on avait enlevé un tiers des dépôts) les avaient montrées ; mais ceci même est pour moi très intéressant, pcq. cela constitue la plus admirable série d'habitations quaternaires actuellement connues. » Il est fasciné par les dessins et les peintures qu'il découvre : « Ce qui est le plus impressionnant [à Castillo], c'est une paroi couverte de mains, dont le dessin a dû s'obtenir en appliquant sur le rocher la main gauche, puis en couvrant d'ocre toute la partie non recouverte (les mains sont en blanc sur fond rouge). Je vous assure qu'on fait de vraies méditations à regarder ces vestiges d'une humanité antérieure à toute civilisation connue ; j'aime à rester là devant, seul, dans un silence absolu qu'interrompt seulement le bruit des gouttes tombant des stalactites [28]. »

À Paris et dans le milieu scientifique, des contacts ne cessent de s'établir, des amitiés de se nouer. Teilhard fait ainsi la connaissance du comte Henri Bégouën qui a découvert, en 1912, des bisons en argile dans la grotte du Tuc d'Audubert ; et il devient rapidement l'ami de l'un des fils du comte, Max Henri. Teilhard fait aussi partie des premiers étudiants d'un jeune et brillant géologue, Jean Boussac, qui occupe la chaire d'Albert de Lapparent à l'Institut catholique à partir de 1912, après avoir obtenu sa thèse et s'être marié avec une fille du Pr Pierre Termier. Emmené par Boussac, Teilhard part en excursion dans le Bassin parisien ou en Normandie et discute philosophie avec son professeur. « Bergson m'a fourni l'occasion de parler de Maritain et de Léon Bloy au P. Teilhard qui a l'air de s'intéresser », écrit Boussac à son épouse [29]. Une amitié est née, malheureusement interrompue par la guerre. Lors de la naissance de leur second enfant, évoquant la possibilité de demander à Teilhard d'en être le parrain, Boussac hésite : « Et puis dans quel pays ses supérieurs l'enverront-ils ? Ce serait un parrain que peut-être son filleul ne verrait guère [30]. » Pour l'heure, Teilhard se contente d'aller dire la messe à de jeunes ouvriers du Bourget ou de prêcher le Carême de 1914 dans une paroisse de Lyon. À cette dernière occasion, il participe à la procession qui clôt le Congrès eucharistique et raconte à ses parents comment le survol de la basilique par un aéroplane a perturbé la fin de la cérémonie : les frères Wright ont fait voler un plus lourd que l'air à peine plus de dix ans auparavant, et Louis Blériot a traversé la Manche en 1909 !

Quelques mois plus tard, une fois l'année universitaire achevée, Teilhard accompagne son ami Boussac pour une randonnée scientifique dans les Alpes, avec ses élèves. Dans une lettre datée du 17 juillet 1914 adressée à son épouse, le jeune professeur parisien raconte : « Nous sommes arrivés tard à Guillestre. Ce matin, messe à 6 h, que j'ai servie au

P. Teilhard, comme tous les jours précédents ; mais pas un de mes compagnons n'y est venu... À 7 h, départ pour une courte promenade dans le Queyras ; avons vu de beaux plis couchés, et la tectonique briançonnaise a obtenu un vif succès[31]. » Suivent plusieurs journées de marche, avant de prendre un peu de repos à Grenoble. Une nouvelle excursion est prévue dans le Val d'Isère ; mais, le 1er août, la mobilisation générale est annoncée, puis la guerre déclarée.

En sa qualité d' « auxiliaire non exercé » (il n'a pas fait son service militaire), Teilhard n'est pas concerné par cette première mobilisation. Il doit se contenter de rester à Paris, vexé de ne rien pouvoir faire. Il reprend son travail au Muséum, voit les *Taube* (des monoplans allemands) survoler Paris, constate que « tous les apaches ont disparu, dès le début de la guerre ; jamais les gens n'ont été plus sympathiques les uns aux autres[32] ». Finalement, ses supérieurs l'envoient à Canterbury, le 25 septembre 1914, pour commencer par une retraite de trente jours son Troisième An, l'habituelle dernière étape de la formation d'un jésuite. C'est en Angleterre qu'il apprend la mort de son frère Gonzague, le 12 novembre. À ses parents, dans une lettre datée du 23 décembre, il écrit (une fois encore...) : « Vous ne pouviez rêver aucun idéal plus beau pour vos fils que de les voir se consacrer, avec l'esprit chrétien qu'ils y mettent, à une des tâches les plus grandes dont parlera sans doute jamais l'histoire. » Entre-temps, en effet, il est lui-même passé devant un conseil de révision en novembre et a été déclaré « bon pour le service[33] ».

Le manteau d'Élie

Heureux ceux qui sont morts dans les grandes batailles
Couchés dessus le sol à la face de Dieu.

Heureux ceux qui sont morts sur un dernier haut lieu
Parmi tout l'appareil des grandes funérailles.
Heureux ceux qui sont morts, car ils sont retournés
Dans la première argile et la première Terre,
Heureux ceux qui sont morts dans une juste guerre
Heureux les épis mûrs et les blés moissonnés.

Ce texte de Charles Péguy, Teilhard l'a retranscrit au début du troisième cahier de son *Journal*, en décembre 1916; deux ans se sont alors passés, depuis sa propre « entrée en guerre ». Mobilisé en décembre 1914 et affecté à la 13e section d'infirmiers, il séjourne d'abord à Vichy, puis à Clermont-Ferrand; il demande alors à rejoindre le front. Pourquoi ce choix ? Par patriotisme ? Parce qu'il vient d'apprendre la mort de son frère Gonzague ? Par souci de la mission ou par goût de l'action ? Sans doute pour tout cela à la fois. Le 20 janvier 1915, il devient donc brancardier de deuxième classe dans le 8e régiment de marche de tirailleurs marocains, transformé, à partir du 22 juin 1915, en 4e régiment mixte de zouaves et de tirailleurs. Il quitte alors Moulins pour rejoindre le secteur 98, dans la région de Compiègne. Il appartient à un corps d'élite avec lequel il va participer aux batailles les plus sanglantes du conflit. Après l'Oise, il part en avril 1915 pour le secteur d'Ypres, à Poperinghe, jusqu'en août. Puis, en septembre, il participe à la grande offensive de Champagne, avant de séjourner sur la côte entre Dunkerque et Nieuport, de janvier à avril 1916. Ensuite, il passe plus de six mois à Verdun, entre mai 1916 et janvier 1917. L'année 1917 le voit dans la région de Reims où il est engagé dans l'offensive de l'Aisne et du Chemin des Dames. En janvier et février 1918, il stationne dans la région de Châlons, avant de participer à la deuxième bataille de la Marne et à la contre-offensive lancée par l'armée française. À partir d'octobre, il est en Haute-Alsace, près de la frontière suisse, si bien qu'à la déclaration de l'armistice il fait partie de la délégation du 4e régiment mixte de zouaves et de tirailleurs qui entre dans Strasbourg. Il n'est démobilisé que le 10 mars 1919, alors qu'il séjourne en Allemagne, près de Kehl.

Nommé caporal le 15 mai 1915, il fait, à la fin de 1916, des démarches pour devenir brancardier honoraire, ou bien « aumônier-poilu » : ainsi serait-il libre de faire fonction d'aumônier dans les trois bataillons de son régiment, sans être assujetti à aucun service. Mais il écarte la perspective d'être officiellement nommé aumônier de la 38e division, comme il refuse les avantages que pourrait lui apporter son état ecclésiastique : il tient à partager le même sort que ses camarades, sans avoir toutefois à se battre.

Le soldat Teilhard reçoit à plusieurs reprises les honneurs de l'armée. Le 29 août 1915, il est cité à l'ordre de la division et reçoit la croix de guerre : « A, sur sa demande, quitté le poste de secours pour servir aux tranchées de première ligne. A fait preuve de la plus grande abnégation et d'un mépris absolu du danger. » Le 17 septembre 1916, il reçoit une nouvelle citation, cette fois à l'ordre de l'armée : « Modèle de bravoure, d'abnégation et de sang-froid. Du 15 au 19 août 1916 a dirigé les équipes de brancardiers sur un terrain bouleversé par l'artillerie et battu par les mitrailleuses. Le 18 août, est allé chercher, à une vingtaine de mètres des lignes ennemies, le corps d'un officier tué et l'a ramené dans les tranchées. » Il reçoit la médaille militaire le 20 juin 1917 : « Excellent gradé. S'est acquis par l'élévation de son caractère la confiance et le respect. Le 20 mai 1917, est allé spécialement dans une tranchée soumise à un très violent tir d'artillerie pour y recueillir un blessé. » Enfin, le 21 mai 1921, à la demande de son ancien régiment, il est fait chevalier de la Légion d'honneur : « Brancardier d'élite qui, pendant quatre ans de campagne, a pris part à toutes les batailles, à tous les combats où le régiment fut engagé, demandant de rester dans le rang pour être plus près des hommes dont il n'a cessé de partager les fatigues et les dangers. » Derrière leur rhétorique toute militaire, ces formules disent la puissance de l'engagement du jésuite dans ce que ses biographes s'accordent à appeler son « baptême dans le Réel ». L'intrépidité qui lui vaut ces honneurs (mais aussi d'être envoyé dans les zones les plus exposées) est presque légendaire ; son ami Helmut de Terra s'en souviendra lorsqu'ils traverseront, au cours d'une expédition en Birmanie, un terrain réputé abriter des panthères. À un autre ami, Max Bégouën, qui l'interrogera sur son calme, il répondra simplement : « La mort n'est qu'une métamorphose. » À ce courage, remarque le docteur Salzes, le médecin-major de son régiment et lui-même auvergnat, se joint une grande humilité ; deux qualités qui lui confèrent une aura et une ascendance sur tous les soldats : « Il savait les paroles, les gestes à faire pour remonter au moment voulu le moral des combattants. »

Il serait erroné de prétendre que la vie l'a jusqu'alors épargné. Le cercle familial, sans doute protecteur, a connu plusieurs décès : ceux de ses sœurs Louise en 1904 et Françoise en 1911, celui de Gonzague en 1914, avant celui d'Olivier en mai 1918. La période de sa formation jésuite elle-même s'est déroulée dans le contexte des expulsions. Mais, cette fois, ses capacités naturelles de résistance et d'adaptation sont mises à rude épreuve. Nul besoin de décrire les conditions de vie sur le front : la promiscuité et l'ennui, les déluges de feu, d'eau et de boue, l'horreur de la guerre et la bassesse des hommes, le cri des blessés et la mort omniprésente. Il doit affronter son propre caractère : sa pudeur, sa réserve aristocratique (les hommes de troupe l'appellent « Monsieur Teilhard »). Il reconnaît n'avoir, « instinctivement, que du dégoût et du mépris pour le rôle des infirmiers » qu'il côtoie. « Et cependant, n'est-ce pas, pour un prêtre, la fonction, par excellence, unitive des activités, harmonieuse ?... Tout entier, vivre pour soigner, pour guérir [34]... » L'infirmerie, écrit-il plus tard encore dans son *Journal*, l'humilie, le répugne ; il explique cette impassibilité par sa timidité ou comme un trait familial. Il précise ailleurs : « Je ne puis m'empêcher de constater que j'ai bien plus la nature du foret qui perce que celle de l'huile qui adoucit la marche du Progrès [35]. » Plus tard et à plusieurs reprises, Teilhard mettra en question la « douce philanthropie » du bon Samaritain : « Ce qui, bien davantage qu'un échec de fait, déprécie aujourd'hui à nos yeux la charité, c'est incontestablement son inutilité et son impuissance apparente à justifier et à animer notre besoin passionné de découverte et de conquête. La Morale que nous attendons ne peut plus être à base d'égards mutuels, mais à base de progrès. C'est de " l'essence ", et non pas seulement de l'huile qu'il nous faut... La charité, telle qu'on nous la prêche, est résignée et statique [36]. »

Le baptême du feu, ce baptême dans le Réel, révèle chez Teilhard ce qui en fait et en fera au long de son existence le gentilhomme si fascinant, si respectable aux yeux de beaucoup de ses contemporains, comme aussi de ceux qui ne l'auront pas connu. « L'Homme du front n'est plus le même, répétera plus tard son ami Pierre Leroy. Dans cette émulation d'héroïsme au service d'une grande idée, la vie prend une autre saveur ; [Teilhard] le sent, la réalité qu'il a découverte au front, l'habitera désormais " pour le grand travail de création et de sanctification de l'humanité " [37]. »

C'est au cours de ces années de front que Teilhard subit ses premières crises d'*acedia*, ces moments d'extrême lassitude et de profond ennui durant lesquels il sent ses appuis les plus intérieurs se dérober, son énergie le quitter, la dépression s'installer. Il en connaîtra d'autres par la suite, les cachera autant que possible ; seuls ses amis les plus proches en auront connaissance. Au moment de la Grande Guerre, la proximité de la mort en a été l'un des facteurs déclenchants. « Ce qui m'a déconcerté, à Verdun, reconnaît-il dans son *Journal* le 30 juin 1916, c'est la vision concrète et prochaine de la *destruction possible.* J'ai senti, palpé, ce que c'est que *se perdre*, et d'avoir à renoncer à tous les espoirs nourris, à tous les cadres aimés. » « Il faut avoir senti passer sur soi l'ombre de la Mort, écrit-il deux ans plus tard, pour réaliser tout ce que la marche dans l'Avenir a de solitaire, de hasardeux et d'effrayant, dans son renouvellement. C'est seulement lorsque le danger menace, un danger sur lequel nous ne pouvons plus rien, *ni personne autour de nous*, que le Futur se révèle distinctement à nous, avec ses deux faces de Fortune capricieuse et d'implacable Destinée, eau mouvante et tempétueuse à la fois, où l'on coule et qui renverse, aussi incontrôlable par son inconsistance que par sa force déchaînée. Ceux qui n'ont pas failli mourir n'ont jamais aperçu complètement ce qu'il y avait devant eux [38]... »

À côté de cette éclipse du goût de vivre, de ces expériences de grande lassitude, mais non sans lien avec elles, Teilhard doit affronter un sentiment d'humiliation. Il n'occupe en fin de compte qu'un poste de brancardier et n'est pas autorisé à monter à l'assaut. « On se sent petit près des combattants, et ils vous le font sentir », avoue-t-il à sa cousine le 22 janvier 1915. Qui plus est, son état ecclésiastique menace toujours de le faire « sortir du rang », contre sa volonté. « Le prêtre mis, par exemple, dans un groupe de brancardiers en surnombre, pour ne rien faire de pénible ou de dangereux, le prêtre placé dans une batterie pour y subtiliser la place enviée et fainéante d'infirmier, tous ces prêtres sont mal vus, peu à leur place, et la mauvaise impression créée par leur situation n'est peut-être pas compensée par quelques messes dominicales de plus. Le prêtre non combattant doit racheter sa position moins exposée [39]. » Et il se désole lorsqu'il pense ne pas avoir rempli avec suffisamment de dévouement et d'héroïsme sa tâche de brancardier, dévalorisée à ses yeux. « Il a fallu vivement travailler le 25.

Je ne garde néanmoins de cette date solennelle qu'un souvenir humilié et inconfortable : je n'ai pas su, à ce moment suprême, me maintenir au niveau adopté ; — je me suis senti égoïste, petit, uniquement soucieux de ma petite préservation personnelle... Et puis, j'ai intensément perçu que celui-là seul éprouve jusqu'au bout le poids et la grandeur de la guerre qui doit, à certaines heures, sortir des abris, et monter à l'assaut, ce qui ne m'arrivera jamais. Non, je n'ai rien du héros, et, en moi, les vérités de la foi sont bien lentes à renouveler la nature et à lui apprendre à se sacrifier [40]. » Ou encore : « Il est question d'attaques, au moins locales, où je sens que je me devrai de m'exposer... Et cela me fait froid ! J'ai honte de moi, quand je me sens aussi timide, alors que des milliers de combattants se lancent à l'assaut et se font tuer chaque jour depuis trois semaines. Je suis humilié... et un peu inquiet sur l'efficacité de mes principes les plus chers, sur la solidité de ma vie surnaturelle [41]. » Évidemment, il ne faudrait pas voir, dans ces propos, l'expression d'un esprit belliqueux, mais plutôt celle d'un sentiment de frustration, mêlé de jalousie, si dur à supporter pour un homme de la trempe et, paradoxalement peut-être, de la charité de Teilhard. Comment supporter de rester en arrière des assauts héroïques de vos camarades, lorsque « De feu est votre vigueur » (selon la devise familiale) et que vos cris de ralliement pourraient être « En Avant » et « Être plus » ! Voilà sans doute une surprenante manière de (prétendre) suivre l'Évangile ; mais Teilhard y sera toujours fidèle, sans renier ni son caractère ni son engagement.

Et le jeune prêtre, que devient-il dans de telles conditions de vie, tant matérielles que psychologiques ? Les tirailleurs et les zouaves, sénégalais, martiniquais, somaliens, annamites, tunisiens ou français, sont majoritairement musulmans. C'est apparemment la raison pour laquelle le régiment ne possède pas d'aumônier en titre ; Teilhard en assure officieusement la fonction. Les soldats musulmans respectent en lui l'« homme de Dieu » et l'appellent volontiers *Sidi Marabout*, impressionnés par son courage, sa résistance physique et sa capacité à se sortir sain et sauf des pires situations. Pour eux, il ne fait aucun doute qu'il a la baraka, qu'il jouit d'une protection divine particulière.

Plusieurs récits laissent deviner comment, au cœur de la vie religieuse de Teilhard au front, se trouve la célébration de la messe. Déjà, lors de ses premières campagnes géologiques, célébrer la messe n'avait pas toujours été aisé ; en Espagne, il avait reçu l'autorisation de le faire dans l'hôtel où il logeait et qui possédait une chapelle ; dans les Alpes, sa tenue de terrain l'avait un jour contraint à montrer son *celebret* (une sorte de passeport du prêtre) à un curé un peu soupçonneux. Durant ces années de guerre, célébrer la messe est encore plus difficile. Il faut parfois au jésuite parcourir plusieurs kilomètres à pied pour trouver une église, qui plus est, à jeun, selon la discipline de l'époque. En 1917, dans le village de Bagneux où séjourne son régiment, il doit célébrer plusieurs enterrements à la chaîne. À croire, se plaint-il, que « les vieux bonshommes du pays se soient donné le mot pour défunter pendant [son] passage ». Lorsqu'il se trouve loin de tout lieu de culte, il a recours à sa chapelle portative : une trousse, pareille à celle du chirurgien, qui contient les objets du culte, réduits à leur plus strict minimum. Il l'ouvre dans l'un des refuges de fortune qui abritent les poilus, infestés de rats, protégés par des sacs de terre, reliés par des boyaux envahis par l'eau si le terrain est marécageux. Si l'abri empêche les hommes de se tenir debout, c'est à genoux qu'officiant et assistants prient ensemble, comme le raconte le lieutenant Jacquemot après une messe célébrée par Teilhard près de Nieuport, en pleines Flandres. Ce jour-là, de janvier 1916, alors que le jésuite range calice et patène, ornements et livres, « les Allemands nous envoyèrent une dégelée d'obus sur le secteur.

Personne ne fut touché par les éclats et Teilhard de nous dire froidement et plein de sérieux : “ J’avais encore une bénédiction à vous donner. Le Christ, étant avec nous, n’a pas voulu que l’un de nous soit atteint. ” Et Teilhard nous donna sa bénédiction avant d’aller rejoindre sa place au poste de secours [42]. »

Et si les événements (attaques ou marches forcées) le privent de cette célébration, il tâche de « compenser en faisant mentalement (trop rarement et négligemment hélas !) ces deux actes, fondamentaux de la religion, de l’offrande et de l’union, dont la messe est la réalisation la plus intime qui soit [43] ». Cette pratique, le futur auteur de *La Messe sur le Monde* l’appelle à cette époque la « messe sur toutes choses ». Il aime, pour la célébrer, se promener dans les bois, sur les dunes en bord de mer, lorsque la nuit est tombée, au cours de ses « solitaires et combien poétiques noctambulies ». Au terme du conflit, lorsqu’il se retrouve à Strasbourg pour Noël, il célèbre cette fête pour que l’Incarnation s’étende toujours plus au Monde et que s’opère une plus étroite conjonction entre Dieu et le Monde.

Ne nous laissons pas tromper par le caractère (accessoirement) pittoresque et anecdotique de ces images et de ces récits. C’est durant ce temps de guerre que Teilhard plante les racines les plus profondes de son engagement religieux et sacerdotal. Les vœux solennels qu’il prononce à Sainte-Foy-lès-Lyon, le 26 mai 1918, quelques jours après avoir appris la mort au front de son frère Olivier (Yéyé), le 3 mai, n’en sont, d’une certaine manière, qu’une étape. Au cours de ces quatre années passées avec les soldats du 4e régiment mixte, dans cette vie de prêtre et de religieux au cœur de l’abîme qu’a été la Grande Guerre, il ne faut pas seulement voir la genèse de sa pensée, mais aussi l’émergence du « phénomène » Teilhard. Il écrit alors énormément : quatre cents pages de *Journal*, de nombreuses lettres et une vingtaine d’essais. Des pages qu’il doit arracher à la machine de souffrances et de mort qu'est cette guerre des tranchées, sous la menace permanente des balles et des obus, « pétri dans l'argile des forts ». Son confrère, René d'Ouince, en parle avec admiration : « J'ai fait moi-même cette guerre. J'y ai connu l'abrutissement de la veille et de l'effort physique — et j'avais vingt ans. Le cas Teilhard me semble psychologiquement prodigieux. Il réfléchissait en ligne, de jour et souvent de nuit ; quand le poste de secours ne lui offrait pas l'isolement nécessaire, il gagnait le bois le plus proche, marchait de long en large pendant des heures et, au petit matin, prenait des notes. Au prochain repos, dans un presbytère ou une sacristie délabrée, il rédigeait, avec une minutieuse netteté d'écriture et de disposition des textes de vingt à trente pages qui révèlent un écrivain de grande classe [44]. » Mais, je le répète, le fruit d'une telle vitalité intellectuelle ne doit pas en cacher la seule véritable explication, l'étonnant et pourtant si simple fondement : la réalisation d'un engagement religieux et sacerdotal au sein du monde. Je reviens à son texte *Le Prêtre*, écrit au terme de la Grande Guerre : « Dans la mesure de mes forces, *parce que je suis prêtre*, je veux désormais être le premier à prendre conscience de ce que le Monde aime, poursuit, souffre ; — le premier à chercher, à sympathiser, à peiner ; — le premier à m'épanouir et à me sacrifier, — plus largement humain, et plus noblement terrestre qu'aucun serviteur du Monde. Je veux, d'une part, plonger dans les Choses ; et, me mêlant à elles, en dégager, par la possession, jusqu'à la dernière parcelle, ce qu'elles contiennent de vie éternelle, — afin que rien ne se perde. Et je veux, en même temps, par la pratique des conseils, récupérer dans le renoncement tout ce que renferme de flamme céleste la triple concupiscence, — sanctifier, dans la chasteté, la pauvreté, l'obéissance, la puissance incluse dans l'amour, dans l'or et dans l'indépendance. Voilà pourquoi mes vœux, mon sacerdoce, je les ai revêtus (c'est là ma force et mon bonheur) dans un esprit d'acceptation et de divinisation des Puissances de la Terre [45]. »

Qui veut comprendre Pierre Teilhard de Chardin doit prendre la mesure de cet engagement, humain et religieux, tel qu'il se dessine au cours de ces années de guerre. Lui-même est conscient de se trouver à un carrefour, tant pour son cheminement personnel que pour l'histoire humaine : « Le sort, écrit-il, m'a placé à un carrefour privilégié du Monde où, en ma double qualité de prêtre et d'homme de Science, j'ai pu sentir passer à travers moi, dans des conditions particulièrement exaltantes et variées, le double flot des puissances humaines et divines [46]. » Mais cette vive conscience ne lui enlève pas sa lucidité sur lui-même et sur les difficultés qui l'attendent. À un proche qui lui demande dans quel état d'esprit il a prononcé ses vœux solennels, il explique : « Je vais faire vœu de pauvreté : jamais je n'ai mieux compris à quel point l'argent peut être un moyen puissant pour le service et la glorification de Dieu. Je vais faire vœu de chasteté : jamais je n'ai mieux compris à quel point l'homme et la femme peuvent se compléter pour s'élever à Dieu. Je vais faire vœu d'obéissance : jamais je n'ai mieux compris à quel point Dieu rend libre dans son service [47]. » Le propos peut surprendre, choquer même; je trouve qu'il est le témoignage d'un acte libre et mûri. S'engager définitivement, comme il le fait lui-même au sein de la Compagnie de Jésus, n'a guère de sens pour quelqu'un qui ne mesurerait pas les termes et les conditions de son choix. Ou bien, s'il n'a pas compris qu'il opère effectivement un choix, au profit d'un état de vie plutôt que d'un autre, peut-il même parler d'engagement ? C'est au mieux le constat d'une situation ou d'un état, consenti mais non choisi. Je me demande si ces quelques phrases, anodines, voire oubliées, n'apportent pas une clé essentielle pour comprendre sinon la vie de Teilhard, du moins la profondeur de son engagement religieux : lucidement choisi, librement accompli et, dès lors, définitif. Jusqu'à la mort.

Enfin, j'ajouterai que, cette expérience du front comme brancardier et prêtre, aussi personnelle et singulière qu'elle puisse paraître, Teilhard l'inscrit explicitement au sein de la tradition jésuite. Son existence, ses entreprises, au sein de la pâte la plus réelle, la plus humaine, la plus vivante, ne peuvent se dérouler qu'en vue de « la plus grande gloire de Dieu ». Est-il alors si étonnant de deviner comme un accord entre l'expérience militaire des tranchées, du baptême du Réel, et la tradition religieuse à laquelle il appartient désormais ? Nul doute que la Compagnie de Jésus constitue, à sa manière, une avant-garde de l'Église, un régiment d'élite, pour user d'une image courante à cette époque. Qu'un de ses membres puisse trouver et même apprécier des résonances dans l'expérience d'une mobilisation en temps de guerre, est-ce étonnant ? Je propose de ne pas y voir davantage qu'un accord de circonstance qui ouvre avec panache une ligne mélodique singulière, sans pouvoir pour autant la contenir entièrement.

La nostalgie du front

Nieuport, 24 mars 1916. Pierre Teilhard de Chardin rédige l'introduction de son texte intitulé *La Vie cosmique*. « J'écris ces lignes par exubérance de vie et par besoin de vivre ; — pour exprimer une vision passionnée de la Terre et pour chercher une solution aux doutes de mon action ; — parce que j'aime l'Univers, ses énergies, ses secrets, ses espérances, et parce que, en même temps, je me suis voué à Dieu, seule Origine, seule Issue, seul Terme. Je veux laisser s'exhaler ici mon amour de la matière et de la vie, et l'harmoniser, si possible, avec l'adoration unique de la seule absolue et définitive Divinité [48]. » Si Teilhard a connu, lors de son séjour en Égypte, la tentation panthéiste d'une possible dissolution dans la matière, il décrit et analyse, dans cet écrit de guerre, un sentiment un peu différent, celui de la possible communion avec Dieu à travers la Terre, la

Matière. Une communion, précise-t-il, qui ne peut se concevoir sans un engagement humain, social et politique tout aussi passionné. La guerre lui offre l'occasion, l'expérience d'un élargissement du champ de sa conscience, d'une révélation de la grandeur humaine : « La guerre est le heurt entre des vagues d'hommes, écrit-il dans son *Journal* le 17 octobre 1916. Qu'est-ce qui *fait* ou apaisera les *vagues* ?... » Il retient cette image des vagues dans une lettre qu'il adresse à sa cousine Marguerite, un an plus tard : « On pourrait montrer que le front n'est pas seulement la ligne de feu, la surface de corrosion des peuples qui s'attaquent, mais aussi, en quelque façon, le “ front de la vague ” qui porte le monde humain vers ses destinées nouvelles [49]. » Déjà, en 1912, il avait partagé l'étonnement de son père devant le courage et le désintéressement des passagers du *Titanic*, « des milliardaires américains » ; est-ce à dire que les gens valent parfois mieux qu'ils ne paraissent ? Il leur manque peut-être l'occasion de révéler ce qu'ils sont : « Les télégraphistes “ sans fil ” sont en voie de faire une corporation de héros [50]. » Désormais, Teilhard peut y adjoindre les poilus de la Grande Guerre, combattants et infirmiers.

C'est probablement pour cette raison que le jésuite finit par parler du front avec poésie et, parfois, avoue-t-il à l'issue du conflit, avec nostalgie : « J'affirme, pour moi, que, sans la guerre, il est un monde de sentiments que je n'aurais jamais connus ni soupçonnés [51]. » Il avoue que les charmes exotiques de l'Orient ou celui de Paris ne peuvent surpasser ceux de la boue de Douaumont ou de la crête dénudée du Chemin des Dames : les obus et le chlore, le feu et la brume, le cri des bécasses et le bruit des grillons, le soleil et la lune, la mort enfin y opèrent une singulière et enivrante alchimie, à laquelle finissent par succomber les hommes du front. « Je me suis trahi, avoue-t-il. J'ai besoin du Front parce que je suis, ainsi que tout humain doit l'être, un explorateur et un exotique. Mais cette première explication donnée à mon inquiétude est-elle plus qu'une approximation, ou même qu'une métaphore ? — L'exotisme géographique, spatial, n'est qu'une forme particulière et inférieure de la passion qui nous porte à nous agrandir et à nous renouveler. L'aviateur qui prend possession des airs, — le penseur, qui s'élève à des points de vue difficiles et rares, — le fumeur d'opium qui s'embarque pour son rêve, sont des exotiques à leur façon. Chacun d'eux est un conquistador qui aborde des rives nouvelles[52]. » Ne craignons pas le paradoxe : le front a offert au jeune jésuite l'expérience d'une immense liberté, qu'il retrouvera (recherchera ?) par la suite, au cours de ses nombreuses expéditions. Et il en vient même à déclarer heureux ceux qui sont morts au cours de cette guerre, dans cette atmosphère : leur conscience ne s'est-elle pas ouverte alors à une responsabilité, une conscience et une liberté qu'ils n'avaient pu imaginer auparavant ? Seul un poilu est à même et en droit d'exprimer une nostalgie tellement singulière en sa quête et terrible en son intensité. Plus rare encore est sans doute l'expérience spirituelle de Teilhard qui, porté par cette grisante liberté, dit s'approcher du bord du Monde, de Dieu lui-même. « J'ai l'impression, reconnaît-il, d'avoir perdu une Âme, une Âme plus grande que la mienne, qui habite les lignes, et que j'ai laissée là-bas[53]. » Cette Âme du Monde prend, pour le jésuite, le visage du Christ lui-même qui se révèle au cœur de ce terrible épisode de l'histoire humaine, de cette singulière expérience des masses humaines.

Durant son séjour en Angleterre, Teilhard a découvert l'œuvre et la pensée de Robert Hugh Benson, en particulier sa réflexion sur le sentiment chrétien, par l'entremise de l'extravagante sœur Marie-Agnès. À la veille de l'« affaire de Douaumont », aux premiers jours d'octobre, il intitule *Trois histoires comme Benson* un texte dans lequel il met en scène un ami qui n'est autre que lui-même, découvrant et adorant le Christ dans la Matière. Cet « ami » raconte plusieurs expériences spirituelles, afin d'expliquer « comment l'Univers puissant et multiple a pris, [pour lui], la figure du Christ » ; ainsi s'achève son récit : « Dans quelques jours, nous allons être lancés pour reprendre Douaumont, — geste grandiose, et presque fantastique, par qui sera marquée et symbolisée une avance définitive du Monde dans la Libération des âmes. — Je vous le dis. Je vais aller à cette affaire religieusement, de toute mon âme, porté par un seul grand élan dans lequel je suis incapable de distinguer où finit la passion humaine, où commence l'adoration... Et, si je ne dois pas redescendre de là-haut, je voudrais que mon corps restât pétri dans l'argile des forts, comme un ciment vivant jeté par Dieu entre les pierres de la Cité Nouvelle [54]. » Ces quelques phrases suffiraient à lever le moindre doute sur l'identité de l'« ami » des *Trois histoires comme Benson* : il s'agit de Teilhard, avec sa mystique de l'engagement, sa religion du grandiose, sans oublier son incroyable optimisme. Évitons pourtant de tomber dans la caricature, comme trop souvent à propos des idées du jésuite : l'expérience spirituelle, qu'il décrit sous le mode de la fiction, ne peut être réduite à celle d'une fuite du monde. Elle me paraît plus complexe et, dès lors, plus riche et intéressante.

Ce que Teilhard tente de décrire, dans plusieurs de ses écrits de guerre, c'est d'abord et effectivement l'expérience d'un baptême dans le réel. Dans *La Puissance spirituelle de la Matière*, écrit en 1919 comme une allégorie du récit biblique de l'enlèvement d'Élie au Ciel, il insiste sur la nécessité de se « tremper dans la Matière », de se « baigner dans ses nappes ardentes ». Pour le dire avec ses mots à lui, cette Grande Guerre lui offre l'occasion de revêtir ce manteau d'humanité, si chargé et alourdi de fausseté, d'étroitesse, de tyrannie, d'artifice, bref d'humain. L'occasion de le revêtir pour en mesurer la fragilité et en souffrir le poids : que sont nos prétentions humaines à vouloir régler les mouvements du monde ou encore lui imposer ses dogmes et ses règles ? Que sont nos préoccupations et nos passions, souvent si banales et si fades ? L'homme ne vaut-il pas d'abord par ce qui, en lui, passe, dépasse le monde ? Alors, il lui faut, comme Élie au moment de quitter son disciple Élisée, laisser tomber ce manteau de ses épaules, pour entrer dans une Réalité supérieure, au Cœur même de la Matière : « En bas, sur le désert redevenu tranquille, quelqu'un pleurait : " Mon Père, mon Père ! Quel vent fou l'a emporté ! " Et par terre gisait un manteau[55]. »

Le mystique, qu'il se nomme Élie ou Teilhard, ne fuit donc pas le Monde, il n'ignore pas le poids du manteau du Réel, ni celui du Mal. Il ne le fuit pas : il s'en revêt au contraire, pour mieux s'en dévêtir ensuite, une fois que s'est opérée en lui une profonde rénovation. Cette rénovation, poursuit Teilhard, toujours dans *La Puissance spirituelle de la Matière*, fait du mystique un étranger dont le cœur s'est détaché de tout ce qui est fragmentaire, individuel ou local. Éveillé à l'unité du monde, à l'unité de la Matière, il s'est attaché à elle et à elle seule, préférant ce lien à tous les autres, y compris ceux du sang : la Matière serait désormais « pour lui son père, sa mère, sa famille, sa race, son unique et brûlante passion[56] ». Alors, et alors seulement, se découvre quelque chose de l'Âme du Monde, à travers tant de nouvelles facettes de l'existence, tant de nouveaux visages de l'humanité, tant de nouveaux traits du Christ lui-même : « Dans un chatoiement inexprimable, brillaient sur l'immuable physionomie de Jésus les lumières de toutes nos beautés. [...] Sur la profondeur somptueuse de ces yeux passait, en teintes d'iris, le reflet (à moins que ce ne fût la Forme créatrice, l'Idée) de tout ce qui charme, de tout ce qui vit... Et la simplicité lumineuse de leur feu se résolvait, sous mon effort pour la dominer, en une inexhaustible complexité, dans laquelle étaient réunis tous les regards où se soit jamais réchauffé et miré un cœur humain[57]. »

Matière, Âme du Monde : Teilhard cherchera sans cesse à définir une entité intermédiaire qui puisse relier le Cosmos, appréhendé comme unique, au Christ. Avec le risque de naturaliser toutes choses et d'introduire une conception panthéiste de Dieu.

Marguerite, correspondante de guerre et de cœur

À propos de l'expérience vécue par Teilhard sur le front de la Grande Guerre, Jean Guitton a fort justement écrit : « Les plus pures pensées de Teilhard sont celles où il n'avait pour témoins qu'une âme sœur et la mort [58]. » De la mort, je parlerai ensuite. Quant à l'âme sœur évoquée par Guitton, elle n'est autre que Marguerite, la cousine de Pierre.

Personnalité ardente et généreuse, très cultivée et intrépide dans ses convictions, Marguerite Teillard-Chambon est connue sous son nom de plume, son pseudonyme littéraire : Claude Aragonnès. « Très brune, à l'espagnole, le teint mat, un regard pensif, elle fait penser à quelque Minerve », écrit d'elle Jean Lacouture. Son itinéraire est singulier, bien plus hasardeux et plus audacieux, a-t-on pu aussi écrire, que celui de son cousin, passé du collège au noviciat des jésuites. En effet, afin de contribuer à l'instauration d'un enseignement privé des jeunes filles qui soit au niveau de celui organisé par l'État, à la suite des mesures de laïcisation de Jules Ferry, Marguerite s'engage dans la voie des études universitaires, obtient d'abord le certificat (l'équivalent de l'actuel CAPES) pour ensuite monter de son Auvergne natale à Paris afin de préparer l'agrégation, qu'elle obtient en 1904. À vingt-quatre ans (elle est née un an avant son cousin Pierre), elle prend la direction du pensionnat des religieuses de Sion, rue Notre-Dame-des-Champs à Paris. Une lourde charge pour cette jeune fille, apparemment destinée à une carrière universitaire et littéraire, ouverte aux mouvements intellectuels de son époque ; mais elle la remplit avec courage, efficacité et succès. Lorsque Pierre et Marguerite se retrouvent dans la capitale, au cours des années qui précèdent la Grande Guerre, l'Auvergne de leur enfance paraît bien loin. Ce qui désormais les réunit, ce ne sont plus les jeux d'enfants et les espiègleries entre cousins et cousins, mais plutôt l'expérience partagée d'un engagement total, l'un dans la vie religieuse, l'autre dans l'enseignement. Faut-il y chercher davantage ? Marguerite a-t-elle été pour Pierre la Béatrice de Dante, comme le suppose Jean Guitton ? Le cousin a-t-il aimé sa cousine adolescente, pour la retrouver à Paris, femme accomplie, en 1913 ? Que convient-il de lire dans ce passage d'une lettre de Pierre à Marguerite, à la date du 22 août 1915 : « Mais si Dieu intervient pour nous sevrer le cœur, pour détourner par force, sur Lui seul, l'appétit de bonheur et d'amour réciproque qu'Il a excité en nous pendant d'heureuses années de jeunesse, — alors, il ne faut pas s'en plaindre » ? Émile Rideau ne montre guère d'hésitation : « 1913. Découverte du " féminin ", de la réalité et de l'importance du problème sexuel. Pourquoi le cacher ? À cette époque, la chasteté de Teilhard fut mise à l'épreuve, sur le plan sentimental. La tentation se renouvellera pendant son séjour à Paris en 1927-1928, mais sera vite apaisée [59]. »

Certes, le sujet est délicat et le risque grand de se perdre dans de subtiles distinctions dignes des débats sur le sexe des anges, de se cacher derrière les paravents de la naïveté, ou de s'égarer dans les suppositions trop faciles. Il ne fait aucun doute, comme le dira plus tard son jeune frère Joseph, que Teilhard a toujours été attiré par le charme féminin : les amitiés qu'il nouera au cours des trente années qui suivront en sont la preuve irréfutable. Mais il ne faudrait pas limiter cette attraction à la seule attirance, à la seule séduction physique. Teilhard, tout en honorant et en respectant son engagement religieux à la chasteté, n'en a pas moins cherché une certaine forme d'union avec plusieurs amies et proches. Une union spirituelle, sans aucun doute ; mais n'oublions pas que Teilhard cherche toujours à dépasser le dualisme entre la Matière et l'Esprit, y compris en ce domaine si délicat des relations entre un homme et une femme. Ce qu'il appellera la « troisième voie ». Pour l'heure et au moment de la Grande Guerre, alors même que Teilhard élabore les premiers éléments de ce qui deviendra *L'Éternel féminin* (un texte auquel je reviendrai par la suite), il convient de goûter, sans arrière-pensée, à la fraîcheur d'une amitié et d'une intimité entre ce cousin et cette cousine, rendues plus fortes et plus fragiles encore par leur séparation et les conditions dans lesquelles vivent l'un et l'autre. En voici quelques exemples, recueillis au fil des lettres conservées par Marguerite.

La vie dans les tranchées n'est facile pour personne, mais, pour le jeune aristocrate, intellectuel et religieux qu'est Teilhard, s'y ajoute une grande solitude. Par moments, il ne supporte plus ses hommes, « vulgaires et criards », parfois « égoïstes et bourgeois », seulement soucieux de leurs bouteilles et de leur oreiller. S'il a envie de se construire une tour d'ivoire, s'il se réfugie dans ses longues promenades et ses noctambulies, ce n'est pas seulement, explique-t-il à Marguerite, pour réfléchir, méditer ou prier ; il cherche aussi à échapper à cette compagnie. Mais, se demande-t-il, serait-ce digne d'un chrétien ? Alors, dans cet échange épistolaire, il trouve l'oreille complaisante, l'indulgente amitié, le cœur ouvert, encourageant et affectueux en qui il a toute confiance. Il préférerait avoir quelqu'un à ses côtés, il le reconnaît, avec qui il pourrait se détendre ; il avoue à Marguerite que c'est la chose dont il manque le plus. Grâce à ses lettres, Marguerite y supplée. Leur amitié lui est précieuse, « comme une note de musique qui donne " du ton " » à sa vie ; dans un courrier daté du 19 février 1919, Teilhard a cette belle formule, digne d'une réplique de théâtre : « Merci de tout ce que tu m'y dis. Ton amitié me sera toujours aussi précieuse, va. » Peut-être plus précieuse encore, ajoute-t-il un jour, qu'elle ne l'imagine. De sa cousine, Teilhard attend d'ailleurs de la voir comme elle est réellement. S'inquiète-t-elle de l'avoir reçu, lors d'une permission à Paris, sous une « ombre de tristesse », il la rassure : ils ne doivent pas cesser de voir toujours plus clair l'un dans l'autre. Elle-même est l'une des rares personnes à le comprendre à fond.

À Marguerite, il peut avouer sa frustration de ne pouvoir monter à l'assaut : « Pour le moment, je me sens un inutile, un oisif. Je t'assure que j'aimerais cent fois mieux lancer des grenades ou servir une mitrailleuse que d'être ainsi en surnombre. Ce n'est peut-être pas très orthodoxe, ce que je vais te dire, — et pourtant je crois qu'il y a là une âme de vérité : il me semble que je serais plus prêtre ainsi. Le prêtre n'est-il pas celui qui doit porter intégralement le poids de la vie, et montrer en soi comment peuvent s'allier le travail humain et l'amour de Dieu ? Je serais curieux de savoir combien nous sommes, parmi les prêtres-soldats, à penser ainsi [60]. » Tout comme il peut lui avouer craindre la réalité de la mort : pourquoi l'avoir traitée comme un thème mélancolique, ascétique ou digne d'une théologie vaporeuse ? Il faudrait, explique-t-il à sa cousine le 13 novembre 1916, « lui donner sa place de Réalité vigoureuse et de phase, dans un Monde et un Devenir qui sont ceux-là mêmes que nous expérimentons ».

Lorsque, plus tard, Teilhard parlera à son amie Lucile d'une troisième voie ou encore d'une amitié à trois, il pensera sans aucun doute à ce qu'il a vécu avec Marguerite, au temps de la Grande Guerre : une union « in Xto Jesu », autrement dit, portée par un amour partagé pour le Christ. Il en parle tout au long de leur correspondance de guerre et, à son terme, il y décrit ainsi ce lien : « C'est vrai : tu m'as été donnée pour la guerre. Mais ce que nous avons acquis ensemble durant ces cinq ans doit nous servir. Et puis, qu'est-ce qui séparerait ce que l'amour de Jésus-Christ unit [61] ? » C'est dans cette conviction qu'il peut dire que cette guerre l'a rendu plus homme et plus prêtre.

À sa cousine, il arrive aussi à Teilhard de demander un ballon de football (il précise « sphérique, non ovoïde »), ce pour occuper les après-midi de ses compagnons. Ou encore une paire de bretelles, un chandail. Il partage le contenu des paquets que Marguerite lui envoie de Paris : dès le début de sa mobilisation, son souci est de nouer des contacts avec les hommes de troupe comme avec les officiers supérieurs.

Le brancardier n'a pas oublié le ton des plaisanteries de l'enfance ; il écrit un jour à Marguerite : « L'après-midi du jour où je réintégrais Hersin-Coupigny, il y eut, sur la fosse dudit lieu, un bombardement qui coûta six poules aux Sœurs chez qui j'ai l'habitude de dire ma messe ; la plus belle me fut donnée pour mon pot-au-feu ; il y aurait de quoi me réconcilier avec les 210, ne penses-tu pas ? » (2 décembre 1915). Plus sérieusement, il lui arrive aussi de donner des conseils à son aînée : « Pose en principe, et ne te lasse pas de redire autour de toi ceci : une des marques les plus sûres de la vérité de la religion, en soi et dans une âme en particulier, c'est d'observer jusqu'à quel point elle fait agir, c'est-à-dire dans quelle mesure elle parvient à faire jaillir, des sources profondes qui sont en chacun de nous, un certain maximum d'énergie et d'effort. L'action et la sanctification vont de pair, et se soutiennent l'une par l'autre » (4 juillet 1915). « Ce goût, cette passion de vivre, que tu m'envies (et que je dois certainement, en partie, au fait d'avoir en général toujours réussi, et, aussi, rencontré autour de moi de l'aide et de la sympathie), — ce goût et cette allégresse d'agir, donc, nous n'en sommes absolument pas les maîtres » (29 juin 1916). « Sois heureuse fondamentalement, je te le dis. Sois en paix. Sois inlassablement douce. Ne t'étonne de rien, ni de ta fatigue physique, ni de tes faiblesses morales. Fais naître et garde toujours sur ton visage le “ sourire ”, reflet de celui de N.S. qui veut agir par toi, et, pour cela, se substituer toujours plus à toi » (20 septembre 1915). Cette invitation au sourire (un sourire tout autant externe qu'interne, précise-t-il parfois), Teilhard l'applique à lui-même : « Si j'ai acquis une conviction, ces derniers temps, c'est que, dans les rapports avec autrui, on ne saurait jamais être trop bon et trop doux dans les formes ; la douceur est la première des forces, et la première peut-être des vertus, parmi celles qui se voient. Je me suis toujours repenti d'avoir laissé percer de la dureté ou du dédain, — ce qui est si doux pourtant » (28 mai 1915). Il y revient également à plusieurs reprises au cours de ses retraites annuelles. Ainsi, en 1922, dans ses « Pratiques de détail » : « “ Sourire ” toujours aux événements (Foi ! !) et aux personnes (sans préjudice de fermeté...) jamais de “ manifestation extérieure ”, en rester toujours “ en deçà ”, ou attendre... » En 1943, encore au cours de sa retraite annuelle : « Le Christ-Oméga n'est rien s'Il ne s'est pas manifesté, et si je ne le manifeste pas dans ma vie par plus de sourire, de paix, de calme, à travers la mort [62]. » Dominique Wang, une jeune femme dont Teilhard fera la connaissance à Pékin, au cours de la Deuxième Guerre mondiale, raconte que ses amis l'appellent volontiers *the smiling guest* (l'invité qui sourit).

Après la Grande Guerre et pour le dire d'un mot maladroit, d'autres femmes entreront dans la vie du jésuite, lui apportant à leur tour l'affection, l'énergie et l'inspiration dont il aura toujours besoin. Mais avec nulle autre il ne retrouvera la simplicité fraternelle et l'intimité spirituelle qui sont la marque de son amitié avec Marguerite. Pierre et Marguerite me font penser à François et Claire d'Assise, à Jean de la Croix et Thérèse d'Avila ou encore, pour puiser dans la tradition dominicaine, à Jourdain de Saxe et Diane d'Andalo qui appartenaient à la première génération de frères et de moniales de l'Ordre. « Ma très chère, écrivait frère Jourdain à sœur Diane, me voici arrivé à Paris sans encombre et en bonne santé ; la grâce m'avait préparé le chemin, et j'étais escorté et entouré de tes prières et de celles de mes filles. Et j'ai voulu t'envoyer cette lettre pour que tu reçoives au moins le réconfort d'une salutation épistolaire, puisque, pour quelque temps, tu es privée de la présence corporelle, de la conversation directe et de toute la joie que l'une et l'autre procurent. » Une fois encore, il n'est pas question de succomber à l'aveuglement de l'angélisme ou aux facilités du sarcasme, mais de partager l'expérience d'hommes et de femmes qui, sans nier leur consécration à Dieu, n'ont pas écarté les liens tissés par leur engagement à vivre aussi simplement que courageusement l'invitation chrétienne « Aime et fais ce que tu veux ».

Marguerite acceptera de rester dans l'ombre de son cousin, fidèle à ce qu'ils ont partagé au cours des années 1910 ; c'est elle qui assurera la publication de plusieurs séries de lettres rédigées par Teilhard au cours de ses voyages. La guerre finie, elle reprendra ses responsabilités à l'Institut Notre-Dame-des-Champs avec tellement d'ardeur qu'elle finira par tomber malade et devra quitter Paris pour aller se reposer en Italie, au cours de l'hiver 1922-1923. Elle y trouvera l'inspiration pour son premier roman, *La Loi du faible*, qu'elle publiera sous le pseudonyme de Claude Aragonnès. Une fois rétablie et revenue en France, elle retrouvera avec plaisir la tâche d'enseignante, mais elle abandonnera rapidement la direction de l'Institut. Lancée dans une carrière littéraire, elle collaborera à des revues et des journaux, publiera plusieurs ouvrages, en particulier sur Mlle de Scudéry ou sur Marie d'Agoult, l'amante de Liszt.

L'Église doit « sentir avec le Monde »

Mais revenons à Teilhard. Au cours de l'automne 1916, il écrit dans son *Journal* : « Je me suis demandé si vouloir prouver aux hommes du Monde qu'un chrétien pouvait, devait se passionner pour le Progrès naturel, n'était pas une dangereuse condescendance, comme celle qui ferait qu'un prêtre flirte (au sens le plus permis) avec une femme... Eh bien, je pense que non. Ce qui trompe dans cette analogie, c'est qu'il y a toutes les nuances possibles dans le culte qu'on voue au Monde, tout comme dans la puissance qu'on avoue et reconnaît aux attraits d'une femme. Il y a sans aucun doute une façon chrétienne et religieuse d'apprécier la femme (au lieu d'en faire un perpétuel épouvantail de Satan) ; ainsi en est-il de la passion pour la plus grande Terre [63]. »

Lu après avoir évoqué les liens qui unissent Teilhard à sa cousine, ce passage de son *Journal* offre un éclairage singulier sur son engagement, sur sa passion pour le Monde, « pour la plus grande Terre ». J'en apprécie la franchise de ton, la saine humanité, en même temps que la profondeur. Cette passion, envahissante et totale, s'enracine, nous le savons désormais, dans ce baptême du Réel qu'a été l'expérience du front, mais aussi dans ce réseau de relations humaines et désormais adultes au sein duquel il s'immerge sans peur. L'Église mettra plus longtemps avant d'emprunter le même chemin. Il faudra attendre la Deuxième Guerre mondiale, l'expérience douloureuse des prêtres-ouvriers, le deuxième concile du Vatican, pour entendre enfin un pape entamer son pontificat par ces mots : « N'ayez pas peur ! »

Si la Grande Guerre a offert à l'Église l'occasion de retrouver un terrain que les lois d'exclusion du petit père Combes avaient tenté de lui faire quitter, elle a mis au jour les ambiguïtés véhiculées par ses prises de position. « Certaines revendications ecclésiastiques, remarque encore Teilhard dans son *Journal*, ont paru mesquines, intempestives... ou absolument malheureuses, comme celles du Pape... N'y a-t-il pas là un cas particulier, caractéristique et urgent, de *contact* et de *conflit* entre l'*Humain* (sous ses formes les plus nobles) et le *Divin* (dans ses intrusions les plus déplaisantes...) ? » Le risque, pour le christianisme, de se fermer sur lui-même, face à la violence des hommes et de leurs sociétés, à la manière d'une monade qui vivrait en marge du « Reste », apparaît de plus en plus grand aux yeux du jésuite. Et que serait un christianisme qui ne se sentirait plus avec la Masse, avec le Monde (*sentire cum Mundo*), sinon un faux christianisme ! Car le christianisme (et Teilhard pense avant tout au catholicisme) a pour mission de se mettre au service du progrès humain, « d'établir la Fraternité, la Paix, ou au moins, dans chaque nation, la cohésion, l'ordre, la fécondité des familles ». Mais alors, constate-t-il, « quelle disproportion entre les Catholiques et leur Doctrine [64] » !

Teilhard n'hésite pas : il en appelle à un rajeunissement de l'Église et du christianisme. Il était bien normal, admet-il, que l'Église ait commencé par construire sa propre identité, à travers un processus d'individuation. L'élaboration des dogmes, l'implication politique, le rapport aux sciences, l'orientation mystique, ainsi que l'émergence d'une doctrine ascétique et de formes de vie monacale : autant de tâches auxquelles l'Église a dû s'atteler pour naître, s'affirmer, quitte à paraître fuir le monde. Mais cette période « intrusive », explique Teilhard, doit désormais s'achever et les chrétiens accepter d'être attirés par le Monde, comme le sont tous les hommes. Ils doivent admettre que Dieu peut s'atteindre à travers le labeur humain, au sein même de la vie de leur temps. « Le chrétien, martèle Teilhard, sera donc, de par son christianisme, le plus vivant et le plus convaincu des hommes [65]. » « L'action humaine, écrit-il lors de sa retraite annuelle de 1919, a une valeur nutritive normalement irremplaçable (= éveil, urgence, sérieux...). Une vie passée uniquement en Dieu risque d'être puérile, ou anémique [66]... » Puis, en 1921 : « *Autrefois* on cherchait Dieu le plus loin possible *au-dessus* du Monde — *Maintenant* nous Le poursuivons *au cœur toujours* plus profond des choses. » Il conclut : « Dieu se manifeste dans les choses pour ceux qui se fient aux choses jusqu'au bout [67]. »

Et qui pourra refuser de voir, en Teilhard, l'un des hommes les plus vivants et les plus convaincus de son époque ! Quelles que soient les racines humaines de sa personnalité, de son existence et de son engagement, celles-ci ne peuvent pas être comprises en dehors de leur dimension fondamentalement chrétienne. Qui l'oublierait prendrait le risque de méconnaître, de ne pas comprendre ou de fausser la lecture de bien des facettes de l'existence, des choix, des opinions ou encore de la pensée du jésuite (par exemple, l'obéissance sans faille à son engagement religieux).

Dès lors, Teilhard regrette de voir des catholiques s'absorber dans « l'aménagement et l'harmonisation du monde de la piété », scruter « les rapports entre saints, anges, âmes... », construire « tout un Univers pieux », s'empêtrer dans « les intrigues vaticanes et les oripeaux de sacristie » ou encore se soucier d'une spiritualité « à l'usage de ceux qui font des " riens " dans les monastères ou épluchent des pommes de terre » ! Teilhard ne méconnaît pas la valeur spirituelle du désert ; mais il n'est pas dupe. Il n'a pas oublié la prière du Christ pour ses Apôtres : « Père, je ne te prie pas de les enlever du monde, mais de les garder du Mauvais [68]. » Il montre à plusieurs reprises du respect pour les contemplatifs, mais il craint que les monastères expriment encore une désertion, une fuite du monde, alors même que « c'est la passion (non la fuite) du Monde qui devrait pousser à la solitude [69] ! »... Et j'ose penser que la fascination de Teilhard pour les déserts, ceux d'Égypte ou ceux d'Asie en particulier, n'est pas seulement le fait du scientifique en quête de roches ou de fossiles, mais bien celui d'un « passionné du Monde » !

Derrière ces critiques et ces attaques, non dénuées d'ironie, se cache le souci de Teilhard de discerner, dans l'Église de son temps, « trois pierres périssables dangereusement engagées dans les fondations : la première est un gouvernement qui exclut la démocratie ; la deuxième est un sacerdoce qui exclut et minimise la femme ; la troisième est une révélation qui exclut, pour l'avenir, la Prophétie. [...] Ce que j'appelle des " pierres périssables " est sans doute simplement un groupe de tendances protectrices qui nous sauvent de l'anarchie, de l'égalitarisme et de la dispersion spirituelle. En ce qui touche plus particulièrement la Prophétie, je suppose que ce don est maintenant diffusé dans la masse de l'Église [70] ». À notre époque où les catholiques aiment à parler des pierres vivantes de l'Église, cette mise en garde de Teilhard à l'égard des pierres périssables ne manque pas d'intérêt, voire même de pertinence (à moins qu'il ne s'agisse d'impertinence). Je laisse au lecteur le soin d'en juger, le priant seulement de ne pas oublier que jamais Teilhard ne met en question le rôle essentiel de l'Église. « Sans l'Église, martèle-t-il, le Christ s'évapore ou s'émiette ou s'annule [71] ! » Le Christ a besoin d'un corps, d'un « organisme — Humanité » où son Esprit puisse reposer. Comment lui, Teilhard, pourrait-il imaginer être et agir ailleurs que dans cette Église du Christ ! Même si elle lui apparaît souvent étriquée, il se réjouit d'apprendre qu'elle sait aussi être un vrai centre dans la vie des hommes, comme à Strasbourg, au sortir de la guerre [72].

Lorsque sonne l'heure de la démobilisation, Pierre Teilhard de Chardin est prêt à participer à l'évolution nécessaire (et, à ses yeux, urgente) de l'Église. Il sait qu'il aura pour sa part à œuvrer dans le milieu de la recherche, non pour y enseigner la doctrine du Règne de Dieu, mais pour « christifier » le Monde, y établir ce Règne. Il sait aussi que la tâche ne sera pas facile. S'il n'a pas été directement impliqué dans la crise moderniste, il sait que son feu couve sous la braise des serments prudemment prononcés. Et, en 1917, il confie à son *Journal* « l'impression douloureuse d'être un isolé, qui devrait s'allier au courant voisin d'une jeunesse de pensée féconde, et qui se perd comme un filet isolé. Oui, je pense comme ceux-là ; je sens comme eux, et plus qu'eux. Mais mon effort se perd dans le vide. Qui me connaît, sauf Marg. ?... sur qui influai-je ?... Jésus, une fois de plus, je vous abandonne mon effort, pour qu'il ne soit pas perdu, mais qu'il serve au Monde, en passant par Vous, — s'il doit rester confiné, jusqu'au bout, en moi-même [73] ». A-t-il en tête le refus de la revue *Études* de publier l'un de ses textes (sans doute *Le Christ dans la Matière* ou *Trois histoires comme Benson*) ? Lorsqu'il envoie un document au père de Grandmaison, en 1919, il le fait « moins pour une publication — sur laquelle je ne me fais pas d'illusion — que pour avoir son avis et lui marquer ce qu'il y a de définitif dans mon orientation [74] ». Sortant de ce baptême du Réel qu'a été la Première Guerre mondiale, s'appuyant sur une pensée déjà mûrie et une expérience religieuse profondément ancrée, Teilhard croit à l'existence d'un courant profond qui finira par triompher dans l'Église. C'est un passionné de Dieu et de son temps, désormais prêtre-chercheur après avoir été prêtre-soldat, qui arrive à Paris pour reprendre et achever sa formation scientifique. Auparavant, il aura accompli, en mars 1919, une retraite de démobilisation dans le calme de la maison de noviciat de Sainte-Foy-les-Lyon.

L'après-guerre

Paris, 13 rue du Vieux-Colombier, Pâques 1919. Teilhard est de retour à Paris. À cette époque, deux noms dominent la paléontologie française des vertébrés : Marcellin Boule à Paris et Charles Dupéret à Lyon ; tous deux sont les élèves d'un même maître, Albert Gaudry. Boule, pour reconstituer les éruptions volcaniques du Massif central, a recours aux fossiles de mammifères trouvés autour des coulées basaltiques ; il est également l'auteur de la *Monographie de l'Homme de La Chapelle-aux-Saints* et surtout du célèbre manuel *Les Hommes fossiles* ; c'est à lui que le prince Albert Ier de Monaco a confié la direction du premier institut au monde entièrement consacré à l'étude de l'homme préhistorique : l'Institut de paléontologie humaine. Dupéret s'intéresse lui aussi aux mammifères fossiles, mais pour établir la stratigraphie des terrains tertiaires du sud-est de la France ; il a publié un ouvrage sur *Les Transformations du monde animal*. Ainsi, pour ces deux savants, la paléontologie est sinon une servante de la géologie, du moins une branche secondaire de cette discipline. À tel point que Teilhard, lui-même géologue de formation, se fait tancer par son maître, le Pr Boule, lorsqu'il commence à montrer trop d'intérêt pour les travaux de deux Américains, Gregory et Matthew, qui se proposent de donner à la paléontologie davantage d'indépendance. La prise de distance du jésuite vis-à-vis de son maître et de l'« école française » ne relève pas d'une question de méthode de travail ou d'une querelle entre disciplines. Il cherche à mettre, à l'horizon de son travail, l'étude de ce qu'il appellera le « Phénomène humain ». Mettre l'Homme au centre de sa quête scientifique et philosophique, n'est-ce pas déjà ce que lui a appris l'affaire de l'Homme de Piltdown ?

Au moment où il revient à Paris, Teilhard trouve libre la chaire de géologie à l'Institut catholique de Paris. Cette vacance n'est pas une surprise : son précédent titulaire était Jean Boussac, le professeur et l'ami de Teilhard, tué à Montzéville, près de Verdun, en septembre 1916. Lorsqu'il avait appris la mort du jeune et brillant professeur, Teilhard avait écrit dans son *Journal* : « Un instant, j'ai entrevu pour moi le renoncement à la Géologie, aux Sciences de la Terre, et je me suis demandé, une fois de plus, si la " vérité " ne consisterait pas à sauter hors de la barque du Progrès, à se raccrocher à Dieu cherché hors de tout ce qui est périssable, et, sur les ruines de tout ce qui n'est pas l'espérance céleste et la sainteté, à danser le sacré " Io triumpe " [75]... » De même, à sa cousine : « Avec la mort de Boussac, je vois se détendre un des liens les plus forts qui me retenaient à la Géologie [76]. » Mais non, Teilhard, déjà à cette époque, s'est ressaisi. Finies les tergiversations du jeune étudiant jésuite : il ne peut plus être question de rejeter le « travail de la Terre ». Malgré la tristesse d'avoir perdu un ami, il accepte la disparition de Boussac comme une invitation pressante à entrer sans retard ni hésitation dans le monde scientifique parisien. Il se porte donc candidat à la chaire de géologie de l'Institut catholique. Mais, pour ce faire, il doit d'abord préparer une licence de sciences naturelles. Il se soumet à cette contrainte... « au pas de charge » : certificat de géologie en juillet 1919, certificat de botanique en octobre de la même année, certificat de zoologie en mars 1920. « À nos âges, avoue-t-il à son ami Auguste Valensin au moment de passer ce dernier certificat, la situation d'écolier est lassante », voire abrutissante. Une fois cette formalité remplie, il se remet sérieusement à sa thèse. Il retrouve le chemin du Muséum pour y passer de longues journées à étudier le matériel rassemblé par un vieux médecin de Reims, le Dr Victor Lemoine [77]. « Quand Barrès se fit présenter, raconte encore Henri Brémond, dans leur palais du

Muséum, à nos vénérables ancêtres, il fut d'abord très ému, puis, se tournant vers M. Boule qui lui servait d'interprète, il demanda, entre autres choses, quel effet de si impressionnantes découvertes pourraient avoir sur la croyance religieuse de notre pays. Pour toute réponse l'illustre professeur lui montra, souriant, un jeune jésuite, — c'était P. Teilhard de Chardin, — évoluant parmi ces débris avec la familiarité la plus sereine. La révélation ne s'effondrera pas pour si peu. » Teilhard n'oublie pas pour autant le terrain : dans l'une des tenues de terrain dont il a le secret, il part fouiller les sablières de la campagne champenoise. « Dans la fouille, raconte-t-il, je suis absolument seul, dans un bois, avec les moustiques, des cailles et des loriots. À l'horizon, je vois la montagne de Reims, Vézy et Verzenay, où je passai gaiement février 1918. »

Il travaille d'arrache-pied : le 5 mars 1921, il dépose sa thèse (*Les Mammifères de l'Éocène inférieur français et leurs gisements*), et la soutient le 22 mars 1922. Au rapport qu'il rédige sur ce travail, le Pr Haug ajoute : « La soutenance ne fait que confirmer l'excellente impression produite par la lecture du manuscrit. La manière dont les questions constituant la seconde thèse ont été exposées a mis en évidence les qualités de professeur et la clarté d'esprit du candidat. Celui-ci est certainement appelé à un bel avenir scientifique. Le jury n'a pas hésité un instant à lui conférer le titre de docteur avec la mention très honorable [78]. »

Entre-temps, en juin 1920, il est officiellement choisi pour occuper la chaire de géologie à l'Institut catholique et, sa thèse soutenue, il devient professeur adjoint en géologie. Désormais, selon sa propre expression, il est « tout à fait en selle » et reconnu par ses pairs. À peine son doctorat obtenu, il se voit décerner le prix Viquesnel par la Société géologique de France dont il est membre depuis 1912. « Observation pénétrante, association aussi précieuse que rare du goût de la fine analyse à celui de la puissance de synthèse, grande indépendance d'esprit » : telles sont les qualités du jeune chercheur retenues par le jury réuni en 1923. La même année, il est élu vice-président de cette Société. Toujours en 1923, il reçoit le prix Roux de l'Académie des sciences. En 1925, il est élu à la Société de biogéographie. Une autre marque de confiance et d'honneur, lorsque Louis Dollo, le directeur du Muséum royal d'histoire naturelle de Bruxelles, l'invite à revoir ses propres collections ; en guise de remerciement, le savant belge donne le nom de *Teilhardina belgica Teilhard* à un nécrolémuridé du Sparnacien d'Orsmaël (*sic*). Teilhard a le vent en poupe !

Au printemps 1921, un confrère jésuite, le père Pupey-Girard, aumônier d'étudiants de grandes écoles et d'ingénieurs catholiques, propose à Teilhard de donner une série d'allocutions à l'église Saint-Étienne-du-Mont. Sans hésiter, il saisit cette occasion de réfléchir à autre chose qu'à ses « vieux os » et de présenter les idées qu'il a élaborées au cours des années de guerre. L'année suivante, presque à la même époque, c'est en Belgique, à Enghien, qu'il est invité à parler de « L'Évolution des mammifères » et sur « Les Primates et l'Homme ». À cette occasion, il rencontre le père Riedinger et, sur sa demande, rédige une *Note sur quelques représentations historiques possibles du péché originel.* Il est en effet persuadé que « notre représentation " catéchistique " de la Chute barre la route à un large courant religieux qui ne demanderait qu'à s'engouffrer dans le Christianisme, mais qui s'en détourne parce que, pour y entrer, il faut, semble-t-il, laisser à la porte tout ce que les derniers efforts de la pensée humaine ont conquis de plus précieux et de plus vaste [79] ». Sa *Note* tente explicitement de répondre au défi lancé par les sciences de la nature à la foi et à la réflexion théologique chrétiennes, au moment où, s'appuyant sur les découvertes récentes de la génétique et de l'hérédité, les théories évolutionnistes prennent une importance croissante non seulement en biologie mais dans la manière d'appréhender la personne humaine, son histoire, ses cultures, etc. Dès lors, l'objectif du jésuite est double : tout d'abord montrer que la pensée chrétienne doit prendre au sérieux ces découvertes scientifiques, reconsidérer sa doctrine de la Chute et en abandonner les éléments désuets ; ensuite, indiquer les directions vers lesquelles la foi peut s'orienter pour élaborer un discours sur le péché originel qui soit conciliable avec les données les moins hypothétiques de l'histoire, de l'expérience et de la science.

À considérer scientifiquement le passé de la Terre, des vivants et de l'humanité, il paraît de plus en plus difficile d'y trouver une place pour Adam et le Jardin d'Éden. À aucun moment de son histoire, l'humanité ne s'est trouvée réduite à un seul individu, ni même à un seul couple : le monogénisme doit être abandonné au profit d'une vision polygéniste. De même, il paraît impossible de concentrer en une seule étape l'émergence de tous les caractères que les paléontologues confèrent aux premiers hommes, au fur et à mesure qu'ils découvrent et étudient ceux de Mauer, de Neandertal, de Tasmanie, de Pékin, etc. C'est lentement, graduellement, « sans bruit », comme n'importe quelle autre espèce, que l'humanité est sortie de la gangue des vivants, hors de toute réserve privilégiée et protégée du reste de l'univers. Faut-il, par voie de conséquence, abandonner la doctrine du péché originel ? Teilhard s'y refuse et propose plutôt deux explications : « 1) ou bien le péché originel est un événement qui nous échappe parce qu'il est trop petit et trop lointain ; 2) ou bien, au contraire, nous ne le distinguons pas parce qu'il est trop grand et trop présent [80]. » Puis il écarte deux manières de se représenter le péché originel comme transcendant par rapport à l'expérience humaine : « par aiguille » (Adam et Ève, par leur Chute, sont tombés dans une sphère inférieure à celle d'où ils venaient ; la bifurcation ainsi opérée met hors de notre champ de vision le Paradis terrestre) ou « par refonte » (la Chute a véritablement refondu le Monde dans moins de spiritualité et plus de matérialité ; là encore, la phase de convergence dans laquelle l'Humanité se trouve désormais grâce au Deuxième Adam ne permet pas de découvrir le Premier, origine d'une phase de rayonnement, d'éparpillement). Teilhard propose une compréhension du péché originel qui tienne compte du processus même d'apparition de l'humanité, celui de l'évolution : c'est parce que cette humanité est créée en devenir (*in fieri*) qu'elle connaît l'imperfection et la loi de la faute, du péché. Mais, ajoute-t-il aussitôt, « toute Création entraîne, comme son risque et son ombre, quelque faute, c'est-à-dire se double inévitablement de quelque Rédemption [81] ».

Cette *Note* de 1922 honore son titre : elle évalue effectivement la pertinence théologique de « quelques représentations historiques possibles du péché originel », face aux données de l'expérience et de la connaissance acquises par l'humanité, en particulier grâce au développement des sciences. Sur ce point, la *Note* est claire : désormais, il convient de renoncer à l'Adam individuel, à la Chute initiale et au Paradis perdu des origines : il s'agit là avant tout de produits de l'imagination et d'un genre littéraire particulier. Teilhard inscrit ainsi sa réflexion dans l'histoire, aussi riche que mouvementée, de l'exégèse moderne ; en milieu catholique, il faudra encore attendre une vingtaine d'années et l'encyclique de Pie XII, *Divino Afflante Spiritu*, publiée en 1943, pour que le magistère romain reconnaisse officiellement l'importance de recourir aux études philologiques, à la méthode critique, aux ressources de l'archéologie et de l'histoire pour mettre en lumière « les trésors de sagesse et de lumière » que contient la Bible et en faire une interprétation exacte.

Par-delà la question exégétique, Teilhard introduit deux questions théologiques que le XXe siècle ne suffira pas à résoudre. D'une part : l'état de péché ne serait-il pas une conséquence directe de l'état de créature, limité et en devenir ? D'autre part : la Création, la Chute, l'Incarnation et la Rédemption ne constituent-elles pas des événements qui appartiennent à la durée et à la totalité du Monde en devenir ? Faut-il ajouter que ces deux questions sont l'objet d'une grande méfiance de la part des autorités romaines : si la crise moderniste est officiellement passée, l'ère du soupçon à l'égard des théologiens qui seraient trop curieux des sciences contemporaines est loin d'être achevée.

Teilhard prêche encore une retraite à un groupe d'ingénieurs, au cours de l'été 1922, avant de passer quelques jours en famille à Sarcenat et de rejoindre son ami l'abbé Gaudefroy pour une expédition géologique dans les Pyrénées. Avec la rentrée, il reprend le chemin du Muséum (et des vieux os...), ainsi que ses causeries aux étudiants du père Pupey-Girard, mais également aux normaliens du père Portal. Si, au cours de sa retraite annuelle de 1922, il écrit ne pas faire autre chose que de se « remettre au Feu » (celui de Dieu), il a aussi le sentiment, au travers de ses rencontres et de ses conférences, de vivre « dans le feu » (celui de la critique et des autorités ecclésiastiques). Ses nouvelles relations parisiennes ne plaisent pas nécessairement à Rome. Que penser des échanges intellectuels qui s'instaurent, à partir de 1919, entre Pierre Teilhard de Chardin et Maurice Blondel ?

En septembre 1919, le père Auguste Valensin (qui écrira en 1921 l'article « Panthéisme » dans le *Dictionnaire apologétique*) transmet au philosophe des écrits de son confrère « sur les relations du Cosmos et du Christ » : « Le Père Teilhard, explique Valensin à Blondel, est surtout géologue, il prépare à Paris un doctorat en vue d'occuper une chaire qui l'attend, mais il a des vues philosophiques, et nous serions contents de les faire critiquer par vous [82]. » Blondel répond à Valensin : « Devant les horizons agrandis par les sciences de la nature et de l'humanité, on ne peut, sans trahir le catholicisme, en rester à des explications médiocres et à des vues limitées qui font du Christ un accident historique, qui l'isolent dans le Cosmos comme un épisode postiche, et qui semblent faire de lui un intrus ou un dépaysé dans l'écrasante et hostile immensité de l'univers [83]. » Dès lors, Blondel montrera beaucoup de sympathie, en même temps que des réserves, à l'égard de la pensée de Teilhard. En 1947, alors qu'il a quatre-vingt-six ans, il se souvient du mot que Jules Lachelier lui avait dit, bien des années auparavant : « Comme je voudrais pouvoir concilier Darwin et la Bible ! » Et Blondel de conclure : « Combien Lachelier eût été soulagé par les résultats de la science paléontologique et la foi sereine du Père Teilhard de Chardin [84] ! » Et, dans une lettre qu'il adressera à Mgr Bruno de Solages datant de la même époque, Blondel dira sa méfiance à l'égard de la méthode teilhardienne qui « rabat sur un plan scientifique, phénoméniste, naturiste, comme si ce plan contenait l'essentielle vérité, ce qui est aussi et surtout d'ordre métaphysique, religieux et même proprement surnaturel [85] ». Pour autant, le dialogue entre les trois hommes (Teilhard, Blondel et Valensin) est « serré » ; il a pour enjeu un usage raisonné et une juste compréhension de la perspective panthéiste. Pas question, défend ainsi Blondel, de considérer le monde divinisé sans qu'il soit « surnaturalisé », de « passer » directement de la matière à l'esprit, ni de communier au Tout sans avoir d'abord communié au Transcendant, au Verbe incarné : le panchristisme que Blondel cherche à élaborer doit être dégagé de toute tentation, de toute dérive physicistes. Teilhard, de son côté, dans un mémoire qu'il adresse sur le même sujet à Valensin, exprime son souci d'élaborer un raisonnement, une pensée qui puissent être valables et acceptables pour l'ensemble de l'humanité : il n'est pas question, pour le jésuite, de vouloir transformer le monde en un couvent ; il est trop rempli de réalisations humaines positives qu'il convient de poursuivre, de soutenir, de respecter et non de faire avorter. « Il faut absolument pour que le Christ soit aussi grand que ma vie (que *toute* la Vie) que je puisse avoir conscience de croître en Lui, non seulement par les restrictions ascétiques et les arrachements (suprêmement unissants) de la souffrance, mais encore par tout ce que mon existence comporte d'effort positif, de perfectionnement naturel, de devoir humain. » Sinon, le christianisme ne deviendra-t-il pas une source de dégoût pour ceux et celles qui veulent agir ? Il ne doit déflorer aucune dimension de la vie humaine, même s'il occupe un rôle singulier et central, au sein de l'histoire de l'humanité et du monde. Au contraire, le chrétien doit être invité à aimer, à embrasser la Matière, le Réel. Qui nous dit que la puissance spirituelle de la nature soit épuisée et que nous puissions nous consacrer au seul effort ascétique ? Nous risquerions de verser dans l'illusion, dans le moindre effort et, pour finir, dans le refroidissement de la charité. Plus tard, peut-être, viendra le temps de la retraite au sein de la nuit mystique, mais, pour l'heure, « Il faut encore des laboureurs pour faire vivre les orants ; — et à ceux-là il faut pouvoir expliquer qu'ils travaillent au Christ, *même en remuant la Terre* [86] ».

Premier séjour en Chine

Tien-tsin, 23 mai 1923. Parti de France un mois auparavant, Teilhard rejoint son confrère jésuite, le père Émile Licent. Quelques mois plus tôt, en février de la même année, il lui a envoyé un télégramme ainsi rédigé : « Viens pour un an. Quand partir ? Teilhard. » Licent lui avait aussitôt répondu : « Arriver le 15 mai. » Les deux hommes s'étaient rencontrés en 1914 et avaient commencé à correspondre au début des années 1920, au moment où Teilhard prenait pied dans le milieu scientifique parisien. Il a rapidement été question que le jeune jésuite apporterait sa compétence à la mise en valeur du musée-laboratoire fondé par son aîné à Tien-tsin [87]. Le musée Hoang-Ho Pai-Ho (du nom du plus grand et du plus petit des fleuves de la Chine du Nord, le fleuve Jaune et le fleuve Blanc ; plus familièrement appelé aussi le « musée Licent ») conserve les collections de géologie, de botanique, de minéralogie, de paléontologie que Licent a rassemblées en parcourant, depuis 1914, des dizaines de milliers de kilomètres dans la grande plaine de Petchili et la steppe mongole, à la bordure chinoise du plateau tibétain. George Soulié de Morant, qui publie en 1928 une histoire (partiale) de la présence des jésuites français en Chine, clôt quasiment son ouvrage en évoquant ce musée : « Depuis 1925, enfin, s'est ouvert à T'iènn-tsinn un Musée de Préhistoire où le P. Licent expose les innombrables fossiles et pièces préhistoriques découverts par lui notamment dans la haute vallée du fleuve Jaune, en Mongolie. Ses résultats, en ce qui concerne l'Homme quaternaire, dépassent de beaucoup ceux de l'expédition américaine d'Andrews à laquelle la presse a fait tant de publicité [88]. » Sans commentaire.

Quoi qu'il en soit, Licent, en s'appuyant sur les religieux des missions, a su construire un véritable réseau d'informateurs et de collecteurs qui lui signalent et lui rapportent de nouvelles découvertes. De Teilhard il attend davantage : un collaborateur compétent et « un compagnon de voyage qui ne fût pas difficile (pas plus que moi) pour la nourriture et les commodités de la vie ».

Le 6 avril 1923, le jeune professeur de l'Institut catholique embarque à Marseille pour la Chine ; il est officiellement envoyé par le Muséum national d'histoire naturelle qui finance la « Mission paléontologique française », sous la direction du père Licent ; ce financement a plusieurs sources : le ministère de l'Instruction publique, l'Académie des sciences, l'Institut de paléontologie humaine. Teilhard entretiendra une abondante correspondance avec le Pr Boule, qui reste son patron dans cette mission : « Je vous assassine de lettres », reconnaîtra-t-il. Il lui rend régulièrement compte de l'état de ses finances, sans cesse fragilisé par la fluctuation des cours : « Pourvu que le dollar ne monte pas trop ! Cette éventualité est autant à redouter pour moi que les brigands [89] ! » Avant de parvenir à Tien-tsin, Teilhard séjourne brièvement à Chang-hai qui est le centre de la mission chinoise confiée aux jésuites de la province de Paris ; ils y tiennent une université, un orphelinat et, dans la pure tradition de leur prédécesseur Matteo Ricci, un observatoire astronomique.

Le port de Tien-tsin a été impliqué dans l'histoire moderne de la Chine, puisque c'est dans cette ville que fut signé, en 1858, le traité par lequel la Chine accordait des droits extraterritoriaux aux ressortissants étrangers qui vivaient alors dans les concessions des villes portuaires dites ouvertes : Chang-hai, Canton, Hankéou, Tien-tsin, etc. ; les concessions de Chang-hai, au début de la Deuxième Guerre mondiale, compteront trois millions d'âmes, auxquelles s'ajoute une population variable de réfugiés. En 1860, dans une convention signée à Pékin [90], les grandes puissances reconnaissaient la Chine impériale et envoyaient leurs représentants bâtir des légations dans une enclave administrée par le corps diplomatique lui-même, au cœur de l'antique ville tartare. En 1923, il existe à Pékin onze de ces légations, tandis qu'à Tien-tsin vivent plus de 11 000 étrangers (avant tout des Européens, des Américains, des Russes, des Japonais), au milieu d'une population de 840 000 Chinois. La jeune République chinoise a alors douze ans, mais apparaît bien fragile ; les institutions politiques ne sont qu'une façade et le pays est aux mains des Seigneurs de la guerre. Ce militarisme plonge le pays dans le désordre, l'insécurité et le marasme économique, tandis que naissent des mouvements intellectuels et artistiques, suscités et alimentés par les jeunes

Chinois revenus d'Amérique et d'Europe, avec des idées et des revendications en matière de science et de société qui s'accordent mal à celles de la Chine traditionnelle. À Tien-tsin même, les jésuites ont fondé l'Institut des hautes études commerciales et industrielles, pour donner à la jeunesse chinoise les moyens de participer au développement économique de son pays. N'est-ce pas un moment favorable pour découvrir la Chine et y séjourner plusieurs mois, comme Teilhard entreprend de le faire ?

De passage à Tien-tsin en 1908, Paul Claudel avait écrit : « C'est un lieu plutôt sévère qui a le dénuement du désert sans en avoir la grandeur, et la misère sans la solitude. [...] Le ciel seul est beau, toujours offert aux yeux, toujours d'une pureté admirable... » Le sentiment que ressent Teilhard, lorsqu'il débarque en Chine, n'est pas loin des impressions de Claudel : « Autant la Malaisie m'a paru ensorcelante, sous ses fleurs flamboyantes et ses forêts épaisses, confie-t-il à l'abbé Breuil, autant les vallées du Fleuve Bleu et du Fleuve Jaune me semblent des régions austères et désolées, où l'esprit, autant que le corps, sont livrés sans défense à tous les grands vents de la terre. Ces immenses étendues, grises et plates, disproportionnées avec nos plaines d'Europe occidentale, ces montagnes rocheuses, complètement dénudées, ne donnent aucune prise où on puisse moralement s'accrocher. On doit se sentir perdu, dans ce pays sans barrières. Peut-être parlerai-je autrement en revenant de Mongolie [91]. » À son maître, le Pr Boule, il écrit de même : « Humainement parlant, le pays, au nord de Nankin, m'a paru d'une tristesse profonde, à cause de l'absence presque complète d'arbres. Les Chinois ont tout coupé et tout gratté, “ comme des poules dans une basse-cour ”, me disait très justement un missionnaire. La Chine du Nord est sûrement un pays austère, dont tout l'intérêt doit être cherché dans les particularités historiques de la race et du sol. On se sent ici beaucoup plus proche de la

Sibérie que du Tonkin : il me semble que pour se plaire dans une région pareille il faut avoir beaucoup à travailler [92]. » Plusieurs années après, il écrira encore : « L'arrivée en Chine, en quittant la Malaisie, est toujours lugubre [93]. »

Teilhard s'installe au musée Licent, Race Course Road, au cœur de la concession française. Assez rapidement et selon la coutume, il est invité à adopter un nom chinois. Un sinologue averti lui propose celui de « Teh Jih-Chin », censé suggérer à des oreilles chinoises son nom prononcé à l'occidentale. Je m'interdis de juger de la pertinence phonétique de ce choix ; en revanche, après bien d'autres connaisseurs de Teilhard, j'apprécie la charge symbolique ou programmatique d'un tel nom. En mandarin, « Teh Jih-Chin » signifie en effet « Vertu de l'Aube » : un véritable programme. Pour autant, Teilhard aura toujours du mal à en tracer les caractères. Apparemment peu doué pour les langues, persuadé que son séjour en Chine ne sera que de courte durée (et je devrais dire : ses séjours en Chine), il ne cherche pas à apprendre la langue du pays ; d'ailleurs, pour le décourager de tout effort, les Chinois avec lesquels il travaille quotidiennement ne parlent-ils pas français ou anglais ? George Barbour, l'un de ses amis scientifiques qui le connaît bien et a pour lui une profonde affection, aimera à lui répéter la devise de son propre père : « *Ut migraturus habita.* Vis comme si tu allais partir. » Barbour n'a pas tort : plus qu'un mot d'esprit ou un conseil ascétique, il s'agit d'une description fort juste de l'existence pratique et spirituelle de Teilhard.

Pour l'heure, dès le 11 ou le 12 juin, Licent emmène Teilhard dans les Ordos [94], pour explorer ce vaste plateau de Mongolie occidentale situé au nord de la Grande Muraille. Outre le but de faire découvrir le pays à son jeune confrère, le vieil arpenteur part à la recherche de nouveaux fossiles pour enrichir et faire le succès de ses expositions d'histoire naturelle. Licent voyage habituellement dans un char chinois, accompagné d'un conducteur et d'un cuisinier. L'engin est rustique : « une caisse carrée, surmontée d'un toit cylindrique et reposant sur deux roues sans aucun ressort » ; son lourd et grinçant essieu exige un fréquent recours à de l'huile de ricin. Pour établir les cartes routières des régions qu'il explore à bord de son char, Licent a l'habitude de calculer les distances parcourues en comptant les tours de roue. Pour cette expédition de 1923, Licent commence par recourir au train ; puis il organise un convoi de dix mules, trois ânes, cinq muletiers, deux serviteurs, sans oublier une escorte militaire, car la région n'est pas sûre. Au terme d'une pérégrination de neuf cents kilomètres qui dure quatre mois, il revient à Tien-tsin par le fleuve Jaune. « En prévision de la traversée, écrit Teilhard à l'abbé Breuil, nous avons acheté chacun, Licent et moi, une magnifique pelisse de peau d'agneau, souple, légère et blanche à souhait, une des spécialités de Ning-Hia [95]. »

Même si les régions visitées sont désertiques et presque inhabitées, il faut beaucoup de diplomatie pour y mener des fouilles. Leurs rares habitants sont superstitieux et soupçonneux. Ils ne voient pas d'un très bon œil ces diables d'étrangers qui fouillent leurs terres, au risque de déranger les esprits cachés dans les tombes. Ils redoutent les calamités que le Ciel risque de leur envoyer pour les punir d'avoir laissé toucher aux « os de dragon », à ces fossiles dont les apothicaires chinois sont très friands pour leurs vertus curatives ; les haches de pierre polie, que les paysans trouvent dans leurs champs et apportent aux chercheurs, sont appelées « pierres de foudre ». Comme à son habitude, Teilhard aime décrire à ses correspondants les paysages qu'il traverse, les sites qu'il explore, les gens qu'il côtoie. Ainsi, à son collègue et ami l'abbé Breuil : « Je ne m'étends pas sur le pittoresque de mon séjour ici, qui est très grand. Nous campons au fond du cañon, au milieu d'une flore curieuse, et d'une faune familière de faisans, grues, milans, etc. que je vous détaillerai à mon retour. Nous faisons travailler deux équipes, une de treize Chinois (peu intéressants) et une de dix Mongols (la famille du propriétaire) qui sont de vrais chercheurs. Cela vous amuserait de voir ces travailleurs à torse nu, — d'un très beau type de Peau-Rouge, dirait-on [96]. »

De leur expédition, les deux jésuites rapportent plus de trois tonnes d'échantillons, répartis dans six douzaines de caisses ; pour les transporter, il ne faut pas moins de trente ânes et mulets ou, pour achever le voyage, une des grandes barques qui sillonnent le fleuve Jaune. Une récolte tellement abondante qu'à Paris Marcellin Boule grommelle : « Les os du Père vont bientôt nous mettre dehors ! » La mauvaise humeur de Boule n'est que de façade : au cours de sa première expédition, la mission paléontologique française, grâce à la découverte de plusieurs sites paléolithiques, apporte sinon les preuves du moins la conviction que l'homme préhistorique a habité ces régions du nord de l'Himalaya, désormais abandonnées. Les historiens ont eu raison de considérer l'Asie comme le berceau de l'humanité (*officina gentium*, disaient-ils dans leur docte langage), bien avant que les paléontologues ne s'y soient sérieusement intéressés. Teilhard peut conclure, non sans une légitime fierté : « Nous autres, géologues, venus, comme ici en Ordos, en quête des Mauvaises Terres, nous ne nous laisserons pas prendre à la paix confortable des champs mollement ondulés. Nous nous enfoncerons, au contraire, dans les fentes les plus profondes de la montagne, celles où la Terre Rouge apparaît, comme une chair blessée, sous les épaisses couches grises. Là blanchissent les os des rhinocéros, des girafes, des antilopes, qui erraient ici, au Miocène, comme ils le font aujourd'hui dans les prairies tropicales de l'Afrique. Là encore, au-dessous des hautes murailles de loess, sont disséminés les vestiges d'un Homme dont les yeux ont regardé la

Chine avant qu'elle n'eût revêtu sa robe de Terre Jaune. Mais déjà noircissent dans les champs, l'épi doucement ployé du millet et la lourde massue rigide des sorghos. L'automne et l'hiver vont descendre sur les plateaux d'Asie. La saison est venue, pour les passants, de regagner les plaines, plus douces, de Chine orientale [97]. »

Ce lyrisme cache l'obsession des deux jésuites, au cours de ces premières expéditions communes : être les premiers, « prendre date ».

Teilhard en est convaincu : « La géologie est intéressante, par ici. C'est encore l'âge d'or pour la recherche sur le terrain [98]. » Et, de fait, près de dix ans plus tard, il pourra écrire à Marcellin Boule, le 5 avril 1932 : « Les constructions s'élèvent rapidement en Chine sur des fondations dont je suis en grande partie responsable. »

De retour à Tien-tsin le 13 octobre 1923, Teilhard tire en effet sans tarder les leçons des résultats scientifiques de cette campagne de quatre mois. Il perçoit que le sous-sol chinois, avec son riche passé géologique et paléontologique, pourrait lui offrir un avenir scientifique passionnant. Teilhard demande donc une prolongation de congé au Pr Boule et au recteur de l'Institut catholique de Paris, et il installe ses quartiers d'hiver à Tien-tsin et à Pékin. Il peut ainsi découvrir et étudier les collections du musée Licent, rédiger des notes et des articles, préparer une intervention pour un congrès de géologues d'Extrême-Orient qui se tient à Pékin. Il est heureux de la franche intimité qui existe au sein de la communauté des savants : Chinois, Américains (dont le jeune savant français admire l'investissement scientifique), Suédois, Russes, Français travaillent dans une atmosphère cordiale et intellectuellement stimulante. Les dîners où les invités se rendent en pousse-pousse, emmitouflés dans des fourrures, se multiplient, malgré une situation politique inquiétante. Teilhard profite de l'hiver pour visiter quelques missions chrétiennes. À l'occasion, il loge dans des fermes ou des lamaseries bouddhistes. Il rencontre ainsi des populations d'origines très diverses : mongole, tibétaine, musulmane. Il parle de « la masse chinoise, masse énorme, inerte, terre à terre, instinctivement hostile aux étrangers qui viennent lui proposer des changements dont elle n'a aucune envie ». Il ne faudrait pas trop vite y voir une forme de racisme : Teilhard s'opposera toujours à la suprématie imposée et maintenue d'un groupe humain (une « race ») sur un autre ; il ne fait que constater les différences qui peuvent exister, parmi les peuples qu'il rencontre, dans leur manière d'appréhender l'histoire, le développement, le progrès.

En avril 1924, voici Teilhard reparti pour trois mois avec le père Licent, cette fois jusqu'à la lisière orientale du désert de Gobi. Il en profite pour élaborer les premiers éléments de sa géologie de la Chine du Nord et il est très fier de rapporter de cette nouvelle expédition les éléments d'une coupe à travers plus de mille kilomètres d'un pays géologiquement inconnu. Rien à voir avec les recherches « où marinent les coquillards du bassin de Paris ». Malgré un départ peu prometteur, l'expédition se révèle fructueuse dans le domaine de la paléontologie ; Teilhard ne semble pas s'être trompé en misant son avenir scientifique sur la Chine. Par ailleurs, à côté des caisses de fossiles et des résultats scientifiques, ces deux expéditions sur le terrain avec Licent ont été très instructives pour le jeune professeur de l'Institut catholique de Paris : elles lui ont véritablement apporté une expérience pratique du terrain, jusque dans les conséquences sur sa vie religieuse.

Sur le terrain

Le désert convient à Teilhard, celui des Ordos comme celui de l'Égypte et tous ceux qu'il traversera, explorera, tant en Asie qu'en Inde ou en Afrique. Ces lieux exigent de la part de l'homme un réel engagement, une juste ascèse, un véritable baptême dans le Réel ; ainsi renforcent-ils la part spirituelle et visionnaire de Teilhard.

Sur le terrain, la mobilité du savant jésuite ne cesse pas d'étonner ses compagnons. Il aime se chausser de souliers de tennis pour mieux sentir le terrain, quitte à ne pas être protégé des éventuels serpents venimeux. Il a l'habitude de concrétiser ses observations sous forme de croquis sommaires qui représentent une série de couches et indiquent leur emplacement géographique. L'image cartographique ne sert qu'à donner une perspective et une orientation d'ensemble : il s'agit d'un mélange de savoir et d'intuition, en rapport avec le terrain. Un de ses collègues remarque comment, « par comparaison, une carte géologique pouvait paraître franchement périmée ». Le même ajoute : « Le zèle de Teilhard était celui d'un détective qui a constamment conscience de sa responsabilité vis-à-vis d'une instance suprême. Il y avait en lui une sorte d'inquiétude, comme s'il cherchait à entendre, sortant des événements géologiques, le leitmotiv de l'évolution humaine, la poussée de l'énergie psychique vers une conscience plus complète [99]. » Dès cette époque, il a conscience que l'étude de la Terre ne pourra plus, dans un proche avenir, se contenter d'inventorier et d'accumuler des couches géologiques et des strates fossilifères ; il lui faudra emprunter une perspective plus synthétique, considérer notre planète comme un tout, lui-même doté de propriétés physiques et chimiques qui lui sont spécifiques. Teilhard commence à parler de géodynamique, de géochimie, avant d'inventer lui-même le concept de géobiologie. Dans une lettre à un autre ami, prêtre et scientifique lui aussi, l'abbé Gaudefroy, il confesse : « Je rêve d'une espèce de " Livre de la Terre " où je me laisserais parler, non comme Français, ni comme élément d'un compartiment quelconque, mais comme Homme, ou comme " terrestre " simplement. Je voudrais dire la confiance, les ambitions, la plénitude, et aussi les déceptions, les inquiétudes, l'espèce de vertige, de celui qui prend conscience des destinées et des intérêts de la Terre (Humanité) tout entière. Dans ces pages, où je ne chercherais à m'accorder avec aucun des courants d'idées reçus, mais seulement à traduire ce que je sens, je voudrais passer l'expression de ma foi en l'œuvre humaine et l'unité humaine, — de ma colère contre les cloisons et les plafonds qui compartimentent encore des fragments spirituels destinés à se joindre, — de notre déception en nous voyant emprisonnés sur une boule dont l'intérêt limité s'épuise, — de notre angoisse en nous voyant seuls, tous ensemble, au milieu de l'espace sidéral [100]. »

À l'occasion de ce premier séjour en Chine, il écrit à sa cousine Marguerite : « J'arrive à voir dans cette Providence un signe qu'Il voulait vraiment que je vienne ici, et me marque, aussi, qu'Il attend de moi un regain d'activité dans mon apostolat spécial en Europe, puisque, tu le sais, je ne suis venu en Chine que dans l'espoir de pouvoir mieux parler du " Grand Christ " à Paris [101]. » Pourquoi parler de Paris ? Parce que Teilhard parvient assez rapidement à la conclusion que l'Asie appartient au passé. « J'ai l'impression, écrit-il à Léontine Zanta, non plus d'être à l'avant d'un navire (comme pendant la guerre), mais à l'arrière, penché sur le sillage (je vois la trace de ce qui a passé) : et c'est encore une façon de percevoir le mouvement du Monde [102]. » À l'abbé Gaudefroy comme à d'autres correspondants de la même époque, il écrit dès le mois d'août 1923 : « Breuil vous aura peut-être dit que je n'ai pas trouvé dans la Chine (que j'ai vue) le réservoir de fermentation où j'espérais voir bouillonner le vin généreux qui ragaillardirait notre Occident. Jusqu'ici, je n'ai vu que des races en voie d'extinction, ou des primitifs (les Chinois) qui pullulent sans donner encore signe d'aucune aptitude à créer. » « Décidément, conclut-il, je crois que c'est encore notre vieille Europe, et notamment Paris, qui sont les bourgeons de l'Humanité présente [103]. » Même ton dans une lettre ultérieure à l'abbé Breuil : « Je continue à ne pas me faire une idée bien claire des Chinois. Il est évident que ces gens-là sont extrêmement loin de nous. Ils forment une *autre* branche de l'Humanité, au sens strict que vous et moi pouvons donner à ce mot. Sont-ils en même temps inférieurs (c'est-à-dire appartiennent-ils à un cycle dépassé de l'épanouissement de l'arbre humain, comme les Australiens ou les Peaux-Rouges ?) ? — À écouter parler les missionnaires, on le croirait. Et cependant je connais trois géologues chinois qui me paraissent aussi complètement " hommes " que mes meilleurs confrères de Paris [104]. » Que dire de tels propos ? Comment les qualifier ? Sont-ils l'expression d'un sentiment nationaliste ou raciste ? Vingt ou trente ans plus tard, Teilhard lui-même défendra l'eugénisme. Du moins est-il assez clair qu'il reste un homme de son temps comme de son milieu culturel, social et politique. Le dire n'est ni l'excuser ni l'accabler, mais seulement reconnaître que sa pensée ne peut être recueillie, interprétée, appliquée sans tenir compte de cet enracinement. J'ajouterai qu'à de telles idées Teilhard donne une teinte plus chrétienne, « christique » : « J'en conclus, entre autres choses, que, présentement, les religions se heurtent comme des forces beaucoup trop nationales, et que la puissance incomparable d'unification des âmes que possède le Christianisme ne donnera son plein effet que lorsque le Christ sera présenté et compris, non pas comme une figure toute donnée, toute faite (à la mode latine), mais comme l'Objet jamais atteint d'une Recherche passionnée [105]. » Là encore, n'y voyons pas l'affirmation de la supériorité du christianisme sur les autres religions, autrement dit l'équivalent religieux d'un racisme. Teilhard le souligne : le christianisme qui unifiera les âmes et le monde n'est pas celui « à la mode latine », mais celui qui se construit autour de la figure du Christ cosmique. Un christianisme en avant : « Je crois reconnaître que le voyage en Mongolie ne m'a donné directement aucun " coup de fouet ", — mais indirectement, m'a ancré dans ma foi en l'Avenir. Le Monde n'est intéressant qu'en avant, — mais, regardé de ce côté, il est passionnant [106]. »

« La Messe sur le Monde »

« Puisque, une fois encore, Seigneur, non plus dans les forêts de l'Aisne, mais dans les steppes d'Asie, je n'ai ni pain, ni vin, ni autel, je m'élèverai par-dessus les symboles jusqu'à la pure majesté du Réel, et je Vous offrirai, moi votre prêtre, sur l'autel de la Terre entière, le travail et la peine du Monde [107]. » Dans ces solitudes, Teilhard retrouve sa pratique religieuse du temps de la Grande Guerre, celle de dire sa « messe sur les choses » ; elle prend la forme et le titre d'un de ses textes les plus connus : *La Messe sur le Monde*. « Un peu trop absorbé par la Science pour pouvoir philosopher beaucoup, explique-t-il à l'abbé Breuil, mais intérieurement de plus en plus pénétré, quand je descends en moi-même, de cette conviction que la Science du Christ à travers tout, c'est-à-dire la vraie science mystique, est la seule qui compte. Je me laisse reprendre au jeu quand je géologise. Mais à la moindre réflexion je vois limpidement que cette occupation (vitale pour moi dans la mesure où elle fait corps avec le " geste entier " de ma vie) n'a plus par elle-même aucun intérêt définitif. J'élabore toujours peu à peu, un peu mieux, en priant, ma " messe sur les choses ". Il me semble qu'en un sens la vraie substance à consacrer journellement est l'accroissement du monde ce jour-là — le pain symbolisant assez bien ce que la Création arrive à produire, le vin (sang) ce qu'elle fait perdre en épuisement et en souffrance dans son effort [108]. » Et quelques années plus tard, au cours de son séjour en Abyssinie, il pourra écrire à son amie

Léontine Zanta : « Depuis trois mois, je vous l'avoue, il ne me reste guère, sauf le bréviaire, que la prière interne et la " messe sur le Monde " ; mais cela ne me gêne pas, vous le savez — ou plutôt cela me *repose* [109]. »

Pièce liturgique, pièce mystique, pièce poétique, *La Messe sur le Monde* ne se prête guère aux résumés ni aux commentaires. Elle est plus à lire, à méditer, à prier même, qu'à analyser, critiquer ou juger. Derrière le style propre à Teilhard (qui a évidemment ses admirateurs et ses contradicteurs), se cache l'âme profondément religieuse du jésuite, où l'empreinte chrétienne est si forte. S'il parle de cette messe comme d'un « Sacrement du Monde » ou encore d'un « Sacrement de la Terre [110] », c'est parce que, à ses yeux, l'autel où ce sacrement est célébré est la Terre elle-même. Le calice, la patène, dont use habituellement le prêtre pour célébrer la messe, « ce sont, explique Teilhard, les profondeurs d'une âme largement ouverte à toutes les forces qui, dans un instant, vont s'élever de tous les points du Globe et converger vers l'Esprit ». L'assemblée, le plus souvent invisible, est constituée de « ceux que vous m'avez donnés comme soutien et comme charme naturel de mon existence [...] ceux dont la troupe anonyme forme la masse innombrable des vivants ». L'offrande, enfin, c'est « l'accroissement du Monde emporté par l'universel devenir » : « sur tout ce qui, dans la Chair humaine, s'apprête à naître ou à périr sous le soleil qui monte, j'appellerai le Feu ». Célébrer la messe sur le Monde, pour la foi de Teilhard, c'est demander à Dieu d'agir dans sa matière même : « Remaniez-le, cet effort [terrestre], rectifiez-le jusque dans ses origines, vous qui savez pourquoi il est impossible que la création naisse autrement que portée sur la tige d'une interminable évolution. » Et les paroles qui appellent une telle œuvre divine sont celles-là mêmes du rite chrétien : « Sur toute vie qui va germer, croître, fleurir et mûrir en ce jour, répétez : " Ceci est mon corps. " — Et, sur toute mort qui s'apprête à ronger, à flétrir, à couper, commandez (mystère de foi par excellence !) : " Ceci est mon sang ! " »

Que penser d'une telle prière, d'une telle vision religieuse du Monde ? S'agit-il, comme j'ai pu le lire, d'une incantation ? L'expression est belle, mais trop teintée de magie et de pouvoir sur les esprits ou les éléments de la nature. Mais il est vrai que, malgré toutes les réserves, toutes les assurances, toutes les mises en garde de Teilhard, plus d'un de ses lecteurs s'est demandé s'il ne s'agissait pas de l'expression d'un panthéisme teinté de christianisme. D'autres, pour écarter une telle accusation, ont parlé de " panenthéisme ". La question, de fait, est délicate à aborder, qui plus est, à résoudre. J'y reviendrai par la suite en confrontant la démarche de la théologie naturelle à celle de la Révélation chrétienne. Ici, je crois nécessaire de souligner la place accordée par Teilhard à l'action de Dieu. Il faut le lire convenablement : il ne dit pas que le Monde « est » le Corps et le Sang du Christ (auquel cas il s'agirait effectivement d'un panthéisme chrétien, « christifié »), mais plus exactement que le Monde les devient. Il n'affirme pas que Dieu est identique au Monde, mais qu'il se révèle à travers lui et y agit. « Si je crois fermement que tout, autour de moi, est le Corps et le Sang du Verbe alors pour moi (et en un sens pour moi seul), se produit la merveilleuse " Diaphanie " qui fait objectivement transparaître, dans la profondeur de tout fait et de tout élément, la chaleur lumineuse d'une même Vie. Que ma foi, par malheur, se relâche, et aussitôt, la lumière s'éteint, tout devient obscur, tout se décompose. » « Lorsque, toutes choses gardant autour de moi leur saveur et leurs contours, je les verrai néanmoins diffusées, par une âme secrète, dans un Élément unique, infiniment proche et infiniment distant, — lorsque, emprisonné dans l'intimité jalouse d'un sanctuaire divin, je me sentirai cependant errer librement à travers le ciel de toutes créatures, — alors, je saurai que j'approche du lieu central où converge le cœur du

Monde dans le rayonnement descendant du Cœur de Dieu. » La spiritualité de Teilhard n'est pas indemne de toute trace ou influence panthéistes ; lui-même le reconnaît. Elle n'en reste pas moins fermement enracinée dans la foi chrétienne en un Dieu créateur... même si cet agir divin prend la forme d'un monde traversé, pétri par des forces, des énergies, des puissances de transformation, d'évolution, toujours à l'œuvre. Mais celles-ci appartiennent au Monde lui-même et ne sauraient être confondues avec Dieu : « Si je ne pouvais croire, moi, que votre Présence réelle anime, assouplit, réchauffe la moindre des énergies qui me pénètrent ou me frôlent, est-ce que, transi dans les moelles de mon être, je ne mourrais pas de froid ? »

L'orant, celui qui célèbre cette messe, ne peut ni ne doit se tromper d'attitude à l'égard du Monde : « Ce que j'éprouve, en face et au sein du Monde assimilé par votre Chair, devenu votre Chair, mon Dieu, — ce n'est ni l'absorption du moniste avide de se fondre dans l'unité des choses, — ni l'émotion du païen prosterné aux pieds d'une divinité tangible, — ni l'abandon passif du quiétiste ballotté au gré des énergies mystiques. » Ni moniste, ni païen, ni quiétiste, le chrétien use du Monde, se plonge en lui pour rejoindre son Créateur, sans peur ni nonchalance : « Celui qui aimera passionnément Jésus caché dans les forces qui font grandir la Terre, la Terre, maternellement, le soulèvera dans ses bras géants, et elle lui fera contempler le visage de Dieu. [...] Celui qui aura aimé passionnément Jésus caché dans les forces qui font mourir la Terre, la Terre en défaillant le serrera dans ses bras géants, et avec elle, il se réveillera dans le sein de Dieu. » Avec la Terre, se réveiller dans le sein de Dieu : s'il était possible de résumer en une phrase la spiritualité teilhardienne, c'est peut-être celle-ci qu'il conviendrait de retenir. Du moins est-ce à cette voie (et je pense à l'usage que font les alpinistes de ce terme) que Teilhard, même conscient de sa difficulté, a consacré sa quête spirituelle : « À votre Corps dans toute son extension, c'est-à-dire au Monde devenu, par votre puissance et par ma foi, le creuset magnifique et vivant où tout disparaît pour renaître, — par toutes les ressources qu'a fait jaillir en moi votre attraction créatrice, par ma trop faible science, par mes liens religieux, par mon sacerdoce, et (ce à quoi je tiens le plus) par le fond de ma conviction humaine, — je me voue pour en vivre et pour en mourir, Jésus. »

Pendant le premier séjour du jésuite en Chine, sévit en France une réaction intégriste. Au point que Teilhard finit par craindre des mesures disciplinaires contre lui et ses amis (il pense à Breuil, en particulier). Et s'il lui était demandé, pour rester à l'Institut catholique de Paris, de souscrire à des thèses inacceptables à ses yeux, que ferait-il ? Il s'en irait, reconnaît-il. Depuis la crise moderniste, il le sait, l'Église est en état de siège ; un réseau de surveillance s'est mis en place, formé de groupes intégristes qui se donnent pour mission de surveiller l'application des décrets de Rome et de dénoncer ceux qui ne s'y plieraient pas. Mais, plus encore que les espions, ce sont les « adorateurs de saint Thomas » que Teilhard redoute, ceux qui pensent épuiser l'univers par leurs concepts et rendre inutile la recherche elle-même. Il croit au contraire que l'accroissement ininterrompu du savoir est une valeur chrétienne ; il méprise « les fixistes ou limitateurs de nos connaissances [111] ». Les craintes de Teilhard ne sont pas vaines et les menaces ecclésiastiques qui pèsent sur lui bien réelles. Au moment où s'achève son premier séjour en Chine, arrive aussi à son terme la période de sa vie à laquelle j'ai donné le nom de « Révélation ». Peut-être est-ce le moment de décrire quelques-uns des éléments qui composent désormais l'univers philosophique de Teilhard ; un de ses écrits de 1924 y invite, puisqu'il s'intitule précisément : *Mon Univers.*

Quelques pas dans l'univers de Teilhard

« Exposer la manière personnelle de comprendre le Monde à laquelle [il s'est] trouvé progressivement amené par le développement inévitable de [sa] conscience humaine et chrétienne [112] » : tel est le but que Teilhard se donne, au début de l'année 1924, lorsqu'il entreprend la rédaction de *Mon Univers*, un texte d'une cinquantaine de pages. Cet écrit, j'en suis conscient, est historiquement situé, dans la vie du jésuite comme dans l'évolution de sa pensée ; il n'en présente pas moins quelques traits que je crois essentiels pour mieux appréhender l'univers philosophique et théologique de Teilhard. Sa seule préoccupation, précise-t-il, est « de montrer comment il est possible, en abordant sous un certain angle l'immense désordre des Choses, de voir brusquement leur obscurité et leur discordance se muer en une vibration ineffable, inépuisable dans la richesse de ses nuances et de ses notes, interminable dans la perfection de son unité [113] ». Ce texte commence par un exposé de la philosophie qui supporte et organise les constructions religieuses et morales du jésuite ; il en énonce les « principes fondamentaux » : le primat de la conscience, la foi en la vie, la foi en l'absolu et la priorité du Tout.

Évident et essentiel : tel apparaît, à lire Teilhard, le primat de la conscience. Une telle affirmation et le bref développement qu'en donne le texte *Mon Univers* méritent que nous nous y arrêtions. Il précise en effet (je respecte la disposition originale) :

« Logiquement et psychologiquement, le premier de ces principes est la conviction profonde que l'être est bon, c'est-à-dire :

a) qu'il vaut mieux être que ne pas être,

b) qu'il vaut mieux être plus qu'être moins.

« En admettant, comme principe auxiliaire, que l'être " achevé " est l'être conscient, on peut donner à ce principe une forme plus pratique et plus claire, à savoir :

a) qu'il vaut mieux être conscient que de ne pas être tel,

b) qu'il vaut mieux être plus conscient que moins conscient [114]. »

Pour poser le primat de la conscience, Teilhard commence par affirmer celui de l'être et du progrès : être et être plus. Et il le répétera à plusieurs reprises. Par exemple, dans *Le Phénomène humain*, il écrira quelques années plus tard : « Si le Progrès est un mythe, c'est-à-dire si devant le travail nous pouvons dire : " À quoi bon ? ", notre effort retombe, entraînant dans sa chute, puisque nous la sommes, toute l'Évolution [115]. » Pour Teilhard, le progrès n'est pas un mythe : le chrétien peut et même doit croire au progrès bien plus que les marxistes, car, il le confesse, au bout de la vie, il n'y a pas un mur ou un néant, mais une évasion, une montée vers un sommet... Je ne veux pas m'essayer ici à comparer marxisme et teilhardisme (d'autres l'ont tenté par le passé), mais seulement souligner comment la manière dont Teilhard pose le primat du progrès relève d'une compréhension particulière de la notion chrétienne de salut ou de rédemption. Son *Journal*, rédigé pendant la Grande Guerre, en véhicule plusieurs esquisses : « Plus on y pense, plus on voit que l'économie du salut se ramène à un simple agrandissement de l'amour naturel, reporté sur un Centre Supérieur et spiritualisant [116]. » Et encore : « Il est très sûr 1) que saint Paul a conçu la Révélation en fonction d'une idée du Mal (mort et concupiscence) que nous n'admettons plus également (la mort inexplicable sans un péché...), 2) que, aujourd'hui, la souffrance de développement (par transformation, purification, et même rupture) prend le dessus sur la souffrance d'expiation... — Il reste que l'idée expiatrice demeure un élément essentiel du Christianisme, qui, en ceci, n'a pas varié... Pour " acclimater " cette idée, il faudrait montrer que la Chute et la Rédemption peuvent être envisagées comme quasi liées à la création [117]. » Comme il l'a déjà développé dans sa *Note* sur le péché originel, en 1922, Teilhard propose d'écarter l'idée d'une expiation qui viendrait s'appliquer une fois accomplie par Dieu son œuvre créatrice, puis commis par Adam le péché originel. Mieux vaudrait réfléchir théologiquement et simultanément en termes de cosmogénèse, de rédemption et de progrès. Mais, sans même s'arrêter aux difficultés posées par cette explication théologique au mystère du Mal dans le Monde, comment est-il possible de penser l'articulation entre les œuvres divines de création et de salut, autrement que sous le mode de la succession [118] ? Teilhard n'occulte pas cette question ; bien au contraire, il en élabore une solution qui, sans être originale, constituera une des contributions essentielles du jésuite à la réflexion théologique du XXe siècle et des suivants : le retour, dans la sphère du christianisme occidental, de la foi au Christ cosmique. Ce que Teilhard propose est de dépasser la distinction entre la création et le salut, grâce à la personne du Christ : c'est en Christ que Dieu tout à la fois crée et sauve le Monde. Je n'en dirai pas davantage ici, pour revenir plus longuement par la suite au thème si teilhardien de la christologie cosmique.

Avant de m'intéresser au « primat de la conscience », je voudrais encore dire mon doute, mon hésitation devant la place accordée par Teilhard à « l'être plus », au progrès. Ne sanctifie-t-il pas un peu trop vite et facilement cette idée de progrès ? Qui parmi nous, enfants d'un XXe siècle aux deux guerres mondiales et aux trop nombreux conflits armés, aux deux bombes thermonucléaires et aux multiples atteintes à la vie à l'aide de moyens inventés par l'intelligence humaine, qui parmi nous peut, en toute conscience, prétendre que le primat puisse être donné, sans autre forme de procès, à l'être et au progrès ? Avons-nous la possibilité, le droit de fermer l'oreille aux plaintes de nos contemporains qui rejoignent celles du Serviteur souffrant chanté par le prophète Isaïe ? Ces plaintes qui mettent en cause et en procès toute revendication violente, toute prétention forcenée à plus de force, de beauté, de santé, de puissance ? « Comme un surgeon il a grandi devant Dieu, comme une racine en terre aride ; sans beauté ni éclat pour attirer nos regards, et sans apparence qui nous eût séduits ; objet de mépris, abandonné des hommes, homme de douleur, familier de la souffrance, comme quelqu'un devant qui on se voile la face, méprisé, nous n'en faisions aucun cas [119]. » Pouvons-nous affirmer le primat de l'être et de l'être plus lorsque nous entendons aujourd'hui des enfants reprocher à leurs parents de leur avoir donné naissance ? Pouvons-nous affirmer le primat de l'être s'il conduit à tenir des propos éventuellement racistes ou eugénistes, ce que Teilhard fera à plusieurs occasions ? Je n'écarte pas *a priori* ou globalement la pensée élaborée par Teilhard à partir de l'idée de progrès ; je ne me fais pas davantage le défenseur du médiocre ou de l'humiliation volontaire. Je trouve seulement excessive l'assurance du jésuite dans son affirmation du primat de l'être et du progrès ; mais sans doute suis-je en cela un enfant de la fin du XXe siècle... D'ailleurs, Teilhard lui-même reconnaît, dans une page de son *Journal* de guerre : « Dans ma “ Vie Cosmique ”, j'ai peut-être trop identifié l'état d'esprit cosmique avec un amour du Progrès naturel lui-même comme objet essentiel. Il faut distinguer le *droit* et le *fait*. En *fait*, l'effort évolutif *naturel* semble devoir être absolument favorisé et sanctifié [120]. » Au cours du XIXe siècle, les philosophies et les idéologies n'ont pas manqué pour tenter de « sanctifier » le progrès dans le droit, de lui donner le primat pour la conduite des sociétés humaines. Avec les succès, mais aussi les échecs que nous leur connaissons. Teilhard n'inventerait donc, ni ne prophétiserait rien : sa pensée serait plutôt la transcription chrétienne de ces courants de pensée. Ce que j'avance là est simplificateur : la preuve en est cette page de son *Journal.* Et son sens du tragique de l'histoire. Mais n'oublions pas que, du sens moderne donné au progrès par Francis Bacon aux *Désillusions du progrès* de Raymond Aron, en passant par Condorcet mais aussi par Nietzsche, l'histoire de l'idée de progrès est particulièrement riche et complexe. Et elle est loin d'être achevée [121]. Teilhard en est l'un des maillons chrétiens, situé à une époque particulière, les années 1930, de déclin de l'idée de progrès. Autant dire qu'une analyse plus précise que la mienne serait nécessaire pour tirer de cette pensée toute son actualité.

J'en viens maintenant au primat ainsi formulé par Teilhard : « il vaut mieux être conscient que de ne pas être tel ; il vaut mieux être plus conscient que moins conscient ». Qu'entend-il par là ? Et, corrélativement, quelle place, quelle étendue accorde-t-il à la conscience au sein de la réalité ? *Mon Univers* ne permet pas de répondre directement à ces questions et je suis obligé de faire appel à d'autres textes pour offrir quelques éléments de réponse. Ainsi, dans un texte datant de 1945, le jésuite explique : « la conscience (tout comme la faculté de changer de masse avec la vitesse, ou de rayonner en fonction de la température) est une propriété universelle, commune à tous les corpuscules constitutifs de l'Univers [122] ». Ou encore : « L'intériorité, ébauche de conscience, il y en a partout ; seulement, si le corpuscule est très simple, cette conscience est tellement petite que nous ne la distinguons pas ; que la complexité augmente, cette conscience émerge et nous avons le monde vivant [123]. » Intériorité, complexité, conscience : ce souci de l'existence et de la présence de la conscience au sein de la réalité, Teilhard le partage avec plusieurs penseurs du XXe siècle. Hans Jonas, par exemple, affirme lui aussi que « l'organique, même dans ses formes les plus inférieures, préfigure l'esprit et l'esprit, même dans ce qu'il atteint de plus haut, demeure partie intégrante de l'organique [124] » : pour le philosophe allemand aussi, il y a de la conscience partout.

Pour comprendre l'articulation posée par Teilhard entre les deux primats, celui de l'être et du progrès d'une part, celui de la conscience d'autre part, il convient d'introduire ici une autre idée, également chère au jésuite, celle de la loi dite de complexité/conscience. Une formule lapidaire la résume : « Toujours plus de Complexité : et donc encore plus de Conscience [125]. » Formule que Teilhard explique ailleurs plus longuement : « Laissée assez longtemps à elle-même sous le jeu prolongé et universel des chances, la Matière manifeste la propriété de s'arranger en groupements de plus en plus complexes, et en même temps de plus en plus sous-tendus de conscience ; ce double mouvement conjugué d'enroulement physique et d'intériorisation (ou centration) psychique se poursuivant, s'accélérant et se poussant aussi loin que possible, — une fois amorcé. Cette dérive de complexité/conscience (aboutissant à la formation de corpuscules de plus en plus astronomiquement compliqués) est facilement reconnaissable dès l'Atomique, — et elle s'affirme dans le Moléculaire. Mais c'est évidemment chez le Vivant qu'elle se découvre avec toute sa clarté — et toute son additivité ; en même temps qu'elle se transpose en une forme commode et simplifiée : *la dérive de cérébration* [126]. »

Le lien que pose Teilhard entre conscience et complexité exige de recourir à une définition particulière de la complexité. La voici : « Par *complexité*, dans ce qui suit, je ne désignerai naturellement pas, d'abord, la *simple agrégation* ; c'est-à-dire l'assemblage quelconque d'éléments non arrangés : — tel un tas de sable, — ou même telles (abstraction faite d'un classement zonaire dû à la gravité, et quelle que soit la multiplicité des substances qui les composent), les étoiles et les planètes. Par ce mot, je ne signifierai pas non plus la *simple répétition* géométrique, indéfinie, d'unités (si variées soient celles-ci, et si nombreux soient les axes de leur arrangement) — comme il arrive dans l'étonnant et universel phénomène de cristallisation. Mais, sous cette expression, j'entendrai, fort précisément, la *combinaison*, — c'est-à-dire cette forme particulière et supérieure de groupement dont le propre est de relier sur soi un certain nombre fixe d'éléments (peu ou beaucoup, peu importe), — avec ou sans l'appoint auxiliaire d'agrégation et de répétition, — en un ensemble clos, de rayon déterminé : tels l'atome, la molécule, la cellule, le métazoaire, etc. [...] Complexité dégageant progressivement une certaine " centréité ", — non pas de symétrie, mais d'action. " Centro-complexité ", pourrait-on dire, afin de raccourcir et de préciser [127]. »

Que le lecteur m'excuse pour cette citation... un peu compliquée (mais par ailleurs assez représentative du style et du vocabulaire teilhardiens) ; j'y ajoute immédiatement une autre dans laquelle Teilhard propose cette fois une définition de la vie : « La Vie, répéterai-je tout au long de ces pages, se présente expérimentalement à la Science comme un *effet matériel de Complexité* [128]. » Ce que je veux ainsi souligner, c'est le lien, essentiel aux yeux de Teilhard, entre la complexité (croissante), la conscience (émergente) et la vie (naissante). Demandons-nous maintenant de quelle nature est ce lien.

Il peut être épistémologique. Je veux dire par là que Teilhard construit une pensée de telle manière que ces trois notions (la complexité, la conscience, la vie) se trouvent nécessairement liées entre elles par la définition qu'il donne à chacune d'entre elles ; ce lien est d'abord celui de la cohérence intellectuelle. D'un penseur de la stature de Teilhard, pourrions-nous attendre autre chose qu'une telle cohérence ? Évidemment non. Il lui suffit de poser assez clairement les présupposés, les hypothèses et les principes sur lesquels il construit son système, sa vision du Monde, de l'Homme, de Dieu.

Mais à ce lien entre complexité, conscience et vie peut aussi être donné un statut de réalité ; ce qui conduirait, par exemple, à poser la condition du déterminisme d'un tel lien : dès lors que le Cosmos était marqué par des processus de complexification, la vie et la conscience ne devaient-elles pas nécessairement y apparaître ? Une autre manière d'aborder ce sujet pourrait être de poser la question suivante : que faut-il penser de la place qu'il accorde à l'idée de centre à une époque dite moderne qui met systématiquement en cause toutes les visions trop centrées, trop « centristes » du réel ? Le monde, depuis Copernic et Galilée, Darwin et Freud, n'a-t-il pas pris les allures, selon l'expression consacrée, d'une sphère dont le centre est partout et la circonférence nulle part ? Comment concilier ces différentes révolutions avec des propos qui affirment l'émergence, l'existence d'un « Centre d'action » ? Sans doute ne faut-il pas confondre la « Centro-complexité » avec une forme de géocentrisme ou d'anthropocentrisme ; et le Centre, dans la perspective teilhardienne, aurait plutôt des allures d'attracteur, à la manière dont en parle la théorie du chaos. Teilhard introduit lui-même cette idée d'attraction, dans ses notes de retraite, en 1939 : « L'Omégalisation [*sic*] n'est pas seulement la sublimation de l'humain : c'est l'attraction d'un Autre... non seulement qui émerge (comme les omégas) mais qui fait tout (s')émerger autour de Lui [129]. » Cette perspective ne manque pas d'intérêt, tant d'un point de vue scientifique que philosophique et théologique ; mais quelles limites convient-il de donner à l'effet d'attraction ? Ou, pour être plus précis et plus explicite, jusqu'à quel point ce Centre détermine-t-il l'évolution du vivant ? Ici, la question doit rester ouverte ; mais j'y reviendrai ultérieurement, lorsqu'il faudra discuter de l'idée d'orthogenèse (d'évolution dirigée) et la confronter aux autres visions que la science contemporaine élabore pour décrire et comprendre (partiellement) l'apparition et l'histoire de l'univers, du vivant, de l'humanité. Nous sommes là dans un champ riche d'interrogations et de spéculations que je voulais introduire ici, avant d'y revenir ensuite : la question du caractère déterminé ou contingent de l'évolution en offrira l'occasion.

La foi en la vie

Dans son texte *Mon Univers*, Teilhard donne pour deuxième principe à sa philosophie la foi en la vie. Beau principe qui pose d'emblée une redoutable question : qu'est-ce que la vie ? Reconnaissons-le : les philosophes ne sont pas les seuls à s'être attaqués à cette question. Qui d'entre nous, un jour ou l'autre, ne se l'est pas posée ? Des réponses, nos cultures, nos courants de pensée, nous-mêmes enfin avons pu en imaginer de multiples, autant que de variées. Sans jamais être vraiment satisfaits, car il en est de cette question comme de celle du temps, à propos de laquelle saint Augustin, dans ses *Confessions*, avouait : « Qu'est-ce donc que le temps ? Que personne ne me le demande, je le sais ; mais si on me le demande et que je veuille l'expliquer, je ne le sais plus. » De même en est-il sans doute de la vie : « Si personne ne me le demande, je le sais ; mais si on me le demande et que je veuille l'expliquer, je ne le sais plus »... Cette limite posée, examinons les propositions de Teilhard.

Le passage de *La Place de l'Homme dans la Nature* cité précédemment donne de la vie une définition, directement liée à l'idée de complexité. Cette perspective est loin d'être isolée ; au contraire, elle correspond sans doute à l'essentiel de la définition teilhardienne de la vie (et sans doute devrais-je plutôt l'écrire avec une majuscule : de la Vie). Dans un texte bien postérieur, *La Montée de l'autre*, écrit en 1947, Teilhard inscrit la Vie au cœur même de la genèse de l'Univers, de ses propriétés : « Scientifiquement parlant, tout se passe dans le Monde comme si l'Étoffe de l'Univers (dont les propriétés changent, nous le savons, dans les deux directions spatiales de l'Infime et de l'Immense) pouvait également varier (temporellement, cette fois), dans une troisième direction, celle du Complexe, la Vie n'étant autre chose que l'" effet spécifique " attaché aux complexités extrêmes [130]. » Attention à ne pas voir dans cette expression à première vue réductrice (la Vie ne serait « que »...) une quelconque volonté de dévaloriser la Vie ! Teilhard est catégorique : « Si, d'une manière ou de l'autre, notre Monde est vraiment quelque chose qui s'arrange, alors nous comprenons mieux que la Vie ne puisse plus être regardée dans l'univers comme un accident superficiel, mais que nous devions l'y considérer comme en pression partout, — prête à sourdre n'importe où dans le Cosmos par la moindre fissure, — et, une fois apparue, incapable de ne pas utiliser toute chance et tout moyen pour arriver à l'extrême de tout ce qu'elle peut atteindre, extérieurement de Complexité, et intérieurement de Conscience [131]. » La Vie n'est pas un accident, survenu par (un heureux ?) hasard sur la planète Terre et seulement pour un temps. Teilhard pose au contraire l'hypothèse, l'affirmation même, selon laquelle la Vie est « en pression partout », « beaucoup plus souple et plus fertile en inventions que nous ne soupçonnons » [132]. La Vie, aux yeux du jésuite, n'est pas transcendante à la manière inerte; elle en est plutôt un facteur physique d'ordre supérieur : « La Vie n'est apparemment rien autre chose que l'exagération privilégiée d'une dérive cosmique fondamentale (aussi fondamentale que l'Entropie ou la Gravité) qu'on peut appeler " loi de complexité/conscience " [133]. » Il y aurait bien des choses à dire sur cette question de l'universalité de la Vie, au sein de l'univers, ou de sa singularité, sur la Terre; Teilhard lui-même abordera un jour, lors d'une conférence à New York, la question de la pluralité des mondes habités, autrement dit : y a-t-il des formes de vie (et d'intelligence) extraterrestre, ailleurs que sur notre Terre ? À l'époque de Teilhard, les scientifiques en étaient le plus souvent réduits à élaborer des hypothèses; désormais, la science contemporaine dispose de puissants moyens d'observation et d'exploration (je pense aux progrès réalisés depuis cinquante ans dans le domaine de la microbiologie et de la génétique, comme dans celui de l'observation astronomique et des missions planétaires). Pour autant, aucune preuve définitive n'a encore été apportée de l'existence de formes vivantes ailleurs que sur notre planète : la Vie est-elle véritablement partout en pression ? Nous ne pouvons nous contenter de rappeler que l'absence d'évidences ne signifie pas nécessairement l'évidence de l'absence... Mais laissons là ces spéculations pour en revenir à ce deuxième principe de la philosophie teilhardienne : sa foi en la vie, ou encore « la certitude inébranlable que l'Univers, considéré dans son ensemble, a) a un but, et b) ne peut ni se tromper de route, ni s'arrêter en chemin ». « Je ne puis admettre, répète-t-il, que l'Univers échoue. Que ce privilège (l'assurance du succès) soit dû à une action providentielle transcendante, — ou à l'influence d'une énergie spirituelle immanente au tout (quelque âme du Monde), — ou à l'espèce d'infaillibilité qui, refusée aux essais isolés, appartient aux essais indéfiniment multipliés (" infaillibilité des grands nombres "), ou — plutôt qu'il tienne à l'action hiérarchisée de ces trois facteurs simultanément, — peu importe ici. — Avant toute explication de la chose, je crois au fait que le Monde, pris comme un Tout, est assuré d'aboutir, c'est-à-dire (en vertu du Principe I) d'arriver à un certain état supérieur de conscience [134]. » Il ne faudrait surtout pas négliger ce passage; nous sommes en présence de l'un des piliers de la pensée et des convictions du jésuite : l'Univers ne peut échouer. Et il est donc remarquable de découvrir les trois raisons que Teilhard donne lui-même à cette foi en la Vie, telle qu'il la professe. Il les énumère : « Je le crois par inférence : parce que, si l'Univers a réussi jusqu'ici l'invraisemblable travail de faire naître la pensée humaine au sein de ce qui nous paraît un réseau inimaginable de hasards et de mauvaises chances, c'est qu'il est, au fond de lui-même, dirigé par une puissance souverainement maîtresse des éléments qui le composent. Je le crois, aussi, par besoin : parce que, si je pouvais douter de la solidité à toute épreuve de la substance dans laquelle je me trouve engagé, je me sentirais absolument perdu et désespéré. Je le crois enfin, et surtout peut-être, par amour : parce que j'aime trop l'univers qui m'entoure pour n'avoir pas confiance en lui [135]. » Examinons chacune de ces trois raisons, en oubliant presque qu'elles émanent de quelqu'un qui se présente, au début de son écrit, comme prêtre et scientifique (deux qualités qui véhiculent leurs lots respectifs de convictions). Avoir foi en la vie, par inférence, par besoin et par amour.

Je commencerai par la troisième raison. « Je crois en la Vie, écrit donc Teilhard, par amour. » Comment ne pas être touché par une telle confession ? « J'aime trop l'univers » : entendons-nous si souvent ces mots pour en être blasés ? Je suis loin d'en être convaincu. Au contraire, je me demande si nous ne courons pas plutôt le risque d'être pris en délit de non-amour (je ne dis pas de haine) à l'égard de l'univers ou, pour le moins, d'indifférence. Les chrétiens ont parfois été accusés de ne pas aimer assez le vivant, la nature, l'univers, au point d'avoir creusé le lit aux abus commis par les sociétés occidentales à l'encontre des ressources et des milieux naturels. Cette accusation est discutable ; elle a du moins eu pour effet (mais non elle seule évidemment) de forcer les Églises et les communautés chrétiennes à prendre plus au sérieux les questions écologiques [136]. La figure de saint François d'Assise a aussi permis de tempérer les critiques, quitte à donner aux *fioretti* du *Poverello* une teinte sinon hérétique, du moins hétérodoxe, histoire de l'éloigner un peu du pouvoir de Rome... Des groupes, des courants, souvent qualifiés de *new age*, lorgnent aussi volontiers du côté de Teilhard de Chardin et de sa pensée ; n'est-il pas de fait plus proche, plus contemporain de l'extraordinaire essor des sciences de l'univers et de la nature que le franciscain qui parlait aux oiseaux ? Il reste à se demander jusqu'à quel point il convient de le laisser « à la merci » de lecteurs probablement sympathiques et pleins de bonne volonté, mais peu enclins *a priori* à reconnaître en lui une profonde foi chrétienne et un attachement sans faille à l'Église catholique. Là n'est pas le moindre des enjeux de la diffusion actuelle de la pensée teilhardienne. Il n'en demeure pas moins son amour pour l'Univers. Un amour qu'il ne reniera jamais, même s'il en parlera plus tard comme d'un « complexe spirituel, passablement confus [137] » !

Teilhard croit en la vie par besoin. Étrange aveu qui fait écho à la passion avec laquelle le petit Pierre collectionnait des morceaux de fer, à la recherche du durable, de l'inaltérable. Peu à peu, il a découvert que ce dont il rêve n'est pas l'effet d'une consistance, mais seulement le fruit d'une convergence. Et la vie, produit de la complexification croissante de l'Univers, lui offre cette convergence. Pourquoi parler ainsi de besoin ? Il faut ici introduire un trait du caractère de Teilhard qui, volontiers laissé dans l'ombre ou discrètement tracé, n'en est pas moins essentiel pour cerner sa personnalité et, ici, ce besoin de croire en la réussite de la Vie. Je veux parler des peurs, des craintes auxquelles Teilhard a été affronté tout au long de sa vie adulte. Quelques années avant de rédiger *Mon Univers*, alors qu'il est encore mobilisé, Teilhard écrivait : « Et moi, j'ai eu peur, et le vertige s'est emparé de moi-même, quand, mesurant les limites étroites où s'enfermait le globe radieux, j'ai pris soudain conscience de l'isolement irrémédiable où se trouve perdue la gloire de l'humanité. [...] J'ai senti sur moi le poids d'un isolement terminal et définitif, la détresse de ceux qui ont fait le tour de leur prison sans lui trouver d'issue. L'homme a l'homme pour compagnon. L'Humanité est *seule.* [...] J'ai vu les *bords* de l'Humanité ; — j'ai aperçu le noir et le vide autour de la Terre [138]... » Et encore : « En même temps que dans l'exaltation et la révolte se noue la couche humaine, par le même mouvement, nous allons vers une autre prise de conscience qui est celle de la maigreur du domaine que nous pensions si grand. Je pense qu'il y aura un moment où, pour les hommes, la Terre sera comme vidée, inintéressante, insuffisante ; et, au même moment, les hommes, moins préoccupés de regarder sous leurs pieds ou de se disputer entre eux, regarderont autour d'eux, et seront aussi effrayés de se sentir *seuls* sur la Terre qu'un enfant qui s'éveille dans une chambre noire, au milieu de la nuit [139]. » Trente ans plus tard, encore : « Savoir que nous ne sommes pas emprisonnés. Savoir qu'il y a une issue, et de l'air, et de la lumière, et de l'amour, quelque part, au-delà de toute Mort. Le savoir, sans illusion ni fiction... Voilà ce dont, sous peine de mourir asphyxiés par l'étoffe même de notre être, nous avons absolument besoin [140]. » La peur de l'isolement, la peur de l'échec : ces sentiments sont si profondément ancrés dans la personnalité, la psychologie de Teilhard que croire coûte que coûte en la Vie s'est révélé être pour lui un besoin essentiel, une condition *sine qua non* de sa propre existence.

Enfin, nous l'avons lu, Teilhard croit en la vie par inférence : parce que l'univers a réussi jusqu'ici, il est dirigé par une puissance souveraine. Certes, comme la plupart de ceux et celles qui contemplent le vivant et l'univers en général, je suis émerveillé par ces processus qui les travaillent, qui ont permis et permettent encore aujourd'hui l'émergence de nouvelles formes vivantes (dont la nôtre reste pour l'instant singulière, autrement dit rare, merveilleuse et fragile, au sein de l'immensité de l'univers). Mais rien ne permet de penser que cette réussite et cette profusion confèrent au vivant (du moins sous les formes et même par les processus que nous lui connaissons) une pérennité ou une stabilité particulières. Ni qu'elle est la preuve définitive de l'existence d'une puissance supérieure et souveraine. À mes yeux, la difficulté majeure attachée à ce débat est celle de l'échelle d'espace et de temps à laquelle nous le situons : l'espèce humaine et sa durée ? La Terre et l'évolution du système solaire ? Notre univers issu d'une inaccessible singularité, il y a plus de treize milliards d'années ? Quelle place donner aux besoins, aux peurs, aux espoirs qui naissent au cœur de l'homme ?

La foi en l'absolu

Avec le troisième principe de sa philosophie, la foi en l'absolu, Teilhard introduit une explication qui ne relève plus d'un besoin mais d'une exigence. « Les animaux tirent passivement et aveuglément le char, bien lourd, du Progrès. L'Homme, lui, avant de continuer la tâche commune, peut, et doit, se demander si elle vaut la peine qu'elle exige : le travail de vivre, et l'effroi de mourir. Or, la seule récompense qui puisse nous satisfaire (j'en appelle à la réflexion loyale de tout homme capable de descendre au vrai fond de lui-même) c'est la garantie que le résultat tangible de nos labeurs, par quelque chose de lui-même, est recueilli dans une Réalité où ne sauraient l'atteindre aucun ver ni aucune rouille [141]. » Deux thèmes se trouvent souvent articulés à ce principe, dans la pensée de Teilhard : celui de la mort et celui de la récompense.

Henri de Lubac n'hésite pas à présenter l'œuvre de son confrère « comme une vaste méditation sur la mort [142] ». Sa méditation le conduit à refuser la mort. Cette fois, il ne s'agit plus d'un besoin, afin de calmer une peur, mais, comme je le disais, d'une exigence vitale. Lui-même explique : « Plus j'y pense, plus je vois que je serais psychologiquement incapable de faire le plus petit effort si je ne pouvais croire à la valeur absolue de quelque chose dans cet effort. Prouvez-moi que rien ne restera un jour de mon œuvre, parce qu'il y aura, non seulement une mort de l'individu, et une mort de la Terre, mais une mort de l'Univers ; — et vous tuez en moi le ressort de toute activité [143]. »

Ce refus de la mort n'est pas sans lien avec les deux premiers principes qui viennent d'être énoncés, celui de la primauté de la conscience et celui de la foi en la vie ; Teilhard tient à y ajouter un aspect supplémentaire : celui du refus d'un labeur qui ne conduirait à rien d'autre qu'à l'anéantissement, celui du refus d'un monde qui se révélerait stupide et absurde. Dans *L'Esprit de la Terre*, écrit en 1931, il affirme : « " L'Esprit, *dans son ensemble*, ne reculera jamais. " Autrement dit : " Dans un Univers de nature évolutive, l'existence de l'Esprit exclut, par structure, la possibilité d'une Mort où disparaîtraient *totalement* (c'est-à-dire, plus exactement, où ne seraient pas conservées *par leur fleur*) les conquêtes de l'Esprit. " Telle est la garantie infiniment réconfortante dont l'assurance nous est donnée par ces quelques mots où s'enveloppe un fait d'intuition immédiate et fondamentale : " Le Monde cesserait légitimement et infailliblement d'agir — par découragement — s'il prenait conscience (dans ses zones pensantes) d'aller à une Mort totale. Donc *la Mort totale n'existe pas.* " [...] Un Univers qui continuerait à agir laborieusement, dans l'attente consciente de la Mort absolue, serait un Monde stupide, un monstre d'Esprit, autant dire une chimère. [...] Dès lors qu'il admet en lui de la Pensée, un Univers ne saurait plus être simplement temporaire, ni à évolution limitée : il lui faut, par structure, émerger dans l'absolu [144]. » Il ne peut être question de douter, moins encore de se moquer de l'angoisse qui apparaît dans l'attitude de Teilhard face à la réalité de la mort. L'être humain est effectivement cet être qui sait (*sapiens*) qu'il va nécessairement mourir et qui, pourtant, inscrit dans son existence une volonté de survivre par ses œuvres : ses enfants, son art, etc. « C'est ici qu'entre en jeu, avec toute sa puissance, un certain effet primaire de la Réflexion dont nous ne nous étions pas encore occupés : *la volonté de survivre*. En se réfléchissant sur soi, la conscience individuelle acquiert la redoutable propriété de prévoir l'avenir, c'est-à-dire la mort. Et simultanément elle reconnaît que collaborer plus longtemps aux efforts de la Vie lui deviendrait psychologiquement impossible si quelque chose, si le meilleur de son œuvre ne parvenait à éviter une totale destruction [145]. » Mais cette survie est-elle une certitude, une évidence ? Je n'en suis absolument pas persuadé. Elle peut aussi appartenir au régime de la foi et de l'espérance ou encore à celui de l'orgueil et de la prétention : diverses et multiples ont été les postures adoptées par les humains, face à cette dramatique question. Deux illustrations, parmi tant et tant d'autres.

Albert Schweitzer écrit, dans *La Civilisation et l'Éthique*, qu'il est important « qu'enfin et une fois pour toutes notre volonté de vie se libère de sa hantise de comprendre le sens du monde et qu'elle veille à ne se laisser déterminer que par les données de la vie elle-même. Humbles et courageux en même temps, nous tracerons ainsi notre chemin à travers le mystérieux chaos et nous tenterons d'accomplir notre non moins mystérieuse destinée en unissant notre volonté de vie avec celle, infinie, qui gouverne l'univers [146]. »

Et André Malraux, dans *Les Voix du silence* : « Mais il est beau que l'animal qui sait qu'il doit mourir, arrache à l'ironie des nébuleuses le chant des constellations, et qu'il le lance au hasard des siècles, auxquels il imposera des paroles inconnues. Dans le soir où dessine encore Rembrandt, toutes les Ombres illustres, et celle des dessinateurs des cavernes, suivent du regard la main hésitante qui prépare leur nouvelle survie ou leur nouveau sommeil... Et cette main, dont les millénaires accompagnent le tremblement dans le crépuscule, tremble d'une des formes secrètes, et les plus hautes, de la force et de l'honneur d'être homme [147]. »

Autre thème de discussion, à propos de la foi de Teilhard en l'absolu, celui de l'attente d'une récompense. Il me semble que l'idée de récompense s'articule, pour la dépasser, à l'expérience commune à tous les êtres vivants. Ceux-ci, pour survivre (autrement dit pour se nourrir, pour se reproduire, pour se défendre), sont prêts à bien des labeurs, à bien des souffrances, comme emportés par ce que Teilhard appelle si justement « la pulsation de la vie ». Plongés dans l'immédiat, les êtres vivants font de leur mieux pour s'y maintenir, eux et l'espèce à laquelle ils appartiennent. Avec l'humanité, apparaît une nouvelle dimension ou, plutôt, l'appréhension de la dimension temporelle : l'homme est capable de se projeter dans l'avenir et, par conséquent, d'en attendre quelque chose. D'où l'idée de récompense : de l'avenir, l'homme attend davantage qu'une survie, il ne veut pas se fatiguer pour rien ou pas grand-chose. Il recherche, voire exige une récompense, quelque chose qui sorte et qui le sorte de l'ordinaire. En retour, il est prêt à accomplir une action d'éclat, à caractère exceptionnel, extraordinaire, hors du commun. La tradition chrétienne a eu recours à cette idée de récompense ; il lui a même été reproché d'avoir amadoué et endormi les esprits des plus asservis, démunis ou malheureux, en leur promettant le paradis après la mort, « une Réalité, écrit Teilhard de Chardin, où ne sauraient l'atteindre aucun ver ni aucune rouille [...] une Terre nouvelle et éternelle [148] ». Et nos liturgies sont riches de prières qui ont recours au même ressort, à la même spiritualité. Pour Teilhard, foi en la vie, foi en l'absolu et certitude « éperdue » d'une récompense s'articulent donc pour appréhender le monde, chercher à l'unifier, à le rendre cohérent, et ainsi acceptable.

Je ne nie ni ne renie le recours chrétien à l'idée de récompense ; mais je voudrais rappeler l'existence d'une autre perspective, elle aussi chrétienne, celle du salaire. Dans son enseignement, le Christ a souvent recours à l'image du maître et du serviteur, du salaire promis ou réclamé. « Le maître sait-il gré au serviteur, demande-t-il à ses disciples, d'avoir fait ce qui lui a été prescrit ? Ainsi de vous. Lorsque vous aurez fait tout ce qui vous a été prescrit, dites : Nous sommes des serviteurs ordinaires ; nous avons fait ce que nous devions faire [149]. » Si la récompense exige l'extraordinaire, l'exploit, le salaire revient à l'ouvrier qui a simplement, « ordinairement », accompli sa tâche et qui n'attend pas de son maître autre chose que le salaire qui lui revient, la rétribution qu'il mérite.

Dans *Mon univers*, Teilhard estime que 1 % des hommes se posent la question « Vaut-il la peine de vivre ? ». Les années 1920 étaient-elles si différentes des nôtres pour que si peu de personnes s'interrogent sur la valeur et le sens de la vie ? Aujourd'hui, je soupçonne ce pourcentage d'être plus élevé. Mais là n'est pas la question. Elle réside plutôt dans le message que le christianisme destine aux hommes et aux femmes de notre temps : peut-il se fonder uniquement sur l'idée de récompense, avec le risque (sans doute absent du propos de Teilhard, mais largement véhiculé par l'histoire chrétienne) d'introduire l'extraordinaire ou encore l'élitisme ? Ce message ne doit-il pas aussi laisser place à l'ordinaire de nos contemporains, fait de leurs limites et de leurs peurs, de leurs souffrances et de leurs fatigues ? On me rétorquera : « Mais le message de Teilhard s'adresse aussi à l'ouvrier ordinaire ! Lui aussi est invité à aller En Avant ! » Bien entendu. Seulement, le risque de fuir le monde pour rejoindre des paradis artificiels ou virtuels [150] est trop grand aujourd'hui pour que le message chrétien, tout en tournant les regards vers le Royaume de Dieu, n'invite expressément à prendre sérieusement en main la réalité la plus ordinaire. Ce que Teilhard, j'en suis persuadé, a su faire.

Il reste à évoquer un quatrième principe pour compléter la philosophie de Teilhard, du moins telle qu'il la décrit lui-même dans *Mon Univers* : la priorité accordée au Tout. Les pages qui précèdent m'autorisent, je crois, à n'en donner qu'une esquisse. Lui-même présente ce principe dans les termes suivants : « Sous quels traits, maintenant, me représenterai-je la Réalité terminale, seule précieuse, qui collecte tout ce qu'il y a d'absolu dans mon travail et dans le travail de la Vie ? — inévitablement sous ceux d'une immense Unité. Puisque c'est la Vie dans son ensemble, et non dans ses éléments, qui est infaillible (Principe 2) ; puisque, dans le fruit attendu de la croissance du Monde, le plus pur de la Sève élaborée par chaque monade doit se distiller (Principe 3), l'Absolu vers qui nous nous élevons ne saurait avoir d'autre visage que celui du tout —, d'un Tout épuré, sublimisé, " conscientisé " [151]. » Il précise : « Je n'ai pas découvert laborieusement le Tout. Mais c'est lui, qui, par une sorte de " conscience cosmique ", s'est présenté, imposé à moi. C'est son attrait qui a tout mis en mouvement en moi, tout animé, tout organisé. C'est parce que je sens et aime passionnément le Tout, que je crois au primat de l'être, — et que je ne puis admettre un échec final de la Vie, — et que je ne saurais désirer une moindre récompense que ce Tout lui-même [152]. »

Même bref dans son énoncé et largement appuyé sur les trois premiers, ce quatrième principe occupe sa place dans l'univers philosophique de Teilhard, celle, dirais-je volontiers, de la convergence. De fait, cet univers repose et aboutit à cette priorité donnée au Tout. Ainsi se trouve par exemple résolue la question que je posais précédemment à propos des échelles auxquelles il convenait de parler d'échec. Teilhard est catégorique : c'est le Tout qui est infaillible et non chacun de ses éléments ; est-ce là une réponse suffisante pour calmer les angoisses personnelles ? Le débat reste ouvert, me semble-t-il, non sans parallèle avec celui entamé à propos de la récompense. Importante également est la référence à la manière dont Teilhard dit avoir découvert ce principe : non par un raisonnement logique, mais par une conscience, un attrait cosmique. Il n'est donc pas erroné de poser, à l'origine de la pensée de Teilhard, une expérience effectivement panthéiste ; lui-même le reconnaît, nous nous en souvenons, à propos de son séjour en Égypte. Mais n'oublions pas qu'il s'agit là de la seule dimension philosophique de son univers : Teilhard a soin de préciser que son expérience panthéiste a été, en quelque sorte, « christifiée » et sa puissance d'évocation religieuse mise au service de la foi en Christ. Il reste à dire un mot de la mention répétée de l'impossible échec de l'Univers, du Tout. Je crois nécessaire de préciser qu'il arrive à Teilhard de reconnaître que « le Monde croît dans un *risque perpétuel* de ne pas réussir. Son Devenir se poursuit, comme le salut individuel *in timore et tremore. Rien ne nous garantit* du lendemain prospère, sinon le jeu des probabilités qui finiront (*sous la pesée constante* de la vie) par se chiffrer en cas favorables et en gains, et la considération de la Providence... Il n'y a pas de courant immanent nous conduisant fatalement à un terme... (sauf l'*aspiration* vers Dieu) [153] ». « Il n'y a aucune fatalité immanente, dans le Kosmos, conduisant passivement les créatures au succès [154]... »

Pour accomplir ces quelques pas dans l'univers philosophique de Pierre Teilhard de Chardin, pour en décrire quelques-uns des traits les plus marquants, sans doute ai-je abusé du recours aux pages de *Mon Univers* et d'autres textes de la même veine, au risque de rendre le portrait intellectuel du jésuite, sinon plus complexe, du moins plus flou. Ainsi me suis-je moi-même interrogé sur l'opportunité de ces dernières citations qui évoquent le risque de l'échec... alors même que *Mon Univers* ne cesse d'imposer à l'Univers et à la Vie le succès et le progrès comme principes. Je suis conscient de cette difficulté. Sans nier les limites de ma propre compréhension de la pensée de Teilhard, je crois que ces contradictions ne sont pas apparentes : elles appartiennent à l'univers intellectuel et mental, spirituel et psychologique de Teilhard. J'ai évoqué ici ses peurs, ses angoisses face à l'avenir du monde et à la place qu'y occupe notre humanité : jamais Teilhard ne les niera, toujours il les assumera jusque dans les formes les plus dépressives ; j'en parlerai encore par la suite. Mais jamais aussi il ne se laissera envahir par elles, et toujours il dira sa foi en l'absolu et la Vie. Et cette foi, souvenons-nous-en, il la pose, l'impose, non seulement par inférence, non seulement par besoin, mais aussi (et, à mes yeux, surtout) par amour. Quelques années plus tard, il dédiera une de ses œuvres majeures, *Le Milieu divin*, à « ceux qui aiment le Monde » : non pas de l'amour anonyme du panthéisme, mais d'un amour personnel. Au-delà des controverses qu'une telle pensée suscite inévitablement (mes propres réactions n'en sont qu'un faible écho), cet amour du Monde, posé *a priori*, ne devrait jamais être ignoré. Teilhard l'a reçu, réfléchi, enrichi, au cours des quarante premières années de son existence, ce temps de « Genèse » et de « Révélation » ; bientôt, à travers le tournant plus dramatique que prendra son existence personnelle, il va devoir l'éprouver, je veux dire en donner des preuves, en même temps que le partager et le faire découvrir à ses amis et à ses proches.

Bref retour en France

Marseille, 15 octobre 1924. Teilhard de Chardin est de retour en France. Dans son esprit, ce séjour en Chine, tout prometteur qu'il soit pour sa carrière scientifique, ne devait être qu'un intermède. Sa vie, même alimentée par la Chine, par « l'âge d'or géologique » qui semble s'y ouvrir, par les déserts qu'elle offre à son expérience mystique, à sa vie qui cherche l'au-delà et l'au-dedans de toute chose, sa vie, il en est persuadé, est à Paris, véritable plaque tournante de la pensée, scientifique et religieuse. À peine débarqué dans le port phocéen, il monte donc à Paris, où il ne tarde pas à apprendre, par une lettre de son provincial, le père Costa de Beauregard, que sa *Note sur quelques représentations historiques possibles du péché originel*, envoyée à Rome par quelque indicateur, a déplu. Auprès de ses amis, Teilhard se veut rassurant : le réviseur serait un théologien modéré et « Je m'en tire avec la note d'hérésie ou d'hurluberlu, comme vous préférez », explique-t-il à son ami Valensin. Il est tout de même troublé par cette réaction des autorités romaines : « On veut me faire promettre par écrit que jamais je ne *dirai* ni n'écrirai contre la position traditionnelle de l'Église sur le péché originel. C'est à la fois trop vague et trop absolu. Comme je l'ai répondu à Costa (qui se montre pour moi un vrai ami) je crois devoir, en conscience, me réserver : 1° le droit de recherche (avec les professionnels) (*ex jure naturale*) ; 2° le droit de secours (vis-à-vis des inquiets ou des désemparés) (*ex jure sacerdotali*). J'espère arriver à faire commuer la formule qu'on me demande de signer en quelqu'une de ce genre : " Je m'engage à ne pas répandre (à ne pas faire de prosélytisme pour) les explications particulières contenues dans ma Note " [155]. » Il s'inquiète aussi pour ses confrères de Louvain, qui partagent des idées assez proches des siennes. Finalement, il doit se soumettre et signer la promesse. Rien à voir avec la rétractation de Galilée, mais, désormais, la Curie romaine, loin d'être rassurée, gardera un œil sur le jésuite.

Ces tracas ne l'empêchent pas et ne l'empêcheront jamais de mener ses travaux scientifiques. En avril 1925, il part pour l'Angleterre, visite le musée d'Ispwich dans le Suffolk, puis les gisements du Crag, enfin les falaises de Cromer.

C'est l'époque où, par l'intermédiaire de l'abbé Breuil, il fait la connaissance d'Édouard Le Roy. Philosophe des sciences et successeur de Bergson au Collège de France, Le Roy professe une approche pragmatique que Teilhard partage. Les deux hommes se rencontrent souvent, d'habitude le mercredi après-midi, rue Cassette, au domicile du philosophe proche de la rue du Vieux-Colombier ; ils ont de longs échanges sur la philosophie du vivant, la biosphère. Dans une lettre du 10 janvier 1926, Teilhard écrit : « Je continue à voir régulièrement Le Roy. Très réellement, cette soirée du mercredi est devenue pour moi un des meilleurs " exercices spirituels " de chaque semaine. J'en sors toujours meilleur et rasséréné. » En 1925, Teilhard donne le nom de noosphère à cette sphère qui entoure le globe terrestre, tout comme le fait la biosphère. L'expression sera reprise par Édouard Le Roy, puis par Vladimir Vernadsky, un géologue russe. Au moment de la mort du premier des deux hommes, Teilhard écrira, dans une lettre datée du 3 décembre 1954 : « Oui, la mort d'Édouard Le Roy, si prévue fût-elle, m'a ému. Je l'aimais comme un père, et lui devais beaucoup : non pas précisément que je lui doive aucune idée particulière, mais, entre 1920 et 1930 surtout, il m'a donné confiance, élargi mon esprit (et mon sens de fidélité à l'Église...) et aussi servi (au Collège de France) de tribune pour mes idées naissantes sur l'hominisation et la " noosphère ". Je crois que le mot de " noosphère " est de moi (sait-on jamais). Mais c'est lui qui l'a lancé. À partir de 1930, les circonstances (c'est-à-dire mon séjour en Chine) ont interrompu les relations suivies. Mais nous nous aimions toujours beaucoup. Ce sont des hommes comme cela qu'il faudrait canoniser pour notre temps : des chrétiens que leur foi pousse à s'humaniser pleinement et jusqu'au bout. »

Malgré ses dix-huit mois d'absence, les étudiants parisiens ou, plutôt, leurs aumôniers, les pères Pupey-Girard et Portal, n'ont pas oublié Teilhard ; il recommence donc à leur donner des conférences, toujours avec le même succès. L'un de ces étudiants, Gabriel Germain, racontera plus tard de quelle manière, lors d'une causerie sur *Les Nourritures terrestres* d'André Gide (un livre très controversé à l'époque), Teilhard montre à ses jeunes auditeurs comment il est possible de frayer une perspective chrétienne dans cet éloge du monde charnel. « Le P. Teilhard parle et, tout de suite, il apparut qu'il comptait parmi les intrépides, non les innocents [156]. »

Teilhard manque-t-il de prudence ? Ou compte-t-il (déjà) trop d'ennemis ? Quoi qu'il en soit, les autorités ecclésiastiques n'en démordent pas à son encontre : la promesse qu'il a signée ne semble pas leur donner suffisamment d'assurances et elles l'obligent à abandonner son enseignement à l'Institut catholique de Paris et à repartir pour la Chine. « C'est fait, écrit-il en mai 1925 à Auguste Valensin, on me déplace de Paris, et tout ce que j'espère obtenir de mieux c'est qu'on me laisse encore ici six mois pour liquider mes travaux en cours, et préparer un re-départ en Chine à Pâques prochain, avec mon ami Licent. — Cher ami, aidez-moi un peu. J'ai fait bonne figure : mais intérieurement, c'est quelque chose qui ressemble à l'agonie ou à la tempête. — Je crois voir que, si je me séparais ou me rebiffais d'une manière quelconque (humainement, ce serait si simple et si " doux "...), je serais infidèle à ma foi en l'animation de tous les événements par N.S., et en sa valeur à Lui, supérieure à tous les éléments de ce Monde. Je compromettrais, en outre, aux yeux des nôtres (sinon des autres) la valeur religieuse de mes idées. On y verrait éloignement de l'Église, orgueil, que sais-je. Il est essentiel que je montre, par mon exemple, que si mes idées paraissent novatrices, elles me rendent aussi fidèle que personne à l'attitude ancienne [157]. »

« Ce qui me vexe (*humanum dico*), écrit-il quelques jours plus tard au même correspondant, c'est que je crois très distinctement qu'on me demande *un sacrifice inutile* : on s'imagine que la Géologie me pervertit, alors qu'elle est pour moi un calmant et un dérivatif. — On pense aussi que mon enseignement est dangereux alors qu'il est purement technique. — On me ferait un peu confiance que j'arriverais, sans secousse, à avoir l'attitude extérieure qu'on désire de moi. La brisure qu'on veut faire est maladroite pour les autres, — et inefficace pour moi —, à moins que, ce qui est bien possible, on redoute " mon influence générale ", dans un poste trop en vue (si l'on peut dire !...) [158]. » À propos de la géologie, il expliquera à une amie : « La Géologie est pour moi comme une racine, qui me chasse, par sa sève, vers les questions humaines : unification, prospection et organisation (surtout psychologique) de la couche humaine. Je ne puis vivre hors de là [159]. »

Ces lignes révèlent la clairvoyance de Teilhard vis-à-vis de sa propre situation comme de la position des autorités romaines à son égard. Même si, par la suite, il tentera, à plusieurs reprises et selon plusieurs modes, de regagner une certaine position publique (par le biais d'un ouvrage ou d'un poste académique), il a compris, dès cette époque, que Rome ne lui fera plus aucune concession. À chacun des refus qui suivront, il ne paraîtra guère s'en étonner. Il sait que les difficultés qu'il rencontre, l'épreuve qu'il traverse ne sont au fond qu'une illustration des tensions, des contraintes auxquelles l'Église est soumise, dans la mesure où elle ne peut ignorer le monde et qu'elle a peur de s'y plonger. L'évolution de l'Église, dont il pressent la nécessité, surtout depuis la fin de la Grande Guerre, il en expérimente, à sa propre échelle, les conditions comme les difficultés. Difficile sera le chemin qui permettra au catholicisme de se débarrasser « des intrigues vaticanes et des oripeaux de sacristie ». S'il s'inquiète de la crainte suscitée par son propre engagement dans les sciences géologiques (qu'elles soient pour lui seulement un calmant ou, plutôt peut-être, un milieu pour réaliser son sacerdoce), c'est peut-être parce qu'il pressent aussi que son Église aura des domaines plus difficiles encore à aborder, à apprivoiser, finalement à aimer. Et l'histoire du deuxième concile du Vatican (dont lui-même ne connaîtra pas les prémices, mais sur lequel son influence se laisse découvrir), puis l'histoire de sa réception au sein du catholicisme sont là non pour donner raison à Teilhard, mais avant tout pour inviter à reconnaître la grandeur et la valeur de sa fidélité à l'Église. Car, dès cette époque, le religieux montre un inflexible attachement à elle. C'est en son sein, à son service, héritier de sa tradition, qu'il a mené la réflexion, conduit la quête qui suscitent une telle mise en demeure de la part de ses autorités. Dès lors, même s'il entend des voix, intérieures ou proches de lui, qui lui soufflent de quitter le giron catholique, il refuse de se dédire, d'infirmer sa propre pensée : jusqu'au bout, il restera fidèle à l'Église catholique, à Rome, enfin à son engagement au sein de la Compagnie de Jésus. Est-ce là manière de mettre en pratique la spiritualité jésuite de l'obéissance ? Ignace de Loyola écrit en effet, dans ses *Constitutions* : « Chacun doit être convaincu que quiconque vit dans l'obéissance, doit se laisser guider et diriger par la divine Providence, avec l'intermédiaire de ses supérieurs, comme s'il était un cadavre (*perinde ac cadaver*) qu'on peut transporter n'importe où et traiter n'importe comment, tel encore le bâton du vieillard qui sert partout et à tout usage... » À l'instar du jésuite Karl Rahner qui trouvait sotte la célèbre formule *perinde ac cadaver* et déplacés les abus qui en ont été faits, je crois injuste de réduire l'attitude de Teilhard à une forme d'obéissance aveugle ou servile. Je l'ai déjà dit et la suite de ce portrait du jésuite le montrera encore : sa fidélité trouve ses racines non pas dans un aveugle abandon, mais au contraire dans une lucide vision de l'action du Christ (et de son Église) au sein du Monde.

Ne versons tout de même pas dans la naïveté, l'angélisme ou l'hagiographie : cette période est celle d'une « certaine rupture consommée », non pas avec l'Église, mais avec la hiérarchie et ses instances ; l'expression est de Teilhard lui-même dans une lettre à Auguste Valensin du 10 janvier 1926. Il avoue étouffer physiquement dans une Église qui semble défendre un système, une secte ; il est tenté de se marginaliser par souci d'authenticité. Mais il résiste à cette tendance (cette tentation ?) et se défend d'être hyper-catholique : « Le Christianisme, explique-t-il à son ami Valensin, m'apparaît maintenant beaucoup moins comme un ensemble fermé et constitué que comme un axe de progression et d'assimilation. Hors de cet axe, je ne vois au monde aucune garantie, aucune issue. Mais, autour de cet axe, j'entrevois une immense quantité de vérités et d'attitudes auxquelles l'orthodoxie n'a pas encore fait place. [...] Par-dessus tout, j'ai, Dieu aidant, une confiance débordante en N.S., — le Grand, le Vrai... [160]. » Et quelques mois plus tard, il réaffirme ne pas pouvoir « respirer en dehors de N.S. » tout en étant traversé d'éclairs de révolte vis-à-vis de l'Église « comme si l'esprit de mon grand'oncle Voltaire (je prie souvent pour lui !) se prolongeait curieusement en moi ».

Et, au même confident, il explique : « Oh comme j'aimerais à avoir rencontré le St Ignace ou le St François dont notre âge a tant besoin. Suivre un homme de Dieu sur une voie libre et fraîche, poussé par la plénitude de la sève religieuse *de son temps*, quel rêve ! — Je demande souvent à Dieu d'être la cendre où poussera, pour d'autres, ce grand épanouissement qui a manqué à notre génération. — Ainsi la précieuse formation que m'a donnée la Compagnie n'a abouti qu'à me faire désirer une autre existence, plus loin sur la même ligne... — Est-ce une déception ? est-ce une grâce ? — est-ce seulement la loi de toute croissance [161] ? » Au cours de sa retraite annuelle de 1940, il écrira encore : « Qui sera le nouveau saint Ignace et ses *heureux* compagnons. Puissent-ils sortir de ma poussière [162] !... »

À cette époque, fleurit sur les murs de Paris une affiche qui vante les mérites d'une firme de Clermont-Ferrand : « Le pneu Michelin boit l'obstacle. » Mi-rieur, mi-rageur sans doute, Teilhard renchérit : « Il faut boire l'obstacle par l'obéissance. » Et avec douceur, ajoute-t-il. Sa route, désormais, est celle de l'exil. Il quittera Paris pour la Chine au printemps 1926 ; entre-temps, il travaille au Muséum et donne « plusieurs conférences, dont deux au cercle du Luxembourg sur le Transformisme, que je n'ai absolument pas pu refuser (c'était au " prêtre ", et parce qu'on connaissait mes idées qu'on s'est adressé à moi). D'autres conférences, aux groupes Portal notamment, étaient sur des questions d'attitude religieuse en face de la vie[163] ». Teilhard, tout meurtri qu'il soit, reste incorrigible mais aussi un peu naïf.

3

Exil

(1926-1946)

Portraits

« J'avais regardé avec sympathie cette longue figure énergique et fine où les traits accentués de rides précoces semblaient taillés dans le bois dur. L'œil pétillant et vif avait quelque chose de rieur sans être ironique. Il parlait avec la vivacité et l'animation de ceux qui se passionnent. Sa parole était prenante, elle allait jusqu'à l'âme, avec cette puissance persuasive de celle des apôtres [1]... »

« C'était un homme très beau. [...] ; un homme d'un style inégalable, d'une distinction effacée et irrésistible. Sa voix, sa diction de clavecin, son sourire qui jamais ne s'abaissait jusqu'au rire se gravaient en celui qui lui avait été quelque peu attentif. Absence totale de jeu ecclésiastique. Aussi simple dans ses gestes que dans ses comportements, mais simple comme une stèle. Volontiers accueillant, mais comme un banc de marbre. On sentait que, pour être au niveau de son corps, on n'en était pas moins à une distance infinie de ses " engrangements ", de cette pensée qui jamais ne se gonflait. Le plus souvent l'on restait en arrêt devant ce visage préfiguré par le Greco, coupé à la serpe, et l'on se réfugiait dans les banalités de l'Expédition : vaste en était le champ. [...] De cet être courtois, plaisant, charmant, charmeur même, il émanait une solitude désarmante [2]. »

« Un long corps maigre. Tout en ossature, presque désincarné, étiré vers le haut. Un visage allongé lui aussi, buriné dans une matière dure, le bois ou la pierre de son Auvergne natale, couvert d'un réseau de fines rides. Un front haut. Exceptionnellement haut. Un nez long, impérieux. Une bouche généreuse. Et les yeux, ces hublots de l'âme, si révélateurs ? De petits yeux préhensifs, enfoncés dans l'orbite, des yeux scrutateurs, mobiles et vifs, avec des lueurs et des reflets d'agate. Des yeux qui pourraient être durs, à force d'intensité, mais qui, à l'ordinaire, s'ensoleillent de bonté. Où ai-je déjà vu ce visage ? Une ressemblance s'impose à mon souvenir, celle d'un personnage du Greco, vu au Musée du Prado. Même ascétisme. Même noblesse. Et ce sont deux mots espagnols qui traduisent le mieux, à mon sens, l'allure générale du Père. *Muy noble.* Noble ! Non pas seulement au moral, mais au physique également, en dépit du veston mal coupé, et des épaisses chaussures. Le Père s'est avancé vers nous, les deux mains en avant, étendues, paumes ouvertes comme une coupe, dans un geste familier d'accueil et d'offrande. Le même geste que celui des donateurs, aux vitraux des cathédrales. À mesure qu'il s'approche, un chaud sourire éclaire, métamorphose son visage. Vertu, miracle du sourire [3] ! »

« Lorsque Pierre Teilhard rit, ce qu'il fait volontiers, ses yeux se plissent jusqu'à faire disparaître son regard, son nez se retrousse, ses lèvres, coins remontés, s'entrouvrent sur un éclat qu'étouffe sa main mais qui n'en demeure pas moins communicatif [4]. »

« Outre ses idées originales et son charme personnel, il avait une qualité rare chez des hommes de sa valeur : il savait écouter les autres et paraître s'intéresser à leurs propos ; quand ceux-ci étaient trop fantaisistes, il se contentait de sourire [5]. »

« On a beaucoup écrit sur le caractère du père Teilhard. On a dit la suavité de son humeur, son don de sympathie, sa générosité, sa gentillesse véritablement inépuisable, son optimisme, son courage, son indulgente bonté. Ce que l'on connaît moins, c'est le charme et l'enjouement de sa parole. Sa conversation n'était pas austère. Elle était un feu roulant d'anecdotes, d'aperçus originaux exprimés avec vivacité. Toujours aimable, plein de tendresse envers les êtres et les choses, Pierre Teilhard de Chardin n'en maniait pas moins le trait malicieux et l'humour. Tandis qu'il parlait, son visage émacié que portait un cou trop mince, surgi d'un col trop dur, devenait plus translucide encore. Sa spontanéité s'accompagnait d'une forme de communion qui le mettait, d'emblée, en conformité avec le monde. Jamais je n'ai entendu le père Teilhard proférer le moindre blâme. La violence lui faisait horreur. Il s'attristait du spectacle de la haine [6]. »

En terre de Chine

À bord de l'*Angkor* des Messageries maritimes, avril 1926. Par un temps gris et une mer agitée, Pierre Teilhard de Chardin quitte la France. À son amie Ida Treat, il écrit : « Nous allons vers le pays de la chaleur et des beaux jours. Cette année-ci je ne pars pas, me semble-t-il, avec le même enthousiasme juvénile que celui qui me possédait quand j'ai passé en vue de ces mêmes côtes, d'abord pour aller en Égypte (quand j'avais vingt-quatre ans), puis pour aller en Chine il y a trois ans. Mais, au fond, j'ai conscience d'être possédé par le même ange ou démon tenace qui me souffle que je ne serai moi-même qu'en essayant de posséder la Terre [7]... » Admirable confidence qui pourrait le rendre coupable d'un excès d'orgueil si, deux jours plus tard, il n'écrivait à sa cousine : « La lumière, autrefois, faisait étinceler pour moi toute la surface des choses, et je jouissais immédiatement de tout. Maintenant, elle s'est comme enfoncée.

La pellicule des couleurs et des lieux m'ennuie à pleurer. Ce que j'aime ne se voit plus [8]. » Comment ne pas penser au *Petit Prince* ? « L'essentiel est invisible pour les yeux », y écrit Antoine de Saint-Exupéry, en 1943. Chacun à leur manière et au gré de leur passion, les deux hommes aiment et aiment conquérir le monde, les hommes, les femmes, comme à les servir aussi. Tous deux se trouveront un jour dépassés par leur propre temps. Se sont-ils connus, croisés, lus ? Je n'en sais rien. Mais je tenais à faire se rencontrer ces deux hommes du désert, ces deux « chevaliers errants »...

Parmi les passagers du paquebot (qui ne trouvent d'ailleurs pas tous grâce à ses yeux), Teilhard repère deux missionnaires-médecins, allemands ou suisses, qui se rendent en Abyssinie afin d'y « porter le simple évangile à des nègres qui ont [...] tué les premiers blancs venus dernièrement les voir ». Il s'interroge alors : « Comment prêcher aux hommes la bonté et l'amour sans leur présenter en même temps une interprétation du monde qui justifie cette bonté et cet amour ? — Et comment cette interprétation, si elle n'est pas strictement individuelle (et donc sans beaucoup de garantie), n'entraîne-t-elle pas la carapace, toujours caduque, mais toujours renaissante, d'une orthodoxie [9] ? »

À bord de l'*Angkor*, deux autres passagers attirent et retiennent son attention, Henry de Monfreid et sa femme, Armgart ; tous deux se rendent à Obock, leur « fief », *via* Djibouti. Les trois passagers font connaissance et deviennent rapidement amis. « Ainsi naquit, écrira bien plus tard Monfreid, à l'entrée de la mer Rouge, sous le ciel empourpré d'un matin tropical, une amitié que la mort même n'a pu rompre, tant son souvenir resplendit dans l'ombre de mon crépuscule [10]. » Teilhard n'ignore pas les trafics auxquels se livre l'aventurier ; cependant, conquis par la singulière personnalité d'Henry et séduit par la sérénité lumineuse d'Armgart, il explique à cette dernière : « Je fais confiance à Henry sur ce qui se raconte, mais plus vraiment encore, je vous aime, vous et lui. Je ne songe même pas à me demander ou à chercher ce qu'on peut bien dire autour de lui. Tout ceci ne m'intéresse pas [11]. » Ainsi Teilhard ne craindra-t-il pas de susciter un jour une rencontre entre Monfreid et son amie Ida Treat; Monfreid raconte : « J'étais hier au Muséum, où Teilhard m'a présenté à Madame Vaillant-Couturier, la femme du leader communiste. Il vient de faire trois mois de prison à la Santé pendant lesquels il a occupé ses loisirs à peindre. Madame Vaillant est la fille d'un richissime Américain, roi de quelque chose, qui a tout lâché pour suivre son mari dans une carrière politique tout à fait opposée au capitalisme où règne sa famille. Elle parle six langues, en écrit quatre dans des revues littéraires et scientifiques. Supérieurement sympathique... Je vais chez eux mardi avec Teilhard. Je compte m'y faire quelques relations bolchéviques. » De cette première rencontre entre l'aventurier et la jeune femme naîtra un livre, *Perles, armes et hachisch*, qui, publié en 1930, marquera le début de la carrière littéraire du pirate. *Les Secrets de la mer Rouge* seront publiés en 1931. Que le lecteur me pardonne cette nouvelle digression au milieu du récit de la vie de Teilhard; mais la singularité et la profondeur du lien qui unissait ces deux hommes la justifiaient, je crois. Si l'amitié est pour le jésuite un trésor inestimable, il n'en est pas pour autant une sorte d'Harpagon. Généreux en amitié, il partage volontiers les siennes et se réjouit de voir ses amis faire connaissance entre eux.

L'amitié qu'il l'attache aux Monfreid offre, de fait, les marques de la fidélité, de la confiance, mais aussi de l'originalité ! Lorsque en 1927, Marcel, le fils d'Henry, se trouve seul à Saigon pour tenter non sans difficulté de faire fortune, c'est Teilhard qui lui rend visite. Lorsque Monfreid cherche à entrer au Turkestan chinois pour y acheter une cargaison de hachisch, c'est encore Teilhard qui intervient auprès de Paul Vaillant-Couturier pour obtenir l'autorisation nécessaire auprès du gouvernement soviétique. Lors d'un de ses passages à Paris, Teilhard rapporte de l'opium de Chine à l'aventurier... pour son usage personnel. En juin 1935, il déjeune à Neuilly avec Monfreid et sa famille ; il écrit ensuite à son amie Lucile Swan : « Lors de telles occasions, je deviens moi-même un membre de la famille, et j'apprécie toujours beaucoup cette chaude amitié [12]. » Encore un trait tellement humain qu'il serait aisé de l'ignorer. Et pourtant, comme plus tard lors de ses séjours d'été en Auvergne, Teilhard, en célibataire heureux, montre un grand plaisir à goûter l'ambiance d'une famille, sans autre apprêt. Pour l'instant, en ce mois de mai 1926, l'heure est venue pour les nouveaux amis de se séparer ; Monfreid invite Teilhard à lui rendre visite en Abyssinie, afin d'y mener une campagne scientifique. Le savant ne tardera pas à répondre à une invitation aussi alléchante.

Les escales se suivent : Djibouti, Aden, Colombo, Singapour, Saigon, Chang-hai et, enfin, grâce à un petit bateau japonais (les chemins de fer ne fonctionnent pas), Tien-tsin, où Teilhard arrive le 10 juin. Le temps de mener à bien les incontournables et assommantes démarches afin d'obtenir les passeports et les permis de port d'armes nécessaires et, trois semaines plus tard, il part avec le père Licent pour une nouvelle expédition. Ils projettent de remonter le fleuve Jaune vers l'ouest, jusque dans le Kan-sou (aujourd'hui le Gansu) ; mais la guerre civile y sévit et ils bifurquent vers le nord et les hautes terres de lœss du Chan-si (le Shanxi actuel). À leur retour à Tien-tsin, Teilhard trouve le courrier annonçant le décès de l'épouse du Pr Boule ; il y répond sans tarder : « Quand je pense à la disparition qui s'est faite à côté de vous, j'ai comme l'impression d'avoir laissé mon père seul dans une grande peine [13]. » Désormais, chacune des lettres qu'il adressera à son « patron » portera la mention : « Cher maître et ami ». Et leurs dissensions ultérieures, scientifiques et administratives, n'altéreront jamais la profondeur et la chaleur de cette amitié. Ainsi Teilhard ne cessera-t-il pas d'encourager Boule à préparer une nouvelle édition des *Hommes fossiles* ; mais le maître préférera plutôt consacrer du temps à la fille que sa nouvelle épouse lui donnera. Son « péché de vieillesse », confesse-t-il.

Fin octobre, le père Licent, toujours accompagné par Teilhard, repart pour une nouvelle campagne de fouilles dans la vallée du Sang-Kan-Ho (en pinyin, Zhangjiakou), près de Kalgan au nord-ouest de Pékin. Malgré les circonstances défavorables dans lesquelles elles s'accomplissent, les expéditions entreprises par les deux jésuites leur offrent toute satisfaction : les collections du musée Licent sont à présent suffisamment riches pour ne plus se contenter d'être un instrument d'enrichissement des collections françaises, mais désormais prétendre participer à l'étude géologique de la Chine.

Grâce à ces travaux, Teilhard occupe une place de plus en plus grande au sein de la communauté des scientifiques, venus du monde entier (en particulier des Américains et des Suédois) et qui s'intéressent à la Chine. Même s'il est connu comme l'élève du Pr Boule, il peut se passer de son aide financière ; même s'il travaille toujours dans le cadre du musée Licent, il prend déjà de la distance vis-à-vis de son aîné. Ses collègues chinois commencent à lui parler d'une responsabilité au sein du Service géologique national, le National Geological Survey of China. Cet élargissement de son champ d'activités entraîne quelques difficultés avec le père Licent, comme avec son patron parisien : « Un autre nuage à dissiper s'amasse sur le Muséum. Boule m'a écrit dernièrement, — fort affectueusement du reste —, que, pour cette année, il me coupait les fonds (cela ne me gênera pas, soit dit en passant, pour mon voyage de printemps). Or, par une source sûre du Laboratoire, j'ai appris qu'il est mécontent : 1) que je sois parti contre son avis (comme si c'était ma faute ! !) ; 2) que je travaille pour d'autres fins que son Muséum. J'ai compris alors que tout ce que je lui racontais sur mes trouvailles ici (résultats plus intéressants pour Péking et la géologie générale que pour ses galeries) l'agaçait plus que cela ne le satisfaisait. — Comme je l'aimerai toujours presque filialement, je lui ai répondu, autant que possible, dans le sens du poil. Mais vous comprenez qu'en ce qui me concerne je ne changerai pas d'une ligne ma manière d'agir. Avant tout, la grande recherche, le service de la Vérité. Après, le Muséum [14]. »

À cette époque, il se rend pour la première fois sur le site de Chou-Kou-Tien (en pinyin, Zoukoudian) ; au retour, il écrit à Ida Treat : « Je suis un peu sceptique sur la présence en ces lieux d'un Homme ou d'un anthropoïde [15]. » Peut-être aurait-il mieux fait de se ranger à l'avis de son maître qui, dès 1920, alors que le site n'a offert que les restes de grands mammifères, écrivait : « Le jour où, avec ces ossements d'espèces éteintes, on trouvera des restes humains, l'histoire des Hommes fossiles s'enrichira d'un chapitre nouveau et du plus grand intérêt. Et tout nous autorise à croire que cet espoir est bien fondé [16]. » L'histoire donnera raison à Boule.

De mai à juillet 1927, Teilhard repart avec le père Licent pour une mission de dix semaines en Mandchourie ; les deux savants atteignent presque Dalai-Nor. Puis, le 27 août, Teilhard embarque à Chang-hai sur le *Chenonceaux* pour Marseille et la France, où il arrive le 1er octobre 1927 ; il y reste jusqu'au 7 novembre 1928.

Entre-temps, en janvier 1927, Teilhard apprend que le père général lui interdit de reprendre son poste à l'Institut catholique de Paris ; son ami, Mgr Baudrillart, tente de le garder dans les cadres de l'Institut, en lui confiant des missions scientifiques permanentes. « S'il n'y avait en face de moi, pour m'ennuyer, que monsieur X ou Y, explique alors Teilhard dans une lettre à Marcellin Boule, je me ferais une joie énorme de les envoyer promener pour me débrouiller tout seul dans l'existence. Malheureusement, X et Y représentent, plus ou moins intelligemment, une cause que je crois bonne. Alors, vraiment, je ne peux pas " casser " [17]. » Teilhard entreprend donc de « changer son fusil d'épaule » (*sic*), afin de sauver sa situation vis-à-vis du laboratoire du Muséum (« ma vraie famille », « le centre le plus naturel et le plus aimé que j'aurai rencontré dans ma vie », expliquera-t-il à Boule) ; il envisagerait volontiers une sorte de va-et-vient entre Paris et la Chine : « Mes racines sont à Paris », pense-t-il, persuadé qu'il a besoin d'y séjourner pour maintenir son expertise scientifique, pour assurer sa démarche spirituelle et accomplir sa mission religieuse, son engagement religieux. Pour l'heure, il accepte de repartir en Chine : rester coûte que coûte à Paris, cela signifierait rompre avec la Compagnie. Même si, reconnaît-il, « c'est ma vue du Monde et du Christ qui est mise à l'épreuve dans ma vie elle-même », « je ne me résignerai jamais (du moins ce me serait physiquement et psychologiquement impossible) à me confiner dans la pure Science. Pour moi, recherche scientifique et effort " mystique " ne font qu'une seule puissance complexe qui demande irrésistiblement à se propager » [18]. « Je me suis juré une fois de plus, écrit-il à la même époque à une amie, que j'aurais tellement de foi en la vertu divine qui fait pression sur nous à travers toutes choses, que je finirais bien par mettre le feu à ce qui m'entoure, — et pour commencer, à ce qui me tient de plus près. N'en doutons pas, et éveillons-nous à cette lumière-là : le Monde est plein de Dieu. Car s'il était vide, il y a longtemps que le Monde serait mort de dégoût [19]. » Pour réaliser cette mission, il aimerait être un artiste, un musicien, « une ombre de Wagner », plutôt qu'« une ombre de Darwin ». Plus tard, il exprimera le regret de n'être pas un artiste : « Il m'a toujours manqué de savoir écrire autre chose que des thèses et des dissertations. La grande jouissance doit être de faire passer son âme dans une création vivante : roman, musique, — ou mieux encore dans une autre âme vivante [20]... »

« *Le Milieu divin* »

À l'automne 1926, durant les moments de liberté que lui laissent le tri et l'analyse des caisses rapportées d'expédition, la rédaction de notes techniques et plusieurs visites à la communauté scientifique qui se trouve à Pékin, Teilhard entame la rédaction du *Milieu divin*, son *pious book* comme il l'appelle familièrement. À cette époque, il explique à son amie Ida : « Le seul livre que je voudrais écrire, que j'ai besoin d'écrire, ce ne serait pas le livre de la Chine, mais " le livre de la Terre ". Je voudrais, enfin, parler comme je pense, sans souci de ce qui est admis, avec la préoccupation exclusive de traduire le plus fidèlement possible ce que j'entends bruire en moi comme une voix ou un chant qui ne sont pas de moi, mais du Monde en moi. Je voudrais exprimer ce que pense un homme qui, ayant enfin percé les cloisons et les plafonds des petits pays, des petites coteries, des petites sectes, émerge au-dessus de toutes ces catégories, et se découvre enfant et citoyen de la Terre. *Rien que la Terre*, a dit Paul Morand dans un dernier bouquin. Les quatre mots valent mieux que tout son livre. Il y a toute une gamme d'impressions et de passions qui se combinent dans ce que je voudrais dire : il y a d'abord la joie profonde de sentir, grâce à nos perspectives nouvelles de la Vie, notre être se dilater à la mesure de tout le passé, de tout l'avenir, de tout l'espace : l'enracinement dans la Matière, qui nous enveloppe, nous tisse, nous réunit, et se spiritualise en nous. C'est la note *Yu* chinoise, la note du Tout, éclatante et magnifique; — ensuite il y a la colère contre la disproportion ridicule qui se manifeste partout entre ces perspectives d'unité et de recherche commune, et les préoccupations égoïstes de presque toutes les constructions sociales actuelles [21]. » Apparemment, ce livre dont Teilhard parle à Ida, cet hymne à la Terre et à la note Yu, c'est *Le Milieu divin*. Ne négligeons pas cette idée de la « note du Tout », elle est essentielle dans la pensée teilhardienne : « Il y a vraiment une note musicale, chrétienne, qui fait vibrer le Monde entier, comme un gong immense, dans le Christ divin, écrit-il à Ida Treat le 11 juin 1926. Cette note est unique et universelle ; et en elle seule consiste l'Évangile. Seulement, elle est réelle (heureusement). Et dès lors il est inévitable que, pour chercher à fixer et à saisir sa réalité, les hommes l'analysent à perte de vue (comme fait le physicien pour les plus divines nuances des sons et des couleurs). Voilà qui fait naître, en dessous du dogme très simple, une complication indéfinie, aggravée par la prétention des analystes à substituer leurs édifices à la réalité. » Le mal dont souffre l'homme, c'est d'oublier cette note universelle : « Il me semble que ce qui fait la ruine morale des gens dont vous me parlez, ce n'est pas de prendre la Matière : mais c'est de la prendre incomplètement, par petits bouts faciles, au lieu de l'aborder résolument dans sa richesse totale, son mystère sacré, et son incomparable majesté. Le jouisseur abuse du tangible, parce qu'il l'émiette en si petits morceaux qu'il s'imagine en être le possesseur et le maître. S'il savait regarder, d'ensemble, la grandeur de ce qu'il profane, il tomberait, au contraire, à genoux. Le mal fondamental dont nous souffrons (et je crois que ce mal est fondamental parce qu'il est le manque, le pressentiment et l'annonce de la vertu ou qualité qui est requise à nos progrès du moment), c'est l'incapacité à voir le Tout [22]. »

Le Milieu divin est un livre étrange. Teilhard dit l'avoir écrit « pour ceux qui aiment le Monde » et il parle aussi d'un livre pieux qui serait uniquement consacré à la Terre : s'agit-il du même ouvrage ? D'autant plus que, au moment où il affronte la tempête provoquée par les autorités romaines, Teilhard éprouve le besoin et évoque la nécessité thérapeutique de se redire à lui-même et de dire à d'autres (qui n'appartiennent pas nécessairement à la communauté ou à la tradition chrétiennes) les fondements de sa spiritualité qui doit tant à Ignace de Loyola : « apprendre à voir Dieu partout » ou encore « voir Dieu en toutes choses ». Ni métaphysiques, ni apologétiques, ces pages invitent en fin de compte et même éduquent à un plus grand amour du monde, un monde qui se découvre chaque jour tellement plus grand qu'il finit par porter une majuscule sous la plume du jésuite. Aux yeux de Teilhard, l'amour du Monde ne réduit ni n'écarte l'amour de Dieu ; au contraire, l'amour du Monde peut conduire à l'amour de Dieu. Et il se propose d'écrire le récit d'un cheminement spirituel qui conduit à affirmer, après la mystique Angèle de Foligno : « Le Monde est plein de Dieu [23]. » Est-ce là pur panthéisme (ce qui donnerait raison aux critiques dont *Le Milieu divin* fera l'objet) ? Teilhard s'en défend vigoureusement : « Le Panthéisme nous séduit par ses perspectives d'union parfaite et universelle. Mais au fond il ne nous donnerait, s'il était vrai, que fusion et inconscience, puisque, au terme de l'évolution qu'il croit découvrir, les éléments du Monde s'évanouissent dans le Dieu qu'ils créent ou qui les absorbe. Notre Dieu, tout au contraire, pousse à l'extrême la différenciation des créatures qu'Il concentre en Lui. Au paroxysme de leur adhésion, les élus trouvent en Lui la consommation de leur achèvement individuel. Seul, par suite, le Christianisme sauve, avec les droits de la pensée, l'aspiration essentielle de toute mystique : s'unir (c'est-à-dire devenir l'Autre) en restant soi [24]. » Cette défense est-elle suffisante ? Teilhard a lui-même été tenté par le panthéisme lors de son séjour en Égypte, fasciné par le charme de l'Orient. Bien des années plus tard, lorsqu'il décrira dans *Le Cœur de la Matière* sa propre histoire spirituelle et psychologique, il expliquera : « Sans me rendre compte bien nettement, au début, du pont jeté par cette attitude éminemment chrétienne entre mon amour de Jésus et mon amour des Choses, je n'ai jamais cessé, depuis les premières années de ma vie religieuse, de m'abandonner avec prédilection à ce sentiment actif de communion avec Dieu à travers l'Univers. Et c'est une émersion décisive de cette mystique " pan-christique ", définitivement mûrie aux deux grands souffles de l'Asie et de la Guerre que reflètent, en 1924 et 1927, la " Messe sur le Monde " et " Le Milieu Divin " [25]. » J'ai déjà abordé la question du panthéisme de Teilhard de Chardin, à propos du premier texte qu'il mentionne ici, *La Messe sur le Monde.* Quant au *Milieu divin*, je ne voudrais pas entrer dans un débat qui s'est trop souvent transformé en procès, pour condamner ou pour canoniser son auteur. Je soulignerai seulement l'impérieuse nécessité de ne pas oublier un élément essentiel dans le « récit », la démarche et même la démonstration de Teilhard : celui de l'évolution. Les hommes et les femmes auxquels il s'adresse, mais aussi le Monde dont il leur parle et au sein duquel ils vivent, tous sont soumis à des processus, des phénomènes d'évolution ; aucun n'est figé, fixé ; chacun est, à sa manière, en état d'inachèvement. Le reconnaître, l'admettre conduit, contraint même, à plusieurs attitudes, chez celui qui aime ce Monde (ou prétend l'aimer).

Il lui faut d'abord reconnaître « la multitude des hasards croisés dont est tissée l'étoffe de l'Univers et de [sa] petite individualité [...] la suprême improbabilité, la formidable invraisemblance de [se] trouver, existant, au sein d'un Monde réussi [26] ». Ensuite, il doit poursuivre une expérience qui ne cesse d'allier attachement et détachement, activités (ce que l'homme fait) et passivités (ce qu'il subit), sous peine de s'arrêter immédiatement. Dans *Le Milieu divin*, Teilhard parle de la divinisation des activités, puis de celle des passivités ; mais cet ordre est plus pédagogique qu'historique : « l'extension et la profondeur des sujétions sans nombre qui font de nous les serviteurs, bien plus que les maîtres, de l'Univers [27] ». Des serviteurs qui peuvent tout de même sanctifier, donner un sens divin aux activités comme aux passivités. Enfin, celui qui aime le Monde doit croire, espérer cette grande Métamorphose, à laquelle aspire le Cosmos tout entier. Dès l'origine du christianisme, l'apôtre Paul écrivait, dans son épître aux Romains : « Toute la Création jusqu'à ce jour gémit en travail d'enfantement [28]. » Est-il possible de confondre un tel Monde, en état d'inachèvement, avec Dieu ?

Teilhard achève son texte par une ultime défense : « La tentation du Monde trop grand, la séduction du Monde trop beau, où est-elle maintenant ? Il n'y en a plus. La Terre peut bien, cette fois, me saisir de ses bras géants. Elle peut me gonfler de sa vie ou me reprendre dans sa poussière. Elle peut se parer à mes yeux de tous les charmes, de toutes les horreurs, de tous les mystères. Elle peut me griser par son parfum de tangibilité et d'unité. Elle peut me jeter à genoux dans l'attente de ce qui mûrit dans son sein. Ses ensorcellements ne sauraient plus me nuire, depuis qu'elle est devenue pour moi, par-delà elle-même, le Corps de Celui qui est et de Celui qui vient ! Le Milieu divin [29]. » Celui qui est, Celui qui vient, c'est bien sûr le Christ. Non seulement il crée, transforme et modifie les choses et les êtres, par une omniprésence d'action, mais il vient aussi s'y révéler. Et Teilhard, pour parler de l'Universel Sourire recherché par tous les mystiques, écarte l'expression d'Épiphanie pour lui préférer celle de Diaphanie : « Ce n'est pas exactement l'Apparition, mais la Transparence de Dieu dans l'Univers. Oh ! oui, Seigneur, pas seulement le rayon qui effleure, mais le rayon qui pénètre. Pas votre Épiphanie, Jésus, mais votre Diaphanie [30]. » La distinction entre apparition et transparence, entre Épiphanie et Diaphanie peut paraître bien subtile et relever de la casuistique théologique ; elle n'en est pas moins essentielle. De même que la lumière ne se confond pas avec la vitre qui la laisse passer, le Monde ne peut pas, ne doit pas être confondu avec Dieu, parce que Dieu ne fait que le traverser pour se révéler. N'oublions pas le proverbe : « Lorsque le sage montre la lune, le sot regarde le doigt. »

Teilhard ne prône pas un panthéisme ; en revanche, il ne s'encombre pas du moindre doute quant à l'existence de Dieu : tous ceux qui aiment la Terre devraient être prêts à admettre que « rien n'est profane, ici-bas, à qui sait voir [31] ». Sa cousine Marguerite appartient probablement à ceux-là ; mais Ida, son amie communiste ? Teilhard n'a pas d'hésitation : *Le Milieu divin*, en s'adressant à l'une comme à l'autre, et à ceux qu'elles peuvent représenter, ouvre une profonde brèche dans les murs que les uns comme les autres ont pu élever entre les chrétiens et le Monde. Désormais, pense Teilhard, les chrétiens ne devraient plus être soupçonnés de déserter le Monde, d'être dégoûtés du travail humain ou encore de se montrer trop sceptiques sur l'avenir du Monde.

Suivant les règles de l'obéissance religieuse et selon son habitude, Teilhard envoie le manuscrit du *Milieu divin* à son provincial ; celui-ci, non sans avoir pris conseil, lui donne son accord pour le publier. Teilhard s'adresse alors à son confrère et ami de Louvain, le père Pierre Charles, qui dirige la collection « Museum Lessianum » : accepterait-il d'y publier son *pious book* ? Charles, à son tour, confie pour avis le texte à deux collègues : l'un ne voit pas d'objection et propose seulement quelques modifications ; l'autre, plus enthousiaste encore, appuie et encourage sa publication. Mais il manque toujours l'*imprimatur*, l'autorisation de publier donnée par les autorités de l'Église ; le manuscrit du *Milieu divin* parvient donc à l'évêque de Louvain. Prudent, ce dernier veut éviter de s'engager personnellement et préfère en référer aux autorités romaines. La réponse de Rome est sans appel : pas question de laisser imprimer et diffuser un texte à l'orthodoxie aussi douteuse, soupçonné même de panthéisme. Malgré toutes les modifications ultérieures que Teilhard y apportera, *Le Milieu divin* ne sera publié que trente ans après avoir été écrit, après la mort de son auteur. Seules d'artisanales copies auront circulé entre-temps parmi les amis du jésuite.

Un été en France

Marseille, 7 novembre 1928. Teilhard embarque sur le *Chantilly* des Messageries maritimes. Direction : la Chine. Va-t-il trouver enfin un peu de répit ? Car l'année 1928 a encore été une année difficile pour le religieux. Sa crise antichrétienne se poursuit ; il finit, explique-t-il, par émerger (un mot qui lui est cher) de son Ordre et d'un certain christianisme, tout en leur restant « affectionné et attaché (de cœur, de pensée et d'action), — comme aux seules constructions qui puissent [lui] donner vie ». Il préfère se montrer prudent, au point de publier sous le nom de son ami Max Bégouën un compte rendu de l'ouvrage d'Édouard Le Roy, *L'Exigence idéaliste et le fait de l'évolution.*

Cette crise ne l'empêche pas d'assurer ses activités apostoliques habituelles. La retraite qu'il prêche aux élèves de l'École normale supérieure, en février 1928 à Gentilly, a laissé un vif souvenir chez plusieurs normaliens. L'un d'eux, Étienne Borne, explique : « Je subissais alors l'influence d'Alain, et impressionné par ces idées d'Alain qui faisait de la religion une sorte de poésie et de mythologie admirables, je me trouvais comme partagé entre Alain et la religion. Or, le P. Teilhard m'a donné le sens de la réalité du surnaturel ; grâce à lui, j'ai connu cette rencontre authentique, laquelle consiste non pas à découvrir un système, une doctrine, mais à prendre contact avec ce qui est plus réel que le phénomène. J'ai découvert que la messe est une action qui change le monde et acquis le sentiment du réalisme puissant du fait chrétien [32]. » Quelques mois plus tard, le 14 juin 1928, Teilhard célèbre le mariage d'Odette Bacot et de Jean Teillard d'Eyry ; son homélie est imprégnée de l'affection qu'il porte aux deux jeunes gens et de la foi en l'humanité qui l'anime. « Croyez dès lors, (et ce mot résume tous les autres), à l'esprit entre vous. L'un à l'autre, vous êtes offerts comme un champ indéfini de compréhension, d'enrichissement, de sensibilisation réciproques. C'est donc par une pénétration et un échange constant des pensées, des affections, des rêves, de la prière, que vous vous rencontrerez surtout. Là seulement, vous le savez, dans l'esprit à travers la chair, n'existent ni satiété, ni déceptions, ni limites. Là seulement, pour votre amour, est l'air libre, la grande issue [33]. »

Le 1er août de la même année, il participe à une « Retraite intellectuelle » organisée par Maurice Vaussard chez les oratoriens de Juilly. À cette occasion, il fait la connaissance de l'abbé Bruno de Solages qui lui pose des questions sur l'évolution et auquel il donne son manuscrit sur *Le Fondement et le fond de l'idée d'évolution*. L'abbé de Solages deviendra l'un de ses plus fidèles et énergiques défenseurs. Après cette retraite, il part se reposer au Chambon, la propriété de sa cousine Marguerite, puis il rejoint l'abbé Breuil en Ariège. Il écrit à Léontine Zanta : « Je suis presque seul, au grand calme, parmi de petites collines calcaires, percées de mille grottes peuplées d'un monde préhistorique, — face aux Pyrénées [34]. » À cette époque, il commence à rédiger son premier essai sur le thème du « phénomène humain ».

Sur le plan des amitiés, 1928 est marqué par une belle rencontre, celle de Pierre Leroy, un confrère jésuite de presque vingt ans son cadet. Destiné à partir pour la Chine rejoindre le père Licent, Leroy, au courant des idées originales de Teilhard, décide de le rencontrer. Rendez-vous est pris à la galerie de paléontologie du Muséum. Pierre Leroy raconte : « Il me reçut dans une pièce austère, située au sous-sol, mais où la lumière pénétrait par les grandes baies vitrées. La simplicité du Père me mit tout de suite à l'aise. Sans façon il me pria de prendre le fauteuil et s'assit familièrement sur le coin de la table. Avec bonté, il plongea son regard dans le mien. J'étais conquis. Je sentis que ce prêtre, inconnu de moi, était à ma disposition. Je lui fis part de mes problèmes. La difficulté majeure qui tourmentait mon intelligence était l'impossibilité de réaliser la conjonction du corps matériel et de l'esprit. En quoi le corps pouvait-il être le réceptacle de ce qui n'a pas de structure et qui ne peut se définir ?... » À la question de son jeune confrère et futur ami, Teilhard répond en usant de son idée de complexité/conscience. Mais surtout il lui ouvre des voies jusqu'alors insoupçonnées par Leroy, en particulier l'idée de création inachevée ou encore celle selon laquelle « la Croix n'était pas le symbole de la souffrance mais de l'effort [35] ». Ainsi l'aîné enseigne-t-il au cadet à aller de l'avant, à ne pas s'isoler ni être mis à part, à vouloir être homme jusqu'au bout, vivre de l'avenir et non du passé. « Pars courageusement, laisse toutes les villes », lui dit-il en citant Vigny. Ce que lui-même, toujours condamné à l'exil, fera dès l'automne suivant.

Le prêtre et le pirate

En novembre 1928, son escale en Abyssinie a pour motif de répondre à l'invitation qu'Henry de Monfreid lui a faite, un an auparavant, lors de leur rencontre à bord de l'*Angkor*. Le « Pirate de la mer Rouge » (c'est son surnom le plus usuel) voudrait faire découvrir à son nouvel ami la région de la Côte française des Somalis.

Un visage long, fin et énergique, un nez d'aigle et des yeux étincelants sous des sourcils droits, le regard d'un homme habitué à défier le temps, les espaces et les hommes. Henry de Monfreid mérite bien son surnom : il a tout de l'aventurier et du pirate. Il a quitté la France en 1911 pour rejoindre Djibouti ; il avait alors trente-deux ans. Lassé par le négoce du café (il travaille dans le comptoir d'Arthur Rimbaud), il se lance dans l'exploration des bords de la mer Rouge et comprend vite l'intérêt que peut représenter la vente d'armes dans une région aux nombreuses tribus insoumises. Plus tard, le hachisch accompagne, puis remplace les armes. Le trafiquant apprend la langue et les coutumes du pays, se convertit à l'islam et reçoit le nom d'Abd el-Hair, « l'Esclave du Vivant ». Une telle personnalité donne du fil à retordre à l'administration française des Somalis. Le gouverneur a besoin de la connaissance du pays acquise par le contrebandier, mais il ne peut admettre ses trafics, même si leurs bénéfices sont réinvestis avant tout dans des activités locales. Le Négus, lui non plus, n'apprécie guère le Français. Poursuites, procès, amendes à son encontre ne manquent pas, sans parvenir pourtant à freiner ce diable d'homme. Rien de bien étonnant si Teilhard, comme Joseph Kessel ou Paul Vaillant-Couturier, est impressionné, séduit même par un homme qui écrit, dans *Les Secrets de la mer Rouge* : « Quand l'adversité nous frappe, il faut résolument tourner le dos au passé, garder seulement le souvenir de la leçon que toujours il comporte et qu'un but nouveau devienne le seul objectif. L'espoir est un genre de vie, les regrets ne sont que des cendres ! »

Teilhard n'est pas seul à rendre visite à Monfreid ; il est accompagné par un collègue géologue, Pierre Lamare. Tous les deux ont l'intention d'explorer cette région de l'Afrique trop méconnue encore sur le plan géologique et paléontologique ; « il ne faut laisser perdre aucune occasion d'expérimenter et de chercher », écrira Teilhard au père Valensin, à l'issue de son séjour éthiopien. Lamare connaît lui aussi Monfreid; au cours d'un séjour en mer Rouge, quelques années auparavant, l'aventurier l'avait tiré de la mauvaise posture dans laquelle son ignorance de l'arabe l'avait mis face aux autorités musulmanes.

De Teilhard ou de Monfreid, du jésuite ou du pirate, il est bien difficile de dire qui est le plus heureux de ces retrouvailles ! Ne serait-ce que pour narguer les autorités locales, Monfreid est très fier de promener ses savants amis, de les recevoir dans sa grande maison d'Obock, au bord de la mer, de leur faire visiter son usine d'électricité et sa minoterie à Diré-Daoua (« en plein bled et en plein " paradis terrestre ", dit-on »), et surtout de leur faire découvrir, à pied, en chemin de fer ou sur son boutre, une région qu'il connaît comme sa poche. Teilhard, de son côté, s'amuse et profite de la popularité que lui vaut cette amitié. Les Askaris (les gendarmes indigènes) le soupçonnent d'être complice des trafics du pirate et n'hésitent pas à le faire surveiller. Du coup, la population autochtone Tankali et ses chefs l'adoptent, le considèrent comme le beau-frère de Monfreid et assurent sa protection. Accompagné de deux Tankalis, « les mains dans les poches » et à la barbe du gouverneur français, il explore les contreforts du mont Mabla, là où aucun Blanc n'avait pu encore se rendre. Une photographie le montre au milieu d'un groupe Tankali, « presque aussi brun que de Monfreid lui-même », avec un magnifique turban sur la tête « pour ne pas effaroucher les indigènes de ces tribus restées extrêmement sauvages »; « je vis, explique-t-il à Boule, en espadrilles, pantalon kaki, et chemise ultra-légère. Dans ces conditions, on est heureux [36] ». Durant ces expéditions, il ne chôme pas : à l'issue du séjour des deux savants, une caisse pleine d'ammonites et d'outils paléolithiques est envoyée au laboratoire du patron parisien, tandis que Teilhard prépare deux mémoires scientifiques sur l'Éthiopie et la Somalie. Il croise une mission américaine « qui va, avec des moyens extraordinairement puissants, ramasser la faune du pays compris entre le lac Rodolphe et Mombassa. Il y a là de drôles de types, notamment un colosse, nommé White, qui a trouvé moyen, l'an dernier, de traverser la Chine, du Yunan à Urga. C'est lui qui a monté le film " Tchang ", dont vous avez certainement vu au moins les affiches-réclames à Paris. On aimerait voir des moyens et des individus aussi énergiques se porter sur des objectifs plus intéressants que la capture d'un rhinocéros vivant ou la descente d'un oiseau rare [37]... ». Deux ans plus tard, il pourra profiter de ces moyens américains, grâce à l'expédition menée par Andrews. Et toujours, selon son habitude, il n'oublie pas de gâter ses amis de pittoresques descriptions de ces régions et de leurs habitants. Toutefois, la plus belle anecdote est sans doute celle rapportée par son compagnon, Pierre Lamare.

Sur le chemin (de fer) du retour vers Diré-Daoua, 13 décembre 1928. Le train roule depuis deux heures, lorsqu'il parvient à un petit viaduc, construit au-dessus d'une gorge creusée par une petite rivière. Ce n'est pas le pittoresque du lieu, ni même son ombrage qui attirent les deux géologues, mais la magnifique coupe géologique qui leur est naturellement offerte. Mais le train poursuit sur sa lancée. Et Teilhard ne peut s'empêcher de crier : « Ah ! si seulement on pouvait arrêter le train ici ! Quel dommage que nous ne puissions aller voir cela ! » Au moment même où il formule cette prière, les hommes du convoi entendent un bruit de ferraille, des trépidations secouent le convoi avant qu'il ne s'arrête : la motrice vient de dérailler. Il faut cinq à six heures pour remettre tout en ordre. Un retard que les deux Français mettent à profit sans tarder pour explorer la paroi rocheuse. Lorsque le train peut enfin repartir, cahin-caha, Lamare ne manque pas de modérer les ardeurs votives de son collègue : « Surtout plus de vœux, mon cher... car il est patent que si vous n'êtes peut-être pas très bien vu par certains de vos supérieurs, vous êtes au mieux avec le Ciel. Si vous voulez que nous puissions dormir tranquillement à Diré-Daoua ce soir sans autre incident, ne l'invoquez plus jusqu'à notre arrivée. Il nous suffit d'un miracle pour la journée [38] ! »

Quelques journées plus tard, à l'occasion de la fête de Noël, Teilhard célèbre la messe à Harrar, « chez les bons capucins » ; l'autel est recouvert d'une peau de zèbre et les servants de messe sont pieds nus. Toujours ce sens de la mise en scène, diront peut-être les mauvaises langues. N'est-ce pas plutôt un sens particulier et profond de l'Eucharistie, toujours célébrée comme une messe sur le Monde ?

Une autre anecdote, racontée cette fois par Henry de Monfreid : « Teilhard vint en mission à Djibouti et j'eus la joie de le piloter en Éthiopie pour visiter des cavernes où j'avais pressenti les traces des hommes préhistoriques. Je me souviens de l'une d'elles où il fallut batailler contre la redoutable armée de guêpes maçonnes qui suspendent leurs nids aux voûtes calcaires... Leur piqûre est si douloureuse que bien souvent le muscle sous-jacent se paralyse. De plus la dose de venin est telle que dix piqûres peuvent occasionner la mort... Il fallut un siège en règle pour déloger la garnison ailée. Il consistait à s'introduire de nuit avec assez de broussailles pour flamber tout l'abri... La flamme fit crépiter les nids pleins de larves et de guêpes elles-mêmes acharnées à les défendre. Il fallut nous enfuir pour éviter la fureur de ces combattants désespérés. Quand le jour parut, je ne reconnus pas le visage mince et ascétique de Teilhard, dans cette face énorme et boursouflée. Dans son ardeur à mener le combat, il avait reçu bon nombre de piqûres et à la douleur que me fit éprouver une seule, je pus mesurer celle que, sans une plainte, il devait endurer [39]. » Monfreid, raconte de son côté Teilhard, lui apporte une aide « puissante » dans l'étude de la grotte du Porc-Épic, où il assure le relevé des nombreuses peintures rouges.

À côté de l'austère Mongolie, l'Afrique paraît au jésuite particulièrement exotique et pittoresque. Il s'émerveille devant ces « magnifiques corps cuivrés, vraiment incorporés au cadre et à la faune. Ils surgissent mystérieusement, armés de leur lance et de leur couteau ; ou bien, sur les pistes (et même quand ils vont en ville, à Harrar, par exemple), ils passent par petites bandes, hommes et femmes, à la file indienne, presque toujours au petit trot. C'est un beau type humain qui se survit ». Mais, poursuit-il dans la même lettre adressée à Max et Simone Bégouën, « combien inaptes, semble-t-il, à suivre notre marche à nous ! Ils se fondront ou disparaîtront — comme les zèbres et les éléphants [40] ». Deux ans auparavant, il avait déjà tenu de tels propos, lors d'une excursion en Indochine, dans le pays des Moïs : « Devant les Européens, leurs routes et leurs chemins de fer, la forêt fond littéralement. C'est le caoutchouc surtout qui menace de tout remplacer. Jadis, j'aurais été furieux et inconsolable devant ce ravage ou cette conquête. Maintenant, je crois comprendre que nous assistons à l'établissement d'une nouvelle zone de vie autour de la Terre, et qu'il serait absurde de regretter la disparition d'une ancienne enveloppe qui *doit* tomber. (Et cette enveloppe comprend, non seulement les cerfs, les éléphants et les paons, mais aussi ces pauvres Moïs, si pittoresques, mais qui font partie d'un âge disparu) [41]. » Il n'empêche, Teilhard se dit impressionné par ces « cloisons étanches qui séparent entre eux les groupes humains. Qu'est-ce qu'il y a dans le crâne et le cœur d'un Malais ou d'un Annamite ? ». Conscient sans doute de la dureté de ses propos, il ajoute à l'adresse de ses amis Bégouën : « Plus je regarde et plus je réfléchis, plus je ne vois aucune autre issue à la pensée et à l'action que la foi obscure en la marche de la Pensée (de l'Esprit, si vous voulez). Laquelle est une puissance insatiable et dévastatrice de tout ce qui a fait son temps. Cette réalité physique de la Pensée, éclipsant (ou plus exactement ramenant à soi) toutes les propriétés les plus énormes dont un siècle de recherches avait pensé orner la Matière, domine de plus en plus toutes mes perspectives. »

Teilhard quitte Djibouti en février 1929 et rejoint d'abord Hong-Kong sur l'*André-Lebon*. À bord, peut-être pour se préparer à son retour en Asie, il lit *Les Conquérants* d'André Malraux et rédige un essai intitulé *Le Sens humain*. Réfléchissant à l'émergence d'une conscience humaine collective, à ce qu'il appelle « la prise en masse de l'Humanité », il développe l'idée selon laquelle « la seule religion désormais possible pour l'Homme est celle qui lui apprendra, *d'abord*, à reconnaître, aimer et servir passionnément l'Univers dont il fait partie ». Pour Teilhard, il s'agit tout à la fois d'une conséquence et d'une nécessité : « La Foi au Monde vient de naître. C'est elle, et elle seule, qui peut sauver le Monde des mains d'une Humanité décidée à détruire l'Univers si elle ne peut l'adorer [42]. » Quelle place donner à la Foi au Christ ? La religion chrétienne paraît désormais étroite au regard des aspirations du Sens humain. Et l'Église peu soucieuse de « sentir avec le Monde », selon l'expression si chère au jésuite. Teilhard connaît ce malaise qu'il partage avec de nombreux catholiques de son époque : ils adhèrent à l'Église, faute de mieux. Pourtant, il en est persuadé, il est temps de reconnaître, « dans la Foi naissante au Monde, le plus puissant appel qui soit jamais sorti de la Terre vers le Christ [43] ». « Le Christ, conclut-il, doit être capable, et Lui seul, de donner, à chaque instant, un sens et une garantie aux attentes croissantes du Monde moderne » et « le Christianisme ne cessera de végéter, il ne recommencera à se répandre comme aux premiers âges, que s'il s'embraye résolument sur les aspirations naturelles de la Terre » [44].

De nouveau, la Chine

Tien-tsin, 15 mars 1929. Au musée Licent, l'ambiance a changé. « Subi ici, en arrivant, une petite scène de Licent, écrit Teilhard à Boule... Je laisse passer, avec philosophie. C'est un homme qui souffre d'un isolement et d'une énergie exagérés [45]. » Teilhard comprend qu'il ne pourra s'entendre plus longtemps avec son confrère jésuite. Qu'il lui paraisse trop clérical, trop missionnaire, passe encore; mais Licent lui semble être avant tout un collectionneur qui aime nommer et étiqueter fossiles et outils de pierre, plutôt que leur chercher une place et une signification au sein de l'histoire du monde. C'est un homme du « quoi », dira de lui Barbour, et non du « pourquoi ». Or c'est précisément ce pourquoi qui intéresse Teilhard. Quelques années plus tard, il écrira à propos de son confrère : « Le père Licent prépare tout seul un catalogue de son matériel néolithique; j'ai peur que la description, les photos (et la discussion stratigraphique s'il y en a) ne soient un peu sommaires; mais la publication, de toute manière, sera utile [46]. » De son côté, Licent prend mal le fait de n'apparaître, dans les publications en cours, que comme un simple collaborateur de la Mission paléontologique, au profit de Teilhard et de Boule. Il trouve que son jeune confrère délaisse « son » musée pour travailler avec les Chinois, au risque de devenir leur coolie. Teilhard s'en défend : si tel devenait le cas, il arrêterait immédiatement toute collaboration avec eux. Pour l'instant, le Dr Wong Wen-Hao propose au jésuite de devenir le conseiller géologue du Service géologique national de Chine, installé à Pékin. Plutôt que de porter ombrage à son aîné, Teilhard n'hésite pas : il décide, selon sa propre expression, de « passer aux Chinois ». Du 10 mai au 10 juin 1929, il accomplit une dernière expédition avec Licent, jusqu'à la frontière sibérienne du Kulun-Nor : pour la première fois, Teilhard entre en Mandchourie dont il entreprend de dresser la stratigraphie, jusqu'alors ignorée. Puis, de retour à Tien-tsin, il fait ses bagages et rejoint son nouveau poste de conseiller du Service géologique, à Pékin.

Ce déménagement et cette nouvelle fonction le rapprochent de plusieurs instituts de recherche, dont il a déjà rencontré les membres : l'Institut médical Rockefeller, appelé encore le Peiping Union Medical College (plus connu sous le sigle de PUMC), où travaillent des Américains et des Chinois ; l'Université chinoise libre qui est une fondation américaine ; la Société d'histoire naturelle ; l'Institut des études préhistoriques qui profite de fonds Carnegie, sans parler des nombreuses missions, américaines et suédoises, qui entreprennent des études et des expéditions en Chine. À cette époque, Teilhard devient membre correspondant de l'Academia Sinica et du National Research Institute de Nankin (aujourd'hui Nanjing). À peine arrivé à Pékin, il repart sur le terrain, mais cette fois avec le Service géologique, pour trois mois sur les hauts plateaux de lœss gris du Chan-si. C'est la première d'une longue série de tournées et d'expéditions grâce auxquelles il devient l'un des géologues les plus compétents sur la Chine. Entre le travail sur le terrain et les mémoires à rédiger, il ne chôme pas ; « Cela barde », confie-t-il, à cette époque, à son cher père Valensin. Fort heureusement, du côté de l'Église, c'est la paix, « assez facile à garder, reconnaît Teilhard dans une lettre écrite d'une lointaine auberge chinoise, quand on se promène, comme je le fais, hors de portée de tous les frottements ecclésiastiques pénibles [47] ».

L'Écossais George Barbour dresse un portrait pittoresque de Teilhard *on the field*, sur le terrain (« en contact avec *Terra Mater* », écrit un jour le religieux géologue). « Quand il allait sur le terrain, Teilhard changeait sa soutane et son col dur contre une tenue d'exercice kaki à coupe militaire, dont la veste était garnie de quatre grandes poches extérieures. Dans celles de son pantalon, il avait un canif, une loupe, une boussole, de la monnaie en vrac. La clef du cadenas de sa cantine, enfilée sur une ficelle formant collier, se trouvait dans sa poche de montre. Les billets de banque et le passeport allaient dans une poche intérieure de la veste, car celle de l'extérieur en haut et à gauche contenait toujours son bréviaire, tandis que dans celle de droite se trouvaient les allumettes et un paquet moitié écrasé de cigarettes Job ou Macédoine. Dans la poche inférieure du côté droit, il y avait son carnet noir et brillant aux pages quadrillées. Le contenu de la poche gauche variait selon les occasions : une carte pliée, un morceau de ficelle, un éclat de lave, un fossile empaqueté dans du papier journal, ou même un bout de chocolat enveloppé de papier d'argent. [...] Quand Teilhard se joignit à l'expédition Andrews, on lui donna une large veste de mouton avec un épais col de fourrure qu'il porta sur le plateau mongol balayé en hiver par un vent glacial, à la place de la pèlerine noire qu'il préférait mettre à plus basse altitude. Assorti à la veste, il y avait aussi un bonnet bordé de fourrure avec de grandes pattes pour les oreilles semblable à ceux que portent les chameliers. Par ailleurs, en guise de couvre-chef, il portait généralement un chapeau de feutre gris-noir très usagé, remplacé en saison chaude par un béret bleu ou un casque colonial brun. Quand il partait pour de longues expéditions, Teilhard emmenait toujours une cantine noire oblongue en tôle (90 cm de longueur, 30 cm de hauteur), qui était certainement un vestige de la Première Guerre mondiale. Il y mettait tout ce qui n'entrait pas dans ses poches ou dans son paquet de literie. Au fond, les cartes et des papiers, puis des vêtements de rechange, des chaussettes, du linge, un chandail de laine noire, avec d'ordinaire une soutane légère, utilisée quand, logé pour la nuit dans le poste avancé d'une mission, on lui demandait de dire la messe le matin suivant avant de repartir. Sinon, pendant qu'on chargeait les animaux de bât, ou si la route n'offrait pas d'intérêt spécial du point de vue géologique, il sortait son bréviaire, lisait l'office du jour et puis demeurait assis en silence [48]. »

Le même savant décrit les conditions matérielles de leurs expéditions : les nuits passées dans une mission, un caravansérail ou encore l'hôtellerie d'une compagnie ferroviaire ou minière ; la constante curiosité des populations locales ; la sobriété de la nourriture ; les rites quotidiens de la vie commune (ainsi, les célèbres pantoufles de feutre marron à raies rouges du jésuite !) ; les longues conversations une fois la nuit arrivée, jusqu'à ce que la dernière cigarette ou la dernière pipe soit éteinte.

Si les expéditions *on the field* sont des moments privilégiés pour poser les fondations de grandes et fidèles amitiés, Teilhard profite aussi de ses séjours à Pékin pour nouer des liens avec des savants plus sédentaires, ou avec leurs proches. Lorsque le savant français arrive dans l'ancienne capitale chinoise, le Pr Amadeus Grabau ne peut déjà plus quitter la ville, handicapé par son poids et ses varices. Il a été l'un des fondateurs de la Société géologique de Chine et un rédacteur prolifique de monographies destinées à la Société d'histoire naturelle de Pékin. Son ami jésuite lui rend visite toutes les semaines et lui apporte même, à l'occasion, une aide financière. La familiarité de Teilhard prend parfois des allures rocambolesques ; pour seul exemple, l'« incident » arrivé à Dorothée, l'épouse de Barbour, à l'occasion du Nouvel An chinois de 1930 [49]. George, son mari, s'est absenté pour quelques jours afin d'achever une étude dans le nord du Chan-si ; avec ses enfants, Dorothée a assuré les festivités propres à ce jour : sceller la bouche du dieu de la cuisine avec du sirop et tirer des pétards. Puis, elle a renvoyé le personnel et fermé la maison familiale.

Autour de minuit, un craquement de plancher la réveille. Elle pense à son mari, probablement rentré plus tôt que prévu. Quelle surprise lorsqu'elle voit un filet de lumière sous la porte de la chambre d'hôte ! Elle n'hésite pas, ouvre la porte et découvre le père Teilhard de Chardin, en sous-vêtements de laine grise, en train de faire le lit. « Oh, Dorothée, s'excuse-t-il, je pensais pouvoir me glisser au lit sans vous réveiller, ni vous ni les garçons, et je savais que les portes de la ville seraient fermées. D'ailleurs il y avait encore dix kilomètres à faire et tous les pousse-pousse dorment. Je pensais bien que vous n'y verriez pas d'inconvénient. » Teilhard, parti pour la journée dans les Western Hills, s'est laissé surprendre par la tombée de la nuit, loin encore de la ville. Heureusement, le nouveau campus universitaire, situé à treize kilomètres de Pékin, est proche, comme la maison de ses amis Barbour; il décide d'y passer discrètement la nuit... Dorothée n'y voit évidemment aucun inconvénient. Elle lui demande toutefois :

« Comment êtes-vous entré dans la maison ? Le cuisinier est censé fermer les fenêtres et verrouiller les portes.

— Mais j'ai vu l'endroit où George a suspendu la clef au clou près de la porte d'entrée.

— Comment avez-vous trouvé les couvertures ?

— Oh, j'ai vu où vous les mettiez, la dernière fois que je suis venu. »

Tel est le sens de l'observation et celui de l'amitié, à la mode teilhardienne.

Le Sinanthrope

Les tout premiers travaux menés sur la géologie de la Chine datent des années 1870 et des sept voyages d'exploration conduits par le baron Ferdinand von Richthofen. En 1903, le Dr Haberer achète dans une pharmacie de Pékin une collection de dents fossiles, de provenance inconnue; il les adresse au paléontologue Schlosser. Celui-ci y remarque une molaire supérieure qui pourrait avoir appartenu à un hominidé primitif. Serait-ce la première trace connue du Sinanthrope ? Il faut en tout cas attendre une bonne dizaine d'années avant qu'un organisme officiel soit chargé de l'étude systématique des richesses et des ressources géologiques, minières et paléontologiques de la Chine. C'est pour mener à bien cette entreprise qu'en 1918 est engagé à titre de conseiller Johann Gunnar Andersson, professeur à l'université d'Uppsala et ancien président de la Société géologique de Suède. L'année même de sa prise de fonction, il se rend à Chou-Kou-Tien (qui signifie en chinois « L'Auberge de la Trouée de Chou »), un village dans les Western Hills, à une journée de mule à l'ouest de Pékin. Du savant suédois, l'histoire a retenu peu de chose, sinon peut-être son courage et sa vigueur. « Andersson, raconte Barbour, était un géant intrépide à qui il arriva une fois d'être mordu par un chien enragé et qui, chauffant alors un tisonnier au rouge, le plongea dans la blessure toute grésillante, la cautérisant ainsi parfaitement [50]. »

À Chou-Kou-Tien, Andersson examine un petit gisement de charbon; mais il s'intéresse aussi aux carrières calcaires, riches en restes fossiles : elles ont été soumises au ruissellement de torrents qui y ont entassé de nombreux cadavres d'animaux. Intrigué, il revient deux ans plus tard avec deux collègues : l'Américain Matthew, paléontologue à l'American Museum de New York, et son compatriote Otto Zdansky, de l'université d'Uppsala. Les trois hommes mettent au jour des éclats de quartzite, étrangers à la stratification et à la composition géologique des grottes calcaires où ils sont retrouvés. Andersson s'enthousiasme : « Ah, c'est ici qu'est l'Homme primitif. Nous n'avons plus maintenant qu'à le trouver ! » Au cours des campagnes suivantes, deux dents suscitent une réelle controverse : auraient-elles appartenu à des êtres humains ? Au mois d'octobre 1926, devant le prince héritier de Suède, le futur Gustave VI, en voyage en Extrême-Orient, Andersson ose avancer cette hypothèse (« une grosse nouvelle, qui me paraît malheureusement prématurée », commente Teilhard). Le savant doit retourner en Suède pour fonder le musée des Antiquités de l'Extrême-Orient à Stockholm ; mais les fouilles ne s'arrêtent pas pour autant : elles sont désormais dirigées par un autre géologue suédois, Birger Böhlin, secondé par Davidson Black et George Barbour. Grâce à un financement de la Fondation Rockefeller, le PUMC et le Service géologique national de Chine intensifient les recherches et rachètent même, en 1927, le talus que les villageois appellent précisément « la Colline aux Os de Dragons ». Sur une hauteur de plus de vingt mètres, la colline est divisée en carrés de deux mètres de côté ; chaque mètre cube de terre de ce périmètre est prélevé et tamisé. Une centaine de coolies travaillent sur le chantier. Grâce aux efforts redoublés de tous, les indices en faveur de la fréquentation du site par des hommes s'accumulent et laissent présager la mise au jour d'un ancêtre d'*Homo* ; plusieurs dents sont encore retrouvées. Encore sceptique à cette époque, Teilhard apprend « avec étonnement » ces découvertes. Mais la plus importante survient à la fin de 1929.

Cette année-là, l'hiver arrive vite et, dès mi-octobre, le sol de l'excavation, exposée au nord, ne dégèle plus : dans de telles conditions, il devient difficile, voire impossible, de continuer à travailler. Le Dr Wong Wen-Hao, qui dirige le Service géologique, décide de fermer le chantier pour l'hiver. Pei Weng-Chung, un chercheur que Teilhard connaît depuis son premier séjour en Chine, insiste pour y travailler encore quelques semaines. Malgré ses efforts, il ne trouve rien de nouveau et, début décembre, se résout à congédier les ouvriers. Avant de quitter Chou-Kou-Tien, il se rend une dernière fois sur le chantier pour prendre les mesures nécessaires au calcul du nombre de mètres cubes enlevés depuis le début de la saison. Sous un surplomb calcaire, il sonde une couche de sable... et met au jour la calotte lisse d'un crâne ! Il le détache sans attendre, le rapporte dans sa chambre d'hôtel, en prend sur-le-champ quelques clichés et, dès le lendemain matin, part pour Pékin (malgré la menace d'une guerre civile) afin d'apporter au Dr Black le précieux fossile, caché dans sa longue robe de lettré chinois. Le savant entreprend de séparer la fragile boîte crânienne de sa dure gangue de carbonate : il travaille surtout la nuit, pour éviter d'être dérangé, multiplie les photographies, réalise plusieurs moulages et rédige un rapport pour le British Museum. De son côté, Teilhard avertit sans tarder Boule et le milieu paléontologique français de la découverte : « Récupéré Tcheou-k'eou-tien crâne sinanthrope adulte non écrasé, entier sauf face. Lettre suit. Teilhard. » À une correspondante, il écrit : « On vient justement de trouver, près de Pékin, dans de grandes fouilles auxquelles je suis mêlé de près, la plus grande partie d'un crâne qui paraît faire juste la transition entre le Pithécanthrope et les Hommes de Neandertal. Vous verrez sûrement la nouvelle passer dans les journaux et les revues. Cela, c'est un bon pavé dans la mare aux Théologiens [51]. » Teilhard n'a jamais cherché, ni même pensé à s'attribuer la découverte du Sinanthrope : membre du laboratoire du Cénozoïque, sa fonction consiste à diriger l'étude stratigraphique, paléontologique et archéologique du gisement, avec un intérêt particulier pour l'étude des fossiles mammifères associés.

Par la suite, les fossiles du « vieux » (comme le surnomme familièrement Teilhard) récoltés à Chou-Kou-Tien, dûment étiquetés, examinés et conservés, seront acheminés au pavillon d'anatomie et d'anthropologie de l'Institut médical Rockefeller. Le site de Chou-Kou-Tien recevra de nombreux visiteurs, parmi lesquels l'abbé Henri Breuil, qui se révélera, à cette occasion, un talentueux fabricant de coups de poing paléolithiques. Très attentifs aux traces d'usage du feu, Teilhard et Breuil sont aussi frappés par la perfection de l'industrie trouvée sur le site ; mais le jésuite, contrairement à son ami, pense que cette perfection n'est qu'apparente et due avant tout à la qualité du matériau. « Le Sinanthrope, explique-t-il, s'est servi des pierres en utilisant les propriétés obvies, naturelles de leurs formes et de leurs éclats, sans leur imposer des formes nettement préconçues » ; de même, « les crânes de cerfs, notamment, se cassent partout automatiquement en forme de coupes, — et les cornes de gazelles automatiquement en forme de " poignards " »... Et le savant de conclure : « Il ne faudrait donc pas aller trop vite, je pense, — surtout dans le cas de C.K.T. : on nous épie, — et on nous attaquera à la première occasion que nous donnerons d'être soupçonnés d'imagination [52]. » Évoquant ce désaccord avec Breuil, Teilhard écrit, dans une lettre à Andersson datée du 20 mars 1932 : « Je regrette de n'être pas en parfait accord avec mon cher ami Breuil [...]. Je déteste ce désaccord avec Breuil, car je l'aime beaucoup et je suis en partie responsable de sa venue à Pékin, mais que puis-je faire ? » La question de l'industrie lithique humaine, de son degré de sophistication, de l'identité de son fabricant est au cœur d'une controverse, pour ne pas dire d'un conflit, entre Henri Breuil, Pierre Teilhard de Chardin et plusieurs de leurs confrères. Sont sous-jacents deux concepts, désormais désuets : l'utilisation de la typologie lithique comme méthode de datation relative et l'attribution exclusive d'un type d'industrie à un type humain. Audace de Breuil, prudence de Teilhard : ne s'agit-il pas tout simplement de deux vertus scientifiques ?

En 1933, Black, Young, Pei et Teilhard présentent les premiers résultats de leurs travaux au cours d'un congrès à Washington ; leur communication porte le titre : *Fossil Man in China. The Choukoutien Cave deposits with synopsis of our knowledge of the late Cenozoïc in China.* C'est à ce moment que leur parvient un câble de Pékin : dans l'*Upper Cave*, la caverne supérieure du site, au milieu des squelettes fossilisés d'hyènes, d'ours, de tigres et de cerfs, ont été découverts des restes humains, dont trois crânes bien conservés. À première vue, ils sont plus récents que le Sinanthrope et indiqueraient l'extinction du paléolithique, juste avant l'apparition de la pierre taillée. Les fouilles se poursuivront à Chou-Kou-Tien jusqu'à la fin des années 1930 et le déclenchement de la guerre. « Je n'aurais jamais, en Europe, d'aubaines scientifiques pareilles », reconnaîtra Teilhard.

Quitte à prendre un peu d'avance sur l'histoire, je voudrais dire un mot du sort de ces fossiles. Nous sommes à l'automne 1941. Depuis leur offensive de 1937, les Japonais occupent les grandes villes chinoises du nord et du centre du pays. La situation internationale n'est pas brillante : sur tous les fronts, l'Europe subit les écrasantes victoires des armées hitlériennes. Le gouvernement de Tchang Kai-Chek se voit contraint d'accepter la proposition de Weidenreich, le directeur du PUMC : mettre les crânes du Sinanthrope à l'abri, en les envoyant aux États-Unis dans les plus brefs délais. Dans le courant de novembre 1941, les précieux crânes sont emballés, et les deux caisses qui les contiennent confiées aux soldats américains. Sous le contrôle du colonel Ashurst et de ses *marines*, elles sont acheminées jusqu'au port de Tsing-Tao ; le départ pour les États-Unis est prévu pour mi-décembre. Mais, dans la nuit du 7 au 8 décembre, c'est l'imprévisible défaite de la flotte américaine, dans le port de Pearl Harbor. Stimulés par leur victoire, les Japonais intensifient leur pression sur Pékin, surtout vis-à-vis des Occidentaux : le quartier des légations et la ville tartare se vident de leur population étrangère. Les locaux du PUMC sont envahis et contrôlés par un contingent de soldats japonais. Quelques semaines plus tard, arrive à Pékin le

Pr Hasabé, une sommité de l'Université impériale de Tokyo : l'« honorable » savant se propose de reprendre les travaux sur l'Homme de Pékin. Le chef de la Sûreté le conduit en grande pompe au PUMC, ouvre lui-même le coffre-fort qui conserve le crâne du Sinanthrope. Le savant saisit le crâne, le soupèse... et blêmit. Le crâne qu'il tient dans ses mains est un faux, admirablement reconstitué d'ailleurs. Seul un spécialiste pouvait découvrir la supercherie, mais seul aussi un spécialiste la réaliser. C'est un véritable camouflet pour l'empire du Soleil Levant et Hasabé retourne immédiatement à Tokyo pour demander au gouvernement de tout mettre en œuvre pour retrouver les restes du Sinanthrope. À Pékin, la police japonaise se lance sur la piste des vrais crânes et des deux caisses, interroge tous ceux qui ont participé aux fouilles de Chou-Kou-Tien. Mais l'Homme de Pékin, j'entends le vrai, reste introuvable. Qu'a-t-il pu se passer ? Comme dans l'affaire de l'Homme de Piltdown, seules des hypothèses peuvent aujourd'hui encore être avancées.

Au lendemain du 8 décembre, tous les navires américains qui se trouvaient dans les ports chinois ont été saisis par l'armée japonaise, et leurs équipages conduits dans des camps de prisonniers. Dès lors, les deux précieuses caisses auraient-elles pu être récupérées par les soldats japonais et discrètement acheminées au Japon pour y être confiées à des savants japonais ? Leur contenu aurait ensuite été réduit en poussière, enfoui sous les ruines des villes bombardées. Mais, dans ce cas, pourquoi la visite du Pr Hasabé à Pékin ? Pourquoi ces faux dans les coffres du PUMC ? Selon une autre hypothèse, les soldats japonais chargés de l'inspection des navires américains auraient jeté les caisses par-dessus bord. Les marins américains ont aussi pu le faire eux-mêmes, au moment d'être arraisonnés par les troupes japonaises. À moins que les *marines* n'aient pu empêcher les caisses de tomber aux mains des Japonais, avant de les cacher dans une anse au bord de la mer, où elles auraient finalement été perdues. Reste encore une hypothèse : les précieuses caisses seraient parvenues aux États-Unis, où de scrupuleux archivistes les auraient trop bien rangées (ou cachées). Cette dernière issue (digne d'un film de Steven Spielberg, avec Indiana Jones pour héros) a été invoquée par le directeur du musée des Antiquités de Pékin qui, au début de l'année 1952, mit officiellement les États-Unis en demeure de rendre à la Chine ce bien national. Sans aucun succès, faut-il préciser. Teilhard, lui aussi interrogé par les Japonais, écrit à une amie ces lignes mystérieuses : « Le fameux crâne serait-il caché au Japon ? N'a-t-il pas été détruit par quelque pillard ignorant ? Serait-il enfoui dans un jardin pékinois ? Peut-être le retrouverons-nous un jour, dans la fraîcheur de son million d'années, dans quelque cour de Pékin [53] ? »

Laissons au Sinanthrope tout son mystère et revenons à Teilhard, quelques années en arrière.

Aux États-Unis, pour la première fois

La découverte du Sinanthrope ne change rien à la situation de Teilhard à Pékin ; tout au plus consolide-t-elle son engagement au sein du Service géologique et stimule-t-elle le travail d'investigation sur le terrain, maintenant que sont confirmées les intuitions de ses premières expéditions avec Licent. Il repart donc *on the field.* Au début de l'année 1930, il se rend en Mandchourie et en Mongolie avec son ami Barbour. Puis, en mai, il se joint à l'expédition américaine « Centre-Asie », organisée par l'American Museum of Natural History de New York. Objectif : le désert de Gobi. Le Français, habitué à l'austère organisation de Licent, s'émerveille des efforts et des moyens mis en œuvre par ses collègues qui veillent à ménager leurs forces et à assurer une certaine qualité de vie. S'il vient à manquer de viande, raconte-t-il, Andrews, le chef de l'expédition, prend son auto et son fusil pour aller chasser la gazelle. Les Américains sont aux petits soins pour leur compagnon français : « L'expérience est fort différente de celle de l'an dernier, écrit Teilhard à sa cousine, quand j'étais le maître de mes dix mules [l'expédition américaine compte cinquante chameaux]. Physiquement, je vais fort bien. Pluie, tempêtes et poussière, vent glacial n'ont fait que me fouetter le sang et me reposer. Andrews m'a doté d'un épais manteau fourré et d'un sac de couchage en peau de mouton, qui permettent de braver tous les froids, en attendant que nous cuisions [54]. »

Pour le géologue français, toutes ces expéditions sont autant d'occasions de remplir son principal objectif scientifique : établir une connexion sérieuse entre les géologies de la Chine et de la Mongolie. En revanche, il se plaint de ne pas disposer d'assez de temps ni d'une « substantielle excitation spirituelle » pour écrire. Il se propose de rédiger un exposé qui s'intitulerait *La Place du Christianisme dans l'univers* : « Il faudrait montrer 1° comment la Religion répond à une fonction essentielle et continuellement croissante de l'Évolution universelle, — et 2° comment le Christianisme est en fait la seule forme actuellement viable de Religion (malgré, ou plus exactement à cause, justement, de la part qu'il fait à la Personnalité et à quelque Révélation) [55]. » Mais, apparemment, il n'a jamais eu le temps ou l'occasion de rédiger ce texte.

Une fois achevée cette campagne dans le désert de Gobi, Teilhard quitte la Chine pour séjourner quelques mois en France, à partir de septembre 1930. En novembre, la *Revue des Questions scientifiques* publie une nouvelle version de son article « Le Phénomène humain ». Dès la fin du mois de janvier 1931 et pour la première fois, il rejoint les États-Unis, où il doit régler les détails de sa participation à l'expédition Citroën Centre-Asie, celle qui, après la Croisière noire organisée en 1922 par le constructeur d'automobiles français, prendra rapidement le nom de Croisière jaune. À cette occasion, il donne deux conférences à New York (et en anglais), l'une à l'American Museum of Natural History, l'autre à Columbia University. Il rencontre également Paul Claudel : « Passé une grande heure avec Claudel, écrit-t-il dans son *Journal*, au trentième étage de l'hôtel où il séjourne actuellement. Je lui faisais une visite à cause de Haardt et de Point [deux « chefs » de l'expédition Citroën], mais, en fait, il a été surtout question de religion. Le grand poète a été charmant et confiant. » De son côté, le journal de Claudel ne porte aucune trace de la rencontre. Par contre, lorsqu'ils se reverront à Paris en novembre 1947, Claudel notera : « Le P. T. de Chardin, belle figure aristocratique, mais qui me paraît médiocrement sympathique. » Difficile de plaire à tout le monde, surtout entre grands hommes ! De New York, Teilhard part pour Chicago ; habitué aux horizons océaniques et désertiques, celui du lac Michigan l'émerveille. Puis, c'est la traversée en train des États-Unis, sans malheureusement avoir le temps de s'arrêter au Grand Canyon, pour parvenir enfin à San Francisco. Mêlé aux étudiants américains de Berkeley, il reconnaît que les Français se trompent en croyant que « ces gros athlètes ne f... rien » ! « En somme, écrit-il à l'abbé Breuil, l'Amérique m'a plu, sans doute parce qu'on m'y a reçu en enfant gâté (admiration excessive, où se montre le côté un peu “ jeune ” du pays), mais plus encore parce que chez tous les chercheurs on sent la verdeur, l'entrain, sans préoccupation d'arriver à des places ou à une chaire. Je n'aurais qu'à me présenter à New York, Chicago ou San Francisco, maintenant, pour avoir immédiatement du travail ou une situation. Mais la Chine ne paraît pas devoir me lâcher [56]. » À plus d'un titre, Teilhard ne croit pas si bien dire. Finalement, il embarque sur le *Président-Garfield* pour traverser le Pacifique. Il fait escale aux îles Hawaii puis au Japon, où il visite les temples de Kyoto, « aux autels dorés, sans idoles ». En Asie, l'aventure de la Croisière jaune l'attend.

La Croisière jaune

Nord-ouest de Pékin, 12 mai 1931. Après un faux départ en avril, dû à des chenilles défectueuses, le groupe Chine de la Croisière jaune prend finalement le départ. Le convoi, composé de dix lourds véhicules à chenilles, est mené par le lieutenant de vaisseau Victor Point et doit rejoindre le groupe Pamir. Dirigé par Georges-Marie Haardt, ce convoi a quitté le 4 avril Bir-Hassen, à quelques kilomètres de Beyrouth, pour traverser l'Iran, l'Inde et finalement le massif même du Pamir, resté jusqu'alors infranchi par des véhicules automobiles. Pour le groupe Chine, les difficultés s'accumulent sans attendre. Alors qu'ils parviennent à l'oasis d'Hami, les Français découvrent une population civile meurtrie par les violents conflits qui touchent à cette époque la région. Ils font tout leur possible pour soigner les blessés et Teilhard retrouve les réflexes de la Grande Guerre pour aider le docteur Delastre, le médecin du groupe. Mais ceux auxquels ils portent de l'aide sont parfois des rebelles : le maréchal King, qui commande les troupes régulières, s'en offusque et cherche à confisquer les autochenilles Citroën. Afin d'éviter une réquisition qui serait catastrophique pour l'expédition, Point décide de « mettre en panne » les véhicules aux environs d'Ouroumtsi, la capitale du Sin-kiang [57]. Les négociations commencent ; elles vont durer jusqu'en septembre 1931, au moment où arrivent enfin les véhicules promis par André Citroën en guise de rançon. Teilhard, qui, au sein de l'expédition, est le plus connu des Chinois, sert souvent d'intermédiaire avec les responsables autochtones. Sur l'invitation de Point, il se joint au convoi des quatre autochenilles qui sont autorisées à partir à la rencontre de Haardt, alors en train de traverser les pentes himalayennes du Karakorum et les hautes vallées du Pamir. La jonction des deux groupes se fait à Aksou, le 2 octobre 1931. Désormais formée des deux groupes Pamir et Chine réunis, l'expédition peut reprendre la route pour Pékin. Malheureusement, les conditions climatiques se révèlent très éprouvantes pour les hommes et pour le matériel : les retards accumulés au cours de la première partie de l'expédition obligent, contrairement aux prévisions, à poursuivre la Croisière jaune en plein hiver. La température chute jusqu'à — 20° C, voire — 30° C. Haardt oblige à rouler sans s'arrêter, afin d'empêcher l'eau de geler dans les radiateurs. Malgré un rythme aussi infernal, l'arrivée à Pékin se fait quatre mois après la jonction, le 12 février 1932.

Que dit, que pense Teilhard de cette aventure ? « Intérêt scientifique énorme [ce à quoi Teilhard ne croyait pas *a priori*], nuancé du regret d'avoir manqué (par suite du manque de souplesse du convoi) de belles occasions ; — absence à peu près complète de plaisir (au sens superficiel du mot), due à une tension continuelle de l'esprit contre des difficultés de tous ordres (la mécanique, les intrigues intérieures et extérieures, la guerre, les bandits) qui, pendant les dix mois complets, nous ont fait craindre chaque jour d'être immobilisés le lendemain ; — impossibilité de me recueillir intellectuellement et moralement (par suite du grand nombre d'hommes fort disparates que nous étions), jointe à la découverte graduelle de trésors d'amitié chez plusieurs de mes compagnons d'aventure. Etc. » Et de conclure : « Physiquement, je vais très bien. Ces voyages dans le désert sont mon eau de Jouvence [58]. » Et voici les épisodes les plus teilhardiens de la Croisière jaune.

Peling Miao, en Mongolie, dans la soirée du 25 mai 1931. Un membre de l'expédition émet un doute sur l'existence de Dieu. Teilhard répond : « Dieu est un choix très simple, le choix entre un Oui et un Non, entre le signe + et le signe –. Ce choix, nul d'entre nous ne peut éluder de le faire. Il est extrêmement impossible de le faire du mauvais côté [59]. »

Ouroumtsi, entre juillet et septembre 1931. André Sauvage, le cinéaste du groupe Chine, raconte : « Lors d'une longue veillée, d'autant plus lourde que le séjour nous était imposé, un membre de la Mission se mit à imiter un prédicateur... En cette matière la parodie est aisée. Indiscutablement elle s'adressait à ce camarade jésuite dont les familiarités de l'Expédition n'avaient pu entamer le mystère... " Ça, c'est d'un dominicain ", fit le Père. Sur ce mot qui me régala — ce dont il eut conscience et plaisir — il s'ouvrit et se mit à parler des Saints avec une vivacité inattendue, dégageant ces Princes de la Grâce de toute bondieuserie [60]. » Après la Croisière jaune, Haardt écrira à son épouse : « Le père Teilhard de Chardin est un Prince de l'Église, mais il a, autant qu'il est possible de le posséder, l'esprit de l'expédition. »

Ouroumtsi, encore. Teilhard fait la connaissance de Nirgidma de Tourhout, une femme de la noblesse mongole, connue aussi sous le nom de princesse Palta. Celle-ci invite quelques membres de l'expédition à lui rendre visite dans sa yourte princière. Fourrures au sol, coffres en bois de camphre ou de laque noir et rouge, valise géante en cuir de Russie, petites tables chargées de victuailles, y compris une bouteille de kirsch d'Alsace et un flacon de cognac Bisquit Dubouché : au cœur de la sauvage Mongolie, un tel luxe et un tel confort paraissent inimaginables ! La princesse, habillée, parfumée et coiffée par les couturiers et les coiffeurs parisiens, reçoit ses hôtes assise sur de moelleux coussins de soie. Elle aime la culture française, parle le français à la perfection et possède même, disent ses visiteurs anglo-saxons, une légèreté de touche bien française. Elle raconte son baptême de l'air avec Antoine de Saint-Exupéry et sa rencontre avec Isadora Ducan qui lui a appris à chanter les chansons de Mistinguett... ce qu'elle s'empresse de faire pour ses invités. « Parisianisée », dit Teilhard d'elle, jusqu'au bout de ses ongles, qu'elle a évidemment longs et vernissés. Plusieurs années après, il rira encore de cette incroyable rencontre ; est-ce lui qui suggère à son amie Lucile Swan de sculpter le portrait de Nirgidma de Tourhout [61] ? De son côté, la princesse prétendra que le jésuite français a influencé sa propre vie, au travers de leurs conversations sur le sens de la vie et le rôle de Dieu dans l'univers.

Ouroumtsi, toujours. Victor Point veut prévenir André Citroën de l'impasse dans laquelle le maréchal-bandit King le retient. Mais comment le faire sans éveiller de soupçon chez les Chinois ? Il imagine de fêter en grande pompe l'anniversaire (fictif) de la Troisième République. Des oriflammes sont déployées, les couleurs nationales sont hissées au sommet d'un peuplier : la corde à laquelle est accroché le drapeau français sert à camoufler l'antenne de la radio. Il est convenu de passer un disque de musique militaire pour rendre la cérémonie plus solennelle, mais surtout masquer le bruit du générateur électrique et les crépitements de l'appareil de morse. C'est Teilhard qui est chargé de faire fonctionner le phonographe. Il prend un disque, le place sous l'aiguille. Les Français se mettent au garde-à-vous, imités par les soldats chinois. Alors, une voix de femme s'élève : « Parlez-moi d'amour... » Surprise dans les rangs des Français, qui pourtant ne cillent pas, scrupuleusement imités par les soldats chinois. Le message destiné à André Citroën, pour le mettre au courant de la situation, parvient à partir en toute discrétion.

Lian-Tcheou, au pied des monts Nan Chan, 1er janvier 1932, neuf heures. L'expédition se trouve dans l'église de la mission où le père Teilhard, à la demande de Haardt, célèbre l'eucharistie. Il ne manque pas un seul de ses compagnons qui, précise le chef de l'expédition, ont gardé leur équipement de route. Pittoresque assemblée si l'on en croit une photographie prise à la même époque : coiffés d'extraordinaires toques de fourrure (qu'ils ont sans doute déposées dans l'église), les hommes portent de chaudes vestes de cuir ou fourrées, de lourdes bottes ou des cuissardes. Claude Cuénot a raison : l'image que donne le groupe de la Croisière jaune est celle d'un bloc sans fissure. L'Enfant Jésus, qui est encore dans la crèche, illuminé de lanternes chinoises, aurait de quoi s'effrayer d'une telle bande de visiteurs, plus brigands que bergers. Le célébrant s'adresse à ses compagnons en ces termes :

« Mes chers amis, nous nous trouvons réunis ce matin, dans cette petite église, au cœur de la Chine, pour commencer, en face de Dieu, l'année nouvelle. Dieu, pour chacun de nous ici, n'a sans doute pas la même précision, la même figure. Mais, parce que nous sommes tous des hommes, nous ne pouvons échapper, aucun d'entre nous, au sentiment et à l'idée réfléchie que, au-dessus et en avant de nous, une énergie supérieure existe, à laquelle nous devons bien reconnaître, — puisqu'elle nous est supérieure —, l'équivalent agrandi de notre intelligence et de notre volonté. C'est dans cette puissante Présence que nous devons nous recueillir un instant au début de cette année. À cette universelle Présence, qui nous enveloppe tous, nous demanderons d'abord de nous réunir, comme en un centre commun et vivant, à ceux que nous aimons et qui commencent, si loin de nous, la nouvelle année. Nous souvenant alors de Son omnipuissance, nous La prierons d'animer favorablement pour nous, nos amis et nos familles, le réseau compliqué et en apparence si incontrôlable des événements qui nous attendent au cours des mois qui viennent — que le succès couronne nos entreprises, que la vraie joie soit dans nos cœurs et autour de nous ; et que, dans la mesure où la peine ne saurait nous être évitée, cette peine se transfigure dans la joie supérieure de tenir notre petite place dans l'Univers, et d'avoir fait ce que nous devions ! Voilà ce que Dieu peut réaliser autour de nous et en nous par Son action profonde. C'est pour que ceci arrive, que je vais Lui offrir, pour vous tous, cette messe, la forme la plus haute de la prière chrétienne [62]. »

Si Teilhard a écrit sa *Messe sur le Monde* dans le désert des Ordos, je penserais volontiers qu'il a prononcé à Lian-Tcheou son « Homélie au Monde ». Le message qu'il adresse à ses compagnons d'aventure offre une justesse, une lucidité et une richesse de ton remarquables, que bien des prédicateurs pourraient envier. Comment ne pas penser à notre humanité, elle aussi « tout d'un bloc » dans sa diversité, embarquée dans la croisière de son histoire et toujours à l'aube d'une aventure qui pourrait la dépasser, la submerger ? Célébrer pour elle la messe, lui adresser de telles paroles d'encouragement, telle est la mission à laquelle Teilhard a en fin de compte voué sa propre existence.

Confusion de biographes zélés, légende ou hasard ? Au cours de la Croisière jaune, Teilhard réitère le miracle de Diré-Daoua, opéré en décembre 1928. Depuis une auto-chenille, il aperçoit une belle pierre taillée : « Si seulement il pouvait y avoir une panne ! » s'écrie-t-il. Et, comme en Somalie, c'est ce qui advient ! Tout le monde descend, s'affaire autour du véhicule, pendant que le géologue part à grandes enjambées récolter le fragment convoité. Une fois la réparation opérée, le mécanicien se tourne vers le savant : « De grâce, mon Père, plus de miracle, je vous en prie ! Nous sommes déjà tellement en retard ! » Le compagnon a raison de s'inquiéter : même au cours d'une aventure aussi périlleuse que la Croisière jaune, Teilhard ne laisse s'endormir en lui ni l'homme de Dieu ni l'homme de science. Avant même la fin de l'expédition, il tire les premières conclusions de cette extraordinaire aventure dans une lettre envoyée le 21 décembre 1931 à son frère : « Embarqué dans des chenilles comme j'aurais enfourché un chameau, je ne demandais en somme à l'expédition que de me transporter à travers l'Asie [...]. De ce côté-là, j'ai été assez bien servi. J'ai souvent rongé mon frein de ne pouvoir aller jusqu'au bout des merveilleuses occasions que je tenais. Mais, comme on dit justement : " Les inconvénients d'une chose font partie de cette chose. " Finalement, j'ai à peu près doublé mes connaissances sur l'Asie. Dix mois de ma vie, même à cinquante ans, ne sont pas trop chers pour payer cela. » Confiné dans un laboratoire parisien, perdu dans les cercles catholiques et mondains de la capitale française, le père Teilhard de Chardin aurait-il acquis la même stature et la même audience internationales ? Non, avance Georges-Henri Baudry, et son exil chinois serait providentiel. Pas du tout, rétorque Jean Lacouture : la sève teilhardienne n'est pas de nature à se perdre dans les replis de l'humanité, ceux des tranchées comme ceux de Paris. Laissons là ce qui n'est qu'un débat d'historiens. Il reste exact que le terrain, principalement l'Asie, a enraciné et renforcé les réflexions et les convictions du jésuite, dans le domaine scientifique comme dans celui de la quête philosophique et religieuse.

Ronéotypés

Pékin, février 1932. À son retour de la Croisière jaune, Teilhard apprend la mort de son père, âgé de quatre-vingt-six ans. Il lui doit tant de choses, « certaines aspirations précises, sans doute, et plus encore, un certain équilibre fondamental sur lequel tout le reste est bâti ». Peu de temps après, c'est Haardt qui meurt des suites d'une pneumonie, vraisemblablement contractée à Pékin, alors qu'avec son groupe il vient de parvenir à Hong-Kong *via* Chang-hai. « Le désert eût été une plus noble tombe. Hong-Kong a encore sa beauté. Personnellement, cette disparition brusque d'un homme, dont le cœur et la générosité m'avaient gagné, me fait un vrai chagrin, qui s'augmente du regret de n'avoir pu être là au dernier moment. Tel que je connais Haardt, il se serait appuyé sur moi en cet instant-là et je le lui aurais sans doute adouci. Cela est la vraie peine pour moi [63]. » Beau témoignage d'une amitié forgée autour d'un projet hors du commun, qui n'exclut pas pour Teilhard le souci sacerdotal.

La Croisière jaune achevée, le travail au Service géologique reprend, autrement dit, dès juillet 1932, une nouvelle expédition dans le Chan-si, avec Young, son collègue chinois. Puis, en septembre de la même année, Teilhard embarque sur le *Porthos* pour venir en France. Il y séjourne quatre mois, d'octobre 1932 à février 1933, puis prend l'*Aramis* pour rentrer en Chine ; à suivre l'infatigable voyageur (ou l'éternel exilé ?), on finirait par connaître tous les navires des Messageries maritimes. Pour ce voyage de retour vers l'Asie, il profite de la présence à bord de son ami l'abbé Breuil, parti rejoindre Monfreid. Breuil est lui aussi lié au pirate de la mer Rouge et, avec Teilhard, partage l'étrange responsabilité de remplir à l'occasion la fonction de tuteur auprès de la progéniture de l'aventurier français. À l'escale, le pirate fait la joie des passagers de l'*Aramis* en venant chercher Breuil avec son boutre. Teilhard poursuit son périple, avec les escales de Penang, Singapour, Saigon (où il donne une conférence le 10 mars), enfin Chang-hai et Tien-Tsin ; il arrive à Pékin le 24 mars.

Sous la menace japonaise, l'atmosphère s'y est dégradée : par mesure de sécurité, le matériel scientifique du Service géologique est transporté dans les locaux de l'Institut médical Rockefeller. Lorsque la tension retombe un peu, Teilhard s'empresse de repartir sur le terrain, cette fois encore dans la province de Chan-si. Puis, le 22 juin 1933, il quitte de nouveau Pékin, pour les États-Unis, avec son collègue et ami Davidson Black. Tous deux doivent participer au XVIIIe Congrès géologique international, à Washington, à la fin du mois de juillet. La traversée déçoit Teilhard : sur ce luxueux paquebot américain, en compagnie de nombreux amis et connaissances, il ne retrouve pas l'isolement habituel qui lui permet de penser et d'écrire.

Lors d'un précédent voyage transocéanique vers la Chine, il a rédigé un texte intitulé *L'Esprit de la Terre* ; ce dernier fait très forte impression sur ceux et celles qui ont l'opportunité de le parcourir. Teilhard le sait ; il sait comment sa pensée rejoint les questions, les doutes, les attentes d'hommes et de femmes qui n'appartiennent pas nécessairement à l'Église, mais n'en sont pas moins « de bonne volonté », eux aussi en quête de sens. Faut-il vraiment que ses textes, réfléchis et rédigés au fil de ses voyages et de ses méditations (*L'Esprit de la Terre* mais aussi *La Place du Christianisme dans le monde*, *Le Milieu divin*, etc.), restent cachés, inaccessibles, parce que, touchant au domaine spirituel et théologique, ils tombent sous le coup de l'interdiction romaine ? Teilhard espère toujours, mais en vain, un assouplissement de la part des autorités ecclésiastiques, quitte à réviser ses textes ou à leur donner une allure « presque scientifique ». « Pourriez-vous me rendre le service suivant, écrit-il au père de Lubac le 6 octobre 1932. En arrivant ici [à Paris], je trouve une lettre d'un de mes amis de Chine, le Professeur Jamson, à qui j'avais prêté *L'Esprit de la Terre* (ms. *avec 1er paragraphe complètement modifié*). Il l'a traduit en anglais, et veut le lancer dans les revues anglaises à grand tirage, — un certain nombre d'écrivains lui ayant accordé un “ enthusiastic comment ” (on voudrait même un développement ultérieur portant sur la nature de Dieu !...). Que faire ? Je me demande si vous ne pourriez pas, en montrant cette lettre à M. de Bonneville [son supérieur jésuite], vous proposer, avec Auguste [Valensin], pour une *révision* du papier (que j'ai laissé au père Durand), — en vue d'*une autorisation à publier* en anglais. Le texte anglais pourrait vous être de nouveau soumis. — Personnellement, je ne vois pas au nom de quel principe on pourrait s'opposer à la diffusion d'un écrit de nature presque scientifique, où sont revendiquées, par une voie compréhensible à la plupart des incroyants, les valeurs de l'esprit, de Dieu et de la personnalité... Mais les détenteurs de la chaire de Moïse sont si bizarres aujourd'hui ! »

Ces refus n'étonnent sans doute pas Teilhard. Déjà en 1916, lorsqu'il avait proposé son premier article à la revue *Études*, il avait essuyé un refus. Le père Léonce de Grandmaison lui avait expliqué : « Votre lecture est exciting et intéressante à un haut degré. C'est un canevas à penser semé de belles images. Mais pas de tout repos pour nos lecteurs, gens paisibles... » Le jeune jésuite avait alors écrit à sa cousine des lignes prophétiques : « Avec tout cela, je ne vois guère comment mes idées verront le jour autrement que par conversation ou par manuscrits passés sous le manteau [64]. » Et c'est finalement ce qui se passe : il accepte que ses amis diffusent ses écrits sous forme de brochures ronéotypées. Les premières apparaissent vers 1933, grâce au dévouement de son amie Simone Bégouën : « Concernant l'affaire (imprimés) dont vous me parlez, je suis le vrai responsable — dans cette mesure au moins que j'ai cru devoir céder (comme dans bien d'autres cas dans ma vie) à un concours de pressions et de circonstances où j'ai cru voir une " indication ". — Les atténuations à ma faute sont les suivantes : les deux brochures (L'Esprit de la Terre, Comment je crois) sont orthodoxes, de l'avis de plusieurs juges sûrs ; elles sont traduites en anglais (pas très bien, du reste...) ; il y a peu d'exemplaires ; c'est (la mention est explicitement imprimée) " pour circulation privée ". Quelle différence, au fond, y a-t-il entre imprimer ou stenciler cent ou deux cents copies ?... — Je me rends compte, toutefois, que j'ai été à la limite de mes droits, et que c'est une sorte d'imprudence [65]. » Malgré (grâce à) cette imprudence, les idées qu'il essaie d'exprimer circulent si vite et si bien, y compris dans les milieux incroyants, que ses amis Bégouën n'arrivent pas à satisfaire les demandes. Cette

La gentilhommière des Teilhard de Chardin, à Orcines,
au pied des puys d'Auvergne.

La mèche de cheveux qui brûle…
Pierre, à l'âge de cinq ans.

« Notre famille est à mettre
sous globe. » Pierre, à gauche,
avec ses frères et ses sœurs.

« Du feu est leur vigueur
et du ciel leur naissance. »
Pierre, à douze ans.

« Enfin je suis jésuite. »
Teilhard à Jersey, vers 1902.

Premières lueurs d'Orient. Teilhard, à gauche, avec les élèves de philosophie du collège jésuite du Caire, vers 1906.

« Le baptême dans le Réel ». Teilhard, en haut, à droite, dans les tranchées de la Grande Guerre, vers 1917. © Fondation Teilhard de Chardin

Les découvreurs de l'Homme de Pékin. Teilhard avec George Barbour (moustache) et Davidson Black (lunettes), à Chou-Kou-Tien, en 1929. © Fondation Teilhard de Chardin

Un bloc
sans fissure.
Les hommes
de la Croisière
Jaune, au cours de
l'hiver 1931-1932.

Teilhard avec
l'abbé Breuil,
lors de la visite
des tombes Ming,
près de Pékin,
en 1935.

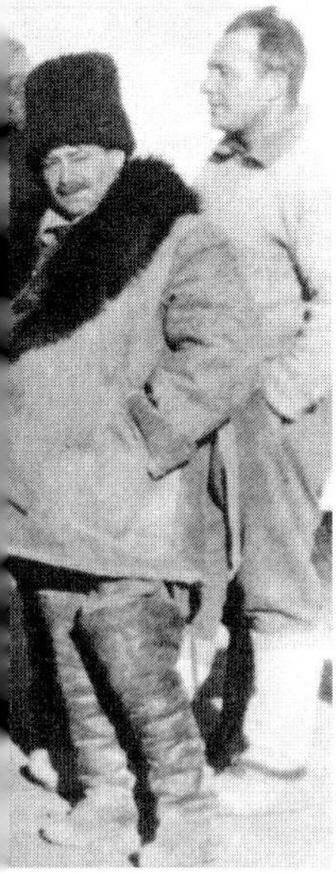

Sur les terrasses de l'Iraouaddy, en Birmanie.
Teilhard avec Helmut de Terra, en 1938.
© Fondation Teilhard de Chardin

La « stèle » du Pithécanthrope. Teilhard avec Ralph von Koenigswald,
à Java, en 1938. © Fondation Teilhard de Chardin

Noël 1938, à Paris. Teilhard avec ses amis Max et Simone Begouën, en compagnie d'Ida Treat. © Fondation Teilhard de Chardin

L'amie d'Amérique. Teilhard et Lucile Swan, dans les Western Hills, près de Pékin, en 1941. © Fondation Teilhard de Chardin

Une vie de savant. Teilhard en compagnie de Lucien Cuénot, à Paris, en 1947.

Au berceau de l'humanité.
Teilhard en Rhodésie du Nord, en 1953.

Les deux Pierre. Teilhard avec le père Leroy, lors de son dernier voyage en Auvergne, en 1954.

« Cette fois, c'est terrible! », les derniers mots du père Teilhard. (Photo prise en 1951 à Sterkfontein, site à Australopithèques, Afrique du Sud).

diffusion « sous le manteau » est évidemment connue des autorités ecclésiastiques ; mais celles-ci paraissent plutôt s'inquiéter des occasions où Teilhard manque au respect de leur consigne de silence en matière théologique.

En mémoire de Black

Washington, juillet 1933. Parmi les congressistes, le groupe des découvreurs du Sinanthrope ne passe pas inaperçu ; la rumeur court que Davidson Black porte la dent fossile de l'homme le plus ancien de Chine, suspendue à une chaîne sous son gilet. Les chercheurs venus de Pékin font part à leurs éminents collègues des derniers travaux du laboratoire du Cénozoïque en matière de paléontologie humaine et de la nécessité d'entreprendre des recherches au-delà de la Chine, au cœur du continent eurasien. Chou-Kou-Tien se trouve en effet isolé de plusieurs milliers de kilomètres des autres gisements d'hominiens (Japon, Java, Inde, etc.) ; une telle distance interdit toute comparaison directe des faunes entre elles. Les participants à ce congrès décident l'envoi d'une expédition au cours de l'année 1934, le long du fleuve Bleu, jusque dans le Setchouan occidental.

À l'issue du congrès, Teilhard participe à l'expédition dite « C-2 » qui doit traverser le territoire des États-Unis... en train ! La méthode est originale : la nuit, le convoi formé par les deux wagons pullman occupés par les voyageurs et le wagon réservé aux bagages s'accroche à d'autres trains pour se déplacer ; le jour, il stationne sur une voie de garage pour laisser l'équipe de savants travailler sur le terrain. L'un des pullmans est aménagé en bureau et salle de conférence, avec une table de cartes, un tableau noir, un écran de projection, des tiroirs de rangement pour les échantillons et un local à outils ; l'autre wagon sert de logement aux chercheurs. Sans qu'elles soient comparables à celles des expéditions en Asie, les conditions de vie restent sommaires. Les célibataires, en particulier, ne sont pas à la noce et doivent partager des compartiments exigus ; leurs collègues venus avec leur épouse bénéficient au contraire d'un compartiment plus confortable, voire d'un salon comme sir Arthur Woodward, le conservateur du British Museum (l'un des protagonistes de l'affaire de l'Homme de Piltdown). Un soir, au milieu des plaines du Kansas, après une chaude journée, Teilhard se prépare pour la nuit ; il ne trouve pas de place pour suspendre ses vêtements et jette un regard lugubre et envieux vers la zone des salons et des compartiments plus spacieux. Il prend à part son voisin de couchette, le savant belge Armand Renier, pour lui dire : « Dites donc, Renier : notre collègue P. Pruvost, qui a amené sa femme, a pu bénéficier d'un compartiment spécial. Tâchez de vous débrouiller et d'employer mieux vos dons diplomatiques. Si nous prenions une femme pour deux ? » Et il lui désigne d'un clin d'œil le compartiment d'une éminente paléobotaniste, célibataire et d'âge canonique [66].

Toujours prêt à aller *on the field*, Teilhard poursuit son séjour américain par une excursion de quelques jours dans le sud de la Californie : « Géologie captivante et pays très prenant. J'aime extrêmement ces montagnes sauvages et ensoleillées, couvertes de chênes verts et de lauriers, ou de cactus et de yuccas. Et puis, la vie est si simple, si *unconventional* ! On dort à la belle étoile. On mange à n'importe quelle heure à un bar, juché sur un haut tabouret. Personne ne s'inquiète de vous, si vous voulez être tranquille. Après un mois de séjour, je me sentais comme chez moi en Californie [67]. » Mais il lui faut penser à quitter les États-Unis pour retourner en Chine.

Teilhard est d'autant plus heureux d'avoir respiré « un air qui manque en France » que, d'Europe, les nouvelles ne sont guère bonnes. Les appels à la prudence et même les rappels à l'ordre ne manquent toujours pas : ses supérieurs lui demandent de refuser tous situation ou titre qui lui seraient offerts à Paris, non pas à cause d'une éventuelle indocilité (personne ne mettra jamais en question son obéissance), mais du fait du caractère dangereux de ses idées. Peut-il changer de conscience, se demande-t-il, alors même qu'il avoue achever de briser l'enveloppe qui entoure sa religion et se dit prêt à être emporté par « la marée qui monte » ? « Il me semble, écrit-il à cette époque, que n'importe quoi me serait égal, — même le vieux bûcher. Mais j'ai si peur, en allant trop vite, de faire mal à la Vie [68]... » Fidèle à lui-même, il cherche plus que jamais à se « laisser tomber dans l'avenir », à servir tout à la fois l'Église et le Monde. « Que doit devenir notre Christologie pour demeurer elle-même dans un Monde nouveau [69] ? » se demande-t-il dans *Christologie et Évolution*, un texte qu'il rédige pour Noël 1933. Il y répète son désir de voir l'Église abandonner les figures désuètes du Christ, pour convertir le Monde « au goût fondamental de la Vie » et à l'idée que « le Messie que nous attendons, tous indubitablement, je crois que c'est le Christ Universel, c'est-à-dire le Christ de l'Évolution [70] ». Teilhard envoie son texte au père Maréchal ; il semble que la critique qu'il en reçoit soit assez sévère, mais son confrère reconnaît en même temps que « nul ne tient aujourd'hui en main comme vous toutes les données théologiques, philosophiques, scientifiques du problème de l'évolution ».

L'année 1934 commence douloureusement pour Teilhard. Souffrant d'ennuis cardiaques depuis le début de l'année, son ami Davidson Black est hospitalisé en février. Sorti de l'hôpital, il reçoit des médecins l'ordre de se reposer chez lui. « Le travail le plus difficile, confie-t-il à son ami jésuite, c'est d'avoir à perdre son temps. » Incapable de rester chez lui, il ne tarde pas à revenir au laboratoire, pour de brèves visites. Le 15 mars, il se montre gai et optimiste : « Me voilà reparti pour travailler plusieurs années ! » Pour la première fois depuis des semaines, il enlève son manteau et remet sa blouse de laboratoire. « Il vit plusieurs amis, discuta des plans de travaux, raconte Teilhard à Andersson. Puis on le laissa seul. Une demi-heure plus tard, il était mort, près de sa table, entre le Sinanthrope et l'Homme de l'Upper Cave, parmi ses cartes et ses livres. J'ai perdu là plus qu'un frère [71]. » Le savant français réagit douloureusement à la mort de son collègue américain : « Quelle chose absurde, en apparence, que la vie ! Tellement absurde qu'on se sent rejeté sur une foi opiniâtre et désespérée en la réalité et les survivances de l'Esprit, confie-t-il à l'abbé Breuil dans une lettre du 18 mars. Autrement (s'il n'y a pas un Esprit, veux-je dire), il faudrait être des imbéciles pour ne pas faire grève à l'effort humain. » Si la mort de Black prive Teilhard d'un ami très cher, elle est aussi une perte considérable pour la recherche géologique et paléontologique chinoise. Celui que les Chinois appellent « l'homme qui oubliait sa nationalité » donnait en effet aux travaux du PUMC une aura internationale.

Pendant quelques mois, Teilhard doit assumer une part de l'intérim de son ami au PUMC, tout en continuant à assurer ses responsabilités de conseiller au Service géologique. Mais cette surcharge de travail ne calme pas la douleur de la séparation : « Black me manque beaucoup, avoue-t-il encore à l'abbé Breuil le 25 juin 1934. C'est comme une ombre ou un vide que je porte continuellement en moi. » Après la mort de Jean Boussac, il avait déjà écrit à sa veuve : « J'ai mesuré alors, plus froidement qu'aux premiers jours de votre deuil, la grandeur de la perte que j'ai faite. Je ne l'avais peut-être pas encore vue, si distinctement, dans tout ce qu'elle m'enlève d'amitié lumineuse et charmante. S'il y a désormais une ombre sur ma vie, que doit-il en être de vous... Cette ombre, n'est-ce pas, il faut qu'elle nous fasse regarder davantage vers Dieu, sans nous décourager du travail de la terre, que Jean poursuivait si religieusement, comme une tâche sacrée [72]. » En 1934, sans doute sous le coup de la même souffrance, il confesse à son ami l'abbé Gaudefroy : « Je me sens dériver si loin que je me demanderais presque si je suis encore catholique, sinon chrétien. Mais je suis résolu par-dessus tout à ne jamais me laisser aller à aucune hésitation sur ce point. S'il y a un salut pour moi (comme pour quiconque, j'imagine) c'est dans la marche toujours plus en avant, — sans vacillation [73]. » Et à son amie Ida : « C'est une grande chose de ne pas savoir où reposer sa tête, si on porte au cœur la foi au Monde [74]. »

Quelques mois plus tard, le 28 octobre 1934, il achève un important essai, intitulé *Comment je crois*; il s'agit, explique-t-il, de l'histoire de sa foi qu'il a écrite à la demande de Mgr Bruno de Solages. Il écrit, en conclusion : « On pourrait penser que, en avant de ma vie, l'Avenir se découvre serein et illuminé. Pour moi, sans doute, la mort apparaît juste comme un de ces sommeils après lesquels nous ne doutons pas de voir se lever un glorieux matin. Il n'en est rien. Sûr, de plus en plus sûr, qu'il me faut marcher dans l'existence comme si au terme de l'Univers m'attendait le Christ, je n'éprouve cependant aucune assurance particulière de l'existence de Celui-ci. Croire n'est pas voir. Autant que personne, j'imagine, je marche parmi les ombres de la foi [75]. »

À la mémoire de leur collègue et ami disparu, Teilhard, Barbour et Young préparent et réalisent l'expédition en Chine centrale dont l'idée avait été lancée par Black et acceptée lors du congrès de Washington. Une première campagne les conduit au sud-est de Nankin, dans le delta du Yangtzé-Kiang, le fleuve Bleu. Un train express et confortable doit les mener à Nankin ; mais un retard les contraint à prendre un véritable tortillard : ils en sont quittes pour un voyage pittoresque, « au milieu d'une saleté joyeuse et d'une insouciance générale », écrit Barbour... Les plaines du delta sont gorgées d'eau, coupées d'un dédale de digues et de canaux, où circulent des péniches et des buffles d'eau. Une fois sur place, ils se déplacent en bus ou en chaise à porteurs. La remontée du Yangtzé en vapeur facilite l'examen géologique de la région, le piano du grand salon n'offrant qu'une maigre distraction aux savants aguerris. Ensuite, c'est la longue ascension du Lushan, l'un des buts de l'expédition. Trente kilomètres d'étroits sentiers, parfois d'escaliers, d'abord en chaise à porteurs, puis à pied. Après avoir atteint le sommet du Saut du Lion, les trois hommes visitent un bosquet sacré dédié à Chou Hsi, le premier géologue chinois ; c'est lui qui, au Xe siècle de notre ère, avait remarqué l'existence de fossiles très haut dans les montagnes et conclu que la mer avait dû un jour atteindre ce niveau. De retour sur le fleuve Bleu, ils passent une nuit mémorable au port de Hankeou (aujourd'hui Wuhan). À la recherche de l'« Hôtel allemand » (en chinois Teh-Kouo Fan-Tien, pour « Hôtel du Pays de la Vertu »), réputé pour la qualité toute bavaroise de son hospitalité, les savants se retrouvent à l'« Hôtel oriental » (ou Teh-Kouo Fantien), qui aurait pu aussi bien s'appeler l' « Hôtel du Pays de la Vertu Facile » : c'est tout simplement un hôtel de passe. De peur que leur collègue chinois, mal renseigné, ne perde la face, ses deux amis européens décident de rester sur place et se barricadent dans leur chambre pour ne perdre ni leurs biens, ni leur réputation, ni leur vertu.

Les trois hommes sont à peine rentrés à Pékin depuis un mois (le temps d'envisager la succession de Black, sans pouvoir toutefois la régler) qu'ils repartent pour la Chine centrale, plus précisément la région du Yangtzé supérieur et de ses gorges. C'est le deuxième volet de l'expédition conçue par Black, afin de comprendre les étapes de la transformation des paysages de la Chine centrale, de la comparer à celle de la Chine du Nord et de mieux connaître le milieu géographique et climatique du Sinanthrope. Ils retournent d'abord à Hankeou par le train, logent cette fois à l'Hôtel allemand et embarquent sur un vapeur, en direction de l'ouest. Teilhard ne se lasse pas des paysages d'Asie et tombe encore sous leur charme : « Nous sommes arrivés ici hier [à Chungking], après une très belle traversée des gorges qui ne sont certainement pas surfaites, surtout pour un géologue, écrit-il le 30 mai à l'abbé Breuil. Sur plus de cent kilomètres, les eaux puissantes s'engouffrent entre des murailles profondes, semées de rapides, sur lesquelles on peut lire presque toute la géologie de la Chine. Passé les gorges, on entre dans le Szechouan, riche et verdoyante contrée où je découvre à chaque instant une Chine beaucoup plus chinoise que la Chine du Nord. Les pagodes sont plus brillantes et plus maniérées, les chapeaux plus grands et plus pointus, tout le paysage plus semblable à la Chine des livres. » Si le vapeur n'a pas à recourir aux haleurs et à leurs câbles de bambou, il essuie en revanche un coup de feu : peut-être le fait d'un bandit franc-tireur, dissimulé au sommet des gorges. Les officiers de quart n'estiment pas nécessaire de découvrir le canon installé à l'arrière du navire et encore moins de l'utiliser. Les savants profitent des escales pour étudier la géologie de lieux souvent encore inviolés ou pour examiner, de loin, d'étranges cercueils enfoncés dans des excavations apparemment inaccessibles... Une fois arrivés à Chungking (aujourd'hui Chongquing), Teilhard et Barbour décident de poursuivre leur route vers l'ouest, jusqu'à Chengtu, au centre du Bassin rouge, au pied des premiers contreforts du Tibet. Malheureusement, l'ordre de mission du Service géologique ne prévoit pas de dépasser Chungking : en Chinois obéissant, Young refuse d'aller au-delà, tandis que ses deux amis occidentaux, moins scrupuleux, s'embarquent pour une excursion automobile de près de cinq cents kilomètres, agrémentée de trois crevaisons. Nouveaux « miracles » teilhardiens ? Peut-être. En tout cas, les deux hommes en profitent chaque fois pour partir récolter des fossiles, pendant que sèche la colle caoutchouc. À Chengtu, Teilhard retrouve son ami Georges Béchamp, rencontré jadis sur le *Cordillère*, lors de son premier voyage vers la Chine en 1923. Il disait alors de lui, dans une lettre à Léontine Zanta : « Le Dr Béchamp est probablement un des deux ou trois hommes les mieux doués que j'aie rencontrés dans ma vie (physicien, linguiste, musicien, littérateur... sans effort). Je ne saurais le comparer qu'à mon ami le P. Charles, mais à un Charles qui n'aurait pas (ou qui repousserait, par défiance) le “ sens mystique ”. Nous avons eu presque chaque jour des causeries prolongées, et sommes devenus aussi amis qu'on peut l'être en dehors d'une foi commune [76]. » À Chengtu, le Français remplit les fonctions de consul et de directeur de la mission médicale française. Les deux hommes profitent de leurs retrouvailles pour se replonger, non sans délices, dans une atmosphère toute parisienne. Le dimanche, Teilhard célèbre la messe pour le personnel de l'hôpital ; une occasion rare et fort appréciée par les sœurs infirmières françaises et belges. Évidemment, les deux visiteurs n'en oublient pas pour autant la géologie : grâce à un membre de la faculté des sciences, ils poussent leur incursion jusqu'aux contreforts des Alpes chinoises. De retour à Chungking, ils repartent encore, cette fois accompagnés de Young, à la recherche de présumés gisements d' « os de dragon », toujours dans le but de préciser l'histoire géologique de la région. Il faut ensuite penser à rentrer à Pékin : Barbour décide de faire une partie du trajet en hydravion, histoire de confirmer ou d'infirmer certaines hypothèses en étudiant la région « par les sommets ». Le voyage s'achève à Pékin le 18 juin.

Pour réaliser le programme imaginé par Black, il faut encore explorer les Tsin-Ling, cette chaîne montagneuse qui sépare la Chine du Nord et la Chine du Centre, dans la province du Ho-nan, encore appelée la Fleur du Milieu. Munis des autorisations administratives *ad hoc*, obtenues non sans quelques complicités diplomatiques, Barbour et Teilhard, accompagnés cette fois du Chinois Eddie Bien, quittent Pékin par le chemin de fer le 17 juillet ; ils espèrent atteindre les sources de la rivière Han, dans le sud-ouest du pays. À partir de Loyang (Luoyang), ils s'adjoignent les services de trois gardes armés. Il s'agit sans doute d'anciens bandits, mais ils connaissent du moins la contrée et se révèlent d'excellents guides, quitte à donner à la troupe une allure de cirque Barnum, fait remarquer Barbour. C'est d'ailleurs l'effet qu'ils opèrent sur les populations locales, au point de perturber un jour une représentation théâtrale ou, à une autre occasion, de provoquer (involontairement bien entendu) une procession religieuse afin de prier pour la pluie... qui ne tarde pas d'ailleurs à tomber. En chemin, à Yiying, une fois leurs papiers soigneusement examinés, le magistrat local leur offre le thé, les convie à dîner, avant d'entamer une conversation sur le darwinisme ; les convives finissent par dormir sous les étoiles. Le 24 juillet, les voici à Loushih : ils sont les premiers « démons étrangers » à pénétrer dans cette vallée et l'excitation des villageois est à son comble. Le nouveau commandant de la place vient tout juste de rejoindre son poste mais tient à les accueillir dignement ; il leur demande d'attendre qu'une pièce soit balayée et un repas apprêté. Tandis que des soldats sont en train de décharger leurs affaires du dos d'un mulet particulièrement rétif, Teilhard s'est assis, bavardant avec Barbour. Les deux amis se souviennent d'une inscription en chinois que Young leur avait traduite, deux mois auparavant, lors de leur voyage sur le Yangtzé : « Il est aussi difficile de voyager dans le Szechouan que de grimper au ciel », disait Li T'ai-Po.

Absorbés par leur conversation, les deux hommes ne font pas attention aux soldats. Lorsque l'un d'entre eux perd l'équilibre et que le mulet se met à ruer pour se débarrasser de son chargement, il est trop tard : de sa patte arrière, l'animal frappe violemment le jésuite à la tempe. En quelques secondes, une bosse de la taille d'un œuf de pigeon se forme sur l'artère temporale. Pas question de trouver de la glace dans un village du Ho-nan, en plein mois de juillet : Barbour peut seulement faire installer un lit de camp, prestement déplié, dans une pièce tranquille et rafraîchir la tempe de Teilhard avec des compresses d'éther, sans cesse renouvelées. Pour passer le temps, il lui lit son bréviaire à la lumière d'une chandelle ; Teilhard ne semble préoccupé que par une chose : leurs hôtes chinois, « ces pauvres gens », leur ont préparé un repas qu'ils n'ont pu partager. Le lendemain matin, le blessé veut déjà repartir ; Barbour tire prétexte d'un rapport à rédiger et des prochains postes à avertir de leur arrivée pour retenir l'increvable jésuite.

Nouvelle aventure, quelques jours plus tard, alors qu'ils viennent de troquer leur char chinois pour des mulets. À treize reprises, précise Barbour, ils doivent traverser le torrent au long duquel ils cheminent, avec de l'eau jusqu'à la poitrine. Lors d'une de ces traversées, un mulet éprouve des difficultés à remonter sur la rive et finit par se coucher et se rouler à terre, non sans faire tomber à l'eau la cantine et la literie de Teilhard. « Nous nous baignâmes et restâmes au bord de l'eau, conclut Barbour, pendant une heure après avoir étalé les vêtements sur des buissons jusqu'à ce que le brûlant soleil eût séché le contenu trempé de la cantine de Teilhard, dont il avait subrepticement enlevé les tubes de fer-blanc contenant sa réserve de dollars d'argent. » Le savant français verra le film de cette baignade, tourné par Barbour, quinze ans plus tard, à l'American Museum, à New York ; il fera alors à son ami cette remarque : « Ne croyez-vous pas que, si le supérieur de mon ordre à Rome me voyait dans cette tenue au milieu d'une rivière, il me considérerait comme un défroqué prématuré ?... Mais dites-moi, George, avez-vous jamais trouvé de l'eau aussi froide que celle de cette horrible rivière [77] ? » L'humour teilhardien reste toujours imprévisible. Sur le terrain, le travail scientifique ne doit pas s'interrompre pour si peu de chose ; les observations faites par les deux savants leur permettent de montrer que les Tsin-Ling constituent une véritable barrière entre la Chine du Nord et la Chine centrale. Pour finir, le périple des trois hommes les mène vers le sud, avec les premières caravanes de chameaux, les buffles d'eau, la culture du riz, les arbres à huile... et les brouettes à voile ! Rompus à tous les modes de transport, les deux explorateurs occidentaux ne peuvent s'empêcher d'essayer ce singulier mode de transport, mais seulement sur quelques centaines de mètres. Le 12 août, après vingt-quatre jours de marche, ils parviennent à Hsoucheng et prennent l'express pour Pékin. Barbour quitte alors son compagnon pour rejoindre, *via* la frontière mandchoue et le Transsibérien, Moscou puis Londres.

Pour établir le lien géologique entre les couches à Sinanthropes de la Chine du Nord et le Pithécanthrope de Java, il reste encore une région à explorer. Teilhard organise une dernière expédition, en janvier 1935, en compagnie de ses collègues chinois Wong et Pei, vers la province de Canton, dans l'extraordinaire région de Kweiling (Guilin). « Au point de vue pittoresque, écrit-il à Lucile Swan, nous sommes dans un des endroits les plus fameux et les plus étranges. Tout autour de Kweiling, et loin vers le sud, le pays est une forêt de hauts piliers ou aiguilles de calcaire (d'environ 80 à 90 mètres de haut) formant un paysage des plus extraordinaires. Ce sont les restes d'un plateau calcaire profondément disséqué. Parmi des rocs fantastiques émergeant d'un sol rouge brique, court la rivière, une eau transparente d'un vert jade. Dommage seulement que le pays soit tellement déboisé. — Ici, la végétation n'est pas aussi tropicale qu'à Nanning. Plus de palmiers et de cycas dans les rocs. Mais nous sommes encore dans le pays des oranges, des mandarines et des pamplemousses. Le temps est couvert et presque froid. Les maisons, la plupart du temps, sont ouvertes et il n'y a pas de feu, sauf les petits braseros [78]. »

Au retour de cette dernière expédition, en mars 1935, Teilhard a le plaisir de recevoir à Chou-Kou-Tien la visite de l'abbé Breuil. Plusieurs photographies montrent ensemble les deux hommes : la silhouette de Breuil, tout en rondeur et appuyé sur une canne, tranche avec celle, fine et élancée, de Teilhard ; les feutres eux-mêmes ajoutent au pittoresque des scènes. Teilhard emmène son ami visiter les tombes Ming et le Bouddha de jade, une grande statue en cipolin, dont il goûte la beauté du visage, la joie tranquille, la naissance d'un sourire : « J'aime beaucoup, confie-t-il à son visiteur, cette tête parce qu'elle me dit quelque chose, elle me dit qu'il y a quelque chose que le christianisme devrait annexer. » En mai, les deux hommes rejoignent ensemble la France, par le Transsibérien.

Encore des terres inconnues

Fidèle à ses habitudes, Teilhard séjourne d'abord à Paris, y retrouve ses confrères et ses amis, ses contacts scientifiques et même ses conférences spirituelles. Puis, au mois d'août, il rejoint ses deux frères en Auvergne ; dès le mois de septembre, il reprend son existence vagabonde. « L'enthousiasme n'a plus sa fraîcheur d'antan, avoue-t-il à son frère Joseph, dans une lettre datée du 14 septembre. Mais j'aime à suivre la destinée et à m'y fier. Jamais, en fait, j'ai moins su où elle me menait. Probablement vers rien autre chose que de nouveaux déplacements, jusqu'à ce que je finisse au bord d'une route. Mais ceci même, peut-être, a sa signification. »

Sa destinée ? Elle prend à cette époque la forme d'une invitation du Dr Helmut de Terra (dont il a fait la connaissance à la conférence de Washington) à se joindre à la Yale-Cambridge Expedition, pour une mission au Cachemire. Scientifiquement, c'est une nouvelle occasion d'élargir les perspectives qu'il a acquises en Chine sur l'origine de l'humanité en Asie et ses « fondements géologiques ». Il embarque le 6 septembre 1935 pour l'Inde, à bord du *Cathay* ; à bord, il avoue à sa cousine les sentiments d'hésitation et de doute qui ne cessent de l'habiter : « C'est comme si, pour des raisons nées du progrès de ma science même, le Passé et sa découverte avaient cessé de m'intéresser. Le Passé m'a révélé la construction de l'Avenir. Et la préoccupation de l'avenir tend à tout balayer. » Le 20 septembre, Teilhard débarque à Bombay, n'y reste que quelques jours avant de rejoindre le Pendjab par le train. Ainsi finit-il par atteindre le Cachemire et par trouver à Srinagar Helmut de Terra et son collaborateur écossais T. T. Patterson ; les deux hommes ont installé leur quartier général sur une péniche. Ce séjour au Cachemire offre à Teilhard l'occasion de se remémorer la Croisière jaune ; il écrit à la veuve de Georges-Marie Haardt : « Le souvenir de Georges-Marie, c'est-à-dire le vôtre, ne m'a guère quitté, au cours des quelques jours que je viens de passer ici. Comme les choses passent ! Mais comme aussi elles demeurent vivantes ! Ce coin d'Asie est plein de traces accumulées de tant d'efforts qui ont été donnés pour conquérir la Terre. Et la Croisière a été une de ces vagues qui chaque fois montent un peu plus haut. — Je n'ai pas à vous décrire cette vallée du Cachemire, dont les traits vous sont déjà familiers : une corbeille de verdure entre deux lignes de cimes neigeuses. Il fait un temps magnifique. Les rizières sont jaunes, les énormes platanes commencent à rougir aux premières touches de l'automne. À la limite des forêts de sapins, les paysans enturbannés ramassent leurs noix près de vergers rouges de pommes. Exactement la réplique du paysage d'Aksou, quand, à la même date, j'attendais là-bas l'arrivée du groupe Pamir [79]. »

Les trois hommes se déplacent en car ou en chameau, logent sous la tente ou dans des bungalows ; « je suis tanné comme un Afghan ; mais tout va bien, — et le temps est admirable [80] ». Et surtout, la visite de sites néolithiques, avec des monuments apparentés aux mégalithes européens, intéresse Teilhard qui médite à cette époque sur le processus d'appropriation de la Terre par l'humanité et sur le début de son exploitation par la technique. Quelles sont, se demande-t-il, les premières traces de l'intelligence humaine ? Dans quel horizon géologique les découvrir ? Pourquoi ne pas poser l'hypothèse selon laquelle les premiers hommes auraient exercé leur dextérité manuelle sur d'autres matériaux que la pierre, par exemple sur le bois ou l'os, plus sensibles aux dégradations du temps et par conséquent plus difficiles à retrouver désormais ? Enfin, l'éternelle question des paléontologues : l'apparition des techniques propres à l'humanité constitue-t-elle une discordance ou s'inscrit-elle dans une continuité chronologique ? Dans *Le Phénomène humain*, il écrit : « Entre les dernières strates du Pliocène où l'Homme soit absent, et le niveau suivant, où le géologue devrait être frappé de stupeur en reconnaissant les premiers quartz taillés, que s'est-il passé ? Et quelle est la vraie grandeur de la saute ? Voilà ce qu'il s'agit pour nous de deviner et de mesurer, — avant de suivre, d'étape en étape, jusqu'à la passe décisive où elle se trouve engagée aujourd'hui, l'Humanité en marche [81]. »

À l'occasion de cette expédition au Cachemire, Helmut de Terra remarque le désintérêt de Teilhard pour les conditions du milieu, les facteurs climatologiques et écologiques. Il ne s'en étonne guère : l'interprétation finaliste de l'origine humaine, défendue par son ami, voit dans l'évolution la réalisation d'une tendance suffisamment inscrite et déterminée pour que les influences externes ou contingentes puissent être négligées ; mais, conclut le savant germano-américain, « ne pas voir cela, c'est se trouver contraint à ramener le progrès de la conscience réfléchie à des forces sur la nature psychique desquelles la science ne peut tout bonnement rien affirmer de certain. [...] S'il y eut une psychogenèse, au sens teilhardien du terme, qui se développa à partir des processus biogénétiques généraux, je peux difficilement m'imaginer qu'elle n'ait pas été influencée par de profondes modifications du milieu. Le fait de n'avoir pas estimé à leur juste valeur de telles relations doit être considéré comme l'un des points les plus faibles de l'édifice intellectuel si grandiose élevé par Teilhard [82] ». Certes, la critique est excessive : à plusieurs occasions, en effet, Teilhard a montré son intérêt pour l'influence des milieux sur l'évolution psychogénétique. Mais la remarque d'Helmut de Terra n'en est pas moins pertinente : l'un des principaux défis lancés aux sciences contemporaines de l'univers et de la nature est de prendre en compte les influences réciproques entre les êtres vivants et leurs milieux. Et ce à tous les niveaux d'échelle, à celui des gènes comme à celui de la biosphère. Au premier, s'intéressent les nombreuses théories de l'évolution qui ont marqué tout le XXe siècle [83] ; au second, James Lovelock a donné ses lettres de noblesse avec son hypothèse Gaïa [84]. Défi pour les sciences, cette nouvelle compréhension du monde l'est aussi pour la philosophie et la théologie : jamais, sans doute, la vie n'est apparue aussi paradoxale, de même que la compréhension que nous pouvons en avoir [85]. Et l'enjeu n'est pas mince pour le théologien qui tente de « dire Dieu » à ses contemporains, de confesser un Dieu créateur, lorsque le monde n'est plus un cosmos clos et organisé, mais un univers infini, lorsque les êtres vivants ne sont plus rangés dans le bel ordonnancement du fixisme, mais apparaissent soumis aux effets contingents de l'évolution, lorsque enfin l'humanité, créée à l'image de Dieu selon le livre de la Genèse, dépend elle aussi de processus biogénétiques et de l'influence des milieux. Teilhard a élaboré les premiers éléments d'un discours théologique qui considère la création divine comme « en état de cheminement » ; mais, à sa suite, le travail est loin d'être achevé [86].

Revenons à Teilhard. Comme il l'a fait en Abyssinie ou en Chine, il n'oublie pas de s'intéresser aux populations. Une fois encore, il avoue sa déception : « Autant que j'ai pu les juger, les Hindous m'ont déçu. Leur puissance créatrice, à eux aussi, paraît bien malade. Et il faut aller dans l'Inde pour mesurer ce qu'il y a d'engourdissant et de mortel dans une religion qui se charge de matérialisations et de rites [87]. »

L'expédition au Cachemire s'achève le 15 décembre 1935. Sans plus attendre, le 22 du même mois, Teilhard part pour Batavia où son collègue hollandais Ralph von Koenigswald l'a invité à visiter ses chantiers de fouilles. Après avoir passé Noël à Rangoon, le Français rejoint les sites à Pithécanthropes de Java ; il s'intéresse aux similitudes entre ces fossiles et ceux découverts à Pékin. Puis, à la fin de janvier 1936, il revient à Chang-hai. C'est là qu'il apprend le décès de sa mère, le 7 février : « Chère et sainte maman, à qui je dois le meilleur de mon âme. » Quelques mois plus tard, le 17 août, c'est sa sœur Marguerite-Marie qui disparaît : « Ô Marguerite, ma sœur, pendant que, voué aux forces positives de l'Univers, je courais les continents et les mers, passionnément occupé à regarder monter toutes les teintes de la Terre, vous, immobile, étendue, vous métamorphosiez silencieusement en lumière, au plus profond de vous-même, les pires ombres du Monde. Au regard du Créateur, dites-moi, lequel de nous deux aura-t-il eu la meilleure part ? » écrira-t-il à propos de sa sœur, en janvier 1950. Durant l'été 1936, une expédition le mène dans le Shantung : il retrouve l'accueil des auberges chinoises et le confort du char local.

Un barrage romain

Rome, 1936. Teilhard va-t-il entrer à l'Académie pontificale des sciences ? À cette époque, un membre de la Délégation apostolique lui demande un rapport sur la conversion du monde ; le document doit parvenir discrètement et directement aux Œuvres missionnaires à Rome. Mais peut-il attendre quelque chose des autorités romaines ? N'ont-elles pas conservé intacte leur méfiance à son égard et à l'égard de ses idées ? Cette affaire de nomination ne laisse guère planer de doute sur ce que ses supérieurs pensent de lui.

À Rome, Fra Agostino Gemelli, franciscain et neurologue de réputation mondiale, est chargé par le pape Pie XI de transformer la vénérable Académie des Nouveaux Lynx en une Académie des sciences digne de porter le titre de pontificale. Le religieux dresse une liste de personnalités scientifiques susceptibles d'être nommées académiciens pontificaux. Il y inscrit d'abord les noms des savants italiens qui appartiennent déjà aux Lynx, puis ajoute ceux des *non soci non residenti* (ni Italiens ni Lynx). Parmi eux, sous la rubrique de la *Scienze biologiche*, figure le nom du « Prof. Theillard *[sic]* de Chardin S.J., Paleontologo, Cina e Parigi ». La secrétairerie d'État du Vatican est chargée de mener son enquête et de donner son avis sur les candidats non italiens ; un avis à formuler de la manière la plus brève possible : *Si* ou *No*. En face du nom du père Teilhard de Chardin est inscrit : *No*. La liste est alors soumise au souverain pontife. Pie XI n'a aucune hésitation à propos de la candidature du jésuite français : non seulement il ratifie l'avis négatif de sa secrétairerie d'État, mais il fait barrer, d'un « trait gras et impérieux », les nom, titre et qualité de Teilhard ! La décision pontificale paraît sans recours possible ; Gemelli doit s'incliner. Il tente de substituer Henri

Breuil à Teilhard de Chardin; mais la tentative avorte : aucun des deux savants et amis n'appartiendra à l'Académie pontificale des sciences. Et « l'Homme fossile, conclut Régis Ladous qui a écrit une histoire de cette Académie, se trouva exclu des travaux de l'Académie pontificale des sciences, alors que la génétique y faisait son entrée avec Lucien Cuénot et Thomas Hunt Morgan. Pratiquement, cette exclusion signifiait que la paléontologie humaine relevait plus que jamais de la science catholique, au même titre que l'étude critique de l'Ancien et du Nouveau Testament [88] ».

Si la décision du souverain pontife à l'encontre de Teilhard peut s'expliquer par celles prises dans les années 1920, le rejet de la candidature de Breuil est apparemment plus surprenant. Pie XI n'avait-il pas écouté avec intérêt la présentation que le prêtre français lui avait faite, en juillet 1935, de l'Homme de Saccopastore ? « Ceci est un fait, ce n'est pas une hypothèse, avait alors reconnu le pape; il faut le rapprocher des autres faits connus ou que l'on trouverait, et il s'ensuivra une conclusion dont nous devrons tenir compte [89]. » Mais Breuil est sans doute victime de l'effet Teilhard : en le nommant à l'Académie, le risque serait trop grand de paraître reconnaître l'hypothèse des « hommes préadamites », dont Teilhard a tiré des conclusions théologiques inacceptables.

L'affaire de l'Académie en reste là. Quelques années auparavant, Teilhard avait écrit : « La seule chose que je puisse être : une voix qui répète, opportune et *importune*, que l'Église dépérira aussi longtemps qu'elle n'échappera pas au monde factice de théologie verbale, de sacramentarisme quantitatif et de dévotions subtilisées où elle s'enveloppe, pour se réincarner dans les aspirations humaines *réelles*. — Aucune considération d'aucun genre, je le sens, ne pourra m'arrêter dans cette ligne. Rien ne compte plus au Monde pour moi que cette Cause : sauver l'esprit et la vérité. — Naturellement, je discerne assez bien ce que cette attitude a de paradoxal : si j'ai besoin du Christ et de l'Église pour sauver mon Monde, je dois prendre le Christ tel que me le présente l'Église, avec son fardeau de rites, d'administration et de théologie. Voilà ce que vous me direz, et ce que je me suis dit bien des fois. Mais maintenant je ne puis échapper à l'évidence que le moment est venu où le sens chrétien doit " *sauver le Christ* " des mains des Clercs pour que le Monde soit sauvé [90]. » Jamais sa fidélité, sa générosité, son opiniâtreté à servir l'Église n'ôteront à Teilhard sa lucidité.

Pour la chaire de paléontologie du Muséum, à Paris, l'année 1936 est aussi riche en événements et en déconvenues. La succession de Marcellin Boule, prématurément mis à l'écart et parti en retraite, se révèle difficile. Le candidat de Boule, Jean Piveteau, est mis en échec, dans des conditions que son ancien patron juge peu honorables. « La Science tient évidemment peu de place dans la maison de Cuvier en ce moment, constate amèrement Teilhard. Et je me félicite de l'avoir quittée [91]. » Même si elle demeure, ne cesse-t-il de le répéter, sa vraie famille.

Toujours sur le terrain

À bord de l'*Empress of Japan*, 12 mars 1937. Teilhard a quitté la Chine le 25 février pour se rendre à un congrès sur l'*Early Man*, organisé par la Fondation Carnegie à Philadelphie. Il s'est arrêté à Tokyo et a été reçu par l'ambassadeur des États-Unis, dont il avait baptisé la petite fille à Pékin. Il voyage en *tourist-class*, mais ne délaisse pas les cocktails avec les passagers de première classe ; il avoue même entreprendre une cour discrète auprès de la femme du rajah de Sarawak, au cas où ses expéditions le mèneraient à Bornéo. Après avoir traversé les États-Unis en train, il retrouve des collègues qui sont autant d'amis : von Koenigswald, Osborn, Andrews, Barbour, mais aussi Helmut de Terra et son épouse Rhoda qui habitent eux-mêmes à Philadelphie. De Helmut, il dit que tous deux sont comme des frères ; et Rhoda deviendra un peu plus tard une de ses fidèles correspondantes. Toujours l'amitié. Au cours de ce congrès où il est (« comme d'habitude » précise-t-il) le seul Français, Teilhard donne une communication sur le quaternaire en Chine ; il montre une fois encore son souci de considérer la période préhistorique à l'intérieur d'ensembles plus vastes. Il se garde de sortir du cadre des observations factuelles : il refuse d'aborder le domaine philosophique devant ses collègues scientifiques. Pour le faire, il attend le 22 mars, date à laquelle il reçoit la médaille Gregor-Mendel que lui décerne le Collège catholique de Villanova, près de Philadelphie. Dans son allocution, il dévoile ses idées sur l'origine et la destinée de l'humanité, à une époque et dans un milieu où les revendications créationnistes suscitent toujours de virulents débats [92]. Il n'en faut pas davantage pour que les esprits s'inquiètent et même s'enflamment. Teilhard devient « le jésuite qui tient que l'Homme descend du singe » ; il a les honneurs du *New York Times* et accorde imprudemment un entretien à un journaliste canadien. Conséquence immédiate : l'université de Boston lui refuse le titre de docteur *honoris causa* qu'elle lui destinait. Même loin de sa patrie, il n'est pas toujours aisé d'être un prophète. À moins que le monde ne soit devenu la patrie de Teilhard.

Après cette disconvenue, Teilhard part pour la France afin d'y passer un nouvel été. Il arrive à Paris le 15 avril mais souffre de trois accès de fièvre, dus à un paludisme non diagnostiqué. Il doit interrompre ses travaux et renoncer à un voyage en Russie par le Transsibérien. Il fait un bref séjour en Auvergne, pour prendre un peu de repos, mais, en fin de compte, embarque à Marseille, sur le *D'Artagnan*, dès le

5 août 1937. À partir de Hong-Kong, l'état de guerre est général et, par précaution, son navire est couvert de larges peintures tricolores. Avec son humour habituel, il écrit à l'abbé Breuil : « Mon voyage [...] s'est très bien passé, malgré le choléra à Hongkong, le blocus des côtes et un typhon en rade de Kobé [93]. » Au cours de la traversée, entre Marseille et Saigon, il rédige *L'Énergie humaine*. Il y est question de cette idée de « note universelle » déjà rencontrée dans *Le Milieu divin* et à laquelle sa spiritualité est tellement attachée. « En vérité, chacun de nous est appelé à répondre, d'une harmonique pure et incommunicable, à la Note universelle. Quand, par le progrès en nos cœurs de l'Amour du Tout, nous sentirons s'étendre, au-dessus de la diversité de nos efforts et de nos désirs, l'exubérante simplicité d'un élan où se mêlent et s'exaltent, sans se perdre, les innombrables nuances de la passion et de l'action, c'est alors que, au sein de la masse formée par l'Énergie humaine, nous approcherons chacun la plénitude de notre efficience et de notre personnalité [94]. »

De retour en Chine en août 1937, Teilhard devrait rejoindre son ami Helmut de Terra pour participer à une nouvelle expédition en Birmanie, financée par la Carnegie Foundation, toujours afin de « faire la soudure Indo-Chine »; malheureusement, il est contraint de retarder son départ. Il souffre de la malaria ; surtout, la dégradation de la situation politique contraint les autorités chinoises à envisager le déménagement du Service géologique à Nankin. Depuis le mois de juillet, en effet, les Japonais occupent Pékin et la Chine du Nord, tandis que, dans le sud du pays, nationalistes et communistes tentent d'organiser une résistance. Dans cette tourmente, Teilhard se voit confier la direction du groupe de chercheurs occidentaux qui restent à Pékin. Il attend finalement le mois de décembre et son remplacement par son ami, le Dr Pei, pour rejoindre Helmut de

Terra. Il embarque à Tien-tsin, fait route vers Hong-Kong, puis Singapour. « Confortablement seul à bord d'un petit vapeur chargé d'émigrants chinois, raconte-t-il à son frère Joseph, je me retrouve, après trois mois, sur les étendues bleues des mers de Malaisie, — assez surpris moi-même de ne plus geler sous le ciel glacé de la terre pékinoise. » À Rangoon, il trouve les instructions de son collègue et ami ; il prend un antique bateau à aube pour le retrouver à Mogok. De là, les géologues partent travailler sur les terrasses de l'Iraouaddy et sur les pentes qui les séparent du golfe du Bengale ; lorsqu'ils ne dorment pas sous la tente, ils profitent de l'hospitalité des bungalows britanniques. Le travail ne manque pas : Helmut de Terra a besoin de ses compétences de géologue et de paléontologue pour mieux identifier les outils qu'il a mis au jour. Le savant aime à raconter l'incident suivant pour montrer le caractère généreux de son ami jésuite : au retour d'une longue journée d'excursion et d'observation, les deux hommes rejoignent enfin leur campement. Helmut de Terra s'est blessé au pied et voit avec soulagement le moment où il pourra retirer ses bottes et prendre du repos. À cet instant, il constate la disparition de son carnet de notes, l'indispensable outil de tout chercheur *on the field*. Il doit rapidement se rendre à l'évidence : il l'a oublié sur le dernier site visité où les deux amis s'étaient attardés, jusqu'à ce que l'obscurité grandissante les oblige à rejoindre leur camp. Il lui faut impérativement y retourner pour retrouver son précieux carnet. Le savant appelle le guide birman et s'apprête à refaire le chemin en sens inverse. L'apprenant, Teilhard le lui interdit : il ne peut être question de marcher avec son pied malade dans une telle obscurité. C'est lui qui ira. Il chausse ses souliers de tennis, suit le Birman et s'enfonce « dans une nuit noire comme de la poix, éclairé par la lueur d'une lampe de poche [95] ». Le blessé doit attendre quelques heures pour voir revenir son compagnon, avec le carnet à la main et un immense sourire au visage : lui-même sait combien est précieux ce carnet où Helmut de Terra a porté le résultat de ces semaines d'observations et de discussions.

Un autre jour, c'est l'insouciance du jésuite qui frappe le paléontologue. Un mineur leur apporte la partie inférieure d'un maxillaire humain. Quel peut être son degré de fossilisation ? Sans hésitation, Teilhard s'empare de l'os, y passe la langue et déclare qu'il a conservé toute sa porosité primitive : il ne s'agit pas d'un fossile, mais d'un reste humain récent. Aussi simple que cela...

Les lettres du jésuite traduisent un grand bonheur de vivre et de travailler au milieu d'une nature aussi luxuriante, « où le moindre habitant est gracieux et coloré comme une fleur ». Il tombe sous le charme de l'exotisme de la Birmanie et ne se lasse pas d'en décrire les paysages et les populations : « Après quelques jours passés près d'un très majestueux volcan dans la plaine (le mont Popa), nous avons émigré sur le plateau Shan. Temps très frais, et un décor d'une telle magnificence ! D'énormes forêts vertes, sur lesquelles le printemps éparpille des touches crème et rose, et éventuellement des pièces couleur flamme. Il y a deux jours, nous avons roulé en auto sur une route bordée d'un précipice, vers la profonde vallée où la rivière Salween court parallèlement au Mékong. Quelques miles plus loin, c'étaient les premières pentes du Yunnan. Des Chinois partout dans leurs bleus et sur leurs mules, juste comme à Pékin ! — Vous auriez plaisir à observer les gens des collines : des Shans enturbannés de noir, des femmes Kachim en grand “ décolleté ”, avec une jupe de couleur, — de sauvages Wans, presque nus [une tribu de chasseurs de têtes] et aussi farouches que des animaux de la jungle : une collection ethnologique complète [96]. »

Après la Birmanie, le groupe dirigé par Helmut de Terra se rend à Java : il embarque à Singapour le 1er avril 1938.

L'île est une véritable Terre promise pour les paléontologues qui y ont découvert le Pithécanthrope, venu du continent malais par un isthme désormais englouti. Teilhard y retrouve son ami Koenigswald qui a découvert, six mois auparavant, son deuxième crâne de Pithécanthrope. Une photographie les montre tous les deux, autour de la stèle commémorant la découverte de l'Homme de Java par Eugène Dubois, en 1891. Ce savant hollandais avait été le seul, en son temps, à prendre au sérieux l'idée d'Ernst Haeckel selon laquelle l'homme « descendait » du singe. Il était persuadé de trouver des restes du chaînon manquant dans ces régions tropicales où les indigènes ont donné à un singe le nom d'orang-outang, « homme des bois ». Lors de son premier voyage vers la Chine, en 1923, Teilhard avait traversé le détroit de Malacca ; il avait alors écrit à Marcellin Boule : « Je ne puis regarder, du bateau, les montagnes malaises couvertes d'épaisses forêts descendant jusqu'à la mer, sans penser que c'est peut-être là le vrai pays de l'Homme fossile [97]. » Cinquante ans après les travaux de Dubois, la paléontologie a fait des progrès décisifs, et les trois savants réunis à Java peuvent désormais tenter de dresser, non sans d'âpres discussions entre eux, un arbre phylogénétique des préhominiens en Asie. Toutefois, aussi passionnant soit-il, le travail sur le terrain est pénible, tout comme les conditions de vie. Helmut de Terra raconte comment, après une nuit où les deux hommes n'ont pu se reposer, dérangés par les moustiques (malgré la fumée des cigares) et les aboiements incessants des chiens du village, ils décident de partir tout de même pour une excursion le long d'une rivière. Malgré l'étouffante chaleur humide, la marche au milieu des massifs de bambous géants, dans le silence de la forêt tropicale seulement percé par le cri d'oiseaux isolés, n'est pas sans déplaire à Teilhard. Mais le sentier se transforme peu à peu en marécage, un véritable bourbier noirâtre de vase et d'argile où les hommes s'enfoncent jusqu'aux chevilles. L'agréable expédition se transforme en cauchemar : la forêt se fait encore plus épaisse, sans aucune échappatoire, la progression est difficile et exige une grande attention. « Comme il aurait été plus facile de passer par la rivière ! », regrette Helmut de Terra. Teilhard souffre comme ses compagnons de l'écrasante chaleur, de la boue qui colle à son pantalon ; de plus, ses chaussures de tennis, si efficaces en terrain sec, ne sont pas du tout adaptées à un sol détrempé ; il les égare même à plusieurs reprises. « À midi, raconte encore Helmut de Terra, nous atteignîmes enfin quelques huttes auprès desquelles nous nous laissâmes tomber, épuisés, sur une souche d'arbre, et où nous nous rafraîchîmes en buvant le lait de noix de coco que des indigènes étaient allés chercher pour nous dans les arbres. Je ne me rappelle plus comment nous réussîmes à poursuivre tout l'après-midi cette randonnée exténuante, et à gagner la station d'où nous continuâmes notre route en auto ou en chemin de fer. Mais les quelques photos que je pris pendant cette marche confirment le souvenir que j'ai gardé de l'état d'épuisement de Teilhard. Sous le poids de la fatigue, tout son corps avait perdu son admirable élasticité ; mais bien que son visage trahît son épuisement physique, il ne sortit de ses lèvres aucune critique ni aucune plainte [98]. » À cinquante-sept ans, le savant français reste un redoutable homme de terrain et un vrai compagnon de route.

Temps de guerre, à nouveau

Pékin, mai 1938. À la mi-avril, au moment de quitter Java, Teilhard apprend que le général des jésuites l'autorise à prendre la direction d'un laboratoire parisien, spécialement créé pour lui aux Hautes Études, consacré aux « recherches de géologie continentale considérée dans ses rapports avec la paléontologie humaine ». Il avoue ne pas être enthousiasmé par cette perspective qui est d'abord honorifique. Il est désormais implanté en Chine, au point que, à la veille de la guerre entre le Japon et les États-Unis, il n'arrivera pas à se décider à quitter la Chine pour le continent américain, où il aurait pu poursuivre ses travaux, en toutes tranquillité et sécurité. Et pourtant, à Pékin, la situation s'est dramatiquement dégradée : Chou-Kou-Tien est déclaré *no man's land* et interdit d'accès aux scientifiques par les Japonais.

À l'automne 1938, afin de rejoindre la France, Teilhard prend la direction des États-Unis. Il en profite pour rendre visite à ses amis et collègues de l'université d'Harvard à Yale et de l'American Museum of Natural History à New York. Arrivé en France en septembre 1938 pour régler l'affaire de sa nomination aux Hautes Études (il a appris entre-temps que le musée du Trocadéro et l'Institut de Monaco ont aussi cherché à le recruter), Teilhard fête Noël à Paris avec ses amis Max et Simone Bégouën. Il lui est toujours interdit de prendre la parole en public, à moins de s'en tenir au champ scientifique ; dans cette limite, il peut répondre à une invitation du Muséum d'histoire naturelle et donner, au début de 1939, une conférence à propos des récentes fouilles en Birmanie. L'opérateur chargé de projeter les vues des lieux prospectés par le savant les présente à plusieurs reprises à l'envers ; Teilhard se contente de le lui faire remarquer d'un léger coup de son bâton. Dans la salle, une femme l'écoute avec une attention particulière : Jeanne Mortier vient de lire *Le Milieu divin*, bien sûr dans une version ronéotypée, et a été bouleversée par le caractère novateur de la pensée qu'elle y découvre. Elle souffre d'être enfermée dans ce qu'elle-même appelle le « tunnel où m'avait enfoncée, après dix ans d'études thomistes, la certitude que la philosophie et la théologie médiévales, faute d'*aggiornamento* scientifique, parlaient une langue qui n'avait plus cours en notre temps [99] ». Elle sollicite un rendez-vous, est surprise d'être reçue sur-le-champ par le conférencier du Muséum, apprend à cette occasion l'interdiction d'enseignement qui pèse sur lui, s'inquiète de ne jamais le revoir à cause de son emploi du temps chargé, s'étonne enfin d'entendre le père Teilhard lui dire : « Revenez mercredi prochain. » Elle devient sa secrétaire bénévole, l'aide à recueillir, à classer et à dactylographier ses écrits. « Vous êtes une fée (ou un ange) d'activité », lui écrira-t-il en septembre 1946. Son hiver à Paris est riche de rencontres. Il fait ainsi la connaissance de l'aviateur Charles Lindbergh, le vainqueur de l'Atlantique en 1927.

Fin février 1939, il se rend à Toulouse où il doit donner quatre conférences ; pour l'occasion, il accepte de porter, raconte-t-il, une longue robe noire, alors que, quelques mois auparavant, il se moquait des « bonzes noirs » qu'il allait retrouver en France ! En mars, c'est un groupe d'une soixantaine d'artistes qui, à l'instigation d'un ami d'Aldous Huxley, l'invitent à évoquer devant eux le rôle de l'intuition et de l'art dans l'avancée de l'énergie spirituelle. Le même mois, il est invité en Angleterre, à Trinity College ; il en apprécie « le bizarre mais agréable mélange de dignité et de progrès ». Les Anglais paraissent apprécier son travail scientifique : il est membre de la Société de zoologie de Londres, membre honoraire à vie de la Société de paléontologie des Vertébrés et il est élu *Honorary Fellow* de l'Institut royal d'anthropologie.

En juin, il se prépare à retourner en Chine. Jeanne Mortier lui conseille de rester à Paris. La guerre paraît inévitable, sa présence en France pourrait se révéler bénéfique ; mais Teilhard s'en tient à l'avis de ses supérieurs. « Merci, écrit-il à sa nouvelle amie avant de quitter la métropole, de me dire de partir dans la joie et la paix. C'est la parole dont j'avais besoin ; et je pense que Dieu me l'a dite par vous. J'espère revenir bientôt, plus prêt et moins indigne, si vraiment quelque chose est attendu de moi [100]. » Accompagné de sa cousine Marguerite, il embarque pour les États-Unis, sans se douter qu'il ne reverra pas la France avant six ans. À

New York, selon son habitude, il rend visite et travaille au Muséum ; il retrouve Malvina Hoffman, une artiste dont il avait fait la connaissance à Paris en juin 1935. Il rejoint ensuite Chicago et son ami Henry Field. Field est un anthropologue américain qui a rencontré Breuil, à l'occasion d'une vaste campagne d'achat d'objets préhistoriques destinée à garnir le Field Museum ; en 1941, il sera chargé par le président Roosevelt d'une étude sur la population mondiale, les politiques de migration et l'habitat. Après sa visite au Field Museum, Teilhard rejoint Berkeley, afin d'assister à une rencontre de géologues. Les nouvelles provenant de Chine sont plutôt inquiétantes, mais Teilhard considère qu'il doit y retourner pour assurer ses responsabilités auprès du Service géologique. À Vancouver où le rejoint Lucile Swan, il embarque pour la Chine.

La « prison » chinoise

Chabanel Hall, la maison des jésuites à Pékin, août 1939. Teilhard ne s'est pas arrêté à Tien-tsin : une inondation ravage la région, les réfugiés affluent en ville et même les collections du musée Licent subissent de graves dégâts ; il a préféré rejoindre directement Pékin. Là, le supérieur de la communauté, le père Marin (surnommé, par ses confrères, le Grand Navigateur), l'accueille froidement : « Mon Révérend Père, vous êtes indésirable parce que évolutionniste et communiste ; il faudrait donc que vous retourniez en France le plus tôt possible. — Moi ? je ne suis pas communiste. — Vous êtes évolutionniste, donc c'est suffisant pour prouver que vous êtes communiste [101]. » Un tel accueil, une pesante communauté d'une centaine de religieux, la plupart hispano-canadiens, des cellules minuscules aux cloisons peu isolantes, une grande distance à parcourir pour rejoindre ses lieux habituels de travail, le PUMC et le Service géologique :

Teilhard a toutes les raisons d'être le plus souvent possible loin de Chabanel Hall, et d'obéir, à sa manière, aux injonctions de son supérieur.

À ces difficultés, s'ajoute la nouvelle de la déclaration de guerre de la France à l'Allemagne, le 3 septembre 1939. L'impulsion première de Teilhard serait de rejoindre sans tarder sa patrie et les siens, pour leur offrir ses services. Mais à Pékin, ses amis lui font entendre raison : il est trop âgé (cinquante-huit ans) pour reprendre un service actif ; il sera plus utile en poursuivant en Chine son œuvre scientifique et culturelle. Il se résigne, mais en souffre secrètement et écrit à sa cousine, le 24 septembre 1939 : « Où es-tu ? et que peux-tu faire ? Aide-moi à sentir et à vivre ce qui se passe. » « Mon cœur est pris entre les deux branches d'une tenaille », écrit-il à une amie. À Pékin, en effet, rien ne permet de se rendre compte de la manière dont évolue le conflit européen ; même par avion, une lettre met trois semaines pour arriver de France, davantage dans l'autre sens. À ce déchirement extérieur, s'ajoutent des fragilités plus intérieures : « Je n'ai toujours pas trouvé mon équilibre, confie-t-il à une correspondante. Pour une raison quelconque je ne me sens pas exactement moi-même, physiquement, ou si vous préférez, nerveusement. Je suppose que c'est une accentuation passagère de dispositions que j'ai depuis l'enfance [102]. » Il traverse une nouvelle période de dépression, aggravée par l'annonce de la défaite française. Au cours de la retraite qu'il accomplit fin 1939, il demande : « Et Jésus, avec la consistance, en plus de la consistance, soyez-moi la *paix*, le *goût*, la *sérénité*... De l'angoisse et du dégoût intérieur, — du " cafard " —, délivrez-nous, Jésus... [103]. » Là où il faudrait des réformes hardies, de l'imagination et de l'audace, il ne voit que conservatisme, atonie et retour en arrière : « Cette dernière guerre m'a profondément déplu et inquiété dès le début parce que je sentais confusément que la France s'était engagée sans conviction et sans esprit d'idéal : juste pour avoir le droit d'être " tranquille ". Or s'il est une vérité qui se dégage c'est que les pacifistes ont fait une énorme erreur en définissant la paix comme l'opposé de la guerre. La vraie paix, la seule paix biologiquement désirable et possible, est dans la direction, mais au-delà de la guerre : c'est l'esprit de conquête transporté sur un objet supra-humain. Lutter, mais tous ensemble, et pour un objet qui unisse les efforts au lieu de les diviser [104]. » De la part d'un ancien médaillé de la Grande Guerre et d'un homme de Dieu, cette parole mérite, je crois, d'être méditée. La paix, au-delà de la guerre : notre époque, en ce domaine, est-elle radicalement différente de celle où Teilhard a écrit ces lignes ?

Les Japonais, non encore engagés dans le conflit mondial, se contentent de poursuivre la lente invasion civile de la ville. Mais la situation se dégrade tout de même assez rapidement : le ravitaillement des populations devient difficile, la misère des campagnes grandit ; la vie sociale elle aussi s'appauvrit. Teilhard évoque une « indicible misère » : « S'il y avait un enregistreur de la souffrance humaine globale (ce qui est une réalité bien réelle après tout) qu'est-ce qu'on ne verrait pas en ce moment [105] ! » Quant à lui, il se trouve emprisonné à Pékin, interdit de terrain et en manque de collaborateurs. Il en profite pour rédiger des notes et des articles sur la géologie de la Chine continentale, pour travailler au *Phénomène humain* (une à deux pages par jour, explique-t-il à ses amis Bégouën). La vie est austère, mais, reconnaît-il, « la pensée y gagne jusqu'à un certain point, et aussi la vie intérieure ». « Curieuse situation, écrit-il à sa cousine : la bataille fait rage partout ; et de proche en proche, si on revient à la source du conflit, on s'aperçoit que la source du mal n'est pas dans les conflits apparents, mais très loin de là en apparence, dans le fait intérieur que les hommes ont désespéré de la personnalité de Dieu [106]. »

En 1940, les événements politiques contraignent les autorités jésuites à décider le déménagement du musée Licent de Tien-tsin. Empêchés de se rendre à Chang-hai ou dans le sud de la Chine pour leurs études, les jeunes Chinois se bousculent aux portes des établissements universitaires à Tien-tsin et à Pékin. Afin de permettre l'extension de leur École des hautes études commerciales, les jésuites décident de réquisitionner les locaux du musée Licent et de déménager les collections dans un établissement qu'ils créent tout spécialement à Pékin : ainsi naîtra l'Institut de géobiologie. La direction en est confiée à Pierre Teilhard de Chardin, secondé par Pierre Leroy. « Une place encore vide, explique Teilhard, se découvre au fronton même de la science pour une discipline spécialement consacrée à l'investigation de la biologie. Nous avions déjà la géophysique et la géochimie : voici, pour achever la triade, qu'apparaît la géobiologie [107]. » « La géobiologie, ajoute Leroy, c'est l'unité indissoluble de la Terre et de la Vie ; c'est l'unité de la couche vivante qui recouvre la Terre comme la pulpe d'un fruit recouvre le noyau. » Mais, pour commencer, il faut assurer le transfert, de Tien-tsin à Pékin, de plusieurs tonnes de mammifères fossiles, de plus de 3 500 peaux d'oiseaux, de 700 peaux de mammifères, de centaines de boîtes d'insectes, de mètres cubes d'invertébrés. Avant de pouvoir entreprendre la construction d'un bâtiment *ad hoc*, l'Institut range ses caisses dans une maison louée à l'armée, 3, rue Labrousse, près de l'ambassade de France. Contrairement à ce qu'espère sans doute Teilhard, le jeune Institut n'échappe pas totalement à la discipline jésuite : le père Marin charge le père Bornet de se joindre aux deux Pierre pour veiller à la régularité de la vie commune. « Une survivance des Pères du désert », dit de lui Pierre Leroy, lorsqu'il découvre que le sévère religieux a supprimé une partie du personnel d'entretien et fixé les horaires comme les menus quotidiens. Les deux savants se plient sans broncher au rythme de vie imposé par leur gardien. Ils célèbrent la messe quotidienne à sept heures, puis se retrouvent dans un bureau pour discuter et fumer une cigarette. Au bout d'une vingtaine de minutes, c'est l'aîné qui décide : « Maintenant, on travaille ! » ou bien « Cher ami, je travaille ». Et les matinées se passent le plus souvent dans la rédaction d'un article ou d'un mémoire scientifiques. L'après-midi, Teilhard se rend au PUMC, puis, vers cinq heures de l'après-midi, part en visite chez ses amis. Mais, attention à l'heure, car le père Bornet a instauré un couvre-feu : à huit heures du soir, la porte de la maison est impérativement fermée par un cadenas dont lui seul possède la clé. L'un des plaisirs de Teilhard est d'arriver quelques secondes avant l'heure fatidique, histoire de faire enrager le ministre gardien, déjà prêt à fermer. À ce jeu, en grand arpenteur de la planète qui a le sens des distances, Teilhard sort le plus souvent vainqueur. Une fois enfermés, les deux Pierre écoutent habituellement la radio, surtout celle de la station radiophonique française, installée à Chang-hai et dirigée par leur amie Claude Rivière, parfois une station clandestine. Un soir où le moral de Teilhard n'est pas brillant, une dépêche tombe : « Nous venons d'apprendre, de source sûre, la mort du savant Pierre Teilhard massacré par les brigands de la vallée de la Salouen. » L'annonce provoque une belle crise de fou rire chez les deux hommes ! Le journaliste a confondu les noms de Teilhard et de Léotard ; ce dernier vient effectivement d'être massacré par les redoutables Gnobos, lors d'une expédition sur le plateau tibétain.

D'Europe, les nouvelles sont moins drôles et plus alarmantes : la défaite de 1940, l'appel du 18 juin laissent les étrangers résidant à Pékin dans la perplexité et un grand sentiment de solitude. Fidèle à son habitude et à sa pensée, Teilhard analyse assez froidement la situation : « Du côté des Alliés, il n'y avait aucun esprit de conquête ni de renouveau : uniquement lutte pour préserver une conception bourgeoise et démodée de l'Homme. Il y a quelque chose d'affreusement primitif et étroit dans la religion et l'idéal d'Hitler. Mais les Allemands avaient une flamme intérieure, et c'est cela qui était trop fort pour nous, beaucoup plus que les tanks [108]. »

Chou-Kou-Tien, 2 décembre 1940. Par l'entremise d'un journaliste français, Robert Guillain, retenu comme lui en Chine à cause du conflit, Teilhard a l'occasion de retourner sur le site du Sinanthrope, ce que les autorités japonaises lui ont interdit jusque-là de faire, sous le prétexte de l'avoir déclaré zone interdite. Une véritable expédition se forme, avec autant de véhicules militaires que de voitures civiles et même des engins blindés : il sera difficile de cacher aux étrangers que les paysans chinois mènent une sévère guérilla contre les envahisseurs japonais, à cinquante kilomètres de Pékin. « Guillain, vous voyez là, tout en bas, cette mince trace noire ? Regardez bien... C'est de la cendre !... Merveilleux, n'est-ce pas ? Un feu a brûlé ici, allumé par les hommes. Il y a combien d'années ? Deux, trois cent mille ans ? Peut-être davantage ! Quel vertige pour l'imagination ! Et que notre minuscule goutte de vie terrestre paraît infime, noyée dans l'abîme du Temps [109] ! » Même au cœur des situations humaines les plus tragiques (mais qu'est-ce qui peut paraître tragique à un rescapé des tranchées de la Grande Guerre ?), Teilhard garde son enthousiasme spirituel, face aux traces les plus anciennes de la conscience humaine. Se doute-t-il qu'il ne reverra jamais plus Chou-Kou-Tien ?

Alors que les ressortissants américains quittent peu à peu Pékin, Teilhard est invité, le 3 mars 1941, à donner une conférence à l'ambassade de France intitulée « L'Avenir de l'Homme, vu par un paléontologiste ». Il se demande : « Ne sommes-nous pas arrivés à une impasse ? et peut-on sérieusement parler d'un Futur de l'Humanité [110] ? » Comme en

1924, dans *Mon univers*, Teilhard ne peut pas admettre que le monde puisse échouer : « Un goût passionné de grandir, d'être, voilà ce qu'il nous faut. Arrière donc les pusillanimes et les sceptiques, les pessimistes et les tristes, les fatigués et les immobilistes ! La Vie est perpétuelle découverte. La Vie est mouvement [111]. » Et le 1er mai, il fête ses soixante ans : « Incroyable, la vitesse du temps... » Ses amis lui manifestent leur amitié et l'importance qu'ils attachent à sa présence parmi eux : « Les gâteries ont plu sur la rue Labrousse », reconnaît-il sans chercher à cacher son plaisir. À une amie, il confie : « Vous rendez-vous compte de l'âge que j'ai maintenant ? J'espère néanmoins rester jeune jusqu'au bout, pour Dieu. » Puis : « Un an que je n'ai pas pris le train ! C'est incroyable. En fait je me sens heureux ici, dans mon nouveau domicile : le premier *home* que j'aie eu de ma vie. Peut-être que je vieillis vraiment [112] ? » À la même personne, il avouera quelque temps plus tard en avoir assez d'écrire. Il préférerait parler et agir. Mais le verrou de la guerre s'ajoute désormais à celui des autorités ecclésiastiques.

Son frère Gabriel meurt le 29 octobre de la même année, au terme d'une maladie de quelques mois ; il ne l'apprendra qu'un an plus tard. Le 14 juin 1942, c'est son amie Léontine Zanta qui disparaît. « Rien ne ressemble autant à l'épopée humaine, qu'un chemin de la Croix [113] », écrit-il au terme du *Phénomène humain* ; pour un être aussi humain que Teilhard, la mort d'un parent, d'un ami, prend vite les allures d'une douloureuse station supplémentaire.

Si Teilhard a pu espérer un temps se rendre aux États-Unis pour rompre un isolement croissant, ses espoirs se sont effondrés le 8 décembre 1941 : ce jour-là, la flotte américaine est attaquée par l'aviation japonaise, dans le grand port hawaiien de Pearl Harbor. En novembre 1942, s'offre enfin une occasion d'escapade, mais à Chang-hai seulement : l'Alliance française de la ville l'y invite à donner une conférence. Il prend le train avec Pierre Leroy, invité lui aussi. Leur amie Claude Rivière, celle de la radio, les accueille. Elle raconte : « Quand le train arrive enfin, dans un fracas de ferraille et de grincements, crachant un torrent de vapeur, quand il a dégorgé sa cargaison de fourmis noires et bleues, j'aperçois ceux que j'attends. La haute silhouette de Teilhard domine la foule. Suivi de Leroy, il s'avance, plus squelettique que jamais, les traits tirés, les vêtements maculés, après un voyage d'un jour et de deux nuits dans un wagon de troisième classe. Il faut avoir vécu en Chine pour savoir ce que signifiait voyager en troisième classe. Avec les Chinois qui s'empiffrent, crachent et jettent des épluchures à la volée, ne s'arrêtant de piailler ni jour, ni nuit. À bout de bras, le Père porte une valise de carton déglinguée, fermée par des ficelles. Et savez-vous ce qu'il y avait dans cette valise ? Il y avait une copie du *Phénomène humain* que m'apportait le Père, pour me la faire lire. [...] À sa vue, je restai, cette nuit-là, muette d'étonnement et de tristesse. “ Eh bien ! Qu'avez-vous, mon amie ? Et pourquoi cette figure bouleversée ? Deux nuits blanches. Pas de quoi s'attendrir. Nous en avons vu bien d'autres, n'est-ce pas, Leroy ? Et n'oubliez pas que le pays est en guerre. C'est une grande chance pour nous que d'avoir pu arriver jusqu'ici. Allons, ne vous attristez pas. Demain, tout ira bien... ” [114] » Ah, ce sacré Teilhard ! À Marie, l'amah de Claude (autrement dit sa femme de chambre) qui lui donne du « Monsieur-Curé », il explique : « Je ne suis pas Monsieur-Curé. Je suis... je suis le boy du Bon Dieu, Marie ! — En voilà un drôle de Dieu, rétorque Marie, qui ne peut même pas habiller correctement ses boys ! » Et elle s'empresse de nettoyer et de repasser les vêtements des deux ecclésiastiques, fripés par le long voyage.

Claude Rivière est un être comme les affectionne Teilhard. Avant de diriger la radio française à Chang-hai, elle a obtenu son agrégation de lettres, puis enseigné en France et aux États-Unis. À partir de 1923, commence pour elle une vie d'aventurière ; elle est successivement pêcheuse d'huîtres à perles, vendeuse de coprah, organisatrice de courses de chèvres en Inde, ou encore meneuse d'une troupe de danse tahitienne. Teilhard a pour elle une affection quasi paternelle. Après son séjour à Chang-hai, il lui écrira : « Claude, vous avouerai-je qu'en trois semaines j'ai pris si bien l'habitude de vivre avec vous, que vous me manquez maintenant, — ou que, à d'autres moments, j'ai encore l'impression d'être avec vous, — ce qui est la vérité, en somme. — Vous êtes une parfaite amie, Claude — parce que vous êtes aimante, compréhensive, et que vous " animez " [115]. » Ou encore : « Je voudrais tant vous revoir, Claude, vous me rajeuniriez [116]. » Pour l'heure, il aime parcourir avec elle la grande ville chinoise. La guerre a largement ralenti l'activité portuaire et les plus riches Occidentaux ont quitté les concessions, avec leurs voitures et leurs paquebots. Mais les Japonais sont venus les remplacer et, surtout, le peuple chinois est toujours là, avec ses pousse-pousse, ses rickshaws et ses jonques qui encombrent le moindre espace de terre ou d'eau. Immense Babylone où la foule bigarrée est tellement compacte qu'elle paraît se déplacer comme un bloc et ne former qu'une seule et même personne. Homme du désert et des solitudes, Teilhard est fasciné par les foules, ces vagues humaines, dans lesquelles il voit l'annonce et même la réalisation d'une nouvelle étape de l'Évolution, celle qu'il appelle la Noogenèse. À Chang-hai, il savoure l'agitation fébrile, le foisonnement des magasins et des buildings, tellement différents de la léthargie dans laquelle Pékin s'est enfoncée. Il profite de son séjour pour s'intéresser à l'université tenue par ses confrères jésuites, l'Aurore, et il se montre fier de leur engagement auprès des réfugiés, de leur courage face aux occupants. Il passe aussi de longs moments à la radio française ; il y prépare des sujets d'émission pour son amie ou encore soutient le courage d'une jeune Chinoise de la haute bourgeoisie, convertie au catholicisme et désireuse de s'engager dans la vie religieuse.

Arrive enfin le moment de la conférence. La salle est bondée et l'assistance panachée : des soutanes et des élégantes, dont plusieurs amies du jésuite. Teilhard traite de la place de l'homme dans l'univers. « Parlant d'une voix nette, précise mais chaude, raconte Claude Rivière, sobrement éloquent, avec l'aisance d'un orateur qui possède à fond son sujet, sans se référer à ses notes, arpentant l'estrade et nous faisant assister en quelque sorte à la genèse de sa pensée, Teilhard a tenu son auditoire suspendu à ses paroles, en une attention concentrée et passionnée. Familièrement, simplement, cherchant toujours, par le vocabulaire et le ton, à rester en contact avec des auditeurs non spécialisés [117]. » Au cours de cette conférence, il dévoile les principales idées du texte dont il vient d'achever la rédaction : *Le Phénomène humain*. Réactions horrifiées de certains confrères devant une telle audace ; nuée d'admirateurs (et surtout d'admiratrices, remarque malicieusement Claude) ; pluie d'invitations. Son hôtesse raconte comment, dans les jours qui suivent, Teilhard lui fait lire ou lit avec elle ce traité dont il a apporté une copie avec lui. Ses amis le savent : comme souvent les chercheurs, il a besoin de ces dialogues, de ces disputes, pour éclaircir, affiner, enrichir sa pensée. Que lui importe si son interlocuteur, son interlocutrice n'ont pas toutes les connaissances scientifiques ou philosophiques nécessaires. « L'amitié, dit-il, n'a pas de balance », et leurs questions stimulent sa réflexion.

Un incident lui enlève malheureusement l'espoir de pouvoir revenir rapidement à Chang-hai. Dans un tiroir de sa chambre d'hôte, à l'université jésuite, il oublie malencontreusement un manuscrit, sans doute *Christologie et Évolution*, celui-là même qui avait suscité les critiques du père Maréchal. En soi, l'affaire serait sans importance, mais elle donne de l'eau au moulin de ses détracteurs, déjà aiguillonnés par le contenu de sa conférence ; ils obtiennent de ses supérieurs un veto formel à son retour à Chang-hai, au moins dans l'immédiat. « Comment arriver à me faire comprendre, soupire-t-il. J'aurais sans doute trouvé plus de chaleur si j'avais proposé la fondation d'un nouveau pèlerinage [118] ! »

Le voilà de retour à Pékin. Après l'agitation fébrile de Chang-hai, la capitale chinoise lui paraît bien calme. Mais, au fond, Teilhard se sent chez lui à Pékin, cette ville toute claquemurée dans ses enceintes, par crainte des mauvais génies. « La ville est encore le grand camp où la tente de l'Empereur est entourée des tentes des sujets, rangées en lignes orthogonales suivant les quatre points cardinaux [119] », avait-il écrit en 1923. Les *yamen*, les traditionnelles maisons chinoises, reproduisent le même plan : cités en miniature, elles possèdent de multiples cours intérieures, des pavillons et des jardins. Partout, sur les palais comme sur les temples, les toits sont polychromes. Mais Pékin, c'est peut-être avant tout le spectacle toujours recommencé des *hutung*, ces ruelles qui, du nord au sud, de l'est à l'ouest, quadrillent l'immense carré de la ville chinoise, elle-même située au sud de la ville tartare, là où se trouvent les légations. « C'est là que [les Pékinois] mangent, roulent, trafiquent, clabaudent, au milieu du pullulement des enfants et des cochons noirs, de l'encombrement des pousse-pousse, des brouettes, des cuisines ambulantes, des palanquins. Mendiants en haillons, couverts de plaies, vraies ou simulées, mandarins, mariages, enterrements, marchandages, loques et brocarts, odeurs de fritures, de mangeailles et d'opium, tout se mêle dans ce monde bizarre, plein de couleur. Son bariolage s'accompagne d'une cacophonie de bruits inimaginables en Occident. La rue est un vaste marché. On y vend de tout. Chaque métier, chaque commerce y a son appel distinctif, destiné à faire sortir le client éventuel de sa tanière [120]. » Teilhard n'aurait pas renié cette description des *hutung* par son amie Claude ; lui aussi aime les traverser, y croiser parfois des chameaux qui, avec leur double bosse et leur étrange lippe, lui rappellent l'épopée de Koubilaï Khan et ses propres expéditions dans le désert de Gobi. « Ce que j'aime à Pékin, c'est le sentiment d'être au cœur de la vieille Chine. Mes meilleurs souvenirs de là-bas seront peut-être ceux de tels retours nocturnes en pousse-pousse, dans des ruelles tortueuses et sombres, sous un ciel magnifiquement étoilé où se détachaient, en ombres “ chinoises ”, les petits toits courbes et les vieux arbres tordus, couverts de nids de corbeaux. »

Traverser les ruelles pékinoises, c'est aussi pour Teilhard le signe d'un moment passé dans un foyer, un cercle amical. Sa correspondance, les témoignages de ses amis en portent de multiples souvenirs. Celui de Teilhard emmitouflé dans un pousse-pousse, tandis que Leroy, Willy et Dominique Wang se faufilent à bicyclette entre les trams, les autobus, les camions militaires et le flot incessant d'ânes, de dromadaires et de petits chevaux mongols. Celui de l'arrivée du jésuite dans une maison chinoise : « Bonjour, bonjour *Lao San !* Tout va bien ? Pierre Teilhard tapote l'épaule du boy et le suit, prenant garde de ne pas marcher “ sur l'ombre-de-l'homme-qui-précède ”, suivant l'usage en Chine [121]. » Celui d'une réunion mondaine au cours de laquelle Teilhard s'est ingénument laissé emporter sur un terrain dangereux ; son ami Pierre Leroy tente de l'en avertir par une légère pression du pied sur sa chaussure. « Ma parole ! Qui donc me fait si gentiment du pied sous la table ? » s'exclame candidement son aîné. Celui enfin de la gouvernante chinoise de sa jeune amie Dominique Wang, qui montre pour le prêtre français une grande vénération. « Il est aussi à l'aise et à sa place en Chine, affirme la Chinoise, qu'un poisson dans l'eau et digne de prendre place parmi les grands maîtres. » Et cette femme, vêtue d'une veste de coton blanc, en pantalon serré noir, le chignon haut perché au sommet du crâne, de s'incliner respectueusement devant lui, et d'admirer les longues mains, fines et blanches, de Teilhard.

Parfois, les étrangers peuvent s'échapper des antiques murailles de la cité, pour passer quelques heures dans la campagne pékinoise. « Nous sommes maintenant en plein printemps, écrit Pierre à ses frères Gabriel et Joseph le 5 mai 1941. Les abricotiers et pêchers roses, puis les pommiers blancs, ont passé comme un rêve, sous des déchaînements de vent de poussière. J'ai continué, une ou même deux fois par semaine, à aller aux Western Hills faire un peu de terrain. » Sans doute est-ce à cette époque qu'une pellicule le saisit en tenue de terrain : feutre sur la tête ombrant le côté droit du visage, cravate légèrement de travers, veste saharienne serrée à la taille, fin sourire aux lèvres ; assis sur un banc en compagnie de Lucile Swan, mais prêt à se lever en un instant. Car, même les promenades dominicales, en compagnie de ses amis, sont l'occasion pour lui de faire du terrain ; ses compagnons le voient, après le déjeuner, partir en direction des pentes rocheuses, casser des roches, prendre des notes. *On the field*, toujours.

Le 30 mai 1943, il écrit à Claude Rivière : « Je compte bien me mettre à la rédaction du papier sur " Humanité et Super-Christ ", que je nourris en esprit depuis que je vous ai quittée. Plus le temps passe, plus il est clair que le bouleversement actuel ne se terminera pas sans une refonte politico-économico-sociale dont les rêves nazis et fascistes n'étaient qu'une minuscule ébauche. Et alors le besoin deviendra évident (tant pis pour le " parti dévot ") d'une Religion à la mesure de la Terre nouvelle. Je continue à croire que, proprement pensé et re-pensé, c'est le Christianisme qui contient en germe la Religion que nous attendons, la Religion du Progrès [122]. » Emprisonné en pleine terre de

Chine, il pense que l'avenir de l'humanité trouvera ses racines dans le terreau chrétien. Malgré les longues années passées en Chine, malgré de sincères amitiés avec de jeunes Chinois intelligents et pleins d'avenir, Teilhard ne croit pas dans un avenir fondé sur la Chine et les Chinois. « Aucune promesse de progrès, aucun ferment, aucun bourgeon pour l'Humanité de demain », écrivait-il à l'abbé Breuil le 16 juillet 1923. « Obscurément, explique-t-il à une correspondante le 22 janvier 1943, on aspire vers la Terre blanche. Là est le vrai bourgeon humain [123]. »

Évidemment, je pense ici au livre d'Alain Peyrefitte : *Quand la Chine s'éveillera... le monde tremblera* et à l'histoire de la Chine contemporaine. Teilhard se serait-il trompé ? Peyrefitte, qui cite à plusieurs reprises la correspondance du jésuite, achève son ouvrage en citant son compatriote : « " J'ai pour la Chine une grande reconnaissance, disait Teilhard ; par son immensité, par l'énormité de ses dimensions, elle a contribué à élargir ma pensée, à l'élever jusqu'à l'échelle planétaire. " Peut-être aurait-il ajouté, s'il avait eu le loisir d'y retourner de nos jours : " par sa volonté passionnée de créer un univers plus juste et de changer l'homme même ; par le courage avec lequel elle supporte des sacrifices qui nous sembleraient intolérables ; par l'interpellation qu'elle nous adresse " [124]. »

« Le Phénomène humain »

À Chang-hai, en novembre 1942, Teilhard a intitulé sa conférence « La Place de l'homme dans l'Univers » ; mais, dans son esprit, je l'ai déjà indiqué, il a décidé de dévoiler les principales idées du *Phénomène humain* dont il a apporté le texte avec lui. Au cours de son exposé, il cite sir James Jeans : « À quoi se réduit la Vie. Tomber par erreur, dans un Univers qui, de toute évidence, n'était pas fait pour elle ; rester cramponnée à un fragment de grain de sable, jusqu'à ce que le froid de la mort nous ait restitués à la matière brute; nous pavaner pendant une toute petite heure sur un tout petit théâtre, en sachant très bien que toutes nos aspirations sont condamnées à l'échec final, et que tout ce que nous avons fait périra avec notre race, laissant l'Univers comme si nous n'avions pas existé... L'Univers est indifférent (ou même activement hostile) à toute espèce de Vie [125]. » Lui qui, depuis près de trente ans, fréquente les milieux scientifiques parisiens, puis internationaux, a entendu à maintes reprises de tels propos. Ils ne sont pas nécessairement le seul fait d'anticléricaux, d'athées ou d'agnostiques, mais aussi celui d'esprits ouverts aux sciences modernes, qui prennent au sérieux les trois révolutions que les sciences modernes ont imposées aux cultures occidentales et dont Teilhard parle lui-même : « Depuis Galilée (suivant la remarque de Freud), l'Homme n'avait pas cessé de perdre, un par un, aux yeux de la Science, les privilèges qui l'avaient jusqu'alors fait regarder comme unique au Monde. Astronomiquement, d'abord, dans la mesure où (comme et avec la Terre) il se noyait dans l'énorme anonymat des masses stellaires; biologiquement ensuite, dans la mesure où (comme tout autre animal) il se perdait dans la foule des espèces, ses sœurs; psychologiquement enfin, dans la mesure où s'ouvrait, au cœur de son moi, un abîme d'Inconscient : par trois degrés successifs, en quatre siècles, l'Homme, je dis bien, avait paru se redissoudre définitivement dans le commun des choses [126]. »

Le sentiment exprimé par sir James Jeans est loin d'avoir disparu, au cours du demi-siècle qui a suivi la conférence de Chang-hai. Je me demande même si, le développement des sciences et des techniques aidant, avec ses succès et ses échecs, il n'est pas devenu plus présent encore aux esprits de la fin du XXe siècle et du début du XXIe siècle. Entre les mots du savant anglais et ceux qui servent de conclusion au livre de Jacques Monod, *Le Hasard et la Nécessité*, publié en 1970, il y a plus qu'une vague ressemblance : « L'ancienne alliance est rompue ; l'homme sait enfin qu'il est seul dans l'immensité indifférente de l'Univers d'où il a émergé par hasard. Non plus que son destin, son devoir n'est écrit nulle part. À lui de choisir entre le Royaume et les ténèbres [127]. » Inutile, je crois, de souligner davantage l'intérêt, voire l'actualité, des réflexions proposées dans *Le Phénomène humain*.

L'indifférence de l'univers, la perte par l'espèce humaine de ses privilèges, l'échec possible de ses ambitions : Teilhard ne se contente pas d'entendre des penseurs exprimer de telles opinions ; lui-même y a été intérieurement confronté. Souvenons-nous des extraits de la *Grande Monade*, de ces passages où il avoue sa peur de la solitude, sa crainte de voir l'Univers conduit à l'échec, enfin sa foi en la vie et en un absolu (par inférence, par besoin et par amour, précisait-il). Il n'a jamais cessé de s'interroger et de réfléchir à la question du sens, celui des processus d'évolution cosmique et biologique comme celui du « phénomène humain », offrant à ses éventuels lecteurs le reflet d'une pensée très élaborée, mais jamais totalement achevée et encore moins définitivement fixée. Cette question, il le sait, est rendue d'autant plus délicate à manier et à traiter qu'elle empêche de garder séparées les deux acceptions du terme « sens », j'entends celle d'orientation ou de direction d'une part, celle de valeur ou de signification d'autre part. S'il convient d' « attaquer le réel sous des angles et à des plans différents » (en particulier ceux qui relèvent respectivement de la science, de la philosophie et de la religion), est-il possible de ne pas chercher à articuler ces angles et ces plans ? « Prenez, écrit-il dans l'Avertissement du *Phénomène humain*, n'importe quel livre écrit sur le Monde par un des grands savants modernes, Poincaré, Einstein, Jeans, etc. Impossible de tenter une interprétation scientifique générale de l'Univers sans *avoir l'air* de vouloir l'expliquer jusqu'au bout. » Et il poursuit : « Au cours de tout effort de ce genre pour décrire scientifiquement le Tout, il est naturel que se manifeste, avec un maximum d'ampleur, l'influence de certains présupposés initiaux d'où dépend la structure entière du système en avant [128]. »

Cette lucidité et cette perspicacité à l'égard du travail scientifique, Jean-Paul II y appellera, près de cinquante ans plus tard, lorsqu'il s'adressera aux membres de l'Académie pontificale des sciences, à l'occasion du soixantième anniversaire de leur institution. « Une théorie est une élaboration métascientifique, explique le pape, distincte des résultats de l'observation, mais qui leur est homogène. Grâce à elle, un ensemble de données et de faits indépendants entre eux peuvent être reliés et interprétés dans une explication unitive. [...] l'élaboration d'une théorie comme celle de l'évolution, tout en obéissant à l'exigence d'homogénéité avec les données de l'observation, emprunte certaines notions à la philosophie de la nature [...]. Il existe ainsi des lectures matérialistes et réductionnistes, et des lectures spiritualistes. [...] Le jugement ici, conclut Jean-Paul II, est de la compétence propre de la philosophie et, au-delà, de la théologie [129]. » Bien entendu, pas plus le pape que le jésuite n'entendent condamner le travail scientifique et ses auteurs. Ils veulent seulement mettre leurs contemporains en garde vis-à-vis des revendications de pureté, voire d'innocence, des sciences, que les scientifiques, aujourd'hui encore, défendent volontiers.

Je crois utiles ces précisions d'ordre épistémologique. Elles permettent de ne pas se méprendre sur la portée des avertissements, ou plutôt des assurances dont Teilhard a voulu faire précéder le texte du *Phénomène humain*. Dans une lettre du 25 mai 1938 adressée à son ami le père Auguste Valensin, il confie préparer un long travail sur l'Homme, mais en se tenant « sous le porche », autrement dit en se gardant de pénétrer « dans le sanctuaire de la Religion », histoire de ne pas provoquer l'ire de ses censeurs. Pourtant, malgré toutes ces assurances et des défenses, alors même qu'il achève son texte, Teilhard pressent qu'il va lui être tout de même reproché d'avoir quitté le champ du seul « phénomène ». Le 9 mai 1940, dans un courrier à ses fidèles amis Bégouën, il dit sa conviction que son ouvrage sera publié et s'inquiète en même temps de l'opposition à la fois des « purs savants » et des « purs adeptes de la Métaphysique »; mais peut-il écrire autre chose dès lors qu'il a cherché à donner à l'homme une place cohérente au sein de l'univers ? Il décide alors de multiplier les appels à la prudence et à la compréhension, dans l'ouvrage lui-même. Dans un Avertissement préliminaire : « Pour être correctement compris, le livre que je présente ici demande à être lu, non pas comme un ouvrage métaphysique, encore moins comme une sorte d'essai théologique, mais uniquement et exclusivement comme un mémoire scientifique. Le choix même du titre l'indique. Rien que le Phénomène. Mais aussi tout le Phénomène [130]. » Comme dans sa Conclusion : « Parmi ceux qui auront essayé de lire jusqu'au bout ces pages, commence-t-il par écrire, beaucoup fermeront le livre insatisfaits et songeurs, se demandant si je les ai promenés dans les faits, dans la Métaphysique, ou dans le rêve. » Il est pourtant convaincu que « l'Homme, si l'on essaie de l'encadrer totalement, corps et âme, dans l'expérimental, nous oblige à réajuster tout entières, en sa mesure, les nappes du Temps et de l'Espace ». Et il conclut : « Pour faire une place à la Pensée dans le Monde, il m'a fallu intérioriser la Matière; imaginer une énergétique de l'Esprit; concevoir au rebours de l'Entropie une montante Noogenèse; donner un sens, une flèche et des points critiques à l'Évolution; faire se reployer finalement toutes choses en *Quelqu'un* [131]. » Mais il faut revenir au Prologue du *Phénomène humain*.

« Qu'on ne cherche donc pas ici une explication dernière des choses, — une Métaphysique. Et qu'on ne se méprenne pas non plus sur le degré de réalité que j'accorde aux différentes parties du film que je présente. Quand j'essayerai de me figurer le Monde avant les origines de la Vie, ou la Vie au Paléozoïque, je n'oublierai pas qu'il y aurait contradiction cosmique à imaginer un Homme spectateur de ces phases antérieures à l'apparition de toute Pensée sur Terre. Je ne prétendrai donc pas les décrire comme elles ont été réellement, mais comme nous devons nous les représenter afin que le Monde soit vrai en ce moment pour nous : le Passé, non en soi, mais tel qu'il apparaît à un observateur placé sur le sommet avancé où nous a placés l'Évolution [132]. » Teilhard et nous-mêmes avec lui ressemblons à des observateurs, placés sinon au sommet, du moins au terme (provisoire) d'une longue histoire, d'une longue évolution. L'exercice de rétrospective auquel nous sommes ainsi conviés est une opération familière aux paléontologues. L'un d'entre eux, Stephen Jay Gould, que j'ai déjà évoqué à propos de l'affaire de Piltdown, en parle dans son livre *La vie est belle*. Il en explique le titre de la manière suivante : « *Opabinia* et compagnie [la faune précambrienne dont il est question dans ce livre] sont les témoins d'une vie étrange et fabuleuse située dans un lointain passé. Mais ces animaux ont imposé à une science mal à l'aise avec de tels concepts une notion capitale : celle de l'histoire, notion qui tient pourtant une place centrale dans la scène la plus mémorable du film préféré des Américains — celle où l'on voit l'ange gardien de James Stewart en train de redérouler le film de sa vie, mais sans lui, démontrant ainsi le poids formidable de circonstances apparemment sans importance dans le déroulement d'une histoire. La science a eu beaucoup de mal jusqu'ici à prendre en compte la notion de contingence, mais le cinéma et la littérature y ont largement eu recours [133]. » Teilhard, qui fait lui-même référence dans son

Prologue à l'image du film, propose-t-il du transformisme une définition vraiment différente ? « Être transformiste, explique-t-il, au fond, c'est tout bonnement admettre que nous pouvons faire l'histoire de la Vie, comme nous faisons l'histoire des civilisations humaines, ou celle de la Matière. Toute réalité expérimentale est, par nature, historique (racontable) [134]. » Mais, si les deux chercheurs paraissent en accord, faut-il pour autant prétendre que, dans son ouvrage, Teilhard ne cherche pas « une explication dernière des choses — une Métaphysique » ? Si sa représentation de l'histoire de la Matière, de la Vie, de l'Homme enfin, est telle que « le Monde soit vrai en ce moment pour nous », ne lui a-t-il pas déjà donné une signification particulière ? Attention : nous pourrions sans doute en dire autant des représentations proposées par Gould et n'importe lequel de ses confrères biologistes ou cosmologues. Mon propos (pas plus d'ailleurs que celui du pape) ne se veut ni un jugement, ni une critique, seulement un constat dont il convient de tenir compte pour aborder ces interprétations scientifiques. Faudrait-il alors, pour respecter les avertissements du jésuite, jouer sur le sens à donner à la distinction entre physique et métaphysique ? Je ne le crois pas. Restons-en au conseil du père de Lubac, dans sa magistrale (mais parfois édulcorante) étude de *La Pensée religieuse du Père Teilhard de Chardin* : abordons le texte du *Phénomène humain*, non tel qu'il aurait dû ou pu être, mais simplement tel qu'il est, comme s'il n'avait pu être conçu autrement. Et, en fin de compte, comme la réponse possible d'un chrétien au constat de sir James Jeans ou de ceux qui pensent que « l'ancienne alliance est rompue » (Jacques Monod).

Cette réponse, la voici : « En vérité, je doute qu'il y ait pour l'être pensant de minute plus décisive que celle où, les écailles tombant de ses yeux, il découvre qu'il n'est pas un élément perdu dans les solitudes cosmiques, mais que c'est une volonté de vivre universelle qui converge et s'hominise en lui. L'Homme, non pas centre statique du Monde, — comme il s'est cru longtemps; mais axe et flèche de l'Évolution, — ce qui est bien plus beau [135]. » La dernière phrase, d'esprit tout à fait teilhardien, reflète une voie que la réflexion chrétienne a empruntée au cours du XXe siècle, pour répondre et s'opposer aux théories évolutionnistes. Elle a fait appel à la vision stoïcienne du monde et à la théorie augustinienne des *logoi spermatikoi*, qui soutiennent toutes deux l'idée d'un dévoilement progressif de la réalité au cours de son histoire; et elle a ainsi proposé une vision de l'œuvre créatrice de Dieu dans laquelle peuvent s'inscrire des processus évolutifs successifs : « Quant à la conception que se fait la doctrine transformiste de l'action divine, elle apparaît, semble-t-il, plus digne du Créateur que celle qui ressort de l'hypothèse opposée [un fixisme, avec des interventions divines, qui relèvent de la catastrophe, du miracle ou d'un recommencement quasiment absolu du monde] [136]. » Le *Catéchisme de l'Église catholique*, publié en 1992, ne cherche plus à comparer les diverses manières de concevoir l'œuvre créatrice; il n'en accepte pas moins l'idée d'un monde en évolution, pour confesser que Dieu en est le Créateur : « Pourquoi Dieu n'a-t-Il pas créé un monde aussi parfait qu'aucun mal ne puisse y exister ? Selon sa puissance infinie, Dieu pourrait toujours créer quelque chose de meilleur. Cependant, dans sa sagesse et sa bonté infinies, Dieu a voulu librement créer un monde " en état de cheminement " vers sa perfection ultime. Ce devenir comporte, dans le dessein de Dieu, avec l'apparition de certains êtres, la disparition d'autres, avec le plus parfait aussi le moins parfait, avec les constructions de la nature aussi les destructions. Avec le bien physique existe donc aussi le mal physique, aussi longtemps que la Création n'a pas atteint sa perfection [137]. »

« L'éclosion de la Vie sur Terre appartient à la catégorie des événements absolument uniques, qui, une fois posés, ne se répètent plus [138]. » « L'Homme a émergé d'un tâtonnement général de la Terre. Il est né, en ligne directe, d'un effort total de la Vie. Suréminente dignité et valeur axiale de notre Espèce [139]. » Cet effort, unique, « monstrueux » pourrait-on presque dire, est passé par quatre stades. Au stade de la Prévie, la matière, pourtant encore élémentaire, est soumise à la loi de complexification, si importante dans la pensée de Teilhard ; la matière se trouve déjà plongée dans « la lutte engagée, dans l'Univers, entre le Multiple unifié et la Multitude inorganisée », toute énergie étant de nature psychique : « Coextensif à leur Dehors, il y a un Dedans des choses », précise encore l'auteur du *Phénomène humain*. À la suite de la Prévie, commence l'étape de la Vie proprement dite, celle des premiers micro-organismes (« la cellule, grain naturel de Vie »), qui se prolonge jusqu'à l'apparition du système nerveux. Histoire unique, faite d'« événements absolument uniques, qui, une fois posés, ne se répètent pas ». L'Arbre de Vie est avant tout celui d'une Vie montée en conscience, pense Teilhard : « Partout [...] en leur sommet, les lignes phylétiques actives s'échauffent de conscience. Mais dans une région bien déterminée, au centre des Mammifères, là où se forment les plus puissants cerveaux jamais construits par la Nature, elles rougissent. Et déjà s'allume, au cœur de cette zone, un point d'incandescence. Ne perdons pas de vue cette ligne empourprée d'aurore. Après des milliers d'années qu'elle monte sous l'horizon, en un point strictement localisé, une flamme va jaillir. — La Pensée est là [140]. » Et c'est la troisième étape : celle de la Pensée. Un seuil critique est passé : la pensée se libère de l'instinct, la réflexion devient possible. « Autour de l'étincelle des premières consciences réfléchies, les progrès d'un cercle de feu. Le point d'ignition s'est élargi. Le feu gagne de proche en proche. Finalement l'incandescence couvre la planète entière. Une seule interprétation, un seul nom sont à la mesure de ce grand phénomène. Juste aussi extensive, mais bien plus cohérente encore [...] que toutes les nappes précédentes, c'est vraiment une nappe nouvelle, la nappe pensante, qui, après avoir germé au Tertiaire finissant, s'étale depuis lors par-dessus le monde des Plantes et des Animaux : hors et au-dessus de la Biosphère, une Noosphère. [...] Par l'hominisation, en dépit des insignifiances de la saute anatomique, c'est un Âge nouveau qui commence. La Terre fait peau neuve. Mieux encore, elle trouve son âme. » Dans une telle perspective, écrit Teilhard, « le premier homme est, et ne peut être qu'une foule ; et sa jeunesse est faite de milliers et de milliers d'années » ; et l'Homme n'est pas autre chose que l'évolution devenue consciente d'elle-même, en même temps que « la flèche montante de la grande synthèse biologique ». Après la Prévie, la Vie, puis la Pensée, l'étape de la Survie apparaît comme le pôle ultime de l'évolution, le point Oméga, auquel l'humanité tend par un processus de socialisation (de planétisation, écrit aussi Teilhard) de plus en plus complexe : « sous l'effet de la Réflexion, et des reploiements que celle-ci entraîne, les chaînes se ferment ; et la Noosphère tend à se constituer en un seul système clos, — où chaque élément pour soi voit, sent, désire, souffre les mêmes choses que tous les autres à la fois ». « De la série des Primates (comme de l'assemblage de tous les vivants du reste), on pourrait dire qu'elle ressemble à une de ces branches de conifère, dont tous les éléments, du plus gros au plus petit, sont uniformément recouverts de feuilles ou d'écailles imbriquées. Pour suivre le dessin d'une tige pareillement construite, il est impossible de tracer une ligne continue ; mais il faut, pour avancer, suivre un instant, puis abandonner chaque écaille l'une après l'autre — il faut sauter de feuille en feuille —, si bien que le chemin parcouru, tout en épousant la direction de la branche, se trouve décomposé en segments divergents. Une continuité évidente, mais dissimulée sous un revêtement de discontinuités, une courbe cachée sous un faisceau de tangentes, voilà bien ce que nous avons aperçu en suivant pas à pas le développement des formes anthropoïdes. Des Tupaïdés nous avons dû sauter aux Lémuriens et aux Tarsiers, des Tarsiers aux petits Singes primitifs du Fayoum ; des Singes oligocènes aux Anthropomorphes miocènes ; des Anthropomorphes aux Hommes paléolithiques ; des Hommes paléolithiques à l'Homme moderne. Il n'y a, dans ce tracé, aucune explication, aucune hypothèse — mais le seul enregistrement d'une distribution géométrique des vivants à travers le temps [141]. » « Nous commençons à comprendre que la division la plus naturelle qui soit des éléments de la Terre doit se faire par zones, par cercles, *par sphères* ; et que, parmi ces unités concentriques, la matière organisée doit trouver sa place. Plus clairement que d'autres, le géologue Suess a défini la valeur tellurique de la mystérieuse enveloppe vivante qui a pris naissance à l'aurore des temps géologiques autour de notre unité stellaire. Eh bien, ce que nous proposons ici, malgré ce que cette vue peut avoir, au premier abord, de démesuré et de fantastique, c'est de regarder l'enveloppe pensante de la Biosphère comme étant de même ordre de grandeur zoologique (ou si l'on veut tellurique) que la Biosphère elle-même... Et ceci revient, d'une façon ou d'une autre, à imaginer, au-dessus de la Biosphère animale, une sphère humaine, la sphère de la réflexion, de l'invention consciente, de l'union sentie des âmes (la Noosphère si l'on veut) et à concevoir, à l'origine de cette entité nouvelle, un phénomène de transformation spéciale affectant la vie préexistante : l'Hominisation [142]. »

Ainsi, « l'Homme » découvre, « suivant la forte expression de Julian Huxley, qu'il n'est pas autre chose que l'Évolution devenue consciente d'elle-même [143] » et qu'il est « solidaire et responsable d'un Tout en évolution [144] ». Toutefois, Teilhard ne s'arrête pas au temps présent ; du sommet où il se trouve, il se tourne vers l'avenir : « L'Issue du Monde, les portes de l'Avenir, l'entrée dans le Superhumain, elles ne s'ouvrent en avant ni à quelques privilégiés, ni à un seul peuple élu entre tous les peuples ! Elles ne céderont qu'à une poussée de tous ensemble, dans une direction où tous ensemble peuvent se rejoindre et s'achever dans une rénovation spirituelle de la Terre, — rénovation dont il s'agit maintenant de préciser les allures, et de méditer le degré physique de réalité [145]. » « L'Univers-Futur ne saurait être que de l'hyper-personnel, — dans le point Oméga [146]. » « Nous n'avons encore aucune idée de la grandeur possible des effets " noosphériques ". La résonance de vibrations humaines par millions ! Toute une nappe de conscience pressant sur l'Avenir en même temps ! Le produit collectif et additif d'un million d'années de Pensée !... Avons-nous jamais essayé d'imaginer ce que ces grandeurs représentent [147] ? » Et, pour finir, toujours sa peur et son refus de l'échec : « L'Homme est irremplaçable. Donc, si invraisemblable soit la perspective, c'est qu'il doit aboutir, non pas nécessairement, sans doute, mais infailliblement [148]. »

Il faut dire ici un mot sur l'Épilogue du *Phénomène humain*, lui-même intitulé : « Le Phénomène chrétien ». « Le fait chrétien, explique Teilhard, est devant nous. Il a sa place parmi les autres réalités du Monde [149] », ses « axes de croyance » (le personnalisme et l'universalisme), sa « valeur d'existence » (l'amour), son « pouvoir de croissance » peuvent être observés, décrits, analysés. Nous connaissons la place éminente que Teilhard confère au christianisme : « À l'heure présente, sur la surface entière de la Noosphère, le Christianisme représente l'Unique courant de Pensée assez audacieux et assez progressif pour embrasser pratiquement et efficacement le Monde dans un geste complet, et indéfiniment perfectible, où la foi et l'espérance se consomment en une charité. Seul, absolument seul sur la Terre moderne, il se montre capable de synthétiser dans un seul acte vital le Tout et la Personne. Seul il peut nous incliner, non seulement à servir, mais à aimer le formidable mouvement qui nous emporte [150]. » Ainsi existerait-il une parfaite coïncidence, note Teilhard, entre le phénomène chrétien et l'aboutissement du phénomène humain. Bien sûr, il ne s'agit pas du christianisme « à la mode romaine », mais d'un christianisme qui se fonde et s'alimente à la christologie cosmique. Un tel christianisme, pour Teilhard, constitue la religion de l'avenir. La conclusion est celle d'un croyant, héritier et acteur de la longue tradition chrétienne. Mais en la posant, Teilhard n'a-t-il pas dépassé les limites posées dans l'avertissement du *Phénomène humain* et reformulées dans la conclusion ? Ceux qui le lui reprochent n'ont pas complètement tort ; pour ma part, plutôt que d'entamer ce qui finirait par ressembler à un procès d'intention, je voudrais m'intéresser (que les spécialistes m'en pardonnent par avance) à une question somme toute voisine : quelle différence convient-il de poser entre la démarche choisie par Teilhard de Chardin et la longue tradition de la théologie naturelle ?

La théologie naturelle peut être définie comme une interrogation du monde, avec la puissance de la raison, pour y résoudre la question de l'existence de Dieu. Sans ignorer les philosophes de l'Antiquité qui l'ont abondamment étudiée, je citerai seulement Paul, l'apôtre des Gentils, dans son épître aux Romains : « La colère de Dieu se révèle du haut du ciel contre toute impiété et toute injustice des hommes, qui tiennent la vérité captive dans l'injustice ; car ce qu'on peut connaître de Dieu est pour eux manifeste : Dieu en effet le leur a manifesté. Ce qu'Il a d'invisible depuis la Création du monde se laisse voir à l'intelligence à travers ses œuvres, son éternelle puissance et sa divinité, en sorte qu'ils sont inexcusables ; puisque ayant connu Dieu, ils ne lui ont rendu comme à un Dieu ni gloire ni actions de grâces, mais ils ont perdu le sens de leurs raisonnements et leur cœur inintelligent s'est enténébré : dans leur prétention à la sagesse, ils sont devenus fous [151]... » Le message est clair : l'intelligence de l'homme et sa raison peuvent le conduire à la connaissance de Dieu et de son existence, en dehors même de la Révélation.

Au sein de la tradition chrétienne, l'articulation entre la théologie naturelle et la théologie révélée ne sera jamais aisée à gérer. Thomas d'Aquin est probablement l'un des maîtres du recours chrétien à la théologie naturelle ; Martin Luther, au contraire, s'en prend aux théologiens qui perçoivent et comprennent « la nature invisible de Dieu par ses œuvres » ; l'Anglais William Paley écrit, en 1802, une *Natural Theology* à laquelle le jeune Darwin, encore croyant se réfère ; Karl Barth, à la fin des années 1930, dénie à l'homme de posséder « par lui-même le pouvoir et la capacité de connaître Dieu, le monde et l'homme ». Dans ce concert de voix théologiques, parfois discordantes [152], où placer celle de Teilhard ?

La question n'est pas de pur principe, car nombreux sont ses lecteurs, variées leurs convictions religieuses et philosophiques. Or, sans qu'il l'écarte explicitement, il ne semble pas que Teilhard accorde de l'importance à la théologie naturelle. Au contraire, il a beau dire que, « dépassant le stade inférieur et préliminaire des investigations analytiques, la Science passe à la synthèse [...] elle émerge en Option et en Adoration [153] », je suis persuadé que cette Science (ou ce que Teilhard désigne sous ce terme) ne relève pas du domaine de la théologie naturelle, mais reste l'expression d'une vision chrétienne de l'univers, de la vie, de l'humanité et de leur histoire. Je me demande dès lors si les réactions suscitées par le texte du *Phénomène humain*, tant dans les milieux scientifiques que religieux, réactions que Teilhard a lui-même prévues, ne trouvent pas une part de leur origine dans la difficulté (ou parfois le refus) à préciser le statut épistémologique de sa réflexion, sans même parler des usages erronés ou mal informés qui ont pu en être faits.

Dans ces dernières remarques, que le lecteur ne voie surtout pas les plaintes d'une « orthodoxie ombrageuse » (selon un mot du père de Lubac), mais plutôt l'expression d'une interrogation personnelle : quel(s) type(s) de propos un croyant peut-il tenir sur les phénomènes cosmiques, biologiques, humains, voire même chrétiens, à partir de la connaissance que lui en donnent les théories et les méthodes scientifiques et philosophiques propres à son temps ? Il ne semble pas que la théologie naturelle puisse être totalement écartée, car elle nous rappelle que le monde est pensable sans Dieu, sans le Dieu de la Révélation chrétienne, mais pas sans la question de l'existence de Dieu, sans la question du sens du monde. La théologie naturelle, par le questionnement qu'elle instaure, rend plus attentif que la théologie révélée aux excès des *latest scientific evidences*, aux prétentions de prouver quelque chose sur Dieu et la transcendance, grâce aux découvertes scientifiques. Je pense au terme d'*Une brève histoire du temps*, de Stephen Hawking : « Cependant, si nous découvrons une théorie complète, elle devrait un jour être compréhensible dans ses grandes lignes par tout le monde, et non par une poignée de scientifiques. Alors, nous tous, philosophes, scientifiques et même gens de la rue, serons capables de prendre part à la discussion sur la question de savoir pourquoi l'univers et nous existons. Si nous trouvons la réponse à cette question, ce sera le triomphe ultime de la raison humaine — à ce moment, nous connaîtrons la pensée de Dieu [154]. » Sans doute faut-il retrouver quelque chose de l'équilibre cherché et élaboré par Thomas d'Aquin.

Teilhard a commencé à rédiger *Le Phénomène humain* en juin 1938 ; il l'a achevé à Pékin deux ans plus tard, en juin 1940. Ce texte est le fruit d'un patient travail de réflexion et de rédaction, rendu plus difficile par l'état de guerre, mais aussi par la période dépressive que Teilhard doit alors affronter. Son amie américaine, Lucile Swan, se montre une collaboratrice fidèle et efficace : à l'occasion des visites qu'il lui rend pour prendre le thé à son domicile, Teilhard lui apporte les dernières pages qu'il a rédigées et relues ; elle les tape à la machine. « Je travaille régulièrement au premier chapitre de l'Homme, écrit-il le 5 août 1938 à son frère Joseph. Une à deux pages par jour. Depuis dix mois j'ai beaucoup pensé à ce sujet et il m'a paru que le plan et l'inspiration étaient mûrs. Jusqu'ici pas de faille rencontrée dans le développement qui paraît bien venir. » Il emporte son ouvrage avec lui, au cours de ses séjours aux États-Unis et en Europe. De retour à Pékin, alors que la guerre vient d'être déclarée, il explique à sa cousine : « Livré à ces pensées incertaines, je m'occupe ici en attendant mieux. J'avance patiemment mon essai sur l'Homme, qui pourrait trouver son heure quand les gens auront de nouveau le temps et l'envie d'écouter [155]. » Au moment d'achever son ouvrage et de le mettre au propre, Teilhard a un moment d'hésitation. Il confie à son amie Rhoda de Terra : « Je commence à me demander ce que cela vaut vraiment. Quoi qu'il en soit, c'est terminé, et je n'y apporterai plus de changement. Peut-être que dans quelques semaines, quand mon esprit se sera décanté, je m'apercevrai que ce que j'essayais d'exprimer est encore quelque chose d'autre. En tout cas, je suis décidé à faire tout mon possible pour que cet essai soit accepté et publié. Mais alors il faut que j'attende la fin de la guerre. Et que sera la paix [156] ? » Lucile prépare trois exemplaires, destinés à être examinés par les autorités romaines et ses supérieurs jésuites ; après bien des péripéties, le texte arrive à Rome en avril 1944. Malgré la situation de conflit généralisé, la réponse ne se fait guère attendre : dès le mois d'août de la même année, Teilhard est informé que l'autorisation de publier lui est refusée. Sa déception est grande : il considère ce texte comme la synthèse de quarante années de travaux, d'expériences, de réflexions, sans qu'il soit immédiatement fait référence au champ religieux, mais seulement à ce qu'il considère comme une nouvelle mystique de la science.

Rome admet que Teilhard puisse soumettre à un nouvel examen une version révisée de son manuscrit. Teilhard s'attelle à la tâche, prépare une nouvelle mouture, l'envoie à des confrères, les réunit pour recueillir leurs critiques, remarques, suggestions. Lors d'une de ces rencontres, qui se tiendra à Carmaux, dans le Tarn, du 6 au 8 janvier 1947, le père de Lubac soumettra deux cent quarante amendements, Mgr de Solages cinquante seulement. Teilhard en tiendra compte, réécrira encore. Mais jamais les rectifications qu'il introduira de cette manière ne suffiront à lui faire obtenir l'autorisation de publier. Au cours de sa retraite de 1945, il écrit : « Au pis aller, si tout avenir de parole et d'écrits se fermait devant moi, il me resterait, Jésus aidant, la possibilité de faire ce geste, affirmation et témoignage suprême de ma foi : Disparaître, sombrer, en esprit de Super-Communion aux forces Christiques de l'Évolution [157]. » Qu'entend-il par là ?

L'Éternel féminin

Au cours de sa retraite annuelle de 1922, Teilhard avait confié à son carnet : « On ne peut pas éliminer ce qui *partage* le cœur : il faut l'assimiler, le " traverser ". On ne peut éviter, contourner certaines passions : il faut passer à travers (au risque de se sentir divisé, sans y consentir, quelque temps) [158]. »

Parler des amitiés féminines d'un prêtre, avec franchise et simplicité, n'est pas chose aisée, même en ignorant les propos malveillants, voire malfaisants, qui ne font que salir ceux et celles qui les tiennent ou à qui ils sont adressés. Dans tous les cas, même les plus horribles faits divers, il y a trop de souffrances en jeu ou en cours pour se satisfaire de la caricature, de l'ignorance, du mépris ou de la calomnie. J'aime citer la lucide et courageuse confidence de saint Dominique à ses frères prêcheurs. Sur son lit de mort, le religieux espagnol leur avouait : « Voyez, jusqu'à cette heure la miséricorde divine a conservé ma chair incorrompue [il voulait dire qu'il était resté vierge] ; et pourtant je n'ai pu éviter cette imperfection, je l'avoue, de trouver plus d'attrait à la conversation des jeunes filles, qu'aux discours des vieilles femmes. » Je ne sais pas si le père Teilhard connaissait ce mot ; je lui trouve bien des échos dans la vie du jésuite, en premier lieu dans sa fidélité irréductible au vœu de chasteté, auquel il est lié par sa profession religieuse. « Cette fidélité, a-t-il dit par la suite, n'a pas exigé de luttes dont je me souvienne. Je ne peux aimer que le Christ. » Apprenant le mariage d'un ancien normalien, Jacques Perret, Teilhard écrit : « À moins d'être un moine démarqué comme Légaut, nul ne saurait demeurer célibataire, “ dans le monde ” (comme disent les auteurs pieux), sans une véritable passion pour quelque œuvre ou quelque idéal [159]. » Passionné, passionné de Dieu, Teilhard l'est assurément et il serait déplacé de mettre en doute la fidélité à ses vœux religieux. Mais qu'elle n'ait jamais exigé de luttes, n'est-ce pas là une parole un peu présomptueuse ? Je voudrais revenir, aussi respectueusement que possible, sur les amitiés féminines du jésuite.

J'ai parlé du lien qui unit Pierre à sa cousine Marguerite : fait d'une communauté de sang mais, surtout, d'une communion d'âmes, il est un peu unique, au milieu des amitiés féminines du jésuite. Tout au plus s'en rapprocherait son amitié avec Léontine Zanta. « La seule amie possible, écrit-il le 17 mars 1930 à son collègue Pierre Lamare, est celle qui trouve par ailleurs, au fond d'elle-même, une grande stabilité sérieuse, dans une vie pleine, ou un grand idéal. Mais c'est là un oiseau bien rare. » Léontine Zanta est-elle un de ces oiseaux rares ? C'est sa cousine Marguerite qui a présenté à Teilhard Léontine Zanta, l'une de ses meilleures amies. Née en 1872, d'origine alsacienne, cette femme aux yeux bleus, belle et élégante, tient à Paris un salon, dans son appartement de la rue de Madrid, où se retrouvent les philosophes, les théologiens et les ecclésiastiques les plus en vue. Disciple d'Henri Bergson, elle a dû se battre pour venir étudier la philosophie à Paris, passer des diplômes et soutenir en 1914 sa thèse sur « La renaissance du stoïcisme au seizième siècle ». Elle s'intéresse à Platon et aux anciens philosophes, aux idées religieuses et à la mystique. Membre des Équipes sociales (un mouvement issu de la bourgeoisie catholique, œuvrant en faveur de l'instruction des jeunes ouvrières), elle est l'une des militantes féministes de son époque les plus en vue et n'hésite jamais à faire partager à Teilhard ses convictions quant à l'importance des femmes et du féminin pour unifier le monde. Ce dont Teilhard est apparemment convaincu ! Au retour d'une expédition en Chine, il écrit à son amie parisienne : « En rentrant, il y a cinq jours, du fond du Szechuan, je trouve votre lettre de Pâques, qui m'arrive comme une brise très douce. Inutile de vous affirmer que j'ai toujours vécu, depuis des mois, avec l'idée très nette que j'allais vous écrire. Et puis voilà !... Merci pour la photo. Et merci surtout pour votre amitié. Et merci pour le calme et la sérénité que vous rayonnez par cette amitié. Comme vous êtes donc une chose précieuse et rare ! et que j'aimerais donc, après tant de temps, pouvoir aller me refaire un peu près de vous [160] ! » Dix-huit mois plus tard : « Je vous dois *tant*, amie, et ce m'est une telle douceur, d'esprit et de cœur, de vous retrouver, toujours sage, sûre, et affectueuse, à chacun de mes retours en Europe. Ah, s'il n'y avait que des femmes comme vous... Mais alors ce serait trop facile, la conquête du Feu (un joli titre de roman, qu'en pensez-vous ?) [161]. » En 1922, dans un écrit consacré à *La Psychologie féminine*, Léontine Zanta explique : « C'est une œuvre d'art que la vie d'une femme, une œuvre qui demande à chaque instant inspiration et discipline. »

L'amitié de Teilhard pour Jeanne Mortier ou celle qu'il éprouve pour Claude Rivière relèvent l'une et l'autre d'un autre ordre. La première, fondée sans aucun doute sur un grand respect et un profond attachement mutuels, s'inscrit aussi dans la réalité du soutien matériel évident que Mademoiselle Mortier apporte au jésuite. La seconde présente une dimension affective presque paternelle de la part de Teilhard. Ces amitiés n'ont sans doute pas exigé de lui qu'il lutte pour rester fidèle à ses vœux religieux ; est-il possible d'en dire autant de son amitié pour Ida Treat, Lucile Swan ou encore Rhoda de Terra ?

Dans une lettre de 1929 à son ami et confident, l'abbé Gaudefroy, il écrit : « À un autre point de vue, un peu différent, ma replongée dans la géologie chinoise a du bon : elle me permet de secouer certaines affaires sentimentales dont je vous avais parlé, — affaires où je crois encore que je devais m'engager pour être fidèle à la logique de toute ma vie, — mais affaires aussi où je me rends compte maintenant que j'ai manqué parfois d'expérience [162]. » À quelles affaires sentimentales, à quelle amitié féminine fait-il ainsi allusion ? Sans doute à son amitié avec Ida Treat, une jeune Américaine dont il a fait la connaissance dans le laboratoire du Pr Boule, au retour de son premier séjour en Chine. Ida arrive en France en 1912, pour y soutenir un doctorat de lettres. En 1919, elle fait la connaissance de Paul Vaillant-Couturier, un des futurs dirigeants du Parti communiste français ; les deux jeunes gens se marient en 1923. La même année, elle commence à étudier la paléontologie et peut ainsi se joindre aux travaux que son époux mène depuis 1908 en Ariège, dans la grotte dite du « Trou violet ». Avec une anthropologue de Harvard, Ruth Sawtell, ils y découvrent, en 1924, deux sépultures mésolithiques. En 1926, nommé rédacteur en chef de *L'Humanité*, Paul Vaillant-Couturier ouvre les colonnes de ce journal à la préhistoire, dans une rubrique assurée par Ida. Celle-ci soutient l'année suivante sa thèse de doctorat sur les fossiles du permien marin de Madagascar.

Ida, militante engagée et passionnée, défend les idées de Marx et les enjeux du communisme, avec autant d'ardeur que Teilhard lorsqu'il présente son christianisme cosmique. Autant dire que tout paraît les opposer. Pourtant, ils deviennent vite amis et Teilhard tombe sous le charme d'une nature si généreuse, si excessive qu'il finit par considérer son départ pour la Chine, en 1926, comme une bénédiction ! Il écrit à un autre confident, le père Valensin : « La Communiste m'écrit souvent, et je suis étonné, sans cesse, de l'exubérante richesse de ce tempérament. Que de forces, encore, en dehors de l'Église !... Il me semble que nous sommes arrivés à une amitié calme. L'éventualité de mon non-retour en Europe ne provoque aucune crise [163]. » Il retrouve Ida à Paris à la fin de l'année 1927, « extraordinairement calme, bien que toujours amie ». « De ce côté [celui de l'extrême gauche, vient-il d'écrire], rassure-t-il Auguste Valensin, ne vous inquiétez pas, surtout pour le cœur. Il me semble que le passage dangereux est bien passé [164]. » Deux ans plus tard, toujours à propos de son amitié avec Ida, Teilhard écrit à sa cousine : « Personnellement, je me sens aussi libre de cœur que possible, — mais je ne sais comment me dégager sans briser et faire du mal. Breuil veut que je rompe net. Mais ce ne serait ni humain, ni chic, ni même chrétien de le faire. Ce qui est décidé, en tout cas, c'est que si l'histoire dure encore à mon retour en France, je me tiendrai, pour l'extérieur, sur l'ultra-réserve [165]. » Peu à peu, Ida paraît elle aussi franchir « le passage dangereux ». Elle devient l'une des correspondantes les plus fidèles du jésuite français et profite à la fois d'une mission journalistique et du Congrès mondial contre la guerre qui se tient à Chang-hai, et auquel son mari mène une délégation internationale communiste, pour lui rendre visite. « J'ai eu la surprise, et la grande joie, écrit-il à l'abbé Breuil en 1933, de voir longuement Mme V.C., envoyée par " Vu " en reportage. Tout ce qu'il pouvait y avoir d'un peu trouble jadis entre nous deux s'est évanoui au cours des dernières années, et j'ai trouvé en elle uniquement une admirable camarade de combat [166]. » L'expression aurait sans doute fait sourire l'intéressée.

Aussi bref soit-il, cet échange épistolaire ne porte-t-il pas la trace des luttes que Teilhard mais aussi Ida ont dû mener, à cause et au nom de leur amitié ? Pour le religieux, je ne pense pas à des efforts pour résister aux tentations de la chair et préserver sa chasteté, mais d'abord aux difficultés pour trouver l'attitude qui respecterait au mieux son engagement et les sentiments que lui manifeste son amie. Il ne nous est guère difficile d'imaginer, derrière ses confidences, combien ces luttes ont dû être difficiles, délicates et éprouvantes à mener, sans que la victoire soit jamais définitivement et totalement acquise. Ce que nous apprenons de son amitié avec Ida est sans doute vrai de celle qu'il entretient avec Lucile ou Rhoda. Ces amies, sous le charme de la pensée comme de l'homme, lui manifestent un attachement, une affection dont il sait goûter la valeur mais dont il redoute les excès, voire les aveuglements. Et il lui faut lutter pour préserver la liberté de chacun, de chacune, sans blesser ses amies, pour expliquer ses raisons sans ignorer leurs sentiments.

Il ne faut pas oublier que Teilhard est un philosophe de la liberté. Dans un mémoire de 1923 sur l'hominisation, il décrit l'extraordinaire singularité de l'événement humain comme étant l'avènement de la liberté : « Rien n'existe véritablement dans l'Univers que des myriades de spontanéités plus ou moins obscures, dont l'essaim pressé force graduellement la barrière qui le sépare de la liberté. Du haut en bas de la série des êtres, tout se meut, tout se hisse, s'organise dans un même sens qui est celui de la plus grande conscience. » Par contre, en l'Homme, « le progrès s'est fait, non par acquisition d'organes particuliers, mais par développement des sources mêmes de l'action. Ainsi a-t-il conservé au maximum sa liberté de mouvement. [...] L'Homme, c'est, avec la liberté de se prêter ou de se refuser à l'effort, la redoutable faculté de mesurer ou de critiquer la Vie. [...] Que devant la peine de l'effort à poursuivre, devant l'épreuve de la mort à traverser, la foi ou le courage nous manquent ; que, au fond de notre prison, nous nous reployions dans un isolement farouche ; ou que, par un vain effort pour briser nos chaînes, nous nous dissipions en efforts désespérés ; ou que, pour endormir notre angoisse, nous nous dissolvions dans le plaisir ; et aussitôt, voilà l'élan de la Vie qui ralentit, et qui hésite, et qui retombe [167]. »

L'amitié de Teilhard avec Lucile, proche de celle qu'il entretient avec Ida Treat, mais mieux connue depuis la publication d'une partie de leur correspondance, montre elle aussi comment Teilhard a toujours eu ce souci de la liberté des êtres.

L'amie d'Amérique

« Cela se passait à Pékin où je venais d'arriver, raconte Pierre Leroy. Je vivais avec Pierre Teilhard, un compagnon et un collègue jésuite. Nous étions seuls dans le nouvel Institut de Géobiologie et nos relations fraternelles étaient en train de tourner rapidement à l'amitié. J'avais l'impression que nous n'avions pas de secret l'un pour l'autre. Un jour que je me rendais à l'hôpital français de Legation Road, je vis à ma surprise un couple s'avancer vers moi — un homme et une femme marchant côte à côte en silence.

C'était Teilhard et une Américaine dont il ne m'avait pas parlé. Elle avait à peu près le même âge que lui, un visage saisissant, un port tranquille, une tenue à la fois simple et pleine de dignité. Cette image demeure en moi. J'appris ensuite que cette Américaine était Lucile Swan et qu'elle vivait en face de nous dans la même rue [168]. »

Lucile Swan est née en 1890, à Sioux City dans l'Iowa. Sculpteur, mariée pendant douze ans à un artiste américain avec lequel elle a vécu à Chicago, à New York puis à Paris ; ensuite séparée de lui, elle arrive à Pékin en 1929 et tombe sous le charme de la vieille cité chinoise, de son exotisme, de son riche héritage culturel : quel contraste avec les villes américaines ! Elle décide de s'y installer avec son amie Betty Spencer, trouve une maison et embauche le personnel habituel pour l'époque : un cuisinier et son aide, un boy, une amah. Elle se remet à la sculpture, réalise les bustes d'Occidentaux de son entourage, d'artistes chinois (un jongleur, un danseur, des enfants), enfin du plus célèbre des Chinois de l'époque : le Sinanthrope ! C'est à elle que le Dr Weidenreich confie le soin de modeler le visage (certes hypothétique) de celui ou plutôt de celle à laquelle ses découvreurs ont familièrement donné le prénom de « Nelly ». Dans ce milieu de paléontologues, elle a l'occasion de faire la connaissance de Teilhard. « Quelle sorte d'*ologue* êtes-vous ? », lui demande-t-elle lors de leur première rencontre. En 1933, elle lui propose de réaliser son buste. Ils prennent l'habitude de se retrouver chez elle, dans le temple domestique transformé en atelier, autour d'une tasse de thé. Dans son journal, Lucile raconte les conversations qui surgissent entre eux, parfois intellectuelles (ils ne sont pas toujours d'accord) ou plus futiles. Elle écrit : « Il appréciait tous les aspects de la vie et avait une grande capacité à vivre pleinement. Parfois, après le thé, il demandait à rester jusqu'à ce que je sois prête pour me rendre à un dîner. Il aimait voir les couleurs claires d'une robe de soirée, mais ne montrait aucune envie ni aucun dépit de ne pouvoir lui-même s'y rendre [169]. » « Ils étaient faits pour s'entendre », dira un jour Pierre Leroy.

À lire la correspondance adressée par Teilhard à Lucile (selon son habitude, Teilhard ne garde aucune des lettres qu'il reçoit), les spécialistes de Teilhard estiment que c'est à Pékin, au printemps 1936, que Lucile finit par déclarer son amour pour lui. Le 7 mai, en effet, son ami français lui écrit :

« Très chère,

« Depuis hier, je souffre beaucoup (plus, je crois, que jamais de ma vie) car j'ai réalisé que vous m'étiez bien plus chère que je ne le pensais — et qu'en même temps je peux être un danger pour vous. — Lorsque, il y a des années, j'ai commencé à vous voir, Lucile, j'ai (autant que je puisse comprendre mon attitude instinctive à ce moment-là) eu le sentiment et l'espoir que vous alliez (et vous l'avez fait) illuminer ma vie, — et qu'en retour je pourrais vous apporter une nouvelle énergie pour devenir davantage vous-même, une *énergie*, Lucile. Et maintenant je réalise que je suis devenu pour vous un centre, qui n'a pas, j'en ai peur, la consistance matérielle requise pour être un support solide à votre vie. — Être une énergie, et non un centre, est-ce là une utopie ? — Pensez-y, Lucile, et dites-moi ce que vous pensez. — Ce qui est né entre nous est pour toujours : je le sais. — Mais si vous voyez quelque chose qui pourrait contribuer à votre bonheur et à votre paix, d'une façon ou d'une autre, dites-le-moi, je vous en prie. Mon rêve est de vous rendre glorieusement heureuse [170]. »

Quelques jours plus tard, il écrit une nouvelle lettre à son amie : « Une fois de plus et du plus profond de mon cœur, j'ai pensé à vous et à moi, depuis hier. Et j'en reviens toujours à la même conclusion que si vous ne me trouvez pas comme vous le voudriez, la raison n'en est pas d'une mesquine intrusion étrangère entre nous deux — mais de la présence de Dieu que j'aime comme une Personne, et auquel j'ai dédié l'activité finale de ma vie. Pour moi, tout le problème est là, et la raison pour laquelle vous me trouvez quelque peu élusif ou insaisissable. Vous, vous cherchez un équilibre " à deux ", et pour moi il n'est question que d'un équilibre " à trois ". — Ma conviction est, comme je vous l'ai déjà dit, que le troisième élément n'est pas une barrière, ni une sorte de " rival ". Je tiens (et j'expérimente) qu'il m'apporte, au contraire, une sorte de nouvelle dimension, dans laquelle l'amour se développe plus librement, et atteint un incroyable degré de consistance [171]. »

À deux ou à trois ? La question peut sembler étrange, voire ambiguë ; c'est pourtant en ces termes que doit être abordé le lien qui unit Lucile et Pierre, au temps de Pékin. Pour Lucile, il ne fait aucun doute que son attachement pour Pierre, « ce qui est né entre eux », relève de l'amour et les invite, les pousse à dépasser le stade de l'amitié, pour se donner désormais l'un à l'autre. Teilhard ne nie pas l'affection qu'il ressent pour son amie américaine, mais il refuse de s'engager dans une relation amoureuse et exclusive, au nom de ce qu'il appelle l'« équilibre à trois » ou encore la « troisième voie ». « Entre un mariage toujours polarisé, socialement, sur la reproduction, et une perfection religieuse toujours présentée, théologiquement, en termes de séparation, une troisième voie (je ne dis pas moyenne, mais supérieure) nous manque décidément : voie exigée par la transformation révolutionnaire dernièrement opérée dans notre pensée par la transposition de la notion d'" esprit ". Esprit, nous l'avons vu, non plus de dématérialisation, mais de synthèse. *Materia matrix.* Non point fuite (par retranchement), mais conquête (par sublimation) des insondables puissances spirituelles encore dormantes sous l'attraction mutuelle des sexes : telles sont, j'en suis de plus en plus persuadé, la secrète essence et la magnifique tâche à venir de la Chasteté [172]. »

Parmi ses nombreuses amies, Lucile est celle grâce à laquelle et avec laquelle Teilhard est allé le plus loin dans son expérience et sa réflexion sur la chasteté. Avec sa cousine Marguerite, quelle que soit l'éventuelle attirance entre eux, les échanges épistolaires sur la chasteté sont restés de l'ordre de la « théorie » (spirituelle ou théologique) ; ils n'ont jamais dû aborder la question de la consommation physique. Probablement Pierre pense-t-il à sa relation singulière avec Lucile, lorsque, dans *Le Cœur de la Matière*, écrit en 1950, il propose sa « troisième voie », celle qui ne supprime pas mais sublime la sexualité. Déjà, en 1941, il écrit, au cours de sa retraite annuelle : « Toujours en face de la fascination féminine !... à vaincre en reconnaissant que l'attraction est “ vraie ” mais le vrai contact ne peut s'établir que plus haut, dans le vrai cœur à cœur, — en sublimant, par substitution de point de contact [173]. » Voilà un trait du caractère de Teilhard dont il convient de se souvenir, avant d'émettre un avis sur la voie qu'il propose à Lucile.

Qu'il ne puisse se passer d'amitiés féminines, Teilhard le reconnaît à plusieurs reprises : « Pas plus que de lumière, d'oxygène ou de vitamines, l'homme — aucun homme — ne peut (d'une évidence chaque jour plus criante) se passer de Féminin. [...] Même après l'éclair de l'individu soudain révélé à lui-même, l'Homme élémentaire demeurerait inachevé si, par rencontre avec l'autre sexe, à l'attraction centrique de personne-à-personne, il ne s'enflammait [174]. » Et il rend un « hommage général, quasi adorant, montant du tréfonds de [son] être, vers celles dont la chaleur et le charme ont passé, goutte à goutte, dans le sang de [s]es idées les plus chères [175] »... Toutefois, c'est là l'expérience d'un homme, j'entends d'une personnalité physique et psychologique masculine singulière, pour qui la fidélité au vœu de chasteté, selon ses propres mots, n'a pas exigé d'efforts ascétiques démesurés, de luttes particulières, sinon celles que je viens d'évoquer. Dès lors, que penser de cette troisième voie ? N'est-elle pas une proposition ou, plutôt, le reflet d'une expérience personnelle, tellement personnelle que même celle avec laquelle il l'a menée n'en a jamais complètement partagé les conditions ? Ainsi, dans son journal intime, Lucile écrit-elle, le 12 mars 1938 : « Je sais que j'ai espéré une rupture définitive avec son ordre — mais cela ne s'est pas fait — en fait, inconsciemment, je comptais dessus bien plus que je ne le réalisais et j'ai eu du mal à accepter les choses comme elles étaient — nous étions plus proches que jamais l'un de l'autre, j'en suis sûre — mais la manière de vivre et d'exprimer cet amour est encore un problème qui soulève quelquefois des difficultés — je suppose que cela subsistera toujours — nos vies ont été différentes [176]. » Dans une lettre d'octobre 1939 qu'elle ne lui envoie pas, elle écrit encore : « J'ai pensé qu'il y avait en vous une certaine distance ou froideur qui passerait si je vous donnais sans réserve toute la chaleur de mon amour. Mais je me demande si vous le voulez ou si vous le comprenez. Vous aimez, certes, mais sur un autre plan. J'ai pu avoir des aperçus de ce plan, ce qui fait que je peux vous comprendre, mais il est très difficile pour moi de me maintenir à ce niveau — c'est alors que surviennent les difficultés. Vous ignorez la jalousie ou d'autres émotions peu admirables, vous ne pouvez donc pas les comprendre [177]. » Autant que la jalousie, Teilhard ignore l'égoïsme, même au nom d'un idéal religieux ; il voudrait éviter à son amie les conséquences d'une abstinence qui, pour lui, semble paraître somme toute légère. « Dieu sait si j'aimerais en porter tout le fardeau sur mes épaules, lui écrit-il le 24 avril 1937. [...] Parfois je pense que cette terrible privation que je vous impose me rend dix fois plus attaché à vous. » Peu de temps après l'aveu de Lucile, il fait part de son inquiétude à son ami Breuil. « Un point qui me pèse aussi un peu ces temps-ci, lui écrit-il le 15 juin 1936, est celui de mes relations avec L.S. Notre amitié n'a jamais été plus franche, plus pleine et plus riche. Mais je suis effrayé de la place que L.S. lui donne. Comment faire pour qu'elle demeure libre [178] ? » Sans doute Teilhard craint-il de se trouver lui-même « possédé » par cette femme si affectueuse, si généreuse d'elle-même, et de perdre ainsi sa propre liberté.

La liberté : c'est ce à quoi Teilhard reste le plus attentif, dans les relations qu'il entretient, pour lui comme pour ses amis et ses amies. Si lui-même n'est pas jaloux, il se rend compte des réactions que ses amitiés suscitent. Ainsi, en juin 1947, alors qu'il est en convalescence après son accident cardiaque, Lucile arrive à Paris... pour découvrir que son ami de Pékin est engagé dans une nouvelle amitié féminine, avec Rhoda de Terra. Teilhard veille à ce que les deux femmes ne se rencontrent pas et demande à son ami Leroy d'expliquer la nouvelle situation à Lucile. Cette dernière est vexée et, pour un temps, trouve le réconfort dans les leçons d'un swami, sans oublier son affection et sa fidélité pour son ami « P.T. », comme elle aime à le surnommer. Teilhard lui en sait gré, jusqu'au dernier moment.

« Lucile chère, lui écrit-il dans sa toute dernière lettre. Merci, tant, pour votre lettre. Oui, stupidement, je suis encore nerveux — bien plus nerveux que je ne devrais. Et, en même temps, j'ai absolument besoin de votre présence, de votre influence, dans ma vie. J'espère (je suis sûr) que les choses vont graduellement s'arranger, sur le plan " émotionnel ". — En même temps, à titre de minimum (ou d'optimum provisionnel) nous pourrions essayer de nous voir au rythme de deux-trois fois par hiver. — En tous les cas nous savons, l'un et l'autre, que nous sommes " toujours là " l'un pour l'autre. — Téléphonez-moi quand vous voulez. — Je vous ferai savoir tout ce qui m'arrive d'important ou d'intéressant. — Et je vous verrai certainement avant de quitter New York pour l'été. — Mes plans sont encore vagues du fait de cette terrible question de " visa permanent " que je n'ai pas reçu ! Que Dieu vous bénisse pour tout ce que vous m'avez donné et me donnez.

Votre, très affectueusement, Pierre [179]. »

Accomplir l'Homme

Les amitiés féminines de Teilhard en apprennent beaucoup sur sa personnalité, son humanité, sa manière de partager ses convictions et ses engagements. Il ne faudrait pas y porter une attention trop exclusive ; elles sont l'expression d'un être, naturellement et culturellement, galant et courtois. De cette courtoisie, les exemples ne manquent pas ; j'en ai retenu un, en lisant sa correspondance avec Marcellin Boule. Au terme de chacune de ses lettres ou presque, il a un mot aimable pour les collaborateurs du professeur, en particulier « Mlle Raymonde » (une secrétaire) : « Dites à Mlle Raymonde, écrit-il le 20 janvier 1930, que je crois respirer un peu d'air de Paris toutes les fois que je reconnais son écriture sur les lettres qu'elle a l'obligeance de me faire suivre. »

Mais, surtout, Teilhard est sensible au charme féminin : il l'avoue sans détour et son entourage aussi. « Une partie du plaisir qu'il éprouvait à aller dans le monde, remarque Claude Rivière, c'est que non seulement il y rencontrait des hommes cultivés, avec lesquels il pouvait exposer ses chères idées et en discuter, mais qu'il y rencontrait également de jolies femmes, élégantes et bien habillées, dont il aimait la compagnie. Très vieille France sur ce point. Il confessait lui-même cette faiblesse. " Beaucoup trop de jupons autour de moi ", disait-il à Leroy [180]. » Et il avoue à son amie Léontine Zanta, non sans un brin de flatterie : « J'aime beaucoup Pékin, qui me rappelle Paris (avec trop d'amies en moins...) [181]. » Lorsque, en décembre 1940, les autorités américaines demandent aux femmes de diplomates et de militaires de quitter Pékin et la Chine, Teilhard se plaint : « De l'affaire, j'ai perdu quelques très bonnes amies. »

Il ne faudrait pas s'en tenir aux « histoires », à la seule apparence anecdotique mais, comme souvent chez Teilhard de Chardin, regarder « en avant » de l'expérience humaine, se demander comment il a cherché à « accomplir l'homme » et, ici, plus directement le masculin. Avant de considérer les conséquences de cette découverte sur la pensée et la spiritualité du jésuite, il faut s'arrêter au cheminement qui l'y a conduit. Or, à le lire, nous pouvons nous rendre compte que la rencontre du Féminin ne s'inscrit pas seulement dans les méandres, conditionnés ou imprévus, de sa personnalité et de son existence, mais aussi dans son sens de la plénitude, sa quête de la matière et son amour passionné pour l'univers : « Je pense qu'il faudrait qu'un homme fût exilé dans Mars, ou dans un autre Univers, pour se douter de l'incroyable tendresse qui le lie, inconsciemment, au corps de tous les humains [182]. » Dans une correspondance de 1948, il cite le philosophe Étienne Gilson : « Ici est le grand mystère. Pour créer la vie, l'homme doit avoir avec lui la femme. Pour créer le beau le plus parfait, peut-être faut-il aussi que l'homme soit avec la femme. Mais l'être exclut ici l'avoir (charnel). Et c'est pourquoi le grand artiste veille si jalousement à rester libre d'une passion qui l'asservirait au lieu de le grandir. Plus il est grand, plus tôt il peut se passer d'elle (je ne crois pas, — si elle monte avec lui) ; mais plus l'œuvre dont il rêve approche l'inaccessible niveau de la création pure, moins il peut d'abord s'en passer [183]. »

Au terme de son texte *Le Cœur de la Matière*, il écrit : « Le plus vif du Tangible, c'est la Chair. Et, pour l'Homme, la chair, c'est la Femme. Parti, dès l'enfance, à la découverte du Cœur de la Matière, il était inévitable que je me trouve, un jour, face à face avec le Féminin. — Le curieux est seulement qu'en l'occurrence la rencontre ait attendu, pour se produire, ma trentième année. — Si grande était pour moi la fascination de l'Impersonnel et du Généralisé [184]. »

En lisant ces lignes, je pense à celles écrites par le sculpteur dominicain Manfredi Quartana, à propos de la beauté : « L'expérience de la beauté est un événement : l'événement d'une présence. Quelque chose qui apparaît, qui va toucher les fibres plus ou moins profondes de mon désir de vie, selon la gamme multiple des images que je porte en moi. Ce désir peut être endormi, peut être oublié, peut être refoulé, il est réveillé par cette rencontre et cela ne va pas sans une mise en déséquilibre, sans une ouverture pleine de lumière mais aussi de désir douloureux. Pour moi la beauté est d'abord la beauté de l'autre, pour l'homme donc la beauté de la femme [185]. » La Matière (la Chair) pour le jésuite, la Beauté pour le dominicain : deux chemins différents mais non opposés, tous deux faits d'expériences et de rencontres, d'ouverture et de désir, de don et de louange. Car je ne voudrais pas ignorer le lien qui peut être posé entre l'Éternel féminin et la messe sur le Monde : celui du feu de la passion. « Même après l'éclair de l'individu soudain révélé à lui-même, l'Homme élémentaire demeurerait inachevé si, par rencontre avec l'autre sexe, à l'attraction centrique de personne-à-personne, il ne s'enflammait [186] », conclut Teilhard en 1950, après avoir écrit en 1923 : « Si le Feu est descendu au cœur du Monde, c'est finalement pour me prendre et m'absorber [...]. Je me prosterne, mon Dieu, devant votre Présence dans l'Univers devenu ardent et, sous les traits de tout ce que je rencontrerai, et de tout ce qui m'arrivera, et de tout ce que je réaliserai en ce jour, je Vous désire et je Vous attends [187]. »

Il s'agit encore de louange lorsque Teilhard, marqué par son éducation religieuse, écrit dans son *Journal*, le 10 octobre 1918 : « Le Féminin est une Forma Cosmica, une Énergie cosmique passive » ou encore qu'il voit, dans ce Féminin, cette « Énergie lumineuse et chaste, porteuse de courage, d'idéal, de bonté », la Vierge Marie elle-même. « Sans doute, reconnaît-il, si j'avais eu moins d'amies, me serait-elle plus vivante... Mais avais-je le choix. Et ma " vocation " n'était-elle pas de la retrouver plus haut, en émergence sur le Féminin tangible dans lequel je me suis immergé [188]. » Toutefois, le Féminin, même accompli en Marie, doit prendre une forme « christique ». Et Teilhard n'en trouve pas seulement l'expression parfaite dans le visage de Marie ; il raconte, dans l'une de ses *Trois histoires comme Benson*, une vision singulière du Christ, en particulier de ses yeux : « Ces yeux, par exemple, si doux et attendris d'abord que je croyais ma mère devant moi, devenaient, l'instant d'après, passionnés et subjugants comme ceux d'une femme, — si impérieusement purs, en même temps, que, sous leur domination, le sentiment eût été physiquement incapable de s'égarer. Et puis, alors, une grande et virile majesté les emplissait à son tour, analogue à celle qui se lit dans les yeux d'un homme très courageux ou très fort, — incomparablement plus hautaine cependant, et plus délicieusement subie [189]. »

À partir de cette expérience du Féminin, Teilhard élabore une vision sinon originale, du moins stimulante de la chasteté. « Puisque, du point de vue où je me suis placé, la chasteté n'est plus la suppression, mais la sublimation du Féminin, ce que j'entrevois, c'est une augmentation graduelle de l'usage spirituel des sexes, avec graduelle réduction du côté " reproduction " et des actes physiques conduisant à celle-ci (cette métamorphose, coïncidant avec une *fin* de l'Humanité parvenue à maturation, — ou simplement *limitant* la multiplication de l'espèce à l'optimum que demande l'eugénisme). Vous m'objectez que " l'amitié passionnée " ne satisfait pas à la condition de " sauver la Matière ". Mais il me semble que si : juste autant que les " possessions " par le sens artistique et la science. Il s'agit seulement de séparer " l'essence du Féminin " du sexuel (au sens surtout animal de celui-ci). [...] En tout cas, pratiquement, la doctrine de la chasteté-*privation* me paraît de plus en plus n'être en fait qu'une mesure d'*agere contra*, et un " fakirisme " atténué (j'emploie ce mot sans aucune idée d'animosité ou de dépréciation, — mais pour me faire comprendre) [190]. » En 1934, dans *L'Évolution de la chasteté*, il explique : « Le fait, pour un homme, de centrer son cœur sur une femme, ne signifie pas *nécessairement* que cet homme va se trouver affectivement " neutralisé " par rapport au Divin. *À travers* l'astre féminin, le soleil divin (*parce que* plus profond) peut encore être aperçu. Il peut briller, et même d'un éclat plus vif, sur la même ligne et au-delà [191]. » Et, quelques années auparavant, dans *Le Milieu divin* : « La pureté est la rectitude et l'élan que met dans nos vies l'amour de Dieu cherché en tout par-dessus tout. » Ou encore, à sa cousine : « Plus j'avance dans la vie, plus je sens que le vrai repos consiste à se " renoncer " à soi-même, c'est-à-dire à admettre résolument que cela n'a aucune importance d'être " heureux " ou " malheureux " (au sens courant de ces mots). Réussite ou satisfaction personnelle ne méritent pas qu'on s'y arrête si on les a, ni qu'on se trouble si elles échappent ou tardent. Seule vaut l'action fidèle, pour le Monde, en Dieu. Pour arriver à voir cela et à en vivre, il y a une sorte de pas à franchir, ou de retournement à faire subir à ce qui paraît l'habitude générale des hommes. Mais ce geste, une fois exécuté, quelle liberté pour travailler, et pour aimer [192] ! »

La liberté. Une fois encore, elle se présente comme la clé pour comprendre l'attitude de Teilhard à l'égard des choses et des êtres, cette chasteté qui ne se réduit pas à la privation ou au « fakirisme » mais qui cherche d'abord à s'ajuster aux processus, aux mouvements qui tissent, fondent la genèse du Monde. Dès lors, la chasteté dont parle Teilhard ne concerne pas seulement les religieux, les consacrés à Dieu ; il peut la proposer à Lucile comme à ceux et celles qui l'écoutent. Elle est une école de liberté, ou plutôt de libération : « Est chaste celui qui se présente simplement, librement, confiant, devant les personnes et devant les choses, prêt à donner comme à accueillir, à prendre comme à renoncer. Mieux vaudrait d'ailleurs écrire : devenir chaste qu'être chaste [193]. »

Je conclus. La voie particulière des amitiés féminines, Teilhard de Chardin l'a empruntée avec prudence et courage (lors d'une retraite, il se donne pour conseil : « Pratiques : toujours en deçà dans le Féminin [194] »), mais aussi avec un réel bonheur. À lire les lettres à ses amies, à suivre ses réflexions sur ce sujet, comment ne pas être persuadé qu'il a ainsi expérimenté le meilleur de l'amitié en même temps qu'une part de l'accomplissement de sa quête spirituelle ? À un ami prêtre qui vit lui aussi l'expérience d'une amitié féminine, il écrit : « Sachez regarder de ce côté [celui des progrès d'une grande œuvre autour de nous], oserais-je vous dire, jusque dans le domaine de l'exceptionnelle amitié qui a si fort occupé votre vie durant les dernières années. J'espère toujours, avec vous, que la saison viendra, enfin, où vous trouverez, auprès de D., la source de force joyeuse dont vous avez soif. Tout est possible, cependant. Les cahots et les broussailles de la vie, le développement aussi de ces forces incontrôlables et obscures qui sont au fond de chaque cœur, empêcheront peut-être les deux amis de se rejoindre comme ils le désiraient. Ne vous troublez pas, ni ne doutez de votre expérience. Quand même (ce qui ne sera pas, je veux le croire) l'affection qui a traversé votre vie n'aurait été qu'une phase, cette phase vous aurait été profondément utile, et il ne vous faudrait pas regretter d'avoir payé, par beaucoup de peine, la sagesse et la puissance nouvelles que vous y avez gagnées. — Quand on s'est voué à Dieu et au Monde, on ne doit plus s'attendre à jouir beaucoup de ce qui illumine la vie des autres. Mais en revanche, on est plus libre, n'est-ce pas, puisque, derrière les yeux les plus aimés, on ne cherche que “ ce qui devient le même en Tout ” [195]. » Au même, il écrit quelques mois plus tard : « Puissent ces occupations vous distraire et vous fortifier le cœur, *si* vraiment la chaleur de l'amitié de D. venait à vous manquer, ou du moins à s'attiédir. Je vous ai déjà dit ce que je pensais à ce sujet : vous ne devrez jamais regretter une expérience qui aura été si féconde pour vous et pour elle. En toute hypothèse, ces années d'affection n'auront été ni du temps, ni de l'énergie perdus. Elles auront créé, de part et d'autre, une très belle réalité spirituelle qui survivra, quelle que soit la forme particulière de vos relations dans l'avenir [196]. » Telle a bien été sa propre expérience.

4

Vers la Terre promise

(1946-1955)

Portraits

« [À son retour de Chine] ce fut un homme assez différent de celui que nous avions connu que nous vîmes arriver. Il n'avait plus guère d'intérêt pour la recherche paléontologique, exprimant toutefois, de temps à autre, en conversation, un regret sur le passé. Il ne retrouvait plus, d'ailleurs, au Muséum, le cadre dans lequel il avait commencé ses recherches ; il n'avait pas de point fixe dans le tumulte parisien. Sa santé déclinait [1]. »

« Teilhard n'avait aucune prudence verbale ! Il parlait vite et d'une manière saccadée. Il n'était ni orateur ni causeur — plutôt épistolier, confidentiel, intense et personnel. [...] avec Teilhard, qui était prêtre, confesseur, directeur de conscience, il était facile d'obtenir un entretien particulier. Comme l'entretien de Bergson, celui de Teilhard ouvrait, dilatait. Un bondissement de l'esprit, l'écarquillement du regard intérieur, le sentiment d'un accord soudain de votre moi avec le cosmos, ou plus exactement avec le geste créateur... Les yeux de Teilhard ne vous regardaient guère. [...] Les yeux de Teilhard donnaient une impression d'acier. Plus exactement : d'une étincelle jaillissant du silex. Soudain Teilhard ressemblait à l'Homme paléolithique ; la forme osseuse en son grand corps élastique se laissait voir : dure et toutefois élégante. Ses mains étaient des mains de grimpeur, articulées, flexibles. Elles étaient faites pour tenir le crâne du Sinanthrope, ou ses mandibules : une seule dent exposée aux regards comme un diamant, mais infiniment plus précieuse qu'une pierre pour la connaissance de l'Homme [2]. »

« Quand je le rencontrai pour la dernière fois, en janvier 1955, avant mon départ pour l'Espagne, c'était dans une rue ; il marchait sur la neige, vêtu d'un manteau sombre, comme quelqu'un qui a hâte de retourner dans sa patrie. En avril de la même année devait me parvenir à Madrid la triste nouvelle qu'il était mort le dimanche de Pâques [3]. »

« Le Père, revêtu des ornements sacerdotaux, gisait là à jamais. Il était à peine reconnaissable : les traits tirés, le nez profilé, le front très dégagé... Il faisait penser à Pascal, son compatriote clermontois [4]. »

Une vie de savant

Pékin, mars 1946. Le père Teilhard de Chardin est prévenu par le nouvel ambassadeur de France auprès de la Chine nationaliste que le gouvernement français souhaite le voir rentrer aussi rapidement que possible à Paris. Au même moment, les Européens qui résident encore à Pékin apprennent qu'un bateau américain, le *Strathmore*, doit quitter Chang-hai pour rejoindre l'Europe. Afin de pouvoir emporter de lourds bagages (ses livres, ses notes, des pièces paléontologiques), Teilhard décide de profiter de cette occasion pour rejoindre la France. Le général Worton, commandant des fusiliers américains du Nord-Est chinois, met son avion personnel à la disposition du jésuite, si bien que, le 15 mars 1946, il quitte Pékin pour rejoindre le port de Chang-hai et y embarquer. Il ne reverra jamais la Chine. À son frère Joseph, il écrit dans une lettre datée du 5 avril : « Le *Strathmore* est une des plus belles unités de la Peninsular Oriental, mais transformée (c'est-à-dire la moitié inférieure des ponts) en transport, de sorte que nous menons une vie grégaire et couchons dans des hamacs. Vie tout à fait tolérable, nourriture simple et solide, mais travail pratiquement impossible. Ce sera la première de mes traversées que je verrai finir sans regret. » Le jour même, il confie à sa cousine : « Ces sept ans m'ont blanchi, et intérieurement renforcé (pas durci, j'espère...). La première guerre m'avait mis le pied à l'étrier. Celle-ci a étêté ma vie, mais je vois mieux certaines choses centrales et claires, et je veux y consacrer ce qui me reste à vivre. »

Teilhard arrive à Paris le 3 mai 1946 et s'installe aussitôt à la maison jésuite des *Études*, 15, rue Monsieur ; il y retrouve des confrères, des amis qui lui sont et lui seront d'un grand et fidèle secours pour cette nouvelle étape de sa vie. Sa situation est en effet pleine d'incertitude ; mais il élabore sans plus attendre des projets, envisage des conférences en Sorbonne et au musée de l'Homme, des expéditions scientifiques en Chine ou en Afrique du Sud, des voyages en Amérique. À peine se plaint-il du manque de cigarettes, dû au rationnement. « Malgré le chaos apparent du monde, écrit-il à son ami Barbour, je reste optimiste ; parce que, dans l'ensemble, les événements me paraissent aller dans la direction qu'il fallait attendre : une unification “ planétaire ” de l'humanité, opération suprêmement dangereuse, mais biologiquement inévitable, pour laquelle nous serons (et sommes déjà) obligés de tendre toutes les meilleures énergies spirituelles [5]. »

Évolutionnisme et société

En 1946, Teilhard fait la connaissance de Julian Huxley, le premier directeur de l'UNESCO. Ce dernier écrira plus tard avoir compris sur-le-champ qu'ils suivent « tous deux des lignes de pensée parallèles, en essayant de considérer l'homme *sub specie evolutionis*, tout à la fois produit de l'évolution passée et agent actif de son avenir ». Les deux savants s'accordent à penser que, « au cours du million d'années nécessaire au passage du sous-humain à l'humain, l'Homme avait franchi un seuil critique et avait abandonné la lente phase biologique de son évolution pour une nouvelle phase psycho-sociale plus rapide, et de plus en plus dirigée par l'esprit, dans laquelle l'évolution se manifeste par des changements dans les idées, les sociétés et les cultures plutôt que dans les organismes et leur constitution génétique [6] ».

Julian Sorell Huxley occupe une place particulière dans l'histoire de l'évolutionnisme. Son grand-père paternel, Thomas Henry, fut l'un des premiers protagonistes du combat en faveur de Charles Darwin et de ses idées ; son débat à Oxford avec le prélat anglican Samuel Wilberforce, en juin 1860, est entré dans les annales, voire dans la légende du darwinisme [7]. Son frère, Aldous, est l'auteur d'un des chefs-d'œuvre de la science-fiction : *Brave New World* (*Le Meilleur des mondes*), paru en 1932, qui s'inspire largement des idées néo-darwinistes. Julian est lui-même l'un des principaux acteurs, avec Theodosius Dobzhansky et Ernst Mayr, de la renaissance du darwinisme à la fin des années 1930, grâce à l'élaboration de la théorie dite synthétique de l'évolution. Professeur puis lecteur au King's College, il mène de front trois types d'activités : les expéditions et les observations éthologiques, les expérimentations en embryologie et en génétique, la diffusion du savoir scientifique. Secrétaire de la Zoological Society de Londres en 1936 puis en 1942, il s'oriente, au début des années 1940, vers l'engagement public et devient le promoteur d'un humanisme évolutionniste, fondé sur le progrès social et le développement de la conscience individuelle, grâce à l'éducation et à la promotion des arts et des sciences. Il n'est pas étonnant qu'il soit choisi comme premier directeur général de l'Organisation des Nations unies pour l'Éducation, la Science et la Culture, l'UNESCO, créée le 16 novembre 1945, pour « construire la paix dans l'esprit des hommes ». La vigueur de sa pensée et de son engagement ne va pas sans entraîner réactions, critiques et controverses; s'y arrêter un instant n'est pas sans intérêt : par parallélisme (l'expression est de Huxley lui-même), par contraste, par différence, les fondements et l'originalité de la pensée de Teilhard en matière sociale apparaîtront plus nettement.

Huxley montre une insistance à défendre la spécificité de l'humanité qui peut *a priori* surprendre de la part d'un héritier des idées de Charles Darwin. Comme il l'explique lui-même dans la préface au livre de George Barbour sur Teilhard, la clé d'explication réside dans une distinction que Darwin lui-même opérait déjà mais à laquelle les néo-darwinistes des années 1930 offrent désormais une place centrale : celle à effectuer entre l'évolution biologique et l'évolution culturelle, entre la phase biologique de l'évolution qui procède de l'émergence d'une matière capable de se reproduire, et la phase humaine avec l'apparition d'un esprit capable lui aussi de se transmettre entre individus, entre sociétés et entre générations. Dès lors, l'humanité n'est pas seulement le dernier type dominant produit par l'évolution, elle est aussi et d'abord le seul agent, vivant sur la Terre, capable d'agir sur l'évolution elle-même : l'humanisme évolutionniste de Huxley s'articule très directement et explicitement à une philosophie du progrès technique et scientifique, culturel et social. Dès 1923, dans *Progress, Biological and Other*, Huxley cherche à démontrer l'existence d'un tel progrès dans l'évolution. Il conteste le scepticisme avec lequel les darwiniens accueillent généralement cette notion et énonce six principes qui, selon lui, fondent le progrès évolutif : l'accroissement de la taille des organismes, l'accroissement de leur complexité, l'articulation et la coordination des parties, le développement de l'autorégulation, l'intégration de l'expérience et de la mémoire, enfin l'accroissement de l'autonomie vis-à-vis du milieu extérieur. Selon ces principes, l'humanité apparaît comme la manifestation la plus aboutie du progrès évolutif.

Il faut rappeler que l'idée même d'un progrès évolutif, d'une évolution qui se ferait dans le sens d'un progrès, reste aujourd'hui encore discutable et discutée, y compris au sein de la communauté des scientifiques de l'évolution. Pour seul exemple, je donnerai celui du livre de Stephen Jay Gould consacré à ce que l'auteur américain appelle « le mythe du progrès ». Cet ouvrage « développe l'argument général infirmant l'idée que le progrès définit l'histoire de la vie, voire qu'il existe en tant que tendance d'ensemble. Dans cette vision holiste de la vie, l'être humain ne bénéficie d'aucun statut privilégié et ne constitue en rien l'apogée de l'évolution. Les bactéries ont de tout temps été la forme dominante de la vie [8] ».

À ce débat sur l'idée de progrès, Teilhard, je l'ai déjà montré et y reviendrai encore par la suite, a apporté sa contribution de penseur chrétien. Il s'est aussi engagé sur un terrain, plus délicat, mais qui s'inscrit assez logiquement dans une réflexion autour de l'idée évolutionniste de sélection naturelle et de la distinction entre l'évolution naturelle et l'évolution culturelle : la question de l'eugénisme.

La question eugéniste

Il faut bien l'avouer : l'humanité n'a pas attendu le début du XXe siècle pour tenter de s'opposer aux lois de la nature ou de les tourner en sa faveur. La médecine, sous quelque forme que ce soit, les coutumes et les lois sociales (par exemple, le soutien des personnes et des familles défavorisées), la culture elle-même sont autant de manières d'agir sur la composition, les caractéristiques et l'évolution de l'espèce humaine. Mais, s'interrogent les généticiens d'alors, est-ce pour son bien ? Ne conviendrait-il pas de se soucier davantage du patrimoine génétique de l'espèce humaine, de sa protection à l'égard de toute atteinte qui pourrait le dégrader ? Le temps n'est-il pas venu d'offrir à l'humanité les moyens de prendre en main l'évolution de son patrimoine ? La science de l'eugénique est née de cette perspective : faciliter, voire provoquer la naissance d'individus et de populations qui soient « bons », c'est-à-dire meilleurs. Cette discipline scientifique apparaît au cours des années 1910 dans le Royaume-Uni, en Allemagne et en France ; mais l'Anglais Francis Galton emploie le terme « eugénique » dès 1883 pour désigner « l'étude des éléments contrôlables socialement qui peuvent améliorer ou détériorer les qualités raciales des futures générations, physiquement ou mentalement ». L'eugénique est fondée sur deux postulats : d'une part, les gènes sont à l'origine de potentialités et de comportements différents d'un individu à l'autre ; ils sont soumis à des pressions évolutives ; d'autre part, l'espèce humaine est le fleuron de l'évolution du vivant ; elle le doit à la sélection naturelle, qu'il faut désormais suppléer pour perpétuer ce statut. À ce stade, la qualité biologique individuelle et le pouvoir scientifique restent les principes essentiels du projet de Galton. Les choses changent et l'eugénique devient l'eugénisme lorsque les scientifiques prétendent réaliser cette utopie en absorbant les autres sciences humaines, afin de contrôler, au nom de la science, la société dans ses dimensions civiles et politiques. Comme le montrent les idées de Huxley et les propos de Teilhard [9], les limites de l'eugénisme sont plus difficiles à définir.

Teilhard, qui n'est pas lui-même généticien, aborde à plusieurs reprises la question eugéniste ; ainsi, dans *Le Phénomène humain* : « Nous avons certainement laissé pousser jusqu'ici notre race à l'aventure, et insuffisamment réfléchi au problème de savoir par quels facteurs médicaux et moraux *il est nécessaire*, si nous les supprimons, *de remplacer les forces brutales de la sélection naturelle*. Au cours des siècles qui viennent il est indispensable que se découvre et se développe, à la mesure de nos personnes, une forme d'eugénisme noblement humaine. Eugénisme des individus, — et par suite eugénisme aussi de la société. De ce grand corps, fait de tous nos corps, nous trouverions plus commode, et nous inclinerions même à estimer plus sûr, de laisser les contours se déterminer tout seuls, par jeu automatique des fantaisies et des poussées individuelles. Ne pas interférer avec les forces du Monde !... Toujours le mirage de l'instinct et de la prétendue infaillibilité de la Nature. Mais n'est-ce pas le Monde tout justement qui, aboutissant à la Pensée, attend que nous repensions, pour les perfectionner, les démarches instinctives de la Nature ? À substance réfléchie, arrangements réfléchis. S'il y a un avenir à l'Humanité, cet avenir ne peut être imaginé que dans la direction de quelque conciliation harmonieuse du Libre avec le Plané et le Totalisé. Distribution des ressources du globe. Régulation de la Poussée vers les espaces libres. Usage optimum des puissances libérées par la Machine. Physiologie des nations et des races. Géo-économie, géo-politique, géo-démographie. L'organisation de la Recherche s'élargissant en une organisation raisonnée de la Terre. Que nous le voulions ou non, tous les indices et tous nos besoins convergent dans le même sens : il nous faut, et nous sommes irrésistiblement en train d'édifier, au moyen et au-delà de toute Physique, de toute Biologie, et de toute Psychologie, une *Énergétique humaine*[10]. »

Si Teilhard commence par se placer au niveau des individus et donc de l'eugénique, il étend immédiatement sa vision à celui de la société et de l'espèce, autrement dit de l'eugénisme ; ne précise-t-il pas ailleurs que l'eugénisme désigne toute volonté, toute action de « perfectionnement dans la prolongation et l'achèvement de l'espèce [11] ». Et il ne faudrait pas croire que cette mention de l'eugénisme soit isolée, voire unique. Ainsi, dans le passage suivant, tiré de *L'Énergie humaine*, son auteur avance l'argument, désormais connu et souvent utilisé, de la limitation des ressources naturelles. Mais, pour justifier le contrôle des naissances, Teilhard ne se contente pas de l'argument quantitatif ; il y ajoute une argumentation qualitative qui résonne étrangement, sous la plume d'un héritier de la tradition chrétienne et évangélique : « Sur ce terrain, les apôtres du " birth-control " (encore qu'animés trop souvent par le désir étroit de soulager des peines individuelles) nous auront rendu un service : celui d'ouvrir nos yeux à l'anomalie d'une société qui s'occupe de tout sauf d'organiser le recrutement de ses propres éléments. Or l'eugénisme ne se limite pas à une simple sélection des naissances. Toutes sortes de questions connexes s'y rattachent, à peine soulevées encore malgré leur urgence. Quelle doit être, par exemple, l'attitude de fond à adopter, vis-à-vis des groupes ethniques fixés ou décidément peu progressifs, par l'aile marchante de l'Humanité ? La Terre est une surface fermée et limitée. Dans quelle mesure doit-on y tolérer, racialement ou nationalement, des aires de moindre activité ? — Plus généralement encore, comment faut-il juger les efforts que nous multiplions pour sauver, dans les hôpitaux de toutes sortes, ce qui n'est souvent qu'un déchet de vie ? Quelque chose de profondément beau et vrai (je veux dire la foi en la valeur irremplaçable et aux ressources imprévisibles contenues dans chaque élément personnel) se cache évidemment sous cette opiniâtreté à tout sacrifier pour sauver une existence humaine. Mais cette sollicitude de l'homme pour son prochain individuel ne devrait-elle pas s'équilibrer d'une passion plus haute, naissant de la foi en cette autre personnalité supérieure qui est attendue, nous le verrons, de la réussite terrestre de notre évolution ? Jusqu'à quel point le développement du fort (si tant est qu'on puisse clairement définir celui-ci) ne devrait-il pas primer la conservation du faible ? Comment concilier, dans un maximum d'efficience, le soin à prodiguer aux blessés avec les nécessités supérieures de l'attaque ? En quoi consiste la vraie charité [12] ? »

Teilhard le répète à plusieurs reprises : notre humanité doit désormais instaurer un eugénisme généralisé, appliqué aussi bien aux individus qu'aux groupes sociaux, aux races. Les raisons ne sont pas seulement d'ordre économique et alimentaire : il s'agit d'installer, d'instaurer les conditions nécessaires à une maturation biologique du genre humain comme, d'ailleurs, de la biosphère. La sphère biologique n'est pas la seule à être concernée : la même démarche volontariste et finalisée doit être appliquée à l'esprit, à « l'Énergétique spirituelle ». À la dispersion des formes de foi et d'amour doit succéder un nouveau régime : celui d'un Monde capable de réfléchir sur lui-même et surtout de se transformer lui-même, de se vouer à l'étude des conditions d'une telle évolution.

Une question vient rapidement à l'esprit : en défendant aussi ouvertement un « eugénisme généralisé (racial autant qu'individuel) », Teilhard se révèle-t-il raciste ? Lui-même s'en est défendu : « On dit que je suis raciste, mais je ne suis pas raciste », affirme-t-il à Claude Cuénot. Certes, nous connaissons ses doutes à l'égard de l'avenir des peuplades d'Abyssinie ou même des populations de Chine. Et, toujours dans une conversation avec Cuénot, commentant une déclaration de l'UNESCO sur la question raciale, il explique : « Et puis même si certains esprits, insuffisamment " humanisés ", se trouvaient offusqués par le fait que, dans l'avance humaine commune, il existe, non seulement des individus, mais des groupes " mieux doués ", des " groupes-leaders ", — qu'y faire [13] ? » Ce « qu'y faire ? » relève du fait, non de l'*a priori* qui est au fondement de la plupart des idéologies racistes. Teilhard constate des différences, il ne les introduit pas. C'est pourquoi il n'est pas étonnant de le voir s'offusquer des mesures prises par le gouvernement sud-africain en faveur de l'apartheid. Durant son séjour au Cap, au cours de l'été 1953, il écrit à l'un de ses confrères : « Ici comme là [à Johannesburg] une seule chose ou impression désagréable : l'effort du gouvernement pour maintenir désespérément la suprématie blanche (on re-forme les écoles pour indigènes sur le principe de l'inégalité des races, à inculquer aux enfants). Les anglicans réagissent courageusement. Mais on n'entend jamais la voix catholique, me semble-t-il [14]. » Maintenir coûte que coûte une suprématie, voilà qui relève du racisme et que Teilhard récuse. Agir en faveur de la prolongation et de l'achèvement de l'espèce humaine, voilà qui caractérise l'eugénisme et que Teilhard défend. Notons-le bien : Teilhard ne précise pas les moyens à mettre en œuvre pour le bien de l'humanité, pour prendre en main l'évolution biologique, pour s'opposer à la « prétendue infaillibilité de la Nature » et à ses lois. Il s'en tient, comme j'ai essayé d'en rendre compte, à des convictions, clairement, et même froidement, énoncées. Pour autant, j'ai été surpris, voire choqué, de rencontrer de tels propos sous la plume de cet homme. Pourtant, à les examiner, plutôt que les oublier ou les dissimuler, je crois qu'ils peuvent nous être aujourd'hui d'un grand intérêt.

Demandons-nous comment un homme de la trempe de Teilhard peut penser et surtout écrire ces propos eugénistes autour des années 1950, une fois connues (et heureusement interrompues) l'entreprise nazie, mais aussi les campagnes de stérilisation menées par les États-Unis et la Suède. Bien sûr, Teilhard n'est pas le seul à s'être ainsi exprimé, en dehors même d'Alexis Carrel. De même faut-il souligner que la pensée teilhardienne est ici plus globale qu'individuelle, qu'elle propose une « attitude de collaboration sympathique dans la participation unanime à un effort

“ d’ultra-humanisation ” où chaque nuance d’Humanité a besoin de toutes les autres pour arriver à maturité [15] ». Simultanément et en prenant un peu de distance, il convient de constater que l’eugénisme de Teilhard, avant d’être une idéologie sociale ou un programme politique, peut être présenté et compris comme une brèche dans l’édifice que constitue la vision déterministe et orthogénétique de l’univers, du vivant, enfin de l’humanité, qui est celle du jésuite. En d’autres termes, défendre l’eugénisme pourrait être approché et admis comme une manière de mettre en avant la responsabilité humaine dans l’achèvement du processus évolutif, dans l’accomplissement de l’union créatrice. Et cette part confiée à l’humanité serait suffisamment importante et cruciale pour faire courir à cet immense processus le risque de l’échec. Teilhard ne dit-il pas parfois que le péché originel serait, d’une certaine manière, encore à venir ? Dès lors, le degré de liberté conféré à l’espèce humaine ne devrait-il pas être assujetti à une perspective aussi volontariste et efficiente que celle proposée par l’eugénisme ?

Ces questions ne sont pas vaines ; les contemporains de Teilhard, Huxley, Carrel et d’autres, se les posent, tentent d’y apporter des réponses qui soient cohérentes avec leur vision de l’humanité, de sa destinée. Jusqu’à un certain point et loin de prétendre me faire l’inquisiteur ou le juge de quiconque, je suis donc prêt à reconnaître, avec Claude Cuénot, qu’il y a quelque chose « de juste, de sain et d’authentique » dans les propos de Teilhard.

Il n’y a *a priori* rien d’autre, chez Teilhard, que le désir de « bien » faire, d’œuvrer pour le bien de l’espèce humaine, de rechercher pour elle un *optimum* (l’expression revient à plusieurs reprises sous sa plume lorsqu’il aborde la question eugéniste). Il n’est pas le seul à vouloir travailler dans cette perspective ; pensons aux personnalités et aux courants politiques, aux organisations nationales et internationales qui disent se soucier du bien-être humain, dans son acception la plus large. Tous veulent bien faire ; mais voilà : jusqu'où les moyens mis en œuvre peuvent-ils les conduire ? Le plus souvent, la question du bien-être rencontre celle du bien-naître (que l'on excuse ce jeu de mots), donc de l'eugénisme. Aujourd'hui, la question de la maîtrise possible et souhaitable des naissances et des évolutions démographiques est, plus encore qu'en 1950, d'actualité. Mais que penser de la manière dont elle peut être imposée aux pays dits du tiers monde, ou des motivations des programmes mis en place ? Quel équilibre choisissons-nous entre le respect des individus et le souci des populations ? Que dire, par ailleurs, des techniques, voire des programmes de décryptage du génome humain, de dépistage des maladies héréditaires, de tri d'embryons ou encore de thérapie génique ? Il convient de distinguer la démarche individuelle qui conduit des parents à utiliser l'une de ces méthodes, de la réglementation totalitaire d'un État qui désigne les individus autorisés à se reproduire. Pourtant, l'engouement suscité par ces techniques, grâce à une orchestration médiatique efficace, ne contribue pas nécessairement à une prise de conscience et une responsabilisation par chaque personne, couple, famille ou groupe social, telles que Teilhard et Huxley semblent les promouvoir.

La question posée par le religieux français, il y a un demi-siècle, reste d'actualité : en quoi consiste la vraie charité ? Je dirais même : voilà la question centrale, pour un chrétien engagé dans le monde. Comment choisir entre le développement du fort et la conservation du faible, pour reprendre l'alternative posée par Teilhard ? Les propos évangéliques ont-ils leur place dans ce choix dont le jésuite a souligné la réalité, voire l'urgence ? Sa lucidité peut aujourd'hui nous rendre un grand service, même si ses propos restent sujets à discussion. Et ils conduisent aussi à se demander quelle influence la charité, comprise comme une vertu morale et religieuse, peut revendiquer sur la conduite de l'avenir de l'humanité, à une époque où les sciences et les techniques lui offrent les pouvoirs et les perspectives que Teilhard ou Huxley devinent déjà en 1950 et que nous leur connaissons. À côté de ses enjeux moraux, le dossier eugéniste interroge aussi la manière dont Teilhard et, plus largement, la pensée chrétienne pensent la relation entre le développement des sciences et la foi.

Entre science et foi

Julian Huxley évoque, à propos de la personnalité de Teilhard, « l'éventuelle réconciliation de la science et de la religion, qui viendra quand les esprits religieux comprendront que la théologie a besoin d'un fondement scientifique et saisiront le fait que la vie religieuse elle-même connaît l'évolution, et quand les esprits scientifiques accepteront le fait tout aussi important que la religion fait partie du processus évolutif et que dans la phase psycho-sociale de celui-ci elle est un élément important de l'histoire humaine [16] ». En ce domaine, parler d'un parallélisme entre la pensée de Huxley et celle de Teilhard s'impose : si elles se respectent, ces deux pensées ne se rencontrent pas. Teilhard reproche à son ami, comme d'ailleurs aux marxistes et aux humanistes, de rendre « le Monde asphyxiant en niant toute issue, par convergence, en direction d'un Centre de superconscience » et d'une foi en Dieu. Si Teilhard prône lui aussi une renaissance du « Sens humain de l'Espèce », il veut l'articuler, la faire coïncider avec la pensée chrétienne ; n'oublions pas l'accomplissement du « Phénomène humain » dans le « Phénomène chrétien ». Est-ce à dire que, au terme de sa réflexion, le prêtre, en Teilhard, en soit venu à donner au savant la clé de son système ? D'autres indices, dont je parlerai ensuite, autorisent à le supposer.

Cette alchimie ne serait-elle pas à l'origine de l'inaltérable sérénité de Teilhard, même dans ses moments de profonde dépression, à l'origine aussi de sa vision optimiste du monde ? Teilhard nie une telle influence de sa foi en Dieu ; ou plutôt, il défend une influence réciproque : « La Science ne peut être créée que par des hommes entièrement pénétrés par l'aspiration à la vérité et à l'intelligibilité. Ce sentiment prend toutefois sa source dans le domaine religieux. À ce domaine appartient aussi la foi en la rationalité des lois valables pour le monde de l'être concret, c'est-à-dire en l'accessibilité à notre raison. Je ne peux concevoir aucun savant authentique sans cette foi profonde. Cette situation peut s'exprimer par l'image suivante : la Science sans la Religion est une paralytique ; la Religion sans la Science est une aveugle [17]. » Teilhard est-il parvenu à suivre ce programme ? Son attitude à l'occasion d'une rencontre entre scientifiques permet d'apporter une réponse à cette question.

Paris, du 17 au 23 avril 1947. Sous l'égide du Centre National de la Recherche Scientifique, le CNRS, le professeur Jean Piveteau organise un colloque international de paléontologie. S'y trouve réunie, selon les termes mêmes de Teilhard, « la pointe extrême de la pensée humaine en matière de Biologie ». Dans une lettre à Lucile Swan, il raconte : « Je suis en plein symposium biologico-paléontologique qui m'occupe le matin et l'après-midi. Simpson est présent, de l'American Museum, si bien que j'ai un peu l'impression d'être revenu à New York [18]. » En plus de George Gaylord Simpson, se trouvent réunis John Burdon Sanderson Haldane, Lucien Cuénot, Pierre-Paul Grassé, Jean Piveteau et, bien entendu, Pierre Teilhard de Chardin. De ce colloque, Teilhard publie un compte rendu dans le numéro de mai 1947 de la revue jésuite *Études* [19]. Il s'agit d'un écrit mineur, au sein du vaste corpus teilhardien ; mais il présente l'intérêt de préciser les principaux courants de pensée qui, en ce milieu du XXe siècle, coexistent au sein de la communauté des paléontologues et des biologistes de l'évolution, leurs débats et leurs articulations. Le rédacteur y ajoute une défense de sa propre perspective : l'orthogenèse.

Dans cet article, Teilhard rappelle d'abord les points qui font l'unanimité parmi ses confrères biologistes : le fait de l'évolution zoologique, le rôle du hasard au départ de tout processus évolutif par le biais de la combinaison des chromosomes, enfin la validité de la méthode scientifique « qui consiste, pour le savant, à étendre au maximum le domaine de l'automatique dans la construction et le fonctionnement des êtres vivants ». Il y a une unanimité sur le fait de l'évolution, sur ce que l'on nomme encore à l'époque le transformisme. Si les scientifiques s'accordent à penser pouvoir décrire l'histoire du vivant à partir de l'observation et de l'étude de la nature, comme les historiens le font avec les civilisations humaines, ils débattent entre eux d'une part sur la place qu'il convient d'y accorder au hasard et au déterminé, d'autre part sur l'opportunité ou la nécessité de recourir à des éléments extérieurs d'explication. « Ce tri [auquel le vivant paraît soumis au cours des temps géologiques] est-il entièrement automatique (sélection naturelle) ? ou bien, pour expliquer l'arrangement des hasards, sommes-nous obligés de faire intervenir l'influence de quelque facteur interne de choix, c'est-à-dire de quelque psyché [20] ? » Cette interrogation anime les discussions entre les participants au colloque de Paris, qu'ils soient paléontologues ou généticiens. Si elle n'est pas nouvelle (Charles Darwin et ses contemporains se la posaient près d'un siècle auparavant), il n'est pas certain que notre époque lui ait apporté une réponse satisfaisante. En 1948, elle se trouve à un véritable tournant que Teilhard décrit ainsi : « Dans l'ensemble, et à raison de leurs succès expérimentaux, dans le domaine de la génétique, il faut reconnaître que les " automatistes " (ou néo-darwinistes) tiennent présentement la tête. Mais les néo-finalistes gardent en main cet avantage (décisif, à mon sens, bien que par eux encore insuffisamment exploité) que le processus d'« auto-transformation » manifesté, en ce moment même, par l'espèce humaine établit scientifiquement l'influence en Biogenèse (au moins à partir de l'homme) de certaines forces psychiques d'évolution. À ces puissances internes de self-arrangement il faudra bien, tôt ou tard, trouver moyen de faire place dans une Biologie vraiment généralisée [21]. »

Teilhard ne cherche pas à opposer ces deux courants l'un à l'autre pour en annoncer le vainqueur ; il pense plutôt que tous les deux ont raison, mais à des niveaux différents du vivant. « Là où leur tort commence, aux uns et aux autres, et là où le conflit se déclare, constate-t-il, c'est quand, oubliant l'existence des seuils évolutifs, ils se laissent aller, les uns à étendre paresseusement vers le bas, et les autres à nier ou à rendre impossible vers le haut, le jeu biologique des forces d'invention [22]. » C'est à partir d'un constat analogue que, dans *Le Phénomène humain*, il a proposé une articulation, une conciliation des deux approches : « De divers côtés, on ne manquera pas de relever, dans les explications qui suivent [le paragraphe s'intitule " La montée de la conscience "], une pensée trop lamarckienne (influence exagérée du " dedans " sur l'arrangement organique des corps). Mais qu'on veuille bien ne pas oublier que, dans l'action " morphogénétique " de l'instinct, telle que je l'entends ici, une part essentielle est laissée au jeu (darwinien) des forces externes et du hasard. [...] Bien compris, l'" anti-hasard " néo-lamarckien n'est pas la simple négation, mais au contraire il se présente comme l'utilisation du hasard darwinien. Entre les deux facteurs, il y a complémentarité fonctionnelle, — on pourrait dire " symbiose " [23]. » Ailleurs encore, Teilhard distingue d'un côté les « grands complexes » (en tout premier lieu, l'Homme) qui sont soumis aux processus de type lamarckien ou au contraire les utilisent, et d'un autre côté, les « petits complexes » (surtout les vivants inférieurs) où l'anti-hasard ne peut plus être saisi directement, sinon par pur raisonnement. Car Teilhard reste avant tout lamarckien et finaliste : ce qu'il appelle l'anti-hasard a toujours le dernier mot et les grands complexes intègrent les petits dans une histoire déterminée, finalisée. Le mouvement de la vie, explique le paléontologue dans un texte qu'il a préparé pour un colloque organisé à Paris en avril 1995 par Jean Piveteau, fait « invinciblement penser à celui, tout matériel, d'une rivière établissant peu à peu son cours à la demande du terrain sur lequel elle s'écoule ! Mais, ainsi que dans l'exemple ici choisi d'une rivière traçant son lit, il y a (quelles que soient l'étendue et la forme du bassin considéré) une même *gravité* agissant partout et toujours sur l'eau qui s'écoule ; — tout de même, dans le cas de la " matière spéciante " (c'est-à-dire pour expliquer la formation de n'importe quel phylum), n'y a-t-il pas, — ne faut-il pas inévitablement supposer —, l'existence d'un même facteur de fond, qui opère [24] ? ». Et quel est l'effet de ce facteur de fond ? L'accroissement du psychisme, selon la loi de complexité/conscience.

L'image de la canalisation, explicitement mentionnée dans ce texte et que Teilhard emprunte peut-être au biologiste Conrad H. Waddington, est elle aussi une manière de chercher à concilier hasard et finalité. À l'origine, cette image concerne plutôt l'ontogenèse, c'est-à-dire l'ensemble des événements qui conduisent de l'embryon à l'adulte. Pour parvenir au but recherché (un adulte complet, viable et capable de se reproduire), ce processus doit toujours rester « canalisé », comme les eaux entre deux berges. Enfreindre une limite, qualitative ou quantitative (l'atrophie ou l'hypertrophie d'un membre, l'absence ou le dysfonctionnement d'un organe), c'est mettre en péril l'avenir de l'individu. Waddington propose d'étendre cette idée de canalisation aux processus évolutifs des espèces : les directions possibles et successives du changement évolutif seraient déterminées par un ensemble de « rives » qui peuvent être génétiques, mais aussi relever des conditions externes. D'une manière analogue, Teilhard parle de topographie complexe, ou évoque l'image d'une rivière traçant son lit sous l'effet d'une gravité constante. De leur côté, François Jacob ne parle-t-il pas du « jeu des possibles » et Stephen Jay Gould ne dessine-t-il pas un « espace des possibles » ? Il paraît raisonnable de donner des contraintes, des limites au hasard : toute forme biologique n'est pas systématiquement réalisable. Il ne faut pas pour autant verser dans un excès d'adaptationnisme, ni vouloir enfermer chaque organe, organisme ou processus biologique dans les limites infranchissables d'une finalité évidente et fixée d'avance. Waddington évite un tel excès ; une canalisation trop intangible empêcherait toute transformation des espèces. Et Teilhard ? Que devient, dans sa propre pensée, l'idée de canalisation ? Chercher à répondre à cette question revient à analyser ce qu'il entend et défend sous le nom d'« orthogenèse ».

L'orthogenèse en question

Très honnêtement, je crois qu'il reste, aujourd'hui encore, difficile et délicat de donner au concept d'orthogenèse le contenu exact auquel Teilhard de Chardin aurait intellectuellement tenu le plus. Je crois prudente (sans être totalement convaincante) la définition qu'en propose Jean Piveteau : « Ainsi, lorsque le paléontologiste parle d'orthogenèse, il emploie le mot dans son sens étymologique le plus général, et veut absolument signifier une transformation dirigée, sans prétendre aborder le problème de la causalité des faits de phylogénèse. L'orthogenèse, d'ailleurs, peut être non seulement une description des faits, mais aussi un fil conducteur pour la recherche. Elle signifie qu'un être concret n'est jamais intelligible isolément, non plus qu'un caractère. Celui-ci ne peut s'interpréter que par l'ensemble.

Une exigence toute semblable oblige à considérer celui-là comme une pièce dans un système plus vaste. Par suite, de même que, dans l'être total, toutes les parties prises séparément se donnent réciproquement, " tout comme l'équation d'une courbe entraîne ses propriétés ", ainsi il est possible d'affirmer, au seul examen d'une forme disparue, que tel ou tel ensemble de formes préparatoires d'étapes évolutives en a nécessairement préparé l'apparition [25]. » Cette définition de l'orthogenèse teilhardienne est prudente, dans la mesure où elle laisse à cette idée la possibilité d'être plus méthodologique que dogmatique, plus métaphorique que réelle. Mais est-ce là l'opinion de Teilhard ?

N'oublions pas les propos du jésuite qui ouvrent son étude du « Phénomène humain », à propos de l'anthropocentrisme inhérent à la démarche scientifique. Ils sont d'une grande lucidité et je me permets de les répéter : « Quand j'essaierai de me figurer le Monde avant les origines de la Vie, ou la Vie au Paléozoïque, je n'oublierai pas qu'il y aurait contradiction cosmique à imaginer un Homme spectateur de ces phases antérieures à l'apparition de toute Pensée sur Terre. Je ne prétendrai donc pas les décrire comme elles ont été réellement, mais comme nous devons nous les représenter afin que le Monde soit vrai en ce moment pour nous : le Passé, non en soi, mais tel qu'il apparaît à un observateur placé sur le sommet avancé où nous a placés l'Évolution [26]. » Se représenter l'histoire du Monde, afin que ce dernier soit vrai en ce moment pour soi : voilà une excellente définition de l'anthropocentrisme qui accompagne toute démarche d'observation et, qui plus est, de compréhension du monde. Quel immense orgueil, quelle prétention, mais aussi quelle définitive limite, quelle défaite pour l'esprit humain et même pour l'humain tout court ! Car aucune méthodologie, aucune théorie, aucun discours, ni aucune analyse n'échappent à ce caractère, ce poids de l'anthropocentrisme, qu'ils soient le fait des néo-lamarckiens aussi bien que des néo-darwinistes. Peut-être la supériorité de Teilhard sur ses contemporains, à cause de la place qu'il confère à l'humanité, est-elle de reconnaître, franchement et d'emblée, travailler et réfléchir « afin que le Monde soit vrai pour lui ». Il n'est pas certain que les scientifiques soient tous prêts à un aveu analogue. Pourtant, qui oserait assurer que la théorie des équilibres ponctués de Stephen Jay Gould et Nils Elredge, celle du gène égoïste de Richard Dawkins ou les propos sociobiologiques d'Edward Wilson soient idéologiquement neutres ? Je laisserai ici aux philosophes des sciences le soin de porter un regard compétent et critique sur les théories et les propos des uns et des autres, néo-darwinistes ou néo-lamarckistes, pour m'en tenir à la pensée du jésuite.

La lucidité montrée par Teilhard ne signifie pas que sa compréhension et son usage de l'idée d'orthogenèse soient plus méthodologiques que dogmatiques. Avec les nuances qu'il conviendrait d'apporter, je m'accorde à penser, avec deux auteurs suisses, que « toute l'ambiguïté du génie de Teilhard est là : synthèse animée par une véritable passion de la vision unificatrice et caractérisée par une incontestable cohérence interne, sa pensée n'en constitue pas moins un amalgame, certes brillant, de composantes épistémologiquement et méthodologiquement hétérogènes [27] ». Témoin cet extrait d'une lettre qu'il adresse à Pierre Leroy, le 16 mars 1952 : « Orthogenèse (le mot est excellent et à conserver, même s'il a été mal employé, comme ceux d'évolution ou de socialisme [*sic*]) signifie simplement le fait que la Vie, historiquement, s'est développée, et continue à se développer (en nous-mêmes, par exemple) *additivement* (ou, ce qui revient au même, *en s'accentuant* continuellement suivant certaines directions). Cela, c'est de l'expérience pure »... et non, veut-il ainsi dire, une intrusion philosophique. Il insiste : « le fait demeure acquis de l'existence, dans le Phénomène vital, non pas immédiatement d'une FINALITÉ (celle-ci n'apparaît expérimentalement qu'avec la Réflexion, c'est-à-dire dans l'Homme), mais d'une POLARITÉ ».

Le sommet occupé par l'Homme, d'où il peut observer le monde, est le fruit d'une évolution dirigée, d'une évolution « lestée », dit encore Teilhard. Elle est passée par les étapes de la Cosmogenèse, de la Biogenèse, enfin de la Noogenèse, grâce à des processus de complexification et d'émergence de la conscience, dont l'Homme, avant même d'être un Centre de perspective, est un Centre de construction. Bien plus, lorsque l'évolution arrive à *Homo sapiens*, le phénomène de cérébralisation ne s'accompagne plus, comme chez les autres espèces, d'un processus de divergence biologique ; au contraire, avec l'espèce humaine, une convergence s'installe au sein du vivant, pour aboutir à un point critique extrapolé de super-réflexion, le point Oméga.

Je viens de parler de nuances. Il faudrait en effet se demander si la distinction, introduite par Teilhard, entre polarité et finalité résout la question de la finalité et de la causalité en science. Ou encore s'interroger sur la définition même de la Vie : ne connaissons-nous pas seulement des vivants ? Souvenons-nous de la réponse d'Augustin à propos de la question « Qu'est-ce que le temps ? ». Il faudrait enfin préciser la place accordée par Teilhard dans sa pensée au hasard et à la contingence.

C'est là une question délicate, car le défenseur de l'orthogenèse ne nie pas l'existence d'une contingence au sein de l'Univers. Je l'ai montré à propos de sa présentation des deux courants néo-darwinien et néo-lamarckien. Au fil des pages de son *Journal* écrit au cours de la Première Guerre mondiale, apparaissent des textes en faveur de la contingence. Ainsi écrit-il le 8 décembre 1916 : « Le Devenir est contingent, dans sa réussite, sinon dans son sens. Voilà ce que je risque sans cesse d'oublier... » Plus tard, le 22 août 1917, il pose les alternatives possibles : « Ce qui semble vraiment exiger l'appui, l'intervention d'un Transcendant, c'est que le seul *Absolu* du Kosmos (immanent au Cosmos = l'Esprit) se fait d'une *manière contingente*. Si toutes les énergies du Monde *conspiraient* à réaliser l'esprit, *si l'esprit naissait infailliblement*, on pourrait difficilement, je crois, en dépit de toutes les analyses du concept d'être, démontrer que le gigantesque organisme Cosmique et son Âme ne sont pas *a se*, c'est-à-dire divins — Mais l'Esprit ne naît pas infailliblement, malgré la multitude possible de ses essais pour l'existence... Donc, ou il n'y a pas d'Absolu du tout, ou il faut une Providence transcendante. Or, il faut nécessairement un Absolu... ou bien rien ne *serait*... » Et que penser d'un texte aussi mystérieux que celui écrit le 10 janvier 1917 : « Le Devenir naturel terrestre est comme le Nil. Nous avons pu croire qu'il va se perdre, par sa source ou son embouchure, dans le Mystère ou l'Absolu... Il est issu d'une banale montagne et va se perdre dans le silence morne... Le secret n'est pas sur son plan... — Derrière tous nos Sphinx, il ne se cache rien du tout... — Le Passé, le Lointain, sont vides, ne donnant accès sur Rien » (10 janvier 1917) ?

Teilhard n'ignore pas l'existence d'une part irréductible de contingence dans l'évolution. Mais il est persuadé qu'elle ne peut aboutir à faire échouer le processus d'ensemble : celui-ci va infailliblement, irréversiblement vers son terme, Oméga. Ainsi, « le mouvement des astres est voulu de Dieu, mais comme résultante des infinies libertés moléculaires [28] ». Dieu, affirme-t-il au cours de sa retraite de 1919, crée « sous les voiles du Hasard ».

Il n'est pas nécessaire de s'appesantir sur le fait que, des deux courants évoqués par Teilhard de Chardin dans son compte rendu de la conférence de 1947, le néo-finalisme et le néo-darwinisme, c'est le dernier qui a fini par l'emporter au sein de la communauté scientifique. En 1950, George Simpson affirme qu'il n'existe aucun fondement ni aucune confirmation scientifiques de l'orthogenèse et de la pensée finaliste qu'elle sous-entend ou soutient. Il en est de l'orthogenèse comme de l'existence d'un point Oméga : elle ne « relève pas précisément de la science elle-même, qui se contente d'observer et de théoriser, à l'intérieur du monde phénoménal, mais de cette lumière, dans le savant, qui postule un fondement, une raison d'être, à ce qu'il constate » ; sans cette lumière, « le monde semble devoir basculer dans l'absurde [29]. » Cette analyse, qui articule en quelque sorte la définition de l'anthropocentrisme proposée dans *Le Phénomène humain* et la mise en garde de Jean-Paul II dans son discours à l'Académie pontificale des sciences, me paraît juste. En défendant une théorie évolutionniste qui manque de fondements comme d'un avenir dans la communauté des biologistes du XXe siècle, en dépassant les limites de la science, Teilhard ne cherche pas d'abord à prendre position contre ses collègues néo-darwinistes, contre les influences et les conséquences matérialistes ou réductionnistes de leurs propos. Il cherche d'abord à ce que le monde qu'il observe ne paraisse pas basculer dans l'absurde, mais qu'il soit vrai, qu'il ait un sens. En d'autres termes, que l'évolution du vivant soit dirigée, déterminée, lestée apparaît nécessaire et même obligatoire pour permettre au jésuite de construire sa pensée.

Dès lors, la découverte d'Oméga peut-elle être le fait d'un incroyant, ainsi que Teilhard l'affirme dans *Le Cœur de la Matière* ? « Avec la découverte d'Oméga s'achève ce que je pourrais appeler la branche naturelle de ma trajectoire intérieure en quête de l'ultime consistance de l'Univers. Non seulement en direction vague de l'Esprit, mais sous forme de Foyer supra-personnel bien défini s'est finalement découvert, nous venons de le voir, à ma recherche expérimentale, un Cœur de la Matière totale. Eussé-je été un incroyant, et laissé aux seules impulsions de mon Sens de la Plénitude, il me semble que de toutes façons, j'eusse abouti au même moment spirituel de mon aventure intérieure [30]. » Faut-il lui donner raison lorsqu'il écrit, dans son *Journal* de guerre : « Je prétends qu'on ne peut pousser jusqu'au bout un contact avec le Kosmos sans arriver au Christ » (30 décembre 1917) ? Ou, dans *Le Milieu mystique*, que « le monde est plein, il est plein d'absolu [31] » ? Je n'en suis pas certain. D'ailleurs, Teilhard apporte lui-même des nuances à de telles affirmations : « La Science, seule, ne peut découvrir le Christ — mais le Christ comble les vœux qui naissent dans notre cœur à l'école de la Science [32]. » Et comment ignorer les scientifiques qui se reconnaissent plutôt dans les propos de Jacques Monod ? Bien entendu, rien n'empêche de proposer à leur questionnement la réponse d'un croyant. Celle de Teilhard, celle de sa christologie cosmique, a le mérite d'être élaborée et puissante ; mais sa puissance évocatrice et spirituelle ne doit pas empêcher de s'interroger sur sa nécessité. Je m'explique. La tradition biblique, patristique puis théologique du Christ cosmique énonce, élabore et confesse l'idée d'un Christ qui récapitule en Lui pour la sauver et l'achever la création tout entière : « Dieu s'est plu à faire habiter en Lui toute la Plénitude, lit-on dans l'épître aux Colossiens, et par Lui à réconcilier tous les êtres pour Lui, aussi bien sur la terre que dans les cieux, en faisant la paix par le sang de sa croix [33]. » Cette œuvre de réconciliation s'inscrit dans un monde et une histoire qui, si la mort et le péché existent encore, sont pourtant déjà sauvés par le Christ. Cette perspective croyante interdit-elle toute vision historique trop marquée par la contingence ? Exige-t-elle d'introduire une vision finalisée et orthogénique ? Je n'en suis pas persuadé. Pourquoi Teilhard de Chardin a-t-il lié si intimement Christ cosmique et point Oméga, au point de paraître défendre une théorie, l'orthogenèse, qui est progressivement écartée par la communauté scientifique ? Sa crainte que l'évolution échoue est-elle si grande ?

Remous autour de la « théologie nouvelle »

Versailles, 20 août 1947. À l'occasion d'une rencontre internationale organisée par les jésuites et devant les quatre provinciaux français, Teilhard développe sa vision « Sur la valeur religieuse de la recherche ». « Nous, prêtres, jésuites, conclut-il, non seulement nous devons nous intéresser, nous prêter, mais nous devons *croire* à la Recherche parce que la Recherche (poursuivie " avec foi ") est le terrain même sur lequel a des chances de s'élaborer la seule mystique humano-chrétienne qui puisse faire demain une unanimité humaine [34]. » À cette époque, comme en témoignent ses carnets de lecture, son champ de recherche s'élargit à l'étude des religions orientales et de la mystique comparée. Devenu un lecteur régulier de la bibliothèque du musée Guimet, il participe, en 1947, à un congrès international d'orientalistes qui se tient à Paris et il rencontre plusieurs universitaires français spécialisés dans ce domaine. Rien d'étonnant, dès lors, si, le 10 février 1947, il achève un essai sur *L'Apport spirituel de l'Extrême-Orient*, pour la rédaction duquel il fait appel à sa propre expérience des traditions de l'Inde, de la Chine et du Japon, à sa « plongée », comme lui-même l'écrit, dans ces différents milieux. « En tout domaine de réflexion aussi bien religieuse que scientifique, conclut-il, c'est seulement en union avec tous les autres hommes que chaque homme peut espérer atteindre le bout et le fond de lui-même. — Non pas nous initier à une forme supérieure d'esprit, mais plutôt grossir et enrichir, par double effet de résonance et de totalisation, la nouvelle note mystique (humano-chrétienne) montant de l'Ouest : tels me paraissent être en définitive, à l'heure présente, le rôle indispensable et la fonction essentielle de l'Extrême-Orient [35]. » Toujours l'idée d'une convergence humaine, mais dans la perspective de ce qu'il a appelé, dès 1932, la « Route vers l'Ouest ».

Un même ton préside à sa participation aux travaux de l'Union des Croyants, la branche française du World Congress of Faiths. Lors de la réunion inaugurale de cette Union, organisée à Paris le 8 mars 1947, il affirme : « Nous disions tout à l'heure que l'esprit n'a qu'un seul sommet. Mais, en revanche, il n'a aussi qu'une seule base. Cherchons bien et nous trouverons que notre foi en Dieu, si détachée soit-elle, sublime en nous un flot montant d'aspirations humaines, et que c'est dans cette sève originelle qu'il faut nous replonger si, avec les frères que nous ambitionnons de réunir, nous voulons communiquer [36]. » C'est dans le même cadre qu'il prononce, le 9 décembre 1950, une conférence intitulée « Le Goût de vivre » au cours de laquelle il condense en quelques phrases plusieurs idées qui lui sont chères :

« Difficile, en revanche, de ne pas accorder (au point de vue évolutif où se trouve actuellement parvenue la Terre) une large priorité, non seulement de dignité, mais d'efficacité et d'urgence, à l'effort de cultiver, dans l'Homme moderne, une passion réfléchie croissante pour l'Univers qui l'enveloppe, — ou, plus exactement, pour la Cosmogenèse qui l'engendre.

« Ce qui, dans un Monde devenu self-conscient et self-mouvant, est le plus vitalement nécessaire à la Terre pensante, c'est une Foi, — et une grande Foi, — et toujours plus de Foi.

« Savoir que nous ne sommes pas emprisonnés.

« Savoir qu'il y a une issue, et de l'air, et de la lumière, et de l'amour, quelque part, au-delà de toute Mort.

« Le savoir, sans illusion ni fiction...

« Voilà ce dont, sous peine de mourir asphyxiés par l'étoffe même de notre être, nous avons absolument besoin.

« Et voilà où se découvre ce que j'oserai bien appeler le *rôle évolutif* des religions [37]. »

Manque-t-il de prudence ? Ces engagements, ces propos ne tardent pas à susciter de nouvelles réactions d'agacement et d'opposition au sein de l'Église. Ainsi, dans un numéro d'*Angelicum* publié en 1946 (il s'agit de la revue de la faculté dominicaine de théologie, installée à Rome, qui porte le même nom), le père Garrigou-Lagrange s'interroge : « La nouvelle théologie, où va-t-elle[38] ? » Le dominicain a lu, sous la plume du père Bouillard, qu'« une théologie qui ne serait pas actuelle serait une théologie fausse ». Il s'interroge : la théologie de Thomas d'Aquin use de notions héritées d'Aristote, en particulier d'une physique qui doit être considérée comme désuète ; dès lors, court-elle le risque d'être déclarée fausse par ceux que Garrigou-Lagrange désigne comme les nouveaux théologiens ? Et le dominicain énumère, non sans compétence ni intérêt, plusieurs dossiers essentiels à l'intelligence de la foi et au travail théologique : qu'est-ce que la vérité ? Quel sens, quelle importance donner aux conciles ? Peut-il y avoir plusieurs théologies ? Sans oublier, en arrière-fond, la vieille opposition entre les écoles dominicaine et jésuite. Au passage, le professeur de l'*Angelicum* épingle Henri de Lubac, Gaston Fessard et, en fin de compte, Pierre Teilhard de Chardin. En s'attaquant à ce dernier, il déclare s'en prendre aux « doctrines les plus fantaisistes et les plus fausses [qui] sont enseignées sur le péché originel » dans des feuilles polycopiées distribuées en France. À des doctrines pour lesquelles la foi est « une adhésion de l'esprit à une perspective générale de l'univers » et Adam, non plus un homme individuel d'où descend l'humanité tout entière, mais le représentant d'une communauté. « Il n'est plus question des Conciles, accuse Garrigou-Lagrange, mais on se place ici du point de vue de la biologie complétée par des élucubrations des plus fantaisistes[39]. » Et le dominicain, pour illustrer ces élucubrations, cite un long passage de ces feuilles où il est question de « Centre cosmique Universel », de « convergence générale des religions vers un Christ-universel », etc. Ne s'agit-il pas, constate-t-il, d'autant d'idées présentes chez des auteurs que l'Église a, dans le passé, condamnés pour leur panthéisme et leur gnosticisme ? De ces pages, Garrigou-Lagrange ne donne que le titre (*Comment je crois*), non l'auteur. Il indique seulement, mais en note de bas de page : « On trouve des idées presque aussi fantaisistes dans un article du P. Teilhard de Chardin, *Vie et Planètes*, paru dans les *Études*, de mai 1946, surtout p. 158-160 et 168. » Suit, en note, une critique de la doctrine transformiste, avec une référence, fort malheureuse, à *L'Évolution régressive*, un ouvrage qu'un lecteur de bon sens a qualifié de désopilant. L'auteur de ce *Comment je crois* est bien Teilhard ; il l'avait rédigé en 1934, à la demande de Mgr Bruno de Solages [40]. Pourquoi ne pas avoir explicitement mentionné le nom du jésuite géologue ? Mystère. En tout état de cause, l'accusation finale de Garrigou-Lagrange est sans nuance : « Nous ne pensons pas que les écrivains dont nous venons de parler abandonnent la doctrine de S. Thomas ; ils n'y ont jamais adhéré ne l'ayant jamais bien comprise. C'est douloureux et inquiétant [41]. » Et le dominicain profite de l'occasion pour fustiger ceux qui fréquentent imprudemment les maîtres de la pensée moderne : ils risquent de se laisser convertir par eux. « On peut espérer, conclut-il, que ces déviations seront l'occasion d'un vrai renouveau doctrinal, par une étude approfondie des œuvres de saint Thomas dont la valeur apparaît de plus en plus, lorsqu'on la compare au désarroi intellectuel d'aujourd'hui [42]. »

À l'accusation de modernisme portée contre ces théologiens, philosophes et savants catholiques français, Mgr de Solages, alors recteur de l'Institut catholique de Toulouse, décide de répondre par un article publié dans la revue de l'Institut, le *Bulletin de Littérature ecclésiastique* [43]. En épigraphe à son article, daté du « 7 mars 1947, en la fête de saint Thomas d'Aquin », Solages rappelle une constitution du pape Benoît XIV, datée de 1753, dans laquelle le souverain pontife invite à ne « pas juger un livre par une ou deux propositions détachées et séparées du contexte ». N'est-ce pas le travers, s'interroge-t-il, dans lequel est tombé Garrigou-Lagrange, lui qui « manie tout le temps le thomisme comme une massue pour écraser ses adversaires » ? Est-il honnête, poursuit-il, de s'en prendre en priorité à des textes (effectivement ou artificiellement) anonymes ou non publiés et de rejeter en notes de bas de page les références complètes ? Convient-il de mettre, sous l'unique bannière de la « nouvelle théologie », des intellectuels aussi différents que Bouillard, Blondel, de Lubac, Fessard et Teilhard de Chardin ? Pourquoi ne pas citer avec eux Daniélou ou Chenu ? Le débat entre Solages et Garrigou-Lagrange appartient avant tout au champ de la théologie ; mais, dans sa conclusion, le recteur de l'Institut catholique écarte les références du dominicain en matière de critique du transformisme et affirme que « ce qui constitue le fait capital, dans la pensée moderne, c'est l'évolutionnisme généralisé. [...] C'est l'univers entier qui est emporté dans cette grande dérive du temps au lieu de tourner sur lui-même comme l'horloge éternelle d'Aristote. [...] Mais alors tout change, et il n'y a plus de vérité immuable, de valeurs stables, de transcendant ? Eh oui, voilà le grave problème posé à la pensée chrétienne, problème qu'il faut regarder en face au lieu de le nier, de se cacher la tête, comme l'autruche, pour ne pas le voir ; comment maintenir, au milieu de cet évolutionnisme généralisé, les valeurs et les réalités transcendantes ? *Hic labor, hic opus* [44] ». Voilà le défi lancé à la pensée chrétienne, au milieu du XXe siècle ; il n'est pas sans rappeler, martèle Solages, celui courageusement relevé par Thomas d'Aquin au XIIIe siècle. Aujourd'hui, un seul Thomas d'Aquin ne suffirait pas à accomplir cette tâche ; trop de connaissances sont à maîtriser dans les domaines de la science, de la philosophie et de la théologie. Et Solages de reprendre l'idée chère à Teilhard d'équipes de chercheurs dont l'objectif serait de réfléchir sur la place de la transcendance au sein de l'évolution, voire même de montrer comment cette évolution postule la transcendance, ajoute le recteur. Aux yeux de ce dernier, Teilhard de Chardin, ce *gentleman*, appartient sans l'ombre d'un doute à ce genre d'équipe ; s'il n'est pas lui-même un théologien de métier (« C'est aux théologiens de travailler »), il montre comment l'évolution est finalisée et va vers l'esprit, parce qu'elle a pour origine un Dieu transcendant. La conclusion de l'article, même si elle n'a pas trait à Teilhard, mérite d'être citée : « Dans cette entreprise complexe qui a pour but, à l'exemple même de l'attitude de saint Thomas d'Aquin au XIIIe siècle, de sauver la transcendance dans l'évolution, quel rôle s'est attribué le R. P. Garrigou-Lagrange, le thomiste bien connu ? — Le P. Garrigou-Lagrange, il est — et je le regrette — dans le camp de ceux qui firent condamner saint Thomas [45]. » La pique théologique est bien envoyée. Est-elle plus fine que celle du théologien de l'*Angelicum* ? Rien n'est moins sûr. Nous savons que la physique d'Aristote ne peut être totalement rejetée pour essayer de penser le monde, que « l'évolutionnisme généralisé » dont parle Solages cache divers phénomènes et processus, selon qu'il s'agit de l'univers, du vivant ou de l'humanité, que le recours à Hegel afin de mieux appréhender cet évolutionnisme a souvent été proposé, voire pratiqué. Mais, pour être théologiens et familiers de la dispute, ces protagonistes n'en sont pas moins des hommes : il leur est difficile de chercher autre chose que la victoire de leurs idées.

L'usure de l'âge

Paris, au cours du printemps 1947. Le maréchal Jan Smuts, Premier ministre d'Afrique du Sud, avec l'appui du professeur Van Riet Lowe, l'un des grands connaisseurs de la préhistoire sud-africaine et le fondateur de l'Archeological Survey du pays, envoie une invitation à la communauté des paléontologues : celle d'organiser et de réaliser une expédition scientifique dans son pays. Plusieurs des participants au colloque du CNRS sont sollicités : l'abbé Breuil, Teilhard, mais aussi George Barbour qui est alors en Californie. Le jésuite s'enthousiasme : « Ce serait un rêve de nous retrouver ensemble pour travailler là ! [...] je ne serai pas fâché de m'initier, sur place, à l'histoire continentale d'un bloc aussi ancien et aussi rigide que l'Afrique. J'ai idée, en effet, que, par contraste, c'est justement peut-être ce qui me manque pour comprendre un peu mieux l'Asie. Et si nous étions ensemble, le travail serait passionnant [46]. » Barbour fait part au jésuite des difficultés qu'il rencontre auprès de sa propre hiérarchie; Teilhard, rendu prudent par ses démêlés avec Rome ou avec le Pr Boule, rassure son ami dans une lettre datée du 28 avril : « Ne compromettez donc rien pour m'accompagner. Ce serait disproportionné [47]. » Trois semaines plus tard, grâce aux bons soins de l'agence de voyages Cook, les billets sont retenus et Teilhard s'inquiète de l'équipement : « Je n'en sais pas plus long que vous sur l'équipement. Mais je pense qu'avec un khaki et un habit demi-saison (et un manteau) on peut faire face aux premiers besoins. Du reste, qu'emporter de plus, en avion ? J'imagine que pour les autres choses, si elles sont nécessaires, on pourra se fournir sur place. Je ne suppose pas que nous fassions beaucoup de camping, dans ce pays civilisé [48]. » L'expédition sud-africaine est lancée.

Un mois après le colloque de Paris, au matin du 1er juin 1947, survient l'imprévisible : Teilhard est atteint d'un infarctus du myocarde. Il est immédiatement hospitalisé à la clinique des Frères de Saint-Jean-de-Dieu, rue Oudinot. C'est là qu'il apprend, maigre consolation, qu'il est élu membre correspondant de l'Académie des sciences et promu au grade d'officier de la Légion d'honneur, au titre des Affaires étrangères, « en tant que scientifique considéré dans les domaines de la Géologie et de la Paléontologie comme une gloire de la science française ». Il s'en excuse presque : « N'était la gentillesse des gens qui me l'ont donnée, je l'aurais refusée par manque de modestie... Les décorations sont si bêtes, et chaque vieux monsieur à Paris porte la rosette [49]. » Le 15 juillet, dans une lettre à l'abbé Breuil, il tire les conséquences de son accident de santé : « Je ne puis pas encore mesurer l'étendue du " désastre " — c'est-à-dire dans quelle mesure le grand travail sur le terrain me restera possible. On verra cela dans quelques mois. Au pis aller, je me concentrerai sur les travaux de pensée, — ce qui serait assez dans la logique de mon existence. En tout cas, je suis décidé à prendre cet à-coup comme un coup d'éperon, plutôt que comme un coup de frein, — si le Seigneur m'en donne la force [50]. » Pour l'heure, à défaut de découvrir les richesses géologiques et paléontologiques de l'Afrique du Sud, il doit rejoindre Saint-Germain-en-Laye, pour une convalescence chez « de braves religieuses ». Il ne rentre rue Monsieur qu'en octobre.

Le terrain, le café, le tabac et les voyages en avion lui sont interdits ; les fossiles dans les tiroirs lui donnent la nausée. Fidèle à sa ligne de conduite, Teilhard profite de ce repos forcé pour avancer dans sa réflexion sur l'hominisation. Et, lorsqu'il est autorisé à reprendre progressivement ses activités, il rencontre un accueil enthousiaste auprès de ses amis et de ses auditeurs. En décembre 1947, il donne deux conférences, l'une aux élèves inspecteurs de Saint-Cloud, l'autre à la maison des étudiants de la rue de Vaugirard. En janvier 1948, il est reçu par un groupe de marxistes ; en février, il donne une conférence sur les fouilles et les enseignements de Chou-Kou-Tien à un auditoire d'officiers de l'École de guerre. L'un d'entre eux, sans doute surpris par la rusticité des traits sous lesquels le conférencier décrit un des ancêtres possibles de l'humanité, lui demande : « Comment conciliez-vous ces données de la science avec le péché originel ? » La situation est périlleuse, puisque c'est sur ce sujet qu'il a été envoyé en exil en Chine et qu'il est interdit de parole. Teilhard raconte la scène au père d'Ouince : « J'ai répondu, en me recommandant à Dieu. » Se taire aurait été plus scandaleux encore. À une autre occasion, invité à un « Congrès des croyants », il s'étonne de voir entrer « un très authentique bonze birman, en grande tenue (sans bol de riz toutefois) » qui explique être le premier d'un groupe envoyé en Europe pour y donner une idée exacte de l'Orient. Teilhard en sourit, se remémore ses souvenirs de Birmanie, vieux de dix ans déjà... mais il n'en trouve pas moins incongrue la démarche du moine birman.

Comme il fallait s'y attendre, son succès n'est pas du goût des autorités romaines : courant septembre 1947, alors qu'il est encore à Saint-Germain-en-Laye, il reçoit une lettre préventive du général des jésuites lui rappelant l'interdiction de toute espèce de publication, en matière de philosophie et de théologie. Par surcroît de malchance, son frère perd au cours de l'été son seul fils, âgé de vingt-sept ans, quelques mois avant les fiançailles de sa fille. « Tout cela, reconnaît Teilhard, ne rend pas la vie plus rose. Mais cela force sur l'unique nécessaire. Tout ce qui arrive est adorable, répétait Termier. Mais pour cela il faut savoir donner à l'énergie christique son vrai sens et sa pleine réalité dans l'Univers [51]. » « Tout ce qui arrive est adorable » : la formule est de Léon Bloy. Teilhard y a souvent recours; elle résume, estime-t-il, sa religion, pourvu toutefois « que nous laissions Dieu donner un sens aux événements, même absurdes, par notre confiance et notre foi », précise-t-il dans une lettre à Théodore Monod, le 25 août 1947. À croire que la devise du collège de Mongré continue à orienter son existence.

Le 25 septembre 1947, il rédige une réponse au rappel à l'ordre de son général. « Inutile de vous dire, le rassure-t-il, que, Dieu aidant, vous pouvez compter sur moi. Je suis trop convaincu (et de plus en plus) que le Monde ne peut pas s'achever sans le Christ, et qu'il n'y a de Christ que dans la fidélité intérieure à l'Église, pour avoir pu ressentir la moindre hésitation à l'annonce de votre décision. J'espère seulement que le Seigneur m'aidera à trouver fidèlement ma route dans une situation psychologiquement difficile. [...] Me permettez-vous d'ajouter, en toute simplicité et confiance filiale, que, dans la mesure où je puis voir les choses, il y a, dans la situation qui m'est faite, une espèce de méprise, ou de malentendu qui finira, je crois, à force de fidélité, par s'éclaircir. [...] Ne pensez-vous pas qu'il serait dommage de rejeter sans examen un fruit qui est peut-être sur le point de mûrir ? et ne croyez-vous pas que la meilleure réparation de ce que j'ai pu faire de moins bien dans le passé serait que je sorte enfin quelque chose d'incontestable [52] ? »

Plus de vingt ans après l'injonction de quitter Paris, l'obéissance et la confiance de Teilhard vis-à-vis de ses supérieurs sont intactes, comme la certitude du bien-fondé de ses idées et la conviction du malentendu dont il est l'objet. Il reste persuadé de pouvoir, un jour ou l'autre, obtenir l'autorisation de publier ; sinon, aurait-il poursuivi son incessant (et parfois presque désespéré) travail d'écriture ?

Malgré ces assurances à l'adresse des autorités romaines, l'invitation que Teilhard reçoit, début 1948, à rejoindre New York et la Viking Foundation tombe à point nommé. Cette fondation a été créée et subventionnée par Wenner Gren, un homme d'affaires américano-suédois. Installée dans la 71th East Street, devenue la Wenner Gren Foundation for Anthropological Research, elle est dirigée par le Dr Paul Fejos, un ami hongrois de Wenner Gren. C'est Fejos qui, en faisant appel à des personnalités comme Teilhard, en organisant d'importantes expéditions, donne à cette fondation une franche orientation anthropologique. Pas question pour

Teilhard de refuser l'invitation de Fejos. Il n'hésite pas un instant, s'empresse de régler quelques tracas administratifs (un visa un peu long à obtenir, un rappel de vaccination) et s'embarque le 25 février 1948, à Cherbourg, sur l'*America*, un paquebot des United States Lines. Cinq jours plus tard et après une traversée houleuse, il arrive en vue de Manhattan. Ses deux amies, Lucile Swan et Rhoda de Terra, l'attendent sur le quai de débarquement.

Teilhard connaît et aime les États-Unis où confrères, amis et amies sont si nombreux et si attentionnés à son égard. Lorsque la vie à New York lui devient trop pénible, il s'échappe pour un week-end à Long Island, chez son ami le milliardaire Childs Frick. Paléontologue amateur et fortuné, celui-ci vit au milieu d'un parc planté des plus rares espèces de conifères, y compris le fameux Metasequoia, un vrai fossile vivant découvert en Chine. Frick s'occupe « à étudier les fossiles que déterrent pour lui chaque année des fouilleurs dans les bassins de l'Ouest ». Amicalement très entouré, Teilhard se sent en revanche loin de l'Église américaine, trop occupée, selon lui, à bâtir des églises, des écoles et des universités. Quelques années plus tard, lors d'une visite à une amie dans le Connecticut, il découvre, raconte-t-il à Pierre Leroy, « à un kilomètre, une fondation toute récente de bénédictines françaises, importées par une dame esthète, avec l'appui financier de Madame Louce (il y a un movie là-dessus). Très jolie petite chapelle ; mais déjà, et essentiellement, une grande grille de clôture. Hélas, hélas [33]... ». Six conférences lui sont demandées pour l'année suivante, mais l'autorisation demandée à Rome par un supérieur prudent ne lui parviendra jamais. Il se consacre donc à ce pour quoi il est venu aux États-Unis : le travail scientifique. Il ne ménage pas les rencontres avec ses anciens collègues de Chine : Weidenreich, Höppely ou Chaney, et profite de l'accueil de la Viking Foundation.

Celle-ci est installée dans un bel immeuble de style Renaissance française, entre la Cinquième Avenue et Madison Avenue ; elle abrite des laboratoires et des bureaux. Celui qu'occupe Teilhard, sans doute une ancienne chambre de bonne ou de domestique, se trouve au cinquième étage ; il y accède par un ascenseur. Ses visiteurs sont surpris par l'impression d'étroitesse, accentuée par un plafond bas et mansardé : avec sa grande taille, le savant français ne peut se tenir debout et à l'aise que dans une seule moitié de la pièce et dans l'embrasure de la fenêtre d'où il peut apercevoir le sommet des arbres de Central Park. Un bureau, trois chaises, une table basse avec un cendrier et une pile de livres : même au cœur de Manhattan, Teilhard mène la vie inconfortable d'un nomade, jamais définitivement installé, toujours prêt à décamper. Dans le couloir, un téléphone, muni d'une rallonge, permet à ceux qui connaissent son numéro (Republic 7-2400) de le joindre. Sans doute apprécie-t-il d'être à quelques blocs de la résidence jésuite où il habite : St. Ignatius Loyola est en effet sur Park Avenue. Tout près aussi se trouve l'appartement de son amie Rhoda de Terra : lorsqu'il se sent fatigué et selon les ordres de son médecin, il peut aller s'y reposer sans être dérangé. Pour les fêtes de Pâques, Teilhard se rend à Washington pour y retrouver d'autres amis connus en Chine ; parmi eux, Lucile Swan qui habite dans le quartier de Georgetown, à quelques minutes de la fameuse université jésuite. Avec elle, Teilhard prend le temps de faire le point sur leur relation : il a vieilli, il a noué de nouvelles relations, de nouvelles amitiés féminines.

À la suite de ces retrouvailles, sans doute, en mai 1948, Lucile rédige une lettre à son ami français, mais, apparemment, sans la lui envoyer. « Vous parlez de Pékin, lui reproche-t-elle, comme si cela avait été une sorte de fantaisie ou quelque chose », alors que, pour elle, ces années ont été les plus vraies, les plus réelles de son existence. Elle a pris au sérieux les mots que Teilhard lui avait écrits, lors de leur séjour en Chine : «Ce qui est né entre nous est pour toujours. » L'affection qu'elle lui porte, ajoute-t-elle, elle l'a construite sur cette parole et non sur sa propre imagination. «Vous me comparez avec Ida, poursuit-elle. Je puis seulement dire que si Ida avait les mêmes sentiments que moi à votre égard, il lui aurait été IMPOSSIBLE de se marier [54]. » Quelques jours plus tard, dans une nouvelle lettre, elle aussi conservée, Lucile paraît avoir retrouvé le calme et la sérénité. Peut-être parce qu'elle a appris entre-temps par le fidèle Pierre Leroy ou bien a d'elle-même compris que Teilhard traverse alors l'une de ses périodes de grave dépression (il s'en plaint auprès de Leroy). Elle reçoit une lettre du jésuite, datée du 4 juin : «Dans sa dernière lettre, ma cousine écrit une phrase qui, j'en suis convaincu, est l'expression de ce qui grandit entre nous : "Devant Dieu, j'ai compris que je t'aimais mieux, et ainsi que je t'aimais plus, ce que je n'aurais pas cru possible. "—C'est ce qui se vérifiera pour nous, aussi [55]. » Toujours ce lien à trois : Teilhard n'a pas changé, pas plus que les sentiments de Lucile à son égard. Et dire qu'il a prétendu que la fidélité à son engagement religieux n'a pas exigé de luttes. Il ne parlait pas de celles menées par Lucile.

Durant son séjour new-yorkais, Teilhard pose pour Malvina Hoffman. Sculpteur, elle est une ancienne élève de Rodin. Il a fait sa connaissance à Paris en 1935, puis l'a revue à New York juste avant la guerre. L'artiste réalise un premier buste de lui courant mars, puis l'emporte en Europe quatre mois plus tard, avec l'intention de le faire couler à Paris. Mais, à Cherbourg, son sac tombe : sous le choc, le moulage en plâtre est brisé. Lorsqu'elle retrouve le religieux à Paris, elle modèle une nouvelle tête qui, en fin de compte, la satisfait davantage. À la suite de l'incident de Cherbourg, Teilhard, devant ses amis amusés, parle de l'inévitable désintégration humaine ou encore de sa déshominisation. Barbour surenchérit : il évoque la peur des Asiatiques de perdre la face et parle du processus de « Pierre-ization Teilhardienne ». Décidément, la pratique scientifique ne stérilise pas la bonne humeur et l'ironie.

La bouffée d'oxygène américaine est d'assez courte durée; dès le mois de juin 1948 et peut-être à cause de son état dépressif, Teilhard est de retour en France. « J'avais été l'accueillir à la gare Saint-Lazare, raconte Pierre Leroy, où il arrivait dans l'après-midi. Je m'attendais à trouver le Teilhard des jours heureux mais je vis descendre du train un homme accablé qui, se jetant dans mes bras, éclata en sanglots, impuissant à proférer la moindre syllabe. Finalement j'appris ce qui le tourmentait : c'était peu de chose. Il avait oublié, après la visite de la douane au Havre, de fermer à clef sa malle-cantine. Je le ramenai aux "É tudes " et lorsque vint l'heure du repas, il refusa de descendre, me suppliant de rester auprès de lui tant était grand son désarroi. J'essayai sans succès de le consoler de mon mieux. Finalement je lui rappelai l'une de ses paroles. Le mettant en face de son crucifix, je lui faisais remarquer que la croix n'était pas nue mais qu'un Homme-Dieu s'y trouvait cloué. Je surpris dans son regard une expression tellement douloureuse que je le pris dans mes bras pour lui donner au moins un peu de chaleur humaine [56]. » Dans un tel état de fatigue, il est inutile pour Teilhard de s'attarder dans la capitale : sans attendre, il part se reposer dans la propriété familiale de son frère Joseph, Les Moulins, face aux volcans d'Auvergne. Le spectacle de la chaîne des Puys, la présence de son frère et des siens ne parviennent pas à lui faire traverser cette crise, à calmer son anxiété. Pour combler le manque d'activités et de distractions, il travaille à un nouveau texte : *Comment je vois*, et rédige, vertueusement, précise-t-il, une note en vue de sa candidature au Collège de France. « Et maintenant, conclut-il, pour être tout à fait complet et sincère, pourquoi ne pas avouer en terminant que du rapprochement lentement opéré dans mon esprit, au contact des faits, entre les deux notions conjuguées de structure génétique des faunes et structure génétique des continents, une troisième notion, celle de structure génétique de l'Humanité (celle-ci étant envisagée comme une unité biologique spéciale d'ampleur planétaire), m'est apparue peu à peu, — qui tend à primer désormais chez moi sur tout autre objet de recherches. C'est à l'exploration tâtonnante de cette discipline encore informe et anonyme, mais qui deviendra peut-être demain une Science de l'Anthropogenèse, qu'ont été consacrés dernièrement une série d'essais : articles de vulgarisation, en apparence, dans lesquels j'ai conscience d'avoir fait passer le meilleur de mon expérience et l'essence de ma vision [57]... » Cette idée de candidature au Collège de France n'est pas neuve : elle a été lancée dès 1939 par ses amis Jeanne Mortier, Robert et Madeleine Danis. Cette fois, la mise à la retraite de son ami Breuil laisse une place vacante dont il pourrait profiter, non sans l'autorisation du général de la Compagnie de Jésus.

Lors de sa retraite aux Moulins, en août 1948, Teilhard vient d'écrire : « Justement, ce Christ, ne m'apparaît-il pas toujours plus loin, dans la ligne de l'Église sans doute, mais si au-delà de ce que les gens d'Église nous disent... De là ce profond détachement (en même temps qu'attachement...) pour une vie ecclésiastique qui, sous sa forme présente, s'est séparée de moi, et ne me dit plus rien. Un peu comme Sarcenat [58]... » Suscitée par le lieu familial lui-même où Teilhard passe ce temps de retraite, la comparaison ne manque pas d'intérêt et ni de justesse. Sarcenat, Les Moulins sont pour lui autant de maisons, de propriétés riches de souvenirs familiaux ; il paraît toujours heureux de s'y retrouver, de s'y arrêter, de s'y reposer. Mais, il l'a dit à plusieurs reprises, il n'y reste que quelques jours et n'y est au fond plus vraiment attaché : d'autres horizons, intellectuels et humains, l'attendent.

Versailles, septembre 1948. La Jeunesse Ouvrière Chrétienne, la JOC, invite Teilhard à prendre la parole sur le thème : « Le Néo-humanisme moderne et ses réactions sur le Christianisme », dans le cadre de ses journées nationales d'études. L'intervention du jésuite rencontre un réel succès et lui-même semble étonné d'avoir pu parler du fond du cœur et d'avoir été compris. Malheureusement, un journaliste de *La Croix* a la mauvaise idée de rendre compte de ces journées en faisant figurer Teilhard de Chardin dans la rubrique des éminents théologiens. Ses confrères jésuites s'en amusent, mais pas les éminents théologiens romains. Le 30 janvier 1949, l'*Osservatore Romano* publie une mise au point qui s'achève en ces termes : « En résumé, il est de notre devoir de préciser que, sans refuser au Père sa spéciale compétence en paléontologie, il nous faut bien reconnaître (c'est un fait) que beaucoup de ses observations de caractère doctrinal sont sujettes à de graves réserves, étant donné que son système, sous l'aspect philosophique et théologique, n'est pas dénué d'obscurité et d'ambiguïté dangereuse. » Puisqu'il ne semble pas qu'à cette occasion Teilhard se soit laissé aller à d'audacieuses spéculations théologiques, une telle réaction de la part de Rome souligne, une fois encore, la profondeur et la sensibilité du désaccord qui existe entre le jésuite et les autorités romaines. Teilhard n'en est pas surpris : juste après son intervention à Versailles, lui-même s'est rendu à Rome.

Au centre du Kosmos (Rome !)

Rome, octobre 1948. Pourquoi ce séjour dans la Ville Sainte ? Avec la dernière interdiction reçue de son supérieur, Teilhard sent peser sur lui la menace de graves sanctions, voire d'une mise à l'Index : ne lui a-t-il pas été demandé, avec une insistance sans précédent, de se tenir tranquille ? Cette injonction ne concerne toujours pas le champ de ses recherches scientifiques. Mais, se demande Teilhard, où les autorités romaines posent-elles la limite entre scientifique et non scientifique ? L'interdiction de publier *Le Phénomène humain* lui a montré combien son propre jugement et celui de ses supérieurs pouvaient diverger sur cette question. « Je ne vais pas à Rome, explique-t-il à l'un de ses correspondants, pour demander quoi que ce soit, mais plutôt pour jeter à la tête de mon Église tout ce qui est devenu évident pour moi au cours des années. Ce dont nous avons tous besoin c'est une déclaration nette sur les conditions religieuses du monde. Et je suis décidé à parler, très gentiment, mais clairement (seulement avec les personnes compétentes bien sûr) [...] je crois simplement qu'en l'état actuel des choses, on maintient le Christ trop petit (en comparaison du Monde) : de ceci ils ne peuvent pas m'en vouloir (le seul ennui, c'est qu'ils ne voient pas la véritable dimension du Monde) [59]. »

Ce séjour à Rome apparaît en fin de compte comme un moment unique dans l'existence du perpétuel exilé et pèlerin qu'est Teilhard. Il peut découvrir, côtoyer, toucher même ce qu'il considère être le pôle christique de la terre où passe l'axe ascensionnel de l'hominisation du Monde : « Par Saint-Pierre, explique-t-il à son amie “ communiste ”, passe bien réellement l'axe principal de la Foi du Monde en un Dieu super-personnel et aimant. [...] En revanche, poursuit-il, le Vatican et ce qui l'entoure se caractérise par un manque radical de foi et de ferveur humaines [60]. » Évidemment, comme tout élément de l'univers teilhardien, cet axe lui-même ne peut échapper à la réalité du phénomène humain, aux processus d'évolution et de croissance. Et la splendide stabilité romaine et catholique, fondée sur le roc de Pierre mais trop enchâssée dans les marbres et les dorures, devra un jour ou l'autre se laisser emporter par le Monde qui s'enroule autour d'elle (j'ai évidemment recours à une symbolique teilhardienne). Dans une lettre à son ami Pierre Leroy, il offre comme un résumé de sa pensée et de son attitude à l'égard de l'Église et de la Compagnie, de leur hiérarchie, de leur histoire, de leurs richesses et de leurs pauvretés : « Rome ne m'a donné ni ne me donnera, je le sens, aucun choc : ni esthétique, ni spirituel. Je m'y attendais. Vis à vis du Passé, je suis immunisé ; — et vis à vis du pittoresque je n'ai plus rien de quoi m'étonner, — après le grand Est. En revanche, je me suis senti immédiatement à l'aise dans ce milieu méridional et coloré. Et puis, chose importante, j'ai réalisé (à St-Pierre, — seulement là) combien le Christianisme est un phénomène à part (le “ Phénomène Chrétien ”, — j'avais raison) avec son assurance paradoxale, mais inconfusible, et agissante, de représenter l'extrémité terrestre d'un “ arc ” jaillissant entre l'Homme et ce qui est au-delà de l'Homme. Cela, comme je le disais à d'Ouince, c'est la grande affaire auprès de laquelle s'évanouissent à la fois, et le baroque ampoulé des églises, et la baguette des pénitenciers au confessionnal, et le plus effarant display d'accoutrement ecclésiastique que l'on puisse concevoir. Et rien que pour cela (si on arrive à le percevoir) cela vaut la peine d'aller à Rome. — Après St-Pierre, — en retrait, — c'est le Gesù jusqu'ici que j'ai le plus aimé, — oui, le Gesù, malgré ses grouillements de statues et de moulures, et ses extraordinaires peintures ou fresques, qui se prolongent (ici par une jambe, là par une aile, — comme qui dirait en carton) par-dessus corniches et colonnes. J'avoue avoir été ému à l'autel du P. Ignace, — et plus encore à la petite chapelle de N.D. de la Strada : tous les grands types qui ont prié devant cette image... souvenirs de famille ; — impression d'enfance religieuse ; — et puis surtout, là aussi, conscience que l'Ordre est une grande Chose. Ne croyez tout de même pas que je “ sirupe ”, et devienne déliquescent [61]. » Car, lui écrit-il encore, « nous sommes en train de franchir un seuil; et on se flatte encore en haut lieu que ce n'est qu'une mode ! — Toute la question est là en ce moment, dans l'Église de Dieu : non point une dispute de thèses ; — mais un clivage, en face d'un jugement de valeur à porter ».

Teilhard reconnaît se sentir bien à Rome, apprécier les couleurs et la lumière de la ville, son climat, ses paysages et même la forme des arbres. Il fait la connaissance de prêtres et de religieux français à Saint-Louis-des-Français, d'un jeune bénédictin anglais fort enthousiaste. Au cours d'une réunion, il rencontre par hasard le père Garrigou-Lagrange : ce dernier va-t-il en profiter pour croiser le fer avec l'un des animateurs de la théologie nouvelle ? Fort heureusement, les deux hommes trouvent un terrain d'entente : leur Auvergne natale.

Il loge à la Maison généralice de la Compagnie de Jésus, dans la communauté dite des Écrivains, « c'est-à-dire les rats d'archives, — accouplés à la Radio-Vatican ». Il rencontre le général : « Vu une fois le Grand Chef qui m'a immédiatement conquis : franc, direct, et humain. Je sens qu'il fera tout ce qu'il peut pour moi ; mais je réalise aussi que, si mon livre sort (ou sortait), ce sera (serait) interprété comme un “ geste de la Compagnie ” : et je comprends qu'on y regarde à deux fois, dans ces conditions, avant de laisser passer. » Il s'impatiente un peu : « Ici, c'est curieusement comme en Chine : il ne faut pas être pressé. » Les textes qu'il a préparés sont minutieusement examinés, critiqués. Il accepte de les reprendre, les annote, les corrige. Il ajoute au *Phénomène humain* un résumé en postface, dans lequel il introduit l'idée d'un monde qui s'enroule; il rédige également un appendice sur « La place et la part du Mal dans un Monde en évolution », prétextant combler de cette manière un oubli. Mais, ce faisant, ne renforce-t-il pas le caractère métaphysique et même théologique de sa réflexion, ce dont il se défend pourtant dans son prologue ? Il garde espoir : « Je doute que la 2e révision, encore attendue, lève un nouveau lapin, écrit-il plein de confiance à Jeanne Mortier le 20 octobre : tous les trous ont l'air bien bouchés, maintenant. Mais qui sait... »

Pourtant, le 6 novembre, Teilhard quitte Rome, sans avoir obtenu ce qu'il attendait de ce voyage. « Le Collège de France est à l'eau, écrit-il encore à Ida Treat. Mais il reste encore une ombre de chance pour le livre [62]. » Il s'agit du *Phénomène humain*. Jean Lacouture n'a pas tort de parler d'un fiasco à propos de l'« expédition romaine ». Et si Teilhard en revient confirmé dans son engagement religieux et son attachement à l'Église, axe du Kosmos, cette fidélité, voire cette ténacité étonnent plus d'un de ses contemporains. Nombreux se disent choqués, même parmi ses amis. Pour exemple, les propos entendus le 15 mars 1946, à la tribune du Palais-Bourbon où siège l'Assemblée constituante de la IVe République. Il est question de l'école confessionnelle et l'orateur est Paul Rivet, fondateur du musée de l'Homme, inspirateur du Front populaire et de la démocratie révolutionnaire en France, confrère de longue date et ami du jésuite. « Malgré l'estime que j'avais et que je garde à ce grand prêtre et à ce grand savant qu'est le père Teilhard, explique Rivet, je ne voterais plus pour lui s'il était candidat à une charge publique, parce qu'il m'est impossible d'admettre qu'un homme de science obéisse à des injonctions qui lui sont données par des sots et par des ignorants [63]... » Incompréhension aussi, mais pour d'autres raisons, chez son amie Lucile Swan. Dans une lettre qu'elle a probablement écrite en octobre 1939 mais sans la lui envoyer, elle mélange ses sentiments personnels à sa vision de l'Église : « Oui, si l'Homme croit en Dieu et son Universalité, il découvrira les moyens de rendre la vie plus belle et accomplie, etc. Mais

Pierre, votre Dieu paraît si froid, si lointain. Ai-je tort de penser que je peux vous aider à Le sentir plus chaleureux en vous donnant un amour humain profond et durable ? Vous êtes entravé à chaque tournant par cet Ordre — mais il ne peut sûrement pas entraver ce que vous RESSENTEZ ! C'est tellement difficile — Je veux tellement vous aider — Et je sais que vous avez besoin de moi — mais comment ? Que puis-je faire ? Et si je suis ainsi HUMAINEMENT (?) condamnée, n'est-ce pas vraiment très DÉPLAISANT [64] ? » À ses amis qui disent admirer sa religion personnelle, mais pas celle de l'Église catholique, il répond : « Me croyez-vous assez fou pour vouloir fonder une religion nouvelle ? ou pour me croire un second Jésus-Christ ? » À moins qu'il ne leur répète le mot de Saint-Exupéry : « Pour agir sur sa maison, il faut être de sa maison. » L'épisode que le père d'Ouince se plaît à raconter dans son livre *Un prophète en procès* est instructif.

Le père Maxime Gorce, un ancien dominicain entré dans une communauté de vieux-catholiques [65], s'est mis dans la tête d'inviter le père Teilhard de Chardin à le rejoindre. Réaction orale et indignée du jésuite, recueillie par d'Ouince : « Comment a-t-il pu penser cela ? » Réponse écrite et plus développée, envoyée à Gorce : « Essentiellement, je considère comme vous que l'Église (comme toute réalité vivante au bout d'un certain temps) arrive à une période de “ mue ” ou de “ réforme nécessaire ”. [...] Or, ce geste fondamental de l'enfantement d'une nouvelle Foi, je crois que seul le Christianisme peut le faire, à partir de l'étonnante réalité de son “ Christ-Ressuscité ”... J'en suis convaincu : c'est d'une Christologie nouvelle étendue aux dimensions organiques de notre nouvel Univers, que s'apprête à sortir la Religion de demain... Ceci posé, je ne vois pas de meilleur moyen pour moi de promouvoir ce que j'anticipe que de travailler à la réforme (comme définie ci-dessus) du dedans : c'est-à-dire en attachement sincère au

“ phylum ” dont j’attends le développement [66]. » Sans doute, comme Lacouture s’en amuse, Gorce a-t-il commis une grave méprise en croyant que Teilhard puisse rallier une Église qui se présente elle-même comme « vieille ». Mais, surtout, la réponse rédigée par le jésuite explicite son choix de rester au sein de l’Église catholique : il veut continuer à *sentire cum Ecclesia*, afin que *Ecclesia sentit cum Mundo*. Et peut-être faudrait-il ajouter le mot du père Dalmace Leroy, dans son livre *L’Évolution des espèces organiques*, paru en 1887 : « Il en sera, je crois, de l’idée évolutionniste comme de celle de Galilée, après avoir effarouché d’abord les orthodoxes, quand une fois l’émotion sera calmée, la vérité dégagée de toute exagération de part et d’autre finira par se faire jour. Alors on saura gré peut-être à un religieux de n’avoir pas craint de bien augurer de son avenir. Sachons rendre à César ce qui est à César, afin d’inviter César, à son tour, à rendre à Dieu ce qui revient à Dieu [67]. »

La conviction de Teilhard ne date pas des années 1940 : elle trouve son origine dans le baptême du Réel, lors de la Grande Guerre ; elle se développe au cours de ses tours du monde que lui impose sa hiérarchie religieuse et lui offrent ses travaux scientifiques. Et peut-être trouve-t-elle, au moment de son voyage à Rome, les conditions d’une sorte d’accomplissement, même si, en matière teilhardienne, il vaut mieux éviter de considérer quoi que ce soit comme fixé, définitif. D’Ouince cite à propos un mot de son confrère Henri de Lubac, dans ses *Méditations sur l’Église* : le futur cardinal parle d’une « convergence entre ce qui lui semblait imposé du dehors et ce qui lui est imposé du dedans [68] ». Et la correspondance du jésuite, au moment de son voyage à Rome, porte le témoignage d’une expérience de convergence. Expérience du spectacle des autorités romaines (vaticanes ou jésuites) auprès desquelles il ne trouve pas l’accueil, l’écoute qu’il attend d’elles et dont il a besoin. Expérience de « la sécurité d’une Foi inconfusible » (*sic*), de « l'extraordinaire confiance, vraiment imperturbable, du Christianisme en l'inébranlabilité de sa Foi et de sa Vérité. Il y a là un phénomène bien remarquable, et en somme, unique au monde [69] », sur lequel il a médité au terme du *Phénomène humain* en parlant du « Phénomène chrétien ». Expérience de ce qu'il appelle les « souvenirs de famille ; — impression d'enfance religieuse ; — et puis surtout, là aussi, conscience que l'Ordre est une grande Chose ». Teilhard est sensible, influencé, empreint de cet héritage familial et religieux tout à la fois ; il a su l'utiliser pour élaborer sa propre et singulière expérience spirituelle et mystique.

Je me rallie à l'opinion de René d'Ouince, lorsqu'il évoque « le mystère de l'obéissance dans la vie du Père Teilhard de Chardin » : il est des choses qui, sans être sacrées, méritent de rester inviolées et ainsi respectées. En font partie la fidélité et l'obéissance, telles que Teilhard en parle à l'occasion de son séjour romain.

Quand Rome bombarde ses premières lignes (« Humani generis »)

Paris, novembre 1948. Teilhard est de retour rue Monsieur. Il attend des nouvelles de Rome, mais ne se fait plus guère d'illusions. D'ailleurs, avoue-t-il, « depuis que je suis rentré de Chine, je distingue clairement que je deviens de plus en plus ferme et intransigeant sur quelques points de divergence : et cela ne peut plus changer [70] ». Il reprend ses conférences, intervient devant un groupe de prêtres-savants ou sur le thème des « Conditions psychologiques de l'Unification humaine ». Son ami Jean Piveteau, titulaire de la chaire de paléontologie à la Sorbonne, a l'idée de l'inviter à y donner une série de conférences. Sans hésiter, Teilhard accepte la proposition : il parlera du sens et de la place de l'homme dans la nature (l'ensemble de ses interventions sera plus tard publié sous le titre : *Le Groupe zoologique humain*). Les nouvelles qui arrivent de Rome ne sont guère encourageantes : il n'est pas question pour lui d'aller donner des conférences aux États-Unis ; il lui est interdit de publier *Le Milieu divin* ; quant au *Phénomène humain*, il doit encore rester entre les mains des censeurs. Malgré ces tracasseries, Teilhard assure ses conférences en Sorbonne à partir de février 1949 ; il constate : « Je ne sais si mon pain est bien cuit : en tout cas, la manière dont les gens le dévorent est une preuve pathétique à quel point ils ont faim d'une nourriture où l'Amour de Dieu n'exclut pas, mais inclut l'Amour du Monde. C'est indéniable [71]. » Il n'est pas en grande forme physique, se sent nauséeux, se demande s'il n'a pas attrapé la grippe. En fin de compte, le 6 mars, à la sortie de la Sorbonne, une pleurésie se déclare. Il doit immédiatement retourner rue Oudinot, chez les Frères de Saint-Jean-de-Dieu, puis, à partir d'avril, en convalescence à Saint-Germain-en-Laye. Il y reste jusqu'en juin, profite de la forêt proche et de la visite de quelques amis.

Avant de séjourner dans la propriété des Moulins pour le mois d'août 1949, Teilhard donne à Paris une causerie aux *Études* : « Le Sens de l'espèce chez l'Homme ». Une fois chez son frère, il avoue : « Je me retrouve complètement auvergnat. » Selon son habitude, il profite de sa villégiature pour faire retraite et peaufiner la version écrite de la série de conférences données en Sorbonne. Barbour le rejoint pour deux jours. Son ami jésuite se repose de ses dernières alertes de santé et lui dit son espoir d'aller en Afrique en 1951 ; il lui parle de son enfance, de sa cousine Marguerite, demande des nouvelles de leurs collègues et amis, écoute le fils de Barbour raconter ses activités auprès de l'Organisation internationale des Réfugiés en Bavière, en Autriche, ou encore sa rencontre avec la communauté orthodoxe.

L'hiver 1950 arrive, avec une invitation à donner cinq leçons en Sorbonne, cette fois sur le Pléistocène d'Extrême-Orient. Puis, en mars 1950, après une conférence « assez amusante » à la Cité universitaire sur « Les Phases de la Planète vivante [72] », il participe à un symposium international sur la sociologie des animaux. Teilhard, à cette dernière occasion, s'étonne : deux professeurs américains ont fait le déplacement depuis Chicago, mais pas les « sociologues littéraires » de la Sorbonne : « S'obstinent-ils toujours à traiter l'Homme comme un cosmos indépendant de l'autre, à la façon des Théologiens [73] ? »

Le 22 mai 1950, Teilhard apprend qu'il a été élu membre non résident de l'Académie des sciences, en section de minéralogie. « Me voilà décidément complètement " vieux monsieur "» , commente-t-il. Il espère que cette élection, à défaut de plus de liberté, rassurera les autorités romaines quant à la valeur de ses travaux scientifiques, et le protégera de certaines attaques. Faiblesse de sa part ? Il se le demande lui-même, d'autant plus que des menaces d'exil planent toujours sur lui. Pour autant, de Rome où il envoie des écrits et des révisions, il ne reçoit aucune nouvelle. Son ami d'Ouince le rassure : sans doute le général attend-il la sortie d'un document du Saint-Office contre la nouvelle théologie pour s'assurer que Teilhard ne figure pas dans la ligne de mire du magistère romain. L'ambiance n'est guère rassurante pour les théologiens français : « Il grêle sur Fourvière [la faculté théologique jésuite], écrit Teilhard à Jeanne Mortier le 24 juin 1950, où on parle de cinq professeurs limogés, — de Lubac en tête. » À la même époque, sous le couvert de l'anonymat, Louis Jugnet publie *L'Évolution rédemptrice du P. Teilhard*. Rien de dangereux, conclut l'intéressé : les écrits incriminés sont de « très vieux clandestins ». Car, malgré l'ambiance menaçante, il continue à faire « stenciler » ses derniers écrits. Deux cents copies du *Phénomène humain* sont mises en (discrète) circulation. Pour préserver, se justifie-t-il, non pour propager.

L'été approche et, selon un rituel bien établi, il se rend en août aux Moulins, chez son frère Joseph. Il y consacre beaucoup de temps à la rédaction du *Cœur de la Matière*, mais aussi à la visite de parents dans leur château ou leur propriété. Il se rend à La Chaise-Dieu, mais, avoue-t-il, il étouffe dans cette ambiance médiévale où Dieu paraît tellement raréfié (*sic*). S'il lui reste, au début de l'été, un maigre espoir de voir la position romaine à son égard évoluer, celui-ci disparaît avec la promulgation d'*Humani generis*, le 12 août 1950.

Dans la lettre-encyclique *Humani generis*[74], il n'est pas uniquement question d'évolution et d'origine de l'humanité. Pie XII y met en garde les évêques (les premiers destinataires du texte) et les catholiques vis-à-vis de toutes les erreurs auxquelles, selon lui, l'Église se trouve confrontée depuis le début du XXe siècle et d'une manière accrue depuis la fin de la Deuxième Guerre mondiale. Et le souverain pontife énumère ces erreurs : les idéologies communistes, existentialistes ou historicistes, d'une part ; les sciences positives (l'histoire, la biologie, l'anthropologie), d'autre part. Autant de courants d'idées, d'opinions, de tendances qui ne constituent pas toujours de véritables systèmes achevés mais n'en apparaissent pas moins dangereux, surtout pour ceux qui, au sein de l'Église, ne possèdent pas un bagage intellectuel suffisant ou se trouvent en période de formation. Le pape se doit d'appeler les catholiques à la prudence, car, explique-t-il, « ce que certains enseignent aujourd'hui de façon couverte avec des précautions et des distinctions, sera proposé demain par d'autres plus audacieux de manière claire et sans restriction, non sans faire tort à beaucoup, spécialement au jeune clergé, et non sans dommage pour l'autorité ecclésiastique ».

Pie XII lui-même se montre prudent : il ne nie pas ce qu'il nomme le système ou encore la doctrine de l'évolution, y compris lorsqu'il s'agit de l'origine de l'être humain. Mais il pose deux limites. La première concerne l'état même des connaissances scientifiques : celles-ci doivent faire l'objet d'examens sérieux et d'échanges approfondis entre les savants. Le pape s'inquiète de constater que « certains outrepassent cette liberté de discussion en faisant comme si on avait déjà établi, de façon absolument certaine, avec les indices que l'on a trouvés et ce que le raisonnement en a déduit, l'origine du corps humain à partir d'une matière déjà existante et vivante ». La seconde limite est celle du jugement de l'Église «à qui le Christ a confié le mandat d'interpréter avec autorité les Écritures et de protéger la foi ». Ainsi doit-elle mettre en garde les croyants à l'égard de « l'hypothèse moniste et panthéiste d'un univers soumis à une évolution perpétuelle » ou encore du polygénisme. En effet, « les fidèles ne peuvent embrasser une doctrine dont les tenants soutiennent, ou bien qu'il y a eu sur terre, après Adam, de vrais hommes qui ne descendent pas de lui par génération naturelle comme du premier père de tous, ou bien qu'Adam désigne l'ensemble de ces multiples premiers pères ». Il est impossible d'accorder une pareille doctrine avec celle du péché originel : ce péché, « vraiment personnel commis par Adam, et qui, répandu en tous par la génération, se trouve en chacun et lui appartient », n'est compatible qu'avec l'hypothèse monogéniste. Ainsi l'encyclique sépare la question du monogénisme de celle du transformisme anthropologique ; ce dernier n'est plus condamné, à condition que soit affirmée la création immédiate de l'âme spirituelle par Dieu... et que l'on se soumette au jugement de l'Église.

En 1930, Teilhard écrivait : « En matière d'origines humaines, la Science a certainement beaucoup encore à trouver, et les catholiques beaucoup à penser [75]. » Lors de la publication d'*Humani generis*, il ne mâche pas davantage ses mots : «À la différence de l'Encyclique " Pascendi " (qui tirait sur des gens qui détruisaient le Christ), l'Encycl. " Humani generis " (où on chercherait vainement quelque chose " d'humain ", au sens de l'Humanisme moderne) visait des hommes qui cherchaient à grandir et intensifier l'adorabilité du Christ : ce qui fait que Rome venait de bombarder ses premières lignes [76]. » Dans la bouche d'un soldat des tranchées de la Première Guerre mondiale, le sens de ces mots est limpide : lié au souverain pontife par le quatrième vœu que prononce tout jésuite profès, Teilhard pense appartenir non seulement à une « vieille garde », à une garde rapprochée, mais aussi à une troupe d'éclaireurs. Il est conscient des dangers encourus à un tel poste et les assume sans réserve. En 1925, il écrivait au père Valensin une lettre pleine de lucidité sur lui-même : « Pourquoi ne se servirait-on pas de moi pour une " mission " sur le terrain des idées, puisque les circonstances m'y portent ? — Comme je disais au P. Jean, je demande simplement à être utilisé et canalisé. Je sens qu'il serait dangereux qu'on me laisse sans échappatoire normale et contrôlée [77]. » Mais, précise-t-il, le moyen ne doit pas s'ériger en fin, ni une mauvaise distribution des énergies étouffer la personne humaine : l'existence de l'homme, même en première ligne, reste sacrée.

Teilhard ne s'inquiète pas seulement pour ceux que Rome bombarde ; il s'interroge aussi sur l'avenir de l'Église au sein du monde. À qui l'encyclique *Humani generis* ou encore le dogme de l'Assomption de Marie, défini la même année, s'adressent-ils ? Aux hommes et aux femmes de la seconde moitié du XXe siècle ou aux fantômes d'un monde depuis longtemps disparu ? Pourtant, ajoute malicieusement le jésuite, dans quelle mesure l'affirmation de ce dogme de l'Assomption n'est-elle pas la reconnaissance implicite, par les fondamentalistes eux-mêmes, qu'une évolution du dogme est toujours possible ? Peut-être Teilhard pousse-t-il trop loin son raisonnement, mais il nourrit ainsi son optimisme ecclésial et essaie de rester au service de la pensée théologique : si Rome voulait bien finir par l'écouter... « Ils y viendront, j'en suis persuadé », écrit-il à une amie le 28 août 1950. Car, martèle-t-il, le temps n'est plus aux arrangements ni aux concessions, mais à une véritable rénovation, afin d'ajuster le christianisme aux dimensions du monde nouveau. Il faut faire peau neuve, répète Teilhard. Douze ans plus tard, le 11 octobre 1962, le bon pape Jean XXIII ouvrira solennellement le concile Vatican II et celui qui n'aurait dû être qu'un pape de transition provoquera la stupeur en annonçant un *aggiornamento*, une mise à jour de l'Église catholique. Teilhard, mort depuis sept ans, n'assistera pas à l'événement, mais ses idées influenceront plusieurs acteurs du concile.

En attendant, le savant français continue de s'interroger sur l'opportunité d'*Humani generis* et sur la nécessité de promulguer le dogme de l'Assomption : « Je n'ai rien (bien au contraire) contre aucune " magnification " de Marie dans le Christianisme. Mais je ne démords pas de mon idée qu'en l'état actuel de la théologie, pareille définition est comme un défi à la physique et à la biologie. Peut-être avons-nous besoin de cet excès de conservatisme aveugle pour faire prendre conscience aux chrétiens combien nous avons secrètement progressé dans la reconnaissance d'une face nouvelle de Dieu. » Est-il possible de « prendre au sérieux des gens qui, en criant, pensent empêcher la Terre de tourner [78] » ? Face à un tel excès de conservatisme, conclut-il, la « pensée libre » n'a plus qu'à prendre le maquis.

Prendre le maquis... Encore une image guerrière qui ne manque pas, elle aussi, de justesse. L'éternel chercheur ne démissionne pas ; simplement, il est forcé de reconnaître que l'écart est loin de s'être réduit, et encore moins comblé, entre sa pensée et la doctrine que l'Église met en avant de manière spectaculaire, au cours de cet été 1950. Pendant les cinq années qui lui restent à vivre, Teilhard ne verra guère d'évolution et sera réduit au statut de spectateur impuissant, face à des expressions exagérées de conservatisme. Du florilège de textes teilhardiens écrits à ce sujet au cours de cette période, je ne tire que les deux extraits suivants : « La croûte de stabilité et d'inertie accumulée sur l'Église par deux mille ans de *règne* est si épaisse et paralysante qu'on se surprend presque à souhaiter le grand choc qui remettra l'esprit du Christ en circulation dans les nappes nouvelles-nées de l'Univers [79]. » « En ce point [la rédemption des autres galaxies], comme en plusieurs autres (par exemple, l'Eugénisme), les théologiens sont sereinement assis sur un volcan, ou un gouffre, qu'ils ne paraissent pas apercevoir [...]. Et je me f... complètement des théologiens. Seulement j'enrage en les voyant maintenir le Christianisme dans un état de nanisme qui dégoûte les Gentils. [...] Comment se fait-il qu'il n'y ait pas à Rome, en plus d'une " Commission biblique ", une " Commission scientifique ", chargée de signaler aux autorités les points sur lesquels on peut être sûr que l'Humanité prendra position demain [...] et pendant ce temps-là on croit satisfaire le monde en promenant à travers les continents une statue de Fatima [80] ! »

Une Commission scientifique ? Mais elle existe déjà. Et Teilhard, s'il a appris la création de l'Académie pontificale des sciences en 1936, doit même être au courant des tractations qui ont eu lieu, quinze ans auparavant, autour de son nom et de celui de son ami l'abbé Breuil. Pourtant, Teilhard trouve ces efforts trop timides et n'entretient guère d'illusion quant à leur efficacité. « Autour de Rome, écrit-il le 9 novembre 1948 au père de Lubac, ce n'est pas le rideau de fer, mais un rideau de ouate, amortissant tout bruit des discussions et des aspirations humaines : le Monde s'arrête aux portes du Vatican. » Lorsque le pape Pie XII s'adresse, le

22 novembre 1951, aux membres de l'Académie pontificale des sciences, il s'interroge sur « l'importance de la science moderne vis-à-vis de la preuve de l'existence de Dieu tirée de la mutabilité du cosmos » et il affirme que l'astronomie moderne permet de dire que le cosmos est sorti de la main du Créateur. Teilhard dénonce la maladresse du pape : « Il est piquant, écrit-il alors à Leroy, de considérer la montée de semblables théories juste après que le Pape (conseillé par qui ?) a engagé malencontreusement son autorité sur une preuve de Dieu basée sur l'atome primitif (! !) [81]. »

Il n'est pas le seul à s'émouvoir : le chanoine Georges Lemaître, l'un des pères de la théorie de l'atome primitif (plus connu aujourd'hui sous le nom de théorie du *big bang*), met lui aussi en garde le pape vis-à-vis des dangers d'un tel concordisme. Est-ce la raison pour laquelle Pie XII choisit une voie plus prudente, un an plus tard, lorsqu'il s'adresse cette fois aux participants de la huitième assemblée générale de l'Union astronomique internationale, réunis à Rome en septembre 1952 ? Il souligne l'extraordinaire démarche entreprise par l'être humain « qui ose demander à ses sens, d'une petitesse infinitésimale, de découvrir le visage et l'histoire de l'immense cosmos ». « Il n'y a toutefois, poursuit le pape, aucune probabilité que même le plus génial chercheur puisse jamais arriver à connaître et encore moins à résoudre toutes les énigmes renfermées dans l'univers physique. Celles-ci postulent donc et indiquent l'existence d'un Esprit infiniment supérieur, de l'Esprit divin, qui crée, conserve, gouverne et par conséquent connaît et scrute, dans une suprême intuition, aujourd'hui comme à l'aube du premier jour de la Création, tout ce qui existe : *Spiritus Dei ferebatur super aquas* (Genèse 1, 2). Heureuse et sublime rencontre, à travers la contemplation du cosmos, que celle de l'esprit humain avec l'Esprit créateur [82]. » Cette fois, Teilhard trouve le pape trop prudent, trop en retrait : « Comme si, entre le Pontife et les congressistes [astronomes] il y avait eu une paroi transparente mais isolante qui rendît foncièrement étrangers les uns aux autres (comme dans deux milieux différents) des gens juxtaposés, et voyant matériellement les mêmes choses [83]. » Dans une correspondance avec l'abbé Breuil, quelques mois plus tard, il redit son impatience face à la tiédeur romaine : « Tant que Rome ne se décidera pas à faire ce pas [passer du Dieu du Cosmos grec au Dieu de Cosmogenèse], l'Église continuera à fonctionner comme un refuge, non comme un " moteur ", pour l'Humanité ; et tous les remèdes qu'on cherche à appliquer au monde " déchristianisé " sont des " cautères sur une jambe de bois ". — Voilà ce que je crois voir avec une évidence grandissante (parce que je sens, et parce que d'éminents " agnostiques " me le disent, équivalemment, à tous moments). Que ne suis-je Pape le temps d'écrire *une* encyclique sur " le Christ Universel " [84]... »

Teilhard n'est pas le pape (à Dieu ne plaise, s'écrieront certains !), mais il n'a pas entièrement tort. Dans l'histoire de l'Académie pontificale des sciences, la période comprise entre 1941 et 1951 est marquée par une confusion : Pie XII considère en effet cette institution à la fois comme une instance scientifique indépendante (qui n'a de comptes à rendre qu'à lui-même, d'où son qualificatif de « pontificale » et non de « catholique ») et comme l'annexe de l'Académie Saint-Thomas-d'Aquin (et, par conséquent, au service de la pensée catholique). Cette confusion n'est pas évidente au départ : les discours du pape comme son refus de mettre l'Académie sous la tutelle du cardinal-préfet des séminaires et des universités catholiques sembleraient indiquer que le pape tient à conserver à l'Académie son indépendance. Pourtant, les deux questions de la critique biblique et des origines de l'homme mettent Pie XII dans une position délicate. Déjà son prédécesseur, Pie XI, n'avait pas renoncé à exercer un contrôle doctrinal sur les domaines scientifiques qui pouvaient concerner la foi catholique et l'interprétation de la Bible ;

c'est sans doute la principale raison pour laquelle les spécialistes de l'anthropologie humaine qu'étaient le père Teilhard de Chardin et l'abbé Breuil avaient été exclus de l'Académie lors de sa fondation. Dans l'encyclique *Humani generis*, Pie XII prend plus nettement encore position en octroyant à la sphère croyante un contrôle doctrinal qui porte jusque sur la qualité même des travaux scientifiques. Il n'est pas question d'admettre la disparition définitive de ce qu'on appelle encore à cette époque la science catholique. Seules les données les moins contestables ou les plus compatibles avec la doctrine peuvent progressivement être admises [85].

Alors qu'il se moque de ceux qui voient dans la révolution liturgique du samedi saint un événement religieux (« il y a de quoi se taper la tête contre les murs... À Troussure, on a consacré une galette qu'on a divisée, avec un coup de vin (non consacré) par-dessus, — comme au IVe siècle, s.v.p... »), Teilhard réaffirme, voire durcit sa ligne de conduite : « Ma position correspond grosso modo avec la seule attitude religieuse compossible avec un Univers que justement les Théologiens ne semblent même pas avoir entrevu ! [...] Je vous le répète : si je n'étais pas, par bonheur, arrivé à voir dans le " plus grand Christ " une condition vitale de " l'ultra-hominisation ", je m'en irais, quitte à mendier dans les rues [86]. » Teilhard n'en est pas réduit à l'extrémité d'aller mendier dans la rue, mais, conscient de l'atmosphère qui règne alors à Rome et d'y être, comme sa pensée, *persona non grata*, il prend le maquis, comme l'ont fait tant de prophètes avant lui. Ou plutôt, c'est parce qu'il a pris le maquis, afin d'œuvrer pour une Église plus vivante et d'ouvrir ses fenêtres pour tenter d'assainir une atmosphère étouffante car sous-humanisée, qu'il peut être considéré comme un prophète. Il n'a pas prévu l'avenir ; il a plutôt cherché à en poser quelques pierres de fondation.

Finir bien

Le thème de la mort a toujours été très présent dans la réflexion et les écrits de Teilhard ; mais, depuis l'alerte de 1947, sa méditation et ses propos évoquent plus souvent sa propre mort. Déjà, en 1935, il avait écrit à une amie : « Le Monde n'est compris et ne sera sauvé (je vous l'écrivais déjà) que par ceux qui n'ont pas où reposer leur tête. Personnellement, je demande à Dieu de me faire mourir (au moins métaphoriquement) sur le bord d'une route [87]. » Lors de sa retraite de 1939, il rédige une prière en ce sens : « Mon Dieu, je vous en supplie, aidez-moi à bien finir : 1e mon livre, pour Vous ; 2e ma vie. Que ma mort ne discrédite pas mon Évangile : si tout cela est vraiment bien Vous, ce Christ Universel qui est toute mon ambition et ma vie. » Au cours de l'été 1948, il répète : «Ô Jésus, faites que je finisse bien — c'est-à-dire dans un geste de témoignage scellant l'affirmation et la foi de ma vie en un Pôle d'amour à la dérive universelle. La Communion par la mort (la Mort Communion). »

« Finir bien » : dans cette demande, dans cette prière, il ne faudrait pas voir l'expression d'une suffisance, d'un orgueil démesuré ni même désespéré, mais la foi, simple et profonde, d'un gentilhomme dont l'existence tout entière exprime sa foi en Dieu et en l'homme, à la manière de Job, le sage païen de la Bible. « Priez pour que je finisse bien, écrit-il à la même époque au père d'Ouince. C'est la grâce des grâces, — surtout quand on a prétendu, si humblement que ce soit, montrer un chemin aux autres [88]. » Dans *Le Cœur de la Matière*, il médite sur la fin de son existence : « Seigneur de mon enfance et Seigneur de ma fin, — Dieu achevé pour soi, et cependant, pour nous, jamais fini de naître, — Dieu qui, pour vous présenter à notre adoration comme “é voluteur et évolutif ”, êtes désormais le seul à pouvoir nous satisfaire, — écartez enfin tous les nuages qui Vous cachent encore, — aussi bien ceux des préjugés hostiles que ceux des fausses croyances. Et que, par Diaphanie et Incendie à la fois, jaillisse Votre universelle Présence. Ô Christ toujours plus grand[89] ! » Vingt ans auparavant, dans *Le Milieu divin*, alors qu'en pleine force de l'âge il parcourt la Chine et prend conscience de l'immense tâche qui l'attend, il avait imaginé le moment où viendrait l'usure de l'âge, le moment où ses forces physiques et spirituelles diminueraient inexorablement, le moment où il se sentirait échapper à lui-même, désormais absolument passif après avoir si bien maîtrisé ses capacités et ses activités. «À toutes ces heures sombres, priait-il, donnez-moi, Mon Dieu, de comprendre que c'est Vous (pourvu que ma foi soit assez grande) qui écartez douloureusement les fibres de mon être pour pénétrer jusqu'aux moelles de ma substance, pour m'emporter en Vous[90]. » Et, dans le style de ses notes de retraite, encore la trace de ce souci de finir bien, gracieusement, avec ces lignes écrites en 1953 :

« Me replier sur moi pour le dernier et suprême effort...

Ramasser mes forces et ma pensée pour le dernier pas (assaut).

Fixer l'objectif, — la Foi, — l'Inspiration.

Attendre la possibilité (" gracieuse ") du *geste*, du *Mot*...
(sine Me, nihil potestis facere)
(sans Moi, tu ne peux rien faire) [...]

Ma prière : " Jésus, il FAUT que je FINISSE en { témoignage / en geste } de votre fonction d'Omega-évoluteur ! "»

Un mot résume sans doute ce souci, celui d'un gentilhomme de Dieu, murmuré à l'oreille de l'un de ses neveux au cours d'un dîner au consulat de France à New York, le 15 mars 1954 : « J'aimerais mourir le jour de la Résurrection. »

Pour l'heure, il doit encore affronter la mort des autres. En 1953, à l'annonce du décès accidentel d'un fils de George Barbour, celui dont il avait fait la connaissance quelques années auparavant aux Moulins, il écrit à son ami George : « En pareille circonstance, je ne trouve qu'un mot à vous dire — celui que le grand Termier (le géologue) avait coutume de répéter chaque fois qu'un grand chagrin entrait dans sa vie (la mort d'un enfant, en particulier). *Tout ce qui arrive est adorable,* — du moins pour celui qui croit et voit que le développement tout entier des événements du monde est imprégné et sur-animé par une puissance d'amour et d'union [91]. » Les propos que le jeune religieux tenait à ses parents à l'occasion du décès de l'un de leurs enfants se sont alourdis du poids de toute une vie ; mais la foi en Dieu, au cœur de cette existence, reste entière.

Liège, puis Bruxelles, octobre 1950. « On s'écrasait. Je sais que l'impression a été bonne en Belgique », raconte Teilhard. Un tel accueil est encourageant, même si le lot de dîners et de rendez-vous afférents à ce séjour lui fait ajouter : « Trop tassé et fatigant, mais intéressant. » Il s'inquiète : « Je ne sais ce qu'en pense Rome [92] », et, pour cette raison (ou malgré elle), décide de faire stenciler son nouvel essai, *Le Cœur de la Matière.* « Pour distribution *très* privée », précise-t-il. En janvier 1951, il est invité en Sorbonne pour donner une série de leçons devant près de quatre-vingts étudiants sur « La Structure phylétique du groupe humain ». Il espère en publier le texte dans les *Annales de paléontologie*, sans demander l'avis de personne : comment les autorités romaines pourraient-elles lui reprocher de quitter le terrain scientifique dans un article publié (« dissimulé » ?) entre un mémoire sur des lamellibranches de Madagascar et un autre sur des fossiles pliocènes d'Auvergne ? Il montre toujours la même impatience à partager sa réflexion, surtout lorsqu'il découvre les discours des intellectuels catholiques réunis en mai 1951 : « Tous des sous-humanisés (Gabriel Marcel, Mauriac ! ! !...) pour qui l'adoration est un acte d'évasion, et non d'ultra-évolution [93]. »

Mais Teilhard a raison d'être ainsi partagé entre l'audace et la prudence : les échos qui lui parviennent de Rome restent préoccupants. Les autorités ecclésiastiques viennent en effet d'interdire la vente des ouvrages de Bouillard et de De Lubac et d'exiger leur retrait des bibliothèques de théologie. Rien de tel, bien entendu, pour augmenter le nombre de leurs lecteurs. Teilhard n'en est pas encore là, même si des publications commencent à paraître à son sujet. Après le livre de Louis Jugnet, *L'Évolution rédemptrice du P. Teilhard de Chardin*, plusieurs articles ont traité de sa pensée : celui du père Gorce, le dominicain devenu vieux-catholique, plusieurs dans *La France catholique.*

Malgré les critiques et les mises en garde qui s'élèvent, malgré les dangers et les risques qui menacent, Teilhard reste optimiste : il en est convaincu, la percée est faite. Pour autant, il continue à souffrir de ne pouvoir publier ses réflexions ; il craint d'être mal compris, mal interprété. En 1919, il avait envisagé de recourir à l'anonymat afin d'éditer sa réflexion sur *La Puissance spirituelle de la Matière* : « Je désirerais que cela paraisse sans nom : la chose n'a pas été écrite comme une invention personnelle, mais plutôt comme la manifestation d'une vérité. » Il avait renoncé à cette solution. Celle de la diffusion sous le manteau fonctionne, mais elle reste trop limitée pour créer un véritable courant de recherche et de débat. Et puis demeure la question du devenir de ses écrits après sa mort : comment là aussi « finir bien » ? Par moments, de guerre lasse, Teilhard semble prêt à remettre le sort posthume de ses écrits au bon vouloir de Dieu, du hasard, de ses amis... ou de ses ennemis. De son côté, Paul Rivet a imaginé de créer un comité auquel son ami jésuite pourrait léguer son œuvre : elle échapperait à la destruction ou à l'enfouissement dans les archives de la Compagnie de Jésus. Teilhard lui-même paraît avoir envisagé cette solution avec sa cousine Marguerite Teillard-Chambon. Son supérieur, le père d'Ouince, s'inquiète lui aussi de l'avenir des écrits de son confrère ; il se renseigne auprès d'un spécialiste du droit religieux, mais hésite à en parler à Teilhard. C'est au père Jouve, qui remplace d'Ouince lors d'une de ses absences, que revient l'initiative de régler la question.

Un jour où Jeanne Mortier rend visite au père Teilhard à la maison des *Études*, le père Jouve aborde la dame sans préambule : « Mademoiselle, le père Teilhard part au Transvaal. Cette expédition peut aggraver son état cardiaque. Demandez-lui de vous léguer ses écrits car nous, jésuites, ne pourrons jamais les publier. » Le père Jouve a juste le temps d'achever, son confrère paléontologue apparaît. Mlle Mortier lui transmet sur-le-champ les propos du père Jouve. Est-ce le signe providentiel qu'il attend ? Quoi qu'il en soit, Teilhard n'hésite pas. « Donnez-moi un papier », dit-il à son amie. Et il rédige le texte suivant :

ÉTUDES
Paris, 15, rue Monsieur 7e
Ségur 74-77

2 juillet 1951

Mlle Jeanne Mortier
12, rue de l'Abbé-Grégoire Paris 6e

Chère amie,
Par la présente lettre, je déclare vous *donner* et *réserver* tous droits d'utiliser au mieux des circonstances (conservation, *publication*, distribution) — au cas où je disparaîtrais — tous mes écrits (non purement scientifiques) imprimés ou dactylographiés — en votre possession.

À votre défaut, et par ordre de succession, je donne les mêmes pouvoirs à MM.
1) François Richaud (de Besançon)
2) André George
3) Jean Piveteau, professeur à la Sorbonne.
Tous les trois formant, associés avec vous, un petit comité dont la sûreté de jugement et l'amitié me donnent toute confiance et sécurité.

P. Teilhard de Chardin [94].

En fin de compte, l'initiative du père Jouve délivre tout le monde d'un véritable souci. Teilhard a confiance en ces quatre amis, profondément attachés à l'Église et à sa pensée; et ses confrères jésuites sont débarrassés de toute responsabilité à l'égard de la publication posthume de ses écrits (ce que plusieurs d'entre eux espèrent voir se réaliser). Jeanne Mortier, à la mort de Teilhard, s'acquittera fidèlement de l'exécution de ce testament : elle assurera la quasi-totalité de la publication des œuvres non scientifiques; le père de Lubac et Mgr de Solages publieront les *Écrits en temps de guerre*. La Compagnie de Jésus laissera à la légataire la responsabilité de la publication et de la diffusion, s'interdisant par ailleurs tout jugement.

Mais, en 1951, Teilhard n'a pas encore écrit son dernier mot, ni entrepris son dernier voyage. Après la tentative avortée de 1947, l'Afrique du Sud l'attend. Et il sait combien Rome aime le voir voyager.

Au berceau de l'humanité

« Au point où nous en sommes parvenus de nos connaissances en Paléontologie générale, il paraît surprenant que l'Afrique n'ait pas été identifiée du premier coup comme la seule région du monde où rechercher, avec quelque chance de succès, les premières traces de l'espèce humaine », s'étonnera Teilhard, un jour d'automne 1954 [95]. Je ne doute pas que la « surprise » du jésuite soit sincère : il a successivement accompli, en 1951 et en 1953, deux missions en Afrique du Sud et il a pu y étudier, selon ses propres termes, «à ses origines, la loi de croissance de la " trajectoire " humaine ». L'idée que l'Afrique puisse être le berceau de l'humanité est toutefois plus ancienne que Teilhard ne le laisse supposer. Charles Darwin, quatre-vingts ans auparavant, l'a déjà émise : « Dans toutes les grandes régions du globe, les mammifères vivants se rapprochent beaucoup des espèces éteintes de la même région. Il est donc probable que l'Afrique a autrefois été habitée par des singes disparus très voisins du gorille et du chimpanzé; or, comme ces deux espèces sont actuellement celles qui se rapprochent le plus de l'homme, il est probable que nos ancêtres primitifs ont vécu sur le continent africain plutôt que partout ailleurs [96]. » Au moment où Darwin écrit ces lignes, aucun fossile humain n'a encore été découvert en Afrique; les seuls fossiles humains alors connus sont ceux de l'Homme de Neandertal. Et l'hypothèse du savant anglais suscite une hostilité d'autant plus vive que les anthropologues d'alors portent sur le continent noir un regard presque aussi méprisant que celui des colonisateurs européens. Lorsque, par la suite, de nouveaux fossiles humains sont découverts en Europe, puis en Asie (dont ceux de l'Homme de Pékin), l'hypothèse d'une origine africaine paraît écartée. Il faut l'opiniâtreté de Raymond Dart, un médecin anatomiste qui décrit le premier Australopithèque africain dans la grotte de Taungs, ou encore de Louis Leakey, né au Kenya et convaincu de l'intérêt de l'argument de Darwin, pour obliger la communauté scientifique à changer d'avis et à s'intéresser à l'Afrique. Teilhard est un témoin de cette étape importante de la paléoanthropologie du XXe siècle : « Au cours des derniers cinquante ans, j'aurai vu la question [où l'espèce humaine est-elle née ?] posée tour à tour, par mes maîtres ou collègues : d'abord à l'Europe occidentale ; puis à l'Asie au nord de l'Himalaya ; puis à l'Indomalaisie. Et toujours sans succès. — Fait curieux : personne, en ce temps-là, ne paraissait encore songer à interroger l'Afrique, regardée apparemment comme trop sauvage pour avoir jamais rien eu à faire avec les débuts de l'Humanité [97]. »

Voici donc l'infatigable savant en partance pour l'Afrique du Sud ; son départ rassure ses supérieurs : « Incidemment, croiriez-vous que ce projet d'Afrique (même s'il ne doit pas se réaliser) me rend un immense service. Depuis que j'ai fait habilement savoir à mon Ordre, à Rome, que je comptais aller là-bas m'occuper des Australopithèques, on est à peu près rassuré sur mon compte : puisque j'abandonne en apparence les domaines dangereux de la pensée pour réintégrer la recherche matérielle sur le terrain. Preuve nouvelle qu'il faut toujours prendre les gens et les choses par leur faible [98]. » Il embarque à Southampton, le 12 juillet 1951, pour rejoindre Le Cap (Capetown). Sur le *Carnavon Castle* (où la compagnie maritime met à sa disposition une chapelle portative !) et selon sa vieille habitude de voyage, il entreprend de rédiger un nouvel essai, *La Convergence de l'Univers* ; Rhoda de Terra, qui l'accompagne au cours de cette traversée, n'attend pas l'arrivée à destination pour le traduire en anglais. D'âge canonique (Teilhard s'est empressé de rassurer son supérieur), son amie lui rend mille autres services et lui permet de surmonter les tracas d'un tel voyage que sa nervosité et ses angoisses tendent à amplifier.

Du Cap, Teilhard rejoint en train Johannesburg où l'attendent son ami George Barbour ainsi que Van Riet Lowe ; Claude Cuénot dit de cet ingénieur des Ponts et Chaussées, devenu l'un des organisateurs des recherches préhistoriennes en Afrique du Sud, que, matérialiste au point de départ, il était devenu, en partie sous l'influence de l'abbé Breuil, spiritualiste et théiste, voire chrétien libéral. Quelques jours après son arrivée, Teilhard envoie un premier compte rendu au Dr Fejos, le directeur de la Wenner Gren Foundation, qui a financé l'expédition. Sa mission d'expert invité consiste en effet à réorganiser les recherches sur l'Australopithèque après la mort du Dr Broom, à relancer les travaux géologiques, enfin à montrer à la Fondation l'intérêt de soutenir la paléoanthropologie sud-africaine. Dans son rapport à Fejos, il souligne l'intérêt de poursuivre les fouilles déjà entreprises et d'en entreprendre de nouvelles. « Mes premières impressions, écrit-il le 1er août 1951, concernant les possibilités de travail en Afrique du Sud, par rapport à la découverte de restes osseux des premiers hommes, sont bonnes [99]. » Et il développe les trois principales lignes de recherche que la Fondation pourrait soutenir : poursuivre l'investigation des sites à Australopithèque étudiés par le Dr Broom, achever les fouilles dans le site de Markapan repéré par le Dr Van Riet Lowe, prospecter un site récemment découvert le long de la mer. Alternant les visites et les moments de repos (il a soixante-dix ans et doit désormais tenir compte de sa faiblesse cardiaque), il rencontre les sommités scientifiques du pays, visite les collections et les sites de fouilles : il tient à recueillir un maximum d'informations et ses hôtes lui apportent l'aide nécessaire. Barbour raconte comment, après un survol en Piper-Cub du site de la Caverne aux Foyers, il a repéré un ancien chemin de crête, grâce auquel il a pu faire conduire son ami jésuite en voiture, jusqu'au-dessus de la caverne.

Au retour, Teilhard embarque sur le *Boissevin*, un bateau de croisière, pour rejoindre Buenos Aires : il compte y rencontrer le Dr Menghin, un préhistorien allemand, pour être mis au courant, grâce à ce dernier, de la naissance et des progrès des études préhistoriennes en Amérique du Sud. N'y est-on pas en présence de l'autre extrémité de l'expansion humaine dont Teilhard vient d'étudier le point de départ en Afrique du Sud ? Il reste une semaine à Buenos Aires puis rejoint New York : « La dernière étape du voyage s'est opérée ultraconfortablement sur l'*Uruguay*, de la Moore-Mac Cormick Line, qui assure (dans un esprit hautement irlandais et catholique) le cargo et la croisière de luxe le long de la côte est de l'Amérique du Sud. La période des croisières était à son creux, de sorte que le bateau était loin d'être plein, tout en fonctionnant avec services complets (y compris un prestidigitateur, une chanteuse de Broadway et un couple de danseurs d'une souplesse inouïe). Un aumônier et un autel, naturellement. Service discrètement attentif et plaisant. Tu vois le genre, très réussi, en somme [100]. »

Aux États-Unis

New York, octobre 1951. À son retour du Cap, Teilhard s'installe chez les jésuites du 980 Park Avenue. « Solidement ancré à la Wenner Gren Foundation » comme « Research associate for Paleoanthropology », il n'envisage plus un retour en France : Paris est devenu « trop chaud » pour lui. Puisque New York (« ce grand New York que j'aime décidément beaucoup ») occupe une place éminente dans les dernières années de la vie de Teilhard, que le lecteur me permette de citer la page écrite en 1962 par un autre Français, scientifique lui aussi, René Dubos, à propos de la grande ville américaine :

« Le voyageur approchant la ville de New York depuis l'Océan perçoit d'abord Manhattan comme une forme éthérée émergeant peu à peu de l'eau. Il reste pendant un long moment incrédule devant la masse confuse et écrasante d'acier et de pierre et il peut s'imaginer un esprit luminescent montant au ciel. L'illusion crée différentes sensations qui sont fonction du temps qu'il fait et de l'heure du jour. À certains moments, l'île apparaît flotter mystérieusement au sein des nuages ou dans la brume, comme s'il s'agissait d'une montagne sacrée peinte sur un rouleau chinois ancien; souvent elle scintille en roses ou bleus précieux, semblable à une des visions de William Blake, devenue vivante; au crépuscule ou à la nuit, elle brille comme une torche enflammée. Jamais elle n'évoque la simple force brutale et la richesse matérielle.

« La spiritualité du spectacle nous fait oublier la vulgarité de son origine matérielle. Tout d'abord ces tours élancées qui, d'une façon si décevante, sont le reflet des splendeurs des cieux, sont en fait accrochées à un socle rocheux et sont construites avec des matériaux disgracieux; elles représentent la richesse et l'arrogance. Chacune, comme l'ensemble de ces immenses buildings, est la conséquence d'impulsions matérialistes et a été érigée non pas comme une contribution à une œuvre commune concertée, mais comme une vitrine à la puissance et à l'orgueil. Comment a-t-il pu se faire que de tels efforts non coordonnés, motivés par une ambition sans bornes, aient pu engendrer une telle vision surnaturelle, face au ciel? Par quelle mystérieuse alchimie les actions désordonnées issues de luttes individuelles insensées ont-elles engendré, en une moitié de siècle, une des plus inattendues et grandioses symphonies architecturales du monde? Les gratte-ciel de Manhattan symbolisent ainsi un aspect particulièrement troublant de la vie humaine — le fait que l'humanité puisse transformer ses appétits primitifs en splendeurs de la civilisation et transmuer l'ambition en spiritualité. De tous temps, l'homme a créé mieux qu'il n'avait envisagé et qu'il savait le faire. Des œuvres sans réelle valeur ont souvent surgi d'efforts, dont le seul but était la satisfaction d'impulsions matérielles [101]. »

Je ne sais si les deux chercheurs et penseurs se sont rencontrés ou connus par le biais de leurs écrits respectifs; mais j'aime à les rapprocher, autour de cette ville qui les a tous deux accueillis pour devenir le terreau de leurs travaux scientifiques et de leurs réflexions spirituelles.

En février 1952, Teilhard est invité à faire une communication sur les Australopithèques à l'Académie des sciences de New York, puis, en mars, sur la préhistoire en Afrique du Sud à la Wenner Gren Foundation. La même fondation organise en juin un symposium sur l'*Early Man*, l'Homme fossile ; Teilhard en profite pour promouvoir et orienter les recherches paléoanthropologiques en Afrique du Sud. À l'automne suivant, il fait le bilan de ses efforts : « Ici, à la Fondation, il semble qu'un résultat indirect du symposium de juin a été de décider la Fondation à concentrer ses efforts dans un appui à donner aux recherches concernant les Origines de l'Homme en Afrique. Jusqu'ici, le projet est simplement à l'examen. Mais il peut se développer et donner quelque chose de tout à fait fascinant [102]. » La fondation new-yorkaise décide de soutenir les travaux de Van Riet Lowe à Markapan, de s'intéresser à de nouvelles découvertes de fossiles près du Cap et elle attend de son collaborateur des propositions pour mieux planifier les travaux dans le Transvaal et en Rhodésie. Teilhard est donc satisfait, mais il s'inquiète de voir les anthropologues (où il continue à se faire de nombreux amis, confie-t-il au père Ravier dans une lettre du 3 août 1952) considérer la personne humaine comme un petit univers, fermé, au sein d'un grand univers, dénué de toute dimension culturelle : les scientifiques n'accordent aucune place au phénomène humain. Teilhard voudrait faire passer son étude « des Lettres aux Sciences » et il rêve d'un « symposium sur l'Homme où 80 % des participants ne seront pas des " anthropologistes ", mais des biologistes, des chimistes et des astro- ou nucléo-physiciens [103] ». Il s'énerve des interminables discussions sur des déformations de la colonne vertébrale : fait-on, demande-t-il, de l'anthropologie ou de l'orthopédie ? À ses yeux, admettre l'unicité du phénomène humain dans la nature est une « allumette qui peut tout faire flamber un jour — même et surtout “ la tour ” des théologiens [104] ».

Comme à Paris lors de son retour de Chine, il montre à New York un large champ d'intérêt et d'investigation. Le Dr Michel Pobers, un Néerlandais spécialisé dans la parapsychologie, se souvient de leur long entretien, à l'occasion d'un repas chez un attaché au consulat général de France : « Au cours du dîner, quelqu'un mentionna le voyage d'étude que je venais de faire à la Jamaïque et à Haïti et les curieux phénomènes physiques et physiologiques que j'ai pu observer pendant certaines cérémonies “ obeah ” et “ vaudou ”. Après le dîner, le Père Teilhard de Chardin me prit à part et, pendant environ deux heures, nous avons discuté des méthodes scientifiques d'études des phénomènes dits “ paranormaux ”. J'étais surpris de constater que le Père Teilhard connaissait à fond non seulement toute la littérature sur les phénomènes ou les facultés de caractère paranormal parmi les primitifs, mais encore les travaux de laboratoire et les computations statistiques du Prof. J. B. Rhine [...]. Nous sommes rapidement tombés d'accord sur l'impossibilité d'analyser les aspects particuliers de la psychologie ou psychopathologie de l'individu, sans poser, au préalable, le problème de l'Homme entier, peut-être même sans l'intégrer dans un ensemble encore plus vaste de l'Univers humain [105]. » En janvier 1955, il explique ne pas exclure « une exploration scientifique de l'Extra-sensoriel, — c'est-à-dire d'un certain “ milieu inter-psychique ” possiblement conjugué (cosmiquement) avec le milieu électro-magnétique des physiciens ».

Est-il nécessaire de préciser que ni ses investigations intellectuelles ni ses déceptions ecclésiastiques ne l'empêchent d'apprécier les invitations, y compris gastronomiques ? Lors d'une réception à New York, raconte-t-il, « il y avait (directement importé du Périgord, — pays de Mme Lacoste) un foie gras à en pleurer d'émotion. Mais j'ai un peu passé l'âge de la gastronomie [106] ». Il est toujours soucieux d'honorer et d'entretenir ses nombreux liens d'amitié, y compris au sein de la Compagnie de Jésus ; ainsi, auprès de son ami Pierre Leroy, il s'inquiète de la santé et du confort du père Jouve : « Si par chance il est encore à Paris, — et qu'il n'ait pas de radio —, dites-lui de s'en acheter une avec mon argent à moi (j'ai déjà écrit à ce sujet au Dr Loriot). J'aurais dû y penser plus tôt [107]. »

Au cours de l'été 1952, Teilhard quitte New York, s'arrête à Chicago, puis, avant de rejoindre Los Angeles et Berkeley, passe trois jours chez son ami le paléontologue George Gaylord Simpson. « Le séjour chez les Simpson a été très sympathique et pittoresque. Ils sont installés lui et elle à 8 000 pieds d'altitude, en bordure d'une forêt nationale, à trois heures d'auto d'Albuquerque, en pleine vue des *Badlands* du bassin de San Juan (cet hiver les dindons sauvages venaient picorer le long de la maison). Je logeais dans une tente [108]. » Un tel accueil n'est pas pour déplaire à Teilhard, malgré l'aventure qui arrive à son bréviaire. Un soir, après un long moment passé à converser avec ses hôtes, l'hôte français rejoint sa tente. Il constate que son livre de prières a disparu. Pas question d'importuner les Simpson à une heure aussi tardive, d'autant plus que le maître de maison est réputé pour ses opinions anticléricales ; il attend donc le lendemain matin pour signaler cette étrange disparition. À l'aube, toute la maisonnée se met poliment en quête du livre perdu. Finalement, le Pr Simpson rend au jésuite son bréviaire, mais en piteux état. « Mon chien, s'excuse-t-il, l'a pris pour un jouet et a exercé sur lui sa forte dentition, comme s'il s'était agi d'un os ! » Le chien est-il lui aussi anticlérical ? Si l'histoire, au mieux pittoresque, n'a pas été oubliée, n'est-ce pas pour rappeler comment l'amitié, chez Teilhard, franchit aisément les frontières idéologiques ?

À Berkeley, aux portes d'un océan que, pour une fois, il ne se prépare pas à traverser, il retrouve de nombreux amis et fait de nouvelles connaissances : le généticien Goldschmidt, le compositeur Darius Milhaud (qui connaît ses œuvres). C'est lors de ce séjour qu'il obtient l'autorisation de visiter les grands cyclotrons installés en Californie : « En ces puissants appareils, où convergent une multitude incroyable de théories, de techniques et de cerveaux, j'ai eu pour la première fois le sentiment de toucher le " Noosphérique ", enfin matérialisé en un point [109]. » « Sur les collines de Berkeley, les limites s'évanouissent entre le Laboratoire et l'Usine ; — entre l'Atomique et le Social ; et aussi, je dirai, entre le Local et le Planétaire. Ceci, au point que le travailleur de là-bas, s'il réfléchit à sa situation et à son action, est en droit de se demander s'il fait encore de la Recherche ou de l'Industrie, de la Physique ou de la Métaphysique, de l'Énergétique ou de la Médecine, de la Guerre ou de la Paix — ou même, si, entraîné par un flux qui le dépasse, il ne serait pas en train d'accéder, par chance, à quelque forme inédite de Composé (ou Concentré) humain [110]. » Pas étonnant si Teilhard dit « toucher le Noosphérique » au cours de cette visite : autour de ces cyclotrons est en train de naître une forme de travail scientifique qui fait nécessairement appel à la convergence d'intelligences, de compétences aussi nombreuses que variées. Fini le temps du chercheur solitaire, dans sa tour d'ivoire ou son laboratoire retiré : pour accéder à l'infini petit de la matière, comme d'ailleurs à l'infini grand de l'univers, l'humanité doit unir ses forces, se mettre en réseau ; n'oublions pas qu'Internet est né au sein et à l'usage du milieu scientifique. Finies les frontières entre les disciplines, devrait-on pouvoir ajouter, à la suite du savant jésuite. Mais, sur ce point, le chemin à accomplir est encore long : depuis les années 1950, la tendance à la spécialisation ne s'est pas ralentie et l'interdisciplinarité (ou la pluridisciplinarité) demeure à l'horizon de la recherche scientifique. Teilhard l'a compris, dès cette époque.

Avant de retourner à New York pour le début du mois de septembre, Teilhard organise une halte à Glacial Park, dans le Montana, histoire d'aller voir de plus près le Précambrien à *Collenia* et de profiter aussi de cette nature au sein de laquelle il a trouvé tellement souvent et cherche toujours son inspiration. De retour à New York, il apprend qu'à l'occasion du centenaire de l'université Laval, à Montréal, les catholiques organisent une réunion sur l'Évolution : « Demain (je crois), écrit-il dans une lettre datée du 29 septembre, les lumières de l'Université Laval (Québec) se réunissent pour savoir si " la Terre tourne ", c'est-à-dire s'il y a une évolution. Par coquetterie (ou bluff) on a invité des notoriétés non catholiques, — dont Simpson (qui a accepté, avec un sourire dans sa barbe pointue, — 'to see the dope). Piveteau était invité. Y serait-il allé [111] ? ». Lui, Teilhard, n'y est évidemment pas invité ; sans commentaire. Dans la grande ville américaine, il rencontre comme à l'accoutumée beaucoup de monde, notamment Romain Gary dont il ne partage pas les convictions ; mais la figure du père Tassin, dans *Les Racines du Ciel*, n'aurait-elle pas été inspirée par celle de Teilhard ? Les fêtes de Noël approchent ; à son ami Leroy, il confie avec humour : « Je me mets de mon mieux dans le Christmas spirit. Mais ce n'est tout de même pas l'affaire d'un Teilhard-auvergnat [112]. »

L'année 1953 commence avec la préparation d'un nouveau voyage en Afrique du Sud, prévu par la Wenner Gren Foundation pour l'été suivant ; il redoute de se faire vacciner contre la fièvre jaune et doit renoncer à un séjour au Kenya. Dès la mi-janvier, il traverse une profonde crise d'anxiété et de fatigue morale. Il s'enferme dans le silence, au grand étonnement de ses amis. « Une des raisons de ma lenteur est sans doute que je passe, depuis un mois, par une assez pénible phase d'anxiétés, d'un type que je connais bien, mais qui n'en est pas moins désagréable, et défavorable à une activité normale. Je crois que le Seigneur utilise cette période " angoissée " pour me prendre à Lui davantage. Priez, demande-t-il à Jeanne Mortier, pour qu'il en soit bien ainsi ; et pour que, en toutes circonstances, ma vie (et ma mort) soient une confirmation de " mon " évangile [113]. » Heureusement, avec le printemps, son état s'améliore et il reprend peu à peu sa vie sociale. Au cours d'une réception à l'Alliance française, au mois de mars 1953, il rencontre Jacques Maritain : « Toujours aussi sympathique comme homme et (m'a-t-il semblé) aussi incapable de penser en termes et dimensions de Cosmogenèse. Il ne songe qu'à " changer " l'Homme (moralement, bien entendu) et ne paraît pas se douter que, depuis Aristote et saint Thomas, c'est l'Homme qui a changé [114]. » De son côté, le philosophe porte un jugement assez sévère sur le « teilhardisme » et sur ce qui lui paraît être des éléments gnostiques ; le père de Lubac et plusieurs amis de Teilhard le lui reprocheront. Pourtant, ce qu'il écrira de l'influence du jésuite est digne d'intérêt.

Aux yeux de Maritain, Teilhard « n'a été bien servi ni par ses amis, ni par ses ennemis, ni, d'abord, par lui-même. Il s'est efforcé de traduire en des ébauches ou suggestions de doctrine, — et ses amis et ennemis se sont empressés de durcir en une doctrine sûre d'elle-même et de son pouvoir de tout renouveler —, les idées en travail dans le feu même d'une expérience spirituelle d'une extraordinaire qualité, où la foi de son enfance, ardente et vivace jusqu'à sa mort, se débattait avec de grands rêves scientifiques : expérience qui, de soi, restait incommunicable. [...] Ils sont nombreux, je crois, ceux dont le cœur a été ouvert à la grâce de la foi par le Père Teilhard de Chardin et par la lecture de ses livres. Non seulement il est juste qu'ils aient pour la mémoire de celui qui les a ainsi aidés gratitude et vénération, mais on comprend la reconnaissance et l'admiration qu'ils gardent envers ses ouvrages, et envers ce que Gilson et moi appelons sa gnose, et qui apparaît sans doute à leurs yeux comme une doctrine bien fondée. Pourtant ce n'est pas à cette doctrine qu'ils doivent en réalité d'avoir reçu la vérité qui délivre : c'est à la flamme dont j'ai parlé, et qui, du cœur du Père Teilhard, a passé, pour eux, à travers la doctrine, par la sainte grâce de Dieu et par la grâce de la poésie, qui n'est pas surnaturelle mais qui descend aussi du Père des lumières [115] ». Teilhard lui-même est conscient des mésusages, des abus dont sa pensée est victime ou menacée ; le 15 mars 1953, il écrit à Jeanne Mortier : « Je n'aime naturellement pas l'usage très compromettant que font de mes vues l'Association d'Études Psychiques et autres groupes d'illuminés. Je les ai toujours évités comme du feu. Mais que faire ?... » L'inquiétude de Teilhard, la mise en garde de Maritain n'ont pas perdu, je crois, de leur actualité. Ni cette « flamme », dont parle le « Paysan de la Garonne », de son énergie.

La lecture d'un numéro de *Scientific American* sur les premières observations du nouveau télescope de Palomar renforce la conviction du jésuite français selon laquelle l'isolationnisme religieux (qui consiste à penser que « le Christianisme demeure inchangé, quelles que soient les apparences prises pour notre expérience par l'Univers ») est aussi malfaisant que le concordisme. Et, avec sa fougue habituelle dès lors qu'il s'agit de l'Église trop officielle, il s'écrie : « Et je me f... complètement des théologiens. Seulement, j'enrage en les voyant maintenir le Christianisme dans un état de nanisme qui dégoûte les Gentils (sans parler de beaucoup de chrétiens...) : alors que le Christianisme est fondamentalement le seul " phylum " religieux capable d'amoriser l'Univers, comme il le faut à tout prix (du simple point de vue "é nergétique ", précisément) pour que l'hominisation continue [116]. » Il n'est guère plus tendre avec ses collègues scientifiques. À propos du *Ce que je crois* de Jean Rostand, il assène : « Tellement émouvant, et tellement pauvre, tout à la fois. En vision paléontologique, cela ne dépasse pas Vialleton. Et que dire de la misérable mission du formidable " phénomène humain " !... Après cela, et après Ch. Galton-Darwin, et après J. Huxley même (trois fois en 1953 que des professionnels nous sous-estiment l'Humain), il serait temps que, du même point de vue scientifique, on montre qu'il est possible de lire dans les faits autre chose, — de plus entraînant [117]. »

Un été en Afrique du Sud

New York, 1er juillet 1953. Teilhard embarque pour l'Afrique du Sud, à bord de l'*African Endeavour*, une fois encore accompagné par Rhoda de Terra. Quelques jours auparavant, il confie à l'un de ses correspondants : « Je ne suis pas particulièrement excité par ce voyage. » La traversée dure dix-huit jours : « Ce que c'est, convient-il, que de ne pas prendre l'avion comme tout le monde ! » ; mais cette vieille habitude lui offre le temps nécessaire pour rédiger *L'Étoffe de l'Univers*. Un texte où Teilhard renonce à sauver « aucune orthodoxie (ni scientifique, ni religieuse) », mais veut présenter le point de vue auquel il est parvenu d'où il contemple un même « Flux évolutif » qui, passant de l'Humain à l'Ultra-Humain, parvient au Christique, par convergence de soi et personnalisation. L'Humain terrestre, martèle-t-il, doit être regardé « comme le produit naturel et local, momentanément extrême, d'une Dérive couvrant la totalité de la Matière, du Temps et de l'Espace [118] ». Et, « l'Humanité du xxe siècle, loin de traîner ou de régresser sur soi, se présente manifestement à notre expérience comme un système en plein élan de *co-réflexion*, c'est-à-dire (identiquement) d'*ultra-hominisation* [119] ». Et le Christ ou, plutôt, le Christique ? Teilhard tient à « insister, aujourd'hui plus que jamais, sur les étonnantes propriétés énergétiques du Milieu Divin engendré au plus profond de la conscience humaine par cette rencontre vraiment " implosive " entre un flux montant de Co-réflexion et un autre flux, descendant, de Révélation [120] ». Penser le Christ, il le sait, conduit à repenser toute la christologie, de même que les idées de rédemption et de parousie qui doivent intégrer les idées d'évolution et de maturation. Bref, si « notre nature requiert absolument en ce moment de l'Histoire : un Christ universalisable et universalisé, c'est-à-dire un Dieu (le Dieu attendu) de l'Évolution », alors « certaines représentations ou attitudes qui nous paraissent définitivement fixées dans le dogme chrétien [121] » doivent être remaniées. La redécouverte du Christ cosmique, « perdu » en Occident après le temps des Pères de l'Église, sa confrontation à l'appréhension d'un monde en évolution constituent, j'en suis persuadé, l'un des principaux apports de Teilhard à la théologie chrétienne du XXe siècle, par ailleurs confrontée à la montée d'une conscience environnementaliste et écologique. Plusieurs théologiens ont entrepris sinon de remanier (l'expression est-elle heureuse ?), plutôt d'élaborer un nouveau discours théologique sur la Création, en s'appuyant sur les nombreuses pages consacrées à ce thème, depuis *Le Milieu divin* jusqu'au *Christique*, écrit en 1955. Toutefois, comme je l'ai déjà écrit, la tâche est loin d'être achevée.

Peu enthousiasmé par ce voyage en Afrique du Sud au moment de quitter New York, Teilhard change d'avis une fois sur place. Il tombe en effet en pleine réorganisation des travaux sur les origines de l'homme et estime pouvoir apporter sa compétence tant en matière d'organisation que d'animation des recherches. Il confie à Jeanne Mortier : « Il n'y a qu'à se fier toujours plus à l'influence dirigeante du " Milieu Divin " [122] », alors qu'à Pierre Leroy, son vieux compagnon de l'époque chinoise, il explique qu'est en train de « se former (mais cette fois en Afrique) un team international du même type que celui qui rendait si passionnantes, juste avant 1939, les recherches pour Early Man en Extrême-Orient [123] ».

Extraordinaire Teilhard de Chardin qui, au cours de ces deux expéditions sud-africaines, diplomatiquement délicates et physiquement éprouvantes, mais intellectuellement riches et spirituellement stimulantes, reste le pèlerin de l'avenir, le gentilhomme de toujours. À Van Riet Lowe qui conclut une correspondance par « Our love and saalams to you », il répond « Dear Peter ». Et la découverte des chutes du Zambèze, en compagnie de Desmond Clark et de sa famille, lui inspire une des descriptions dont il a le secret : « Moins la grande faune qui a disparu (sauf dans les réserves), le pays ne doit pas avoir beaucoup changé depuis le temps de Livingstone. Immenses surfaces ondulées couvertes de brousse, où une majorité d'arbres divers sont grands comme de moyens chênes. C'est la fin de la saison sèche : fond de grandes herbes jaunes et de branches nues mais pas mal d'arbres verdoyants aussi. Vu deux rivières importantes : la Kafue, près de Lusaka ; et, ici même, le majestueux et classique Zambèze, avec ses fameuses chutes (que j'entends d'ici) : les Victoria Falls — bien qu'en Rhodésie du Sud — ne sont qu'à neuf kilomètres de Livingstone. Avant-hier, Clarke nous a emmenés pique-niquer, avec sa famille, en canot automobile, en amont des chutes. Il m'a encore été donné de voir crocodiles et hippopotames se prélassant sur le sable ou se baignant dans le fleuve [124]. »

Fin septembre 1953, son séjour en Afrique du Sud s'achève et Teilhard, comme lors de son voyage de 1951, quitte Le Cap pour Buenos Aires : il voudrait se faire « une idée claire (c'est-à-dire une bonne expérience visuelle) soit des sols de la Pampa, soit de la structure des Andes, vers leur terminaison. Toujours pour essayer de vérifier certaines idées chères sur la genèse des continents... ». Cette dernière formule peut paraître étonnante ; elle révèle que la vieille passion du jésuite pour la géologie continentale, celle à laquelle il a pu se livrer au cours de la Croisière jaune par exemple, n'est pas éteinte. Déjà en 1951, au retour de sa première visite en Afrique australe, dans le brouillon d'une conférence sur les « Observations comparées sur l'Afrique du Sud et l'Asie orientale », il avait mis en débat trois théories pour expliquer l'origine des continents : l'effondrement continental, la dérive (théorie élaborée par Wegener) et la croissance (par exhaussement et expansion). Malheureusement, son détour par l'Amérique du Sud tourne court : une grève des transports ferroviaires puis des dockers l'empêche de se rendre à Valparaiso. Il décide de rentrer directement aux États-Unis.

New York, 5 juin 1953. Teilhard donne une conférence sur « La Multiplicité des mondes habités ». À cette époque, il s'étonne que les autorités catholiques fassent si peu de cas de la possibilité d'autres mondes habités. Il conviendrait de répondre au rédemptoriste Francis Connell qui affirme, dans le *Times Magazine* du 15 août 1952, à propos de l'existence éventuelle d'êtres extraterrestres : « Si ces êtres doués de raison ont échappé au péché originel, c'est-à-dire s'ils possèdent l'immortalité du corps dont jouissaient Adam et Ève, il serait stupide de la part de nos pilotes d'essayer de les tuer, ils seraient intuables. » Connell, commente Teilhard, est peut-être un *cold joker*, un pince-sans-rire ; mais il parvient en quelques mots à réduire à l'absurde l'essence même de la théologie de la Chute [125].

Dans sa conférence, Teilhard reste prudent. Il constate seulement que « l'idée d'une seule planète hominisée au sein de l'Univers nous est déjà devenue en fait (bien que nous n'y prenions généralement pas garde) presque aussi impensable que celle d'un Homme apparu sans relations génétiques avec le reste des animaux de la Terre ». « En présence de cette multiplicité prodigieuse des foyers sidéraux de " vie immortelle ", s'interroge-t-il alors, comment va réagir la Théologie pour répondre à l'attente et aux espérances anxieuses de tous ceux qui veulent continuer à adorer Dieu en esprit et en vérité [126] ? » Trois solutions faciles doivent être évitées : décider que seule la Terre, parmi toutes les planètes habitées, a connu le péché originel et doit donc être rachetée ; imaginer que l'œuvre rédemptrice du Christ, accomplie par son Incarnation sur notre planète, a été connue des autres « humanités » ; enfin, affirmer que seule la Terre est habitée dans l'univers. Il ne faut pas être grand clerc, conclut Teilhard, pour reconnaître que ces solutions sont respectivement : absurde, ridicule et humiliante. Que reste-t-il alors à faire ? À ouvrir la théologie à l'éventualité d'existences extraterrestres, sans chercher à élaborer une théologie à l'usage de ces nouveaux mondes.

Plusieurs décennies avant cette conférence, Teilhard s'était déjà penché sur la question de la pluralité des mondes ; c'était en février 1918. Dans une lettre datée du 24, il expliquait : « Il est curieux que je n'aie été vivement frappé que depuis deux jours de la difficulté à concilier ma doctrine du Christ cosmique et la Pluralité des Mondes. — Étant donné que le Cosmos est *certainement* inséparable, et que le Christianisme n'est pas plus petit que le Cosmos, il faut admettre une certaine manifestation " polymorphe " du Christ cosmique sur divers mondes, suivant l'aptitude de ces mondes à être intégrés dans l'Univers céleste. Le Christ humain ne serait alors qu'une face du Christ cosmique. — Autrement, le Christ (s'il ne soutenait que la Terre) serait plus petit que le Monde [127]. » Teilhard retrouve ici l'argument des théologiens médiévaux qui, pour défendre la toute-puissance créatrice de Dieu, affirmaient l'existence de plusieurs mondes habités ; et il l'applique au Christ. Pas question de réduire le Christ aux seules dimensions de notre humanité terrestre, et peut-être aussi de notre raison humaine ; plutôt admettre « une certaine manifestation " polymorphe " du Christ cosmique sur divers mondes ». L'audace théologique est grande, ses conséquences sont sérieuses (par exemple, dans la compréhension d'une création de l'homme à l'image de Dieu). Mais à une époque où nos astronomes découvrent sans cesse des planètes en dehors de notre système solaire et continuent à «é couter » le ciel pour y déceler les traces d'intelligences extraterrestres, une telle christologie cosmique n'est-elle pas de première actualité ? J'en suis persuadé.

Noël 1953. Pie XII, dans son message radiodiffusé, évoque l'Enfant de la Crèche. Le croyant, explique le pape, peut désormais placer, à côté des présents déposés par les Rois mages aux pieds du Divin Enfant, les capacités et les conquêtes des sciences et des techniques modernes. N'est-ce pas ainsi que l'humanité met en œuvre l'antique commandement, transmis par le livre de la Genèse : « Peuplez la Terre et soumettez-la » ? Certes, il a fallu du temps pour acquérir ce savoir et accomplir la volonté de Dieu. Mais, assure Pie XII, « il est clair que toute recherche et toute découverte des forces de la nature qu'effectue la technique n'est au fond que recherche et découverte de la grandeur, de la sagesse et de l'harmonie de Dieu ». Dès lors, l'Église ne peut qu'aimer et soutenir les progrès ainsi accomplis par l'humanité moderne : « le progrès technique vient de Dieu et donc peut et doit conduire à Dieu. La technique considérée de la sorte, qui pourrait la désapprouver et la condamner ? ». Pourtant, une fois reconnue la valeur de la science et de la technique, le pape met en garde les croyants à l'égard de l'esprit de la technique. Il risque en effet de communiquer à l'homme un sentiment d'autosuffisance et de satisfaction, de le rendre aveugle aux vérités religieuses jusqu'à lui faire dénigrer son Créateur. Il risque aussi de l'enfermer dans une conception matérialiste de la vie, de la famille, de la société. De ce risque, nos sociétés en sont conscientes et même inquiètes : les progrès, recherchés trop fébrilement, peuvent aussi conduire dans les ténèbres de la complexité et du hasard. « Un monde ainsi dirigé ne peut se dire illuminé de cette lumière ni animé de cette vie que “ le Verbe, splendeur de la gloire de Dieu ” (*Hébreux*, I, 3), est venu communiquer aux hommes en se faisant homme [128]. » Teilhard verrait-il ses attentes comblées, ses espoirs réalisés ? Non, car le pape reste encore trop sur la défensive ; s'il reconnaît effectivement la valeur de la science et de la technique, il concède plus qu'il n'entraîne ou n'encourage. Aux attentes de son temps, le christianisme doit répondre avec plus de courage.

À cette époque, Teilhard rencontre quelques problèmes domestiques : il doit quitter la résidence St Ignatius Loyola de Park Avenue, en cours de modernisation, et se réfugier dans « un Club d'hommes très chic et très tranquille (clôture rigoureuse !...) ; le Lotos Club (5 East 66 th Str.), — à deux pas de la Wenner Gren Foundation, — et aussi d'une paroisse dominicaine (cinq minutes à pied pour aller à l'église) ». Dans ce club, où il ne peut recevoir ses amis, il retrouve du moins l'un d'eux, le père de Breuvery, qui travaille aux Nations unies après avoir longtemps séjourné en Chine. Malgré ses dires (« Tout est bien qui finit bien », écrit-il, pétri d'optimisme), cette contrariété accélère la dégradation de son équilibre nerveux dont il souffrira au long de l'année. À cette époque, il apprend la mort de son vieux compagnon, Auguste Valensin, survenue à Nice le 18 décembre 1953. Le 5 janvier 1954, il écrit à sa cousine : « C'est lui qui m'a appris à penser. Je pouvais tout lui dire, et sans nous le dire beaucoup nous nous aimions profondément. Maintenant, il “ voit ”. À quand mon tour ? » Pour prendre la mesure de ces derniers mots, rappelons-nous le titre du prologue du *Phénomène humain* : « Voir » ! Après Valensin, c'est un autre compagnon jésuite, Pierre Charles, que Teilhard a la douleur de perdre.

Ces deuils ne l'empêchent pas de goûter les rencontres, et New York ne manque pas de lui en offrir toujours de nouvelles. « Vu quelques Français intéressants, dont Malraux (revu il y a quinze jours, à un déjeuner) avec qui je me suis très bien entendu (d'autant plus facilement qu'il connaît une partie de mes papiers). — J'ai l'impression qu'il a vraiment (comme dirait " Onimus " des Études) dépassé l'Art, pour essayer de découvrir *son* Dieu [129]. » « Revu Malraux, décidément "à la recherche d'un Dieu " [130]. » Il est surpris de découvrir que Malraux, venu aux États-Unis avec les directeurs de musée, suit de près ses propres inédits.

Il voudrait répondre aux réflexions et aux perspectives proposées par ses amis biologistes : Simpson (pour *The Meaning of Evolution*), Huxley (pour *The Future of Man*), Galton-Darwin (pour *After a Million Years*), Rostand (pour *Ce que je crois*) ; il écrit alors *Les Singularités de l'espèce humaine*. Il est encouragé par Jean Guitton et par d'autres amis à écrire son propre *Ce que je crois* : «À quoi sert de relier entre elles Esthétique/Éthique/Métaphysique si on ne rattache pas ce paquet de nuées au Réel Historique (comme c'est possible) à travers une Énergétique ? ! — Et puis qu'est-ce que c'est que la " Beauté " (et surtout la Beauté absolue ? !) si on ne la rattache pas à un processus cosmique d'Union [131]... » Mais, une fois encore et malgré l'insistance de son provincial, Rome lui refuse l'autorisation de publier.

Début juin 1954, Teilhard quitte New York pour un séjour (le dernier) de trois mois en France. Il retrouve sa résidence des *Études*, son bureau, ses amis et ses nombreuses visites. Les sollicitations sont très nombreuses. Par l'entremise d'un confrère, il donne à l'hôtel des Sociétés savantes une conférence sur « L'Afrique et les Origines humaines ». Lui qui a fouillé l'Europe, l'Asie, enfin l'Afrique à la recherche de l'*Early Man*, peut affirmer que c'est en Afrique qu'il convient maintenant « de se placer pour voir au mieux se former, grossir, partir, puis revenir sur elle-même, jusqu'à saturation des terres habitables, la grande onde des peuples, des techniques et des idées ». Mais cette vision rétrospective doit conduire à une attitude prospective : maintenant que le premier cycle de l'hominisation est accompli, il faut s'atteler à la réalisation du second, celui de l'unification et, pour cela, « combiner entre eux, de façon à les valoriser au maximum, les divers blocs ethniques, les divers " isotopes " humains (le Blanc, le Jaune, le Noir...) nés, au cours des temps, du double caprice des gènes et de la forme des continents [132] ».

Trop sollicité, trop soucieux de se rendre disponible, Teilhard se fatigue vite, s'inquiète, devient nerveux. Il est prévu qu'il parte pour l'Auvergne ; il quitte Paris en voiture, accompagné de Pierre Leroy. En chemin, il s'arrête à Fourvière à la maison d'études des jeunes jésuites ; l'accueil qui lui est réservé est chaleureux et sympathique, et il apprécie ce moment de fraternité religieuse. À Orcines, puis à Sarcenat, il retrouve sa famille, sa maison natale, ses souvenirs d'enfance. Il profite de son séjour dans le centre de la France pour visiter les grottes de Lascaux, découvertes en 1940, mais qu'il n'a pas eu l'occasion de voir. Autant de pèlerinages dans le passé, pour un homme qui est de plus en plus tourné vers l'avenir et dit se préparer à « finir bien » ; autant d'attachements et d'arrachements à accomplir. Bien des années auparavant, il avait confié à son ami Auguste Valensin : « Malgré notre attachement aux Choses, nous nous en détachons ; et notre attachement même, en un sens, nous détache, parce que dans la Nature, prise sous son vrai biais, il y a, incluse, une logique, une puissance, de renoncement, de dilatation, de mort créatrice (qui est précisément l'amorce du renoncement organiquement imposé par le Christ à ses membres surnaturels) [133]. »

De retour à Paris, il se rend compte que sa présence n'y est pas désirée; sa conférence sur les origines de l'humanité en Afrique n'a pas amélioré l'état de ses relations avec les autorités ecclésiastiques. Il part pour un bref séjour en Angleterre, y rencontre le Dr Kenneth Oakley (le chercheur qui a dénoncé la fraude de l'Homme de Piltdown), puis, inquiet sur son propre état de santé, décide d'abréger son séjour en Europe. Il repart de Londres pour les États-Unis : il ne reverra plus son pays natal, ses chers monts d'Auvergne.

New York, 24 août 1954. Teilhard débarque sur le sol américain, non sans quelques contrariétés. Contrairement à son projet initial, il n'a pas réussi à obtenir des États-Unis un visa de résident permanent, mais seulement la prolongation de six mois de son visa temporaire. Il se demande s'il pourra sortir du pays sans courir le risque de ne plus pouvoir y rentrer. Son état de santé, en particulier celui de ses poumons, le laisse perplexe sur la possibilité d'obtenir ultérieurement un visa permanent; le service d'immigration montrera-t-il plus d'indulgence à l'égard d'un ecclésiastique? Sur le quai, il y a des amis, cette fois les Strauss, pour l'accueillir, faciliter son débarquement et les démarches administratives. Il traverse une nouvelle crise d'extrême dépression; mais, selon son habitude, il tâche de la cacher à la plupart de ses amis. « De ce trop rapide passage à Paris, écrit-il à Jeanne Mortier, il ne me reste plus qu'un amas d'impressions un peu chaotiques, d'où se détachent néanmoins un certain nombre de points clairs ou clarifiés, tels que ceux-ci : 1. Que, à ma vocation de vouer ma vie (ce qui me reste de vie) à la découverte et au service du Christ Universel — et ceci dans une fidélité absolue à l'Église — , je me sens de plus en plus consacré par le vif de moi-même. 2. Que, — pour un avenir immédiat, au moins, — c'est décidément dans l'ombre et dans l'éloignement que je dois travailler. Et enfin, 3. que, pour me soutenir dans cet effort, votre collaboration m'est plus précieuse que jamais. Merci pour tout ce que vous avez été pour moi en juin et juillet derniers [134] ! »

À la fin du mois d'octobre, il participe à un symposium organisé par l'université de Columbia à Arden House, « une magnifique campagne, à deux heures de New York », « une sorte de Royaumont dépendant de Columbia University ». Environ soixante-dix participants, divers et sélectionnés : les physiciens Niels Bohr et von Neuman, son ami le biologiste Julian Huxley et son « non-ami » Étienne Gilson, le poète Mac Leish, le théologien van Düsen (l'un des ténors du mouvement dit néo-protestant), des psychologues, des linguistes, etc. Il leur est demandé de plancher sur l'unité du savoir humain. À la question : « L'homme se meut-il encore biologiquement sur lui-même ? » Teilhard répond affirmativement, soutenu par Huxley, contre les immobilistes menés par Gilson et même van Düsen (les plus christianisés du groupe, précise Teilhard). Il est convaincu de la nécessité d'élaborer un « néo-humanisme », pour accompagner l'« ultra-évolution » de l'humanité.

En décembre 1954, Teilhard tombe malade ; son amie Lucile Swan arrive de Washington pour s'occuper de lui. Et, pour les fêtes de Noël, c'est Pierre Leroy qui lui rend visite. À son fidèle ami, Teilhard ne peut cacher, derrière son habituel optimisme, un grand état de tristesse et de dépression. « Nous prenions notre repas de midi dans un modeste restaurant proche de son lieu de travail, raconte Leroy. On lui apporta un sandwich léger et une tasse de café. C'était son lunch. Le soir, il prenait une nourriture plus substantielle sans cependant rien qui sortît de l'ordinaire. » Puis ils font quelques pas ensemble. Au beau milieu du brouhaha des rues new-yorkaises, l'aîné dit soudain à son cadet : « Je puis vous dire que maintenant je vis constamment dans la présence de Dieu [135] ! » À cette époque, Jean Piveteau invite Teilhard à participer à une prochaine conférence à Paris, en avril 1955. Teilhard préfère décliner l'invitation et envoyer à son collègue quelques pages qu'il intitule : *Une défense de l'orthogenèse.* Il avoue à Leroy qu'il aurait préféré exprimer son avis sur la question suivante : « Y a-t-il encore des problèmes importants en Paléontologie ? » Mais, reconnaît-il, « c'eût été une impolitesse, sinon même, psychologiquement, une maladresse [136] ».

Le jour de Pâques

New York, 10 avril 1955, jour de Pâques. Laissons Pierre Leroy raconter.

« Notre cher Père Teilhard nous a donc quittés ! Le télégramme envoyé par le P. de Breuvery a dû vous parvenir dès lundi matin. L'accident s'est produit le dimanche de Pâques, à 6 heures de l'après-midi. Le Père avait passé une excellente journée : Grand'Messe le matin à la cathédrale Saint Patrick, promenade l'après-midi ; le temps était radieux et le Père très satisfait de sa journée. À 6 h. il se trouvait chez des amis et parlait paisiblement avec les invités : il était debout lorsque soudainement il fut terrassé, s'effondrant comme une masse. Au bout de quelques minutes il parut reprendre conscience : “ Où suis-je ? Que s'est-il passé ?... Mais où suis-je ? ” La dame qui était venue à son secours et avait posé un oreiller sous la tête le tranquillisa : “ Vous êtes chez nous. Me reconnaissez-vous ? — Oui... mais que m'est-il arrivé ? ” Il était incapable de se rappeler quoi que ce soit. On téléphona à son docteur : il était absent. Un autre arriva quelques minutes plus tard et se rendit compte immédiatement que la fin était proche. On téléphona au Père de Breuvery qui lui aussi était absent. Un Père de St Ignatius High

School, le Père Martin Gerdghty, fut demandé. Il arriva, mais déjà le Père avait rendu l'âme. Il fut administré cependant et reçut l'absolution. Il s'était confessé la veille et avait célébré la messe le jour de Pâques... Il est mort d'une hémorragie cérébrale. [...] Les funérailles ont eu lieu hier matin [12 avril] dans une extrême simplicité : messe basse à 9h. à l'église St Ignace, 980 Park Avenue, par le P. de Breuvery. Toute la communauté y assistait : quelques rares amis étaient présents, dont S. Ex. Monsieur Hoppenot, Ambassadeur aux Nations unies. Personne ne connaissait, en effet, le jour et l'heure de l'enterrement, d'autant plus qu'une fausse indication avait été lancée par des gens mal informés : plusieurs personnes ont téléphoné hier, croyant que les funérailles auraient lieu aujourd'hui mercredi. À 10 heures, j'accompagnai le P. Ministre de Loyola au cimetière, 150 kilomètres de New York, à Saint Andrew on Hudson, où les Pères de la Province de New York ont leur noviciat et juvénat. C'est dans la propriété que le Père reposera. Le temps étant trop mauvais, on a déposé le corps dans une chapelle mortuaire en attendant que la tombe soit creusée [137]. »

Quelques années auparavant, Teilhard avait écrit cette prière : « Seigneur, parce que de tout l'instinct et par toutes les chances de ma vie, je n'ai jamais cessé de Vous chercher et de Vous placer au cœur de la Matière universelle, c'est dans l'éblouissement d'une universelle transparence et d'un universel embrasement que j'aurai la joie de fermer les yeux. » Ce jour de Pâques 1955, un grand soleil brille sur New York.

CONCLUSION

Le monde était son laboratoire

Le vieil homme a été exaucé : il a bien fini.

Avant de s'effondrer, il a eu le temps de souffler à l'oreille de son hôtesse et amie : « Cette fois, c'est terrible. » Terrible sans doute, la douleur qui transperce Pierre Teilhard de Chardin et dont il pressent qu'elle aura, cette fois, raison de lui. Et pourtant, n'a-t-il pas prié pour mourir au jour où les chrétiens fêtent la Résurrection du Christ ? Après tant d'épreuves et de champs de bataille traversés, après tant d'expéditions et de voyages sur les routes du monde et les flots des mers, après tant de sueurs et de labeurs consacrés à creuser les sillons d'une nouvelle pensée, n'est-il pas temps, n'a-t-il pas le droit d'entrer dans la paix et la joie du Maître qu'il n'aura jamais cessé de servir ? « Pour le dedans comme pour le dehors, je ne suis pas fâché d'arriver bientôt au port, écrivait le religieux à la même amie, après le périple maritime qui, en 1926, mettait à exécution son exil en Chine. À la longue, ajoutait-il, une traversée détend, et dissout, pour ainsi dire, l'esprit. J'ai hâte de retrouver des livres, des fossiles et des lettres. Et puis j'aspire aussi à me retrouver sur le terrain [1]. » Or, le terrain sur lequel Teilhard s'engage, au soir de sa vie, n'est plus celui de l'Égypte ou des Ordos, des Muséums ou des foyers accueillants ; ce terrain, c'est celui de la mort. Et plus terrible que jamais lui apparaît alors cette « vieille crainte montante qu'il n'y ait *Rien* de l'autre côté (ce qui ruinerait *Tout* de ce côté-ci !) [2] ». Oui, cette fois, pour l'homme aux semelles de vent, pour le gentilhomme de Dieu, l'heure est bien terrible. « Enlève-moi là-haut, Matière, par l'effort, la séparation et la mort, — enlève-moi là où il sera possible, enfin, d'embrasser chastement l'Univers [3] ! » Telle a pu être, telle a dû être la prière de Teilhard, arraché par l'ouragan de la mort à ses amis, à la Matière, au Réel. La suite ? Elle lui appartient, ainsi qu'à Dieu. Mais puisse-t-il enfin l'embrasser, cet Univers qu'il a tant aimé, au sein duquel il s'est immergé, courageusement et sans réserve, pour répondre à l'urgent appel de Dieu.

« En bas, sur le désert redevenu tranquille, quelqu'un pleurait : " Mon Père, mon Père ! quel vent fou l'a emporté ! " Et par terre gisait un manteau [4]. » Un manteau : voilà tout l'héritage laissé par cet homme, ce grand frère dont j'ai voulu retracer ici le portrait et la vie.

Comme beaucoup, je garde de Teilhard l'image du chercheur. De l'homme dont le laboratoire est le monde. « Sa présence dans le monde scientifique, son autorité professionnelle, sa compétence technique d'une part, son amitié directe et largement offerte à l'autre, et tout ensemble sa foi limpide et intégrale devaient nécessairement faire choc, écrit l'un de ses contemporains. Il a contribué à aider toute une génération minée par le scientisme à prêter audience au message de la foi. Sans prosélytisme intempestif ni zèle indiscret, Teilhard, — par cela même qu'il était — par la loyauté de son effort scientifique et la sincérité de son adhésion religieuse, allumait dans le monde d'aujourd'hui, les académies, les universités, les laboratoires, dans les hommes d'aujourd'hui marqués par le progrès, l'évolution des structures ou le machinisme, l'espoir d'une conciliation entre la pensée chrétienne, les exigences de la recherche et l'autonomie de la science [5]. »

Dans sa quête du monde, il se laisse souvent guider par le principe « qu'il ne faut laisser perdre aucune occasion d'expérimenter et de chercher [6] ». Et il vit penché vers la terre, sans cesser de scruter le ciel au-dessus de lui. Il se sent partout chez lui, sans doute parce que partout chez l'Homme et chez Dieu. Il donne l'impression de vivre avec des bottes de sept lieues et d'être aussi familier avec les horaires ferroviaires et maritimes qu'un homme d'affaires. L'avion l'aurait sans doute moins bien servi, ne pouvant lui offrir ni le loisir des longues traversées, propices à la réflexion et à l'écriture, ni le pittoresque des escales. À ses collègues qui se plaignent de la confusion de leur vie professionnelle, il répond que les existences agitées sont souvent les plus efficaces. Il avoue même : « Il n'y a qu'un seul ennemi contre lequel j'aimerais vraiment lutter jusqu'à donner ma vie : l'immobilité [7]. » Teilhard n'a rien du chartreux ; il est jésuite, tout simplement. Il sait (mais il l'a appris) que le pèlerin de l'avenir n'est pas celui qui cherche à pénétrer et à anticiper l'avenir, mais celui qui se fie à lui. Celui qui vit le moment présent, en pleine conscience et totale fidélité. Celui qui communie au devenir, à cette expression de l'action aimante et personnalisante de Dieu sur nous, à travers l'univers. « C'est sans doute une conception chrétienne bien imparfaite que celle qui se donne comme idéal de “ *traverser la vie* ”, en *restant* pure. Comme si la vie était une chose mauvaise et dangereuse, et non le chemin de l'être. L'idéal chrétien est sans doute de *se mêler profondément à la vie*, pour la *purifier*, et s'y purifier. La vie n'est pas de la boue, mais de l'or à raffiner [8]... »

Ainsi dépeint et malgré les défauts de mon trait, Teilhard apparaît comme un géant de la foi. Est-il erroné ou exagéré d'ajouter, au terme de ces pages : un géant de l'amour et de l'espérance ? Je ne cherche pas à faire du jésuite un saint (je le vois tellement mal affublé d'une auréole, mais plutôt d'un feutre ou d'un béret). Mais la stature qui est la sienne est bien celle que lui-même dessine lorsqu'il décrit l'homme le plus fort (l'homme le plus saint ?) comme « celui qui a tout perdu, et qui, ne sentant rien derrière soi, se jette dans la lutte sans arrière-pensée de repos, de survivance, de retour [9]... ». Tel a été le témoignage donné par Teilhard, au long de son existence : « Trouver Dieu dans l'acte même de progresser... *Le Futur nous porte à la mesure de notre foi* [10]... »

NOTES

INTRODUCTION

1. Je pense aux travaux en cours de publication de l'historien suisse Francesco Beretta (CNRS). Pour ma part, je n'ai fait qu'esquisser des perspectives très générales de ce contexte et de cette histoire dans mon *Darwin, Teilhard de Chardin et Cie. L'Église et l'Évolution*, Paris, Desclée de Brouwer, 1996.

2. Jean Lacouture, *Jésuites. Une multibiographie*, 2, *Les revenants*, Paris, Seuil, 1992, p. 396.

3. Cf. « Le Phénomène humain » (1940), *Œuvres*, tome 1, Paris, Seuil, 1955, p. 29.

4. Jean Rostand, *Pensées d'un biologiste*, Paris, Stock, 1954, p. 149.

CHAPITRE 1

1. Claude Cuénot, *Pierre Teilhard de Chardin. Les grandes étapes de son évolution*, Paris, Plon, 1958, p. 9.

2. Henri Brémond, « Les “ Batailles d'idées ” », dans *Le Charme d'Athènes et autres essais*, Paris, Bloud & Gay, 1925, p. 29-30.

3. Témoignages recueillis par Louis Barjon et cités dans *Pierre Teilhard de Chardin. Images et paroles*, Paris, Seuil, 1966, p. 25.

4. Claude Aragonnès, « Pierre Teilhard de Chardin à Sarcenat », *L'Auvergne littéraire, artistique et historique*, 3e trimestre 1957, p. 11.

5. « Le Cœur de la Matière » (1950), *Œuvres*, tome 13, Paris, Seuil, 1976, p. 51-52 et 53.

6. Cité dans Ursula King, *Spirit of Fire. The Life and Vision of Teilhard de Chardin*, Maryknoll, Orbis Book, 1996, p. 5-6.

7. « Je me revois et “ m'éprouve ” encore (je pouvais avoir cinq ou six ans), près de telle cheminée, observant avec une consternation qui rejail-

lissait sur mon culte “ du petit Jésus ”, la carbonisation malodorante d'une mèche de cheveux... » (« Le Cœur de la Matière », n. 1, p. 39).

8. Cf. *ibid.*, n. 1, p. 30.

9. *Ibid.*, p. 25 à 27.

10. « La Messe sur le Monde » (1923), *Œuvres*, tome 13, 1976, p. 150.

11. *Lettre à ses parents*, 19 octobre 1905.

12. *Ibid.*, Le Caire, 6 décembre 1907.

13. « Le Cœur de la Matière », p. 30. Par biosphère, il faut entendre l'ensemble « organique » des êtres vivant à la surface de la Terre.

14. *Lettre à ses parents*, 1er mars 1906.

15. *Ibid.*, 31 octobre 1907.

16. « Le Cœur de la Matière », p. 31.

17. *Lettre à une amie* (Ida Treat), 3 mai 1926. Les textes intitulés « Lettre à une amie » sont publiés dans le recueil *Accomplir l'homme.* L'édition garde l'anonymat de leurs destinataires qui sont Ida Treat ou Rhoda de Terra.

18. *Journal*, Paris, Fayard, 1975, 7 février 1916.

19. *Lettre au Père Victor Fontoynont*, 15 mars 1916.

20. *Notes de retraites (1919-1954)*, Paris, Seuil, 2003, p. 247.

21. *Lettre à ses parents*, 31 décembre 1910.

22. *Ibid.*, 17 juin 1911.

23. *Ibid.*, 18 janvier 1907.

24. *Ibid.*, 3 septembre 1907.

25. *Ibid.*, 22 novembre 1907.

26. *Ibid.*, 25 avril 1911.

27. *Ibid.*, 11 mars 1909.

28. *Lettre au Père Fontoynont*, 26 juillet 1917, cité dans Henri de Lubac, *La Pensée religieuse du Père Teilhard de Chardin*, Paris, Aubier, 1962, p. 354.

29. René d'Ouince, *Un prophète en procès : Teilhard de Chardin et l'Église de son temps*, tome I, Paris, Aubier-Montaigne, « Intelligence de la foi », 1970, p. 87.

30. *Lettre à ses parents*, septembre 1910.

31. *Notes de retraites (1919-1954)*, p. 302.

CHAPITRE 2

1. Robert Garric dans *Lettres à Léontine Zanta*, Paris, Desclée de Brouwer, 1965, p. 12.

2. Cité dans Claude Cuénot, *Pierre Teilhard de Chardin. Les grandes étapes de son évolution*, p. 38.

3. « Le Prêtre » (1918), *Œuvres*, tome 12, Paris, Seuil, 1976, p. 315, 316, 318, 329 et 333.

4. *Journal*, 23 février 1917.
5. Cf. Article « Homme. 4. L'Homme devant les enseignements de l'Église et devant la philosophie spiritualiste », *Dictionnaire apologétique de la foi chrétienne*, Paris, Beauchesne, 1911, col. 501-514.
6. Cf. Jacques Arnould, *Darwin, Teilhard de Chardin et Cie. L'Église et l'Évolution.*
7. « Le Cœur de la Matière », p. 33.
8. *Journal*, 10 novembre 1917, p. 227.
9. « L'Union créatrice » (1917), *Œuvres*, tome 12, p. 203.
10. « Le Cœur de la Matière », p. 33.
11. *Ibid.*, p. 36.
12. Au moment où j'écris ces lignes, la presse nous informe du débat autour de Toumaï, l'un de nos (hypothétiques) ancêtres, vieux de sept millions d'années : est-ce bien une molaire gauche que porte la mandibule droite, découverte au Tchad ?
13. Cf. l'excellente étude réalisée par Herbert Thomas : *Le Mystère de l'Homme de Piltdown. Une extraordinaire imposture scientifique*, Paris, Belin, « Regards sur la science », 2002.
14. Cité dans Claude Cuénot, *Pierre Teilhard de Chardin*, p. 37.
15. Cité dans Stephen Jay Gould, *Le Pouce du panda. Les grandes énigmes de l'évolution*, Paris, Grasset, 1982, p. 139.
16. *Ibid.*, p. 140.
17. Cf. Édith de la Héronnière, *Teilhard de Chardin. Une mystique de la traversée*, Paris, Albin Michel, 1999, p. 37.
18. *Lettre à ses parents*, 26 avril 1912.
19. Herbert Thomas, *Le Mystère de l'Homme de Piltdown*, p. 140.
20. *Ibid.*, p. 160.
21. Pierre Fournier, « Piltdown », *Dictionnaire du darwinisme et de l'évolution*, Paris, PUF, 1996, p. 3457.
22. Louis Barjon, *Le Combat de Pierre Teilhard de Chardin*, Québec, Presses de l'Université Laval, 1971, p. 98-99.
23. Claude Cuénot, *Pierre Teilhard de Chardin*, p. 37.
24. Cité dans Jean Piveteau, *Le Père Teilhard de Chardin savant*, Paris, Fayard, « Bilan de la Science, 11 », 1964, p. 63.
25. Cité dans Herbert Thomas, *Le Mystère de l'Homme de Piltdown*, p. 143. De fait, Teilhard de Chardin n'a découvert cette canine qu'à la fin d'août 1913.
26. *Lettre à ses parents*, 23 août 1912.
27. Cité dans Jacques Arnould, *Darwin, Teilhard de Chardin et Cie*, p. 41.
28. *Lettre à ses parents*, 16 juin 1913.
29. Pierre Teilhard de Chardin et Jean Boussac, *Lettres de guerre inédites*, Paris, O.E.I.L., 1986, p. 15.
30. *Ibid.*, p. 36.
31. *Ibid.*, p. 19.

32. *Lettre à ses parents*, 11 septembre 1914.

33. Henri de Lubac et Auguste Demoment, dans leurs notes des *Lettres d'Hastings et de Paris*, fixent ce conseil de révision en novembre, Claude Cuénot en décembre... Je n'ai pas été en mesure de conclure.

34. *Journal*, 15 avril 1916, p. 70.

35. *Lettre à Claude Aragonnès*, 4 août 1916.

36. « L'Atomisme de l'esprit » (1941), *Œuvres*, tome 7, Paris, Seuil, 1963, p. 59. Je remercie le père Coutagne qui m'a indiqué cette opposition entre l'huile pour les plaies et l'essence pour le progrès, ainsi que les références correspondantes.

37. Pierre Leroy, *Pierre Teilhard de Chardin tel que je l'ai connu*, Paris, Plon, 1958, p. 23.

38. « La Foi qui opère » (1918), *Œuvres*, tome 12, p. 343.

39. *Journal*, 16 février 1916, p. 35.

40. *Ibid.*, 9 octobre 1915, p. 23-24.

41. *Ibid.*, 11 mars 1916, p. 54-55.

42. Cité dans Claude Cuénot, *Pierre Teilhard de Chardin*, p. 42-43.

43. *Lettre à Claude Aragonnès*, 15 octobre 1915.

44. René d'Ouince, *Un prophète en procès : Teilhard de Chardin dans l'Église de son temps*, p. 67.

45. « Le Prêtre » (1918), *Œuvres*, tome 12, p. 331-332.

46. « Mon Univers » (1924), *Œuvres*, tome 9, Paris, Seuil, 1965, p. 66.

47. Cité dans Claude Cuénot, *Pierre Teilhard de Chardin*, p. 43.

48. « La Vie cosmique » (1916), *Œuvres*, tome 12, p. 19.

49. *Lettre à Claude Aragonnès*, 23 septembre 1917.

50. *Lettre à ses parents*, 26 avril 1912. Le *Titanic* a coulé dans la nuit du 14 au 15 avril 1912, lors de son voyage inaugural, au sud de Terre-Neuve.

51. « La Nostalgie du front » (1917), *Œuvres*, tome 12, p. 239.

52. *Ibid.*, p. 232.

53. *Ibid.*, p. 234-235 et 236.

54. « Le Christ dans la Matière. Trois histoires comme Benson » (1916), *Œuvres*, tome 12, p. 127.

55. « La Puissance spirituelle de la Matière » (1919), *Œuvres*, tome 12, p. 479.

56. *Ibid.*, p. 476.

57. « Le Christ dans la Matière. Trois histoires comme Benson », p. 116.

58. Jean Guitton, *Profils parallèles*, Paris, Fayard, 1970, p. 453.

59. Émile Rideau, *La Pensée du Père Teilhard de Chardin*, Paris, Seuil, 1965, p. 22.

60. *Lettre à Claude Aragonnès*, 15 février 1917.

61. *Lettre à Claude Aragonnès*, 12 février 1919.

62. *Notes de retraites (1919-1954)*, p. 104 et 237.

63. *Journal*, 7 septembre 1916, p. 108.

64. *Ibid.*, 16 février 1916, p. 36.
65. *Ibid.*, 23 février 1917, p. 201.
66. *Notes de retraites (1919-1954)*, p. 66.
67. *Ibid.*, p. 81 et 92.
68. Évangile selon saint Jean 17, 15 (traduction dite de la Bible de Jérusalem).
69. *Lettre à Bruno de Solages*, 16 août 1936.
70. *Lettre à l'abbé Gaudefroy*, 7 octobre 1929.
71. *Journal*, 4 novembre 1916, p. 133.
72. Cf. *Lettre à Claude Aragonnès*, 27 novembre 1918.
73. *Journal*, 14 février 1917, p. 197.
74. *Lettre à Claude Aragonnès*, 19 février 1919.
75. *Journal*, 5 septembre 1916, p. 107.
76. *Lettre à Claude Aragonnès*, 8 septembre 1916.
77. Henri Brémond, « Les " Batailles d'idées " », dans *Le Charme d'Athènes et autres essais*, Paris, Bloud & Gay, 1925, p. 31.
78. Cité dans Claude Cuénot, *Pierre Teilhard de Chardin*, p. 47.
79. *Lettre à Auguste Valensin*, Samedi saint 1922.
80. « Note sur quelques représentations historiques possibles du péché originel » (1922), *Œuvres*, tome 10, p. 63.
81. *Ibid.*, p. 68.
82. Cité dans *Blondel et Teilhard de Chardin*, Paris, Beauchesne, 1965, p. 11.
83. *Ibid.*, p. 21-22.
84. *Ibid.*, p. 13.
85. *Ibid.*, p. 56.
86. *Lettre à Auguste Valensin*, 12 décembre 1919.
87. Dans la transcription eu usage en Chine populaire (ou pinyin) : Tianjin.
88. George Soulié de Morant, *L'Épopée des jésuites français en Chine (1534-1928)*, Paris, Grasset, 1928, p. 287-288.
89. *Lettre à Marcellin Boule*, 25 décembre 1923.
90. Aujourd'hui : Beijing.
91. *Lettre à l'abbé Breuil*, 25 mai 1923.
92. *Lettre à Marcellin Boule*, 25 mai 1923.
93. *Lettre à Marcellin Boule*, 26 mai 1926.
94. En pinyin, Mu Us Shamo (shamo signifie désert).
95. *Lettre à l'abbé Breuil*, 30 septembre 1923.
96. *Ibid.*, 19 août 1923.
97. *Lettres de voyage. 1923-1939*, Paris, Grasset, 1956, p. 58.
98. *Lettre à Marcellin Boule*, 4 août 1924.
99. Helmut de Terra, *Mes voyages avec Teilhard de Chardin*, Paris, Seuil, 1965, p. 45 et 47.
100. *Lettre à l'abbé Gaudefroy*, 12 octobre 1926.
101. *Lettre à Claude Aragonnès*, 12 septembre 1923.

102. *Lettre à Léontine Zanta*, 7 août 1923.
103. *Lettre à l'abbé Gaudefroy*, 15 août 1923.
104. *Lettre à l'abbé Breuil*, 30 décembre 1923.
105. *Lettre à l'abbé Gaudefroy*, 31 décembre 1923.
106. *Lettre à l'abbé Breuil*, 23 octobre 1923.
107. « La Messe sur le Monde », p. 141.
108. *Lettre à l'abbé Breuil*, 26 août 1923.
109. *Lettre à Léontine Zanta*, 24 janvier 1929.
110. Les citations qui suivent sont extraites de *La Messe sur le Monde*; pour alléger l'appareil des notes, je n'en indique pas la page exacte.
111. *Lettre à l'abbé Gaudefroy*, 13 juillet 1924.
112. « Mon Univers », p. 67.
113. *Ibid.*, p. 67.
114. *Ibid.*, p. 68.
115. « Le Phénomène humain », p. 257.
116. *Journal*, 17 août 1917, p. 214.
117. *Ibid.*, 26 décembre 1917, p. 243.
118. Cf. Jacques Arnould, *La Théologie après Darwin*, Paris, Cerf, « Théologies », 1998, « Création et/ou salut ? Un débat entre exégètes de l'Ancien Testament », pp. 248ss.
119. Livre d'Isaïe, 53, 2-3.
120. *Journal*, 20 octobre 1916, p. 131.
121. Cf. par exemple Dominique Lecourt, *L'Avenir du progrès*, Paris, Textuel, 1997.
122. « La Planétisation humaine » (1945), *Œuvres*, tome 5, Paris, Seuil, 1959, p. 165.
123. « Place de la technique dans une biologie générale de l'humanité » (1947), *Œuvres*, tome 7, Paris, Seuil, 1963, p. 162.
124. Hans Jonas, *Le Phénomène de la vie. Vers une biologie philosophique*, Paris, DeBoeck Université, 2001, p. 13.
125. « Le Phénomène humain », p. 271.
126. « La Structure phylétique du groupe humain » (1951), *Œuvres*, tome 2, Paris, Seuil, 1956, p. 195-196.
127. « La Place de l'Homme dans la Nature » (1949), *Œuvres*, tome 8, Paris, Seuil, 1963, p. 28-30.
128. *Ibid.*
129. *Notes de retraites (1919-1954)*, p. 142.
130. « La Montée de l'autre » (1947), *Œuvres*, tome 7, p. 73. C'est l'auteur qui souligne.
131. « La Place de l'Homme dans la Nature », p. 50.
132. « Le Paradoxe transformiste. À propos de la dernière critique du transformisme par M. Vialleton » (1925), *Œuvres*, tome 3, Paris, Seuil, 1957, p. 125.
133. « La Structure phylétique du groupe humain », p. 196.

134. « Mon Univers », p. 70-71.
135. *Ibid.*, p. 71.
136. Cf. Laurent Larcher, *La Face cachée de l'écologie. Un antihumanisme contemporain*, Paris Cerf, 2004.
137. « Le Cœur de la Matière », p. 31.
138. « La Grande Monade » (1918), *Œuvres*, tome 12, p. 268 et 269-270.
139. *Lettre à une amie* (Ida Treat), 12 octobre 1926.
140. « Le Goût de vivre » (1950), *Œuvres*, tome 7, p. 246.
141. « Mon Univers », p. 70.
142. Henri de Lubac, *La Pensée religieuse du Père Pierre Teilhard de Chardin*, p. 64.
143. « Mon Univers », p. 70-71.
144. « L'Esprit de la Terre » (1931), *Œuvres*, tome 6, Paris, Seuil, 1962, p. 49 et 50.
145. « La Formation de la Noosphère » (1947), *Œuvres*, tome 5, Paris, Seuil, 1959, p. 227.
146. Albert Schweitzer, *La Civilisation et l'éthique*, cité dans *Humanisme et mystique*, Paris, Albin Michel, 1995, p. 72.
147. André Malraux, *Les Voix du silence*, Paris, NRF, « La Galerie de la Pléiade », 1951, p. 639-640.
148. « Mon Univers », p. 72 et 73.
149. Évangile de Luc 17, 10.
150. Que le lecteur se reporte à la conclusion du livre de Jacques Blamont : *Introduction à un siècle de menaces*, Éditions Odile Jacob, 2004.
151. « Mon Univers », p. 73.
152. *Ibid.*
153. *Journal*, 26 décembre 1916, p. 169-170.
154. *Ibid.*, 28 décembre 1916, p. 174.
155. *Lettre à Auguste Valensin*, 13 novembre 1924.
156. Cité dans Claude Cuénot, *Pierre Teilhard de Chardin*, p. 82.
157. *Lettre à Auguste Valensin*, 16 mai 1925.
158. *Ibid.*, 19 mai 1925.
159. *Lettre à une amie* (Ida Treat), 6 avril 1927.
160. *Lettre à Auguste Valensin*, 27 juin 1926.
161. *Ibid.*, 31 décembre 1926.
162. *Notes de retraites (1919-1954)*, p. 160.
163. *Lettre à Auguste Valensin*, 10 janvier 1926.

CHAPITRE 3

1. Henry de Monfreid, rencontré sur l'Angkor, en 1926.
2. André Sauvage, cité par Claude Cuénot, *Pierre Teilhard de Chardin. Les grandes étapes de son évolution*, p. 164-165.

3. Claude Rivière, *En Chine avec Teilhard. 1938-1944*, Paris, Seuil, 1968, p. 26.

4. Dominique Wang, *À Pékin avec Teilhard de Chardin. 1939-1946*, Paris, Éditions Robert Laffont, 1981, p. 200.

5. Pierre Leroy, *Pierre Teilhard de Chardin tel que je l'ai connu*, p. 33.

6. Dominique Wang, *À Pékin avec Teilhard de Chardin*, p. 40.

7. *Lettre à une amie* (Ida Treat), 24 avril 1926.

8. *Lettre à Claude Aragonnès*, 26 avril 1926.

9. *Lettre à une amie* (Ida Treat), 27 avril 1926.

10. Cité dans Édith de la Héronnière, *Teilhard de Chardin. Une mystique de la traversée*, Paris, Albin Michel, 2003, p. 81.

11. Cité dans Daniel Grandclément, *L'Incroyable Henry de Monfreid*, Paris, Grasset, 1998 (1990), p. 275.

12. *Lettre à Lucile Swan*, 16 juin 1935.

13. *Lettre à Marcellin Boule*, 25 août 1926.

14. *Lettre du 27 février 1927*, cité dans Claude Cuénot, *Pierre Teilhard de Chardin*, p. 106.

15. *Lettre à une amie* (Ida Treat), 30 avril 1927.

16. Marcellin Boule, « Découvertes paléontologiques en Chine », *L'Anthropologie*, 30 (1920), p. 619-620.

17. *Lettre à Marcellin Boule*, 20 janvier 1927.

18. *Lettre à l'abbé Gaudefroy*, 27 février 1927.

19. *Lettre à une amie* (Ida Treat), 14 février 1927.

20. *Ibid.*, 28 juin 1937.

21. *Ibid.*, 12 octobre 1926.

22. *Lettre à Léontine Zanta*, 15 octobre 1926.

23. « Le Milieu divin » (1927), *Œuvres*, tome 4, Paris, Seuil, 1957, p. 140.

24. *Ibid.*, p. 139.

25. « Le Cœur de la Matière », p. 59.

26. « Le Milieu divin », p. 77.

27. *Ibid.*, p. 72.

28. Épître aux Romains 8, 22.

29. « Le Milieu divin », p. 202.

30. *Ibid.*, p. 162.

31. *Ibid.*, p. 56.

32. Cité dans Claude Cuénot, *Pierre Teilhard de Chardin*, p. 113.

33. « Pour Odette et Jean » (1928), *Œuvres*, tome 13, p. 163.

34. *Lettre à Léontine Zanta*, 1er septembre 1928.

35. Pierre Leroy, *Un chemin non tracé. Jésuite au XXe siècle*, Paris, Desclée de Brouwer, 1992, p. 35 et 36.

36. *Lettre à Marcellin Boule*, 26 novembre 1928.

37. *Ibid.*, 15 décembre 1928.

38. *Lettre de Pierre Lamare à Claude Cuénot*, août 1955, cité dans *Pierre Teilhard de Chardin. Images et paroles*, p. 82.

39. *Table ronde*, juin 1955, p. 68-69.
40. *Lettre à Max et Simone Begouën*, 8 janvier 1929.
41. *Lettre à une amie* (Ida Treat), 23 mai 1926.
42. « Le Sens humain » (1929), *Œuvres*, tome 11, Paris, Seuil, 1973, p. 31 et 32.
43. *Ibid.*, p. 36.
44. *Ibid.*, p. 43 et 44.
45. *Lettre à Marcellin Boule*, 24 mars 1929.
46. *Lettre à J. Gunnar Andersson*, 20 mars 1932, cité dans *Dans le sillage des Sinanthropes*, Paris, Fayard, 1971, p. 66.
47. *Lettre à Léontine Zanta*, 23 août 1929.
48. George B. Barbour, *Teilhard de Chardin sur le terrain*, Paris, Seuil, 1965, p. 29ss. La mention des pratiques religieuses du jésuite, assez rare par ailleurs, vient sans doute du fait que Barbour était lui-même un homme profondément chrétien, fidèle presbytérien.
49. Cf. *Ibid.*, p. 50-51.
50. *Ibid.*, p. 40.
51. *Lettre à Léontine Zanta*, 14 décembre 1929.
52. *Lettre à l'abbé Breuil*, 21 février 1932.
53. Dominique Wang, *À Pékin avec Teilhard de Chardin*, p. 266. Un volume de la série des *Tigres volants*, écrite par Nolane et dessinée par Molinari, *Opération Homme de Pékin*, imagine une issue à l'affaire du Sinanthrope : la caisse contenant les principaux restes du Sinanthrope, dans lesquels auraient été dissimulés de précieux microfilms, aurait d'abord été récupérée par les Japonais, puis reprise par des aviateurs américains pour finalement être remise aux autorités chinoises et terminer sur un étal de pharmacie en guise de poudre de longévité. Ne s'agissait-il pas, dès le départ, d'os de dragons ?
54. *Lettre à Claude Aragonnès*, mai 1930.
55. *Lettre à Léontine Zanta*, 3 avril 1930.
56. *Lettre à l'abbé Breuil*, 23 février 1931.
57. Aujourd'hui, la ville s'appelle Urümqi et la province Xinjiang.
58. *Lettre à Auguste Valensin*, 13 mars 1932.
59. Cité par Claude Cuénot, *Pierre Teilhard de Chardin*, p. 166.
60. *Ibid.*
61. Une reproduction de cette statue se trouve dans *The Letters of Teilhard de Chardin and Lucile Swan*, Washington (D.C.) Georgetown University Press, 1993, p. 144.
62. Cité par Louis Auduin-Dubreuil, *Sur la route de la soie*, Paris, Plon, 1935, p. 225.
63. *Lettres de voyage. 1923-1939*, 18 mars 1932.
64. *Lettre à Claude Aragonnès*, 23 décembre 1916.
65. *Lettre à Bruno de Solages*, 3 février 1937.
66. Cf. George B. Barbour, *Teilhard de Chardin sur le terrain*, p. 66.
67. *Lettre à Claude Aragonnès*, 12 septembre 1933.

68. *Lettre à l'abbé Breuil*, 10 septembre 1933.

69. « Christologie et Évolution » (1933), *Œuvres*, tome 10, Paris, Seuil, 1969, p. 95.

70. *Ibid.*, p. 113.

71. Cité dans *Dans le sillage des Sinanthropes*, p. 74.

72. Pierre Teilhard de Chardin et Jean Boussac, *Lettres de guerre inédites*, p. 112.

73. *Lettre à l'abbé Gaudefroy*, 14 juillet 1934.

74. *Lettre à une amie* (Ida Treat), 18 août 1934.

75. « Comment je crois » (1934), *Œuvres*, tome 10, p. 151.

76. *Lettre à Léontine Zanta*, 26 mai 1923.

77. *Ibid.*, p. 121.

78. *Lettre à Lucile Swan*, 28 janvier 1935.

79. Lettre écrite à Srinagar, datée du 1er octobre 1935, citée dans Helmut de Terra, *Mes Voyages avec Teilhard de Chardin*, p. 34.

80. *Lettre à Marcellin Boule*, 3 novembre 1935.s

81. « Le Phénomène humain », p. 180.

82. Helmut de Terra, *Mes voyages avec Teilhard de Chardin*, p. 39 et 57.

83. Cf. Pierre-Henri Gouyon, Jean-Pierre Henry et Jacques Arnould, *Les Avatars du Gène. La théorie néodarwinienne de l'évolution*, Paris, Belin, « Regards sur la science », 1997 ; Marcel Blanc, *Les Héritiers de Darwin. L'évolution en mutation*, Paris, Seuil, « Science ouverte », 1990.

84. Cf. James Lovelock, *La Terre est un être vivant. L'hypothèse Gaïa*, Paris, Flammarion, « Champs », 1990 (1979).

85. Cf. Francis Kaplan, *Le Paradoxe de la vie. La biologie entre Dieu et Darwin*, Paris, Éditions La Découverte, « Sciences et Société », 1995.

86. Cf. Jürgen Moltmann, *Dieu dans la Création. Traité écologique de la Création*, Paris, Cerf, « Cogitatio Fidei », 1988 ; François Euvé, *Penser la Création comme jeu*, Paris, Cerf, « Cogitatio Fidei », 2000 ; Jean-Michel Maldamé, *Science et foi en quête d'unité*, Paris, Cerf, 2003 ; Jacques Arnould, *La Théologie après Darwin*, Paris, Cerf, 1998 et *Dieu, le singe et le big bang*, Paris, Cerf, 2000.

87. *Lettre à Claude Aragonnès*, 19 décembre 1935.

88. Régis Ladous, *Des Nobel au Vatican. La fondation de l'Académie pontificale des sciences*, Paris, Cerf, « Histoire », 1994, p. 61.

89. Cité par Henri Breuil, « Soixante ans de découvertes de fossiles humains et préhumains. Leur influence sur le monde des idées », *Bulletin de Littérature ecclésiastique*, 2 (1957), p. 109.

90. *Lettre à Auguste Valensin*, 25 février 1929.

91. Cité dans *Teilhard de Chardin en Chine. Correspondance inédite (1923-1940)*, Paris, Éditions du Museum/Éditions Edisud, 2004, p. 34.

92. Nés avec la diffusion des idées de Charles Darwin en matière d'évolution du vivant et d'origine de l'humanité, les mouvements créationnistes y opposent une conception strictement inspirée des récits

bibliques, essentiellement ceux du livre de la Genèse. Jusque dans les années 1940, ils exigent que l'enseignement des théories évolutionnistes dans les écoles américaines soit interdit ; aujourd'hui, ils continuent à se battre pour l'enseignement de la vision biblique de l'origine du monde au même titre qu'une théorie scientifique. Cf. Jacques Arnould, *Les Créationnistes*, Paris, Cerf, « Bref, 52 », 1996.

93. *Lettre à l'abbé Breuil*, 15 octobre 1937.

94. « L'Énergie humaine » (1937), *Œuvres*, tome 6, p. 186.

95. Helmut de Terra, *Mes voyages avec Teilhard de Chardin*, p. 104-105.

96. *Lettre à Lucile Swan*, 7 mars 1938 (à partir de la traduction d'Édith de la Héronnière).

97. *Lettre à Marcellin Boule*, 1er mai 1923.

98. Helmut de Terra, *Mes voyages avec Teilhard de Chardin*, p. 129-130. Plusieurs de ces photos se trouvent dans l'album *Pierre Teilhard de Chardin. Images et paroles*.

99. Cité dans *Lettres à Jeanne Mortier*, Paris, Seuil, 1984, p. 9.

100. *Lettre à Jeanne Mortier*, 21 juin 1939.

101. Cité dans Claude Cuénot, *Pierre Teilhard de Chardin*, p. 295.

102. *Lettre à une amie* (Rhoda de Terra), 6 octobre 1939.

103. *Notes de retraites (1919-1954)*, p. 113.

104. Cité dans George B. Barbour, *Teilhard de Chardin sur le terrain*, p. 127-128.

105. *Lettre à Claude Aragonnès*, 25 janvier 1940.

106. *Ibid.*, 18 octobre 1940.

107. Dans le premier numéro de *Geobiologia*, la revue de l'Institut, publiée en 1943.

108. *Lettre à une amie* (Rhoda de Terra), 18 juin 1940.

109. Cité dans Claude Rivière, *En Chine avec Teilhard. 1938-1944*, Paris, Seuil, 1968, p. 47.

110. « L'Avenir de l'Homme, vu par un paléontologiste » (1941), *Œuvres*, tome 5, p. 94.

111. *Ibid.*, p. 96.

112. *Lettre à une amie* (Rhoda de Terra), 2 juin 1941.

113. « Le Phénomène humain », p. 348.

114. Claude Rivière, *En Chine avec Teilhard*, p. 56-57.

115. *Lettre à Claude Rivière*, 8 décembre 1942, cité dans Claude Rivière, *En Chine avec Teilhard*, p. 225.

116. *Lettre à Claude Rivière*, 30 mai 1943, cité dans Claude Rivière, *Ibid.*, p. 241.

117. Claude Rivière, *En Chine avec Teilhard*, p. 96-97.

118. *Lettre à Bruno de Solages*, 11 juillet 1941.

119. *Lettre à Marcellin Boule*,7 juin 1923.

120. Claude Rivière, *op. cit.*, p. 165-166.

121. Dominique Wang, *À Pékin avec Teilhard de Chardin*, p. 49.

122. Cité dans Claude Rivière, *En Chine avec Teilhard*, p. 240-241.
123. *Ibid.*, p. 132.
124. Alain Peyrefitte, *Quand la Chine s'éveillera... le monde tremblera. Regards sur la voie chinoise*, Paris, Fayard, 1973, p. 463.
125. Cité dans « La Place de l'Homme dans l'Univers. Réflexions sur la complexité » (15 novembre 1942), *Œuvres*, tome 3, p. 311-312.
126. « La Singularité du phénomène chrétien » (1954), *Œuvres*, tome 2, p. 367.
127. Jacques Monod, *Le Hasard et la Nécessité. Essai sur la philosophie naturelle de la biologie moderne*, Paris, Seuil, 1970, p. 194-195.
128. « Le Phénomène humain », p. 22.
129. Jean-Paul II, « L'Église devant les recherches sur les origines de la vie et son évolution », *La Documentation catholique*, 17 novembre 1996, p. 952.
130. « Le Phénomène humain », p. 21.
131. *Ibid.*, p. 322.
132. *Ibid.*, p. 29.
133. Stephen Jay Gould, *La vie est belle. Les surprises de l'évolution*, Paris, Seuil, « Science ouverte », 1991, p. 10. Le film de Frank Capra évoqué ici par Gould a précisément pour titre *La vie est belle* (1946).
134. « Que faut-il penser du transformisme ? » (1930), *Œuvres*, tome 3, p. 214.
135. « Le Phénomène humain », p. 30.
136. Émile Amann, article « Transformisme », *Dictionnaire de théologie catholique*, tome 15, Paris, Letouzey & Ané, 1946, col. 1376.
137. *Catéchisme de l'Église catholique*, n° 310, Paris, Mame/Plon, 1992, p. 75.
138. « Le Phénomène humain », p. 105.
139. *Ibid.*, p. 209.
140. « Le Phénomène humain », références successives.
141. Cité dans Jean Piveteau, *Le Père Teilhard de Chardin savant*, p. 91-92.
142. Cité dans *Ibid.*, *op. cit.*, p. 114 et 116.
143. « Le Phénomène humain », p. 244.
144. *Ibid.*, p. 273.
145. *Ibid.*, p. 271-272.
146. *Ibid.*, p. 289.
147. *Ibid.*, p. 318.
148. *Ibid.*, p. 307.
149. *Ibid.*, p. 325.
150. *Ibid.*, p. 331.
151. Épître aux Romains 1, 18-22.
152. Cf. Jacques Arnould, *Les Moustaches du diable. Lorsque la foi se frotte à la science...*, Paris, Cerf, 2003, chapitre 4 : « Lorsque le hasard n'existe pas ou la théologie naturelle », p. 95 ss.

153. « Le Phénomène humain », p. 317.
154. Stephen W. Hawking, *Une brève histoire du temps. Du big bang aux trous noirs*, Paris, Flammarion, « Champs », 1989, p. 220.
155. *Lettre à Claude Aragonnès*, 12 novembre 1939.
156. *Lettre à une amie* (Rhoda de Terra), 29 mai 1940.
157. *Notes de retraites (1919-1954)*, p. 265.
158. *Ibid.*, p. 102.
159. *Lettre à l'abbé Gaudefroy*, 14 juillet 1934.
160. *Lettre à Léontine Zanta*, 24 juin 1934.
161. *Lettre à Léontine Zanta*, 26 janvier 1936.
162. *Lettre à l'abbé Gaudefroy*, 16 juin 1929.
163. *Lettre à Auguste Valensin*, 5 avril 1927.
164. *Ibid.*, 14 février 1928.
165. *Lettre à Claude Aragonnès*, 1er décembre 1929.
166. *Lettre à l'abbé Breuil*, 31 décembre 1933.
167. « L'Hominisation » (6 mai 1925), *Œuvres*, tome 3, p. 103, 105 et 106.
168. Pierre Leroy, « Foreword : Memories of Teilhard », dans *The Letters of Teilhard de Chardin and Lucile Swan*, p. ix (traduction Édith de la Héronnière).
169. Cité dans *The Letters of Teilhard de Chardin and Lucile Swan*, p. xvi.
170. *Lettre à Lucile Swan*, 7 mai 1936 (traduction Édith de la Héronnière).
171. *Lettre à Lucile Swan*, 12 mai 1936.
172. « Le Cœur de la Matière », p. 72-73.
173. *Notes de retraites (1919-1954)*, p. 207.
174. « Le Cœur de la Matière », p. 72 et 73.
175. *Ibid.*, p. 72.
176. Cité dans *The Letters of Teilhard de Chardin and Lucile Swan*, p. 112 (traduction Édith de la Héronnière).
177. Cité dans *Ibid.*, p. 139 (traduction Édith de la Héronnière).
178. *Lettre à l'abbé Breuil*, 15 juin 1936.
179. *Lettre à Lucile Swan*, 30 mars 1955 (traduction Édith de la Héronnière).
180. Claude Rivière, *En Chine avec Teilhard*, p. 213.
181. *Lettre à Léontine Zanta*, 15 avril 1929.
182. *Lettre à Claude Aragonnès*, 29 janvier 1922.
183. Étienne Gilson, dans la *Nouvelle Revue des Deux Mondes* du 15 mars 1948, cité dans la *Lettre à Jeanne Mortier*, 24 août 1948.
184. « Le Cœur de la Matière », p. 71.
185. Manfredi Quartana, « Rencontre avec la Beaute », *Cahiers Saint-Dominique*, 272 (2003), p. 39.
186. « Le Cœur de la Matière », p. 73.
187. « La Messe sur le Monde », p. 28-29.

188. *Notes de retraites (1919-1954)*, p. 255.
189. « Le Christ dans la Matière » (1916), *Œuvres*, tome 12, p. 116 117.
190. *Lettre à Auguste Valensin*, 11 novembre 1934.
191. « L'Évolution de la chasteté » (1934), *Œuvres*, tome 11, p. 82.
192. *Lettre à Claude Aragonnès*, 30 octobre 1929.
193. Jacques Arnould, *Accueillir la différence*, Paris, Éditions de l'Atelier, 2001, p. 50-51.
194. *Notes de retraites (1919-1954)*, p. 169.
195. *Lettre à l'abbé Breuil*, 27 novembre 1923.
196. *Ibid.*, 13 juillet 1924.

CHAPITRE 4

1. Cité dans *Lettres intimes à Auguste Valensin, Bruno de Solages, Henri de Lubac et André Ravier*, Paris, Aubier Montaigne, 1974, p. 346.
2. Jean Guitton, *Profils parallèles*, Paris, Fayard, 1970, p. 406.
3. Helmut de Terra, *Mes voyages avec Teilhard de Chardin*, p. 158.
4. Pierre Leroy, *Pierre Teilhard de Chardin tel que je l'ai connu*, p. 46-47.
5. *Lettre à George Barbour*, 20 février 1947, cité dans George B. Barbour, *Teilhard de Chardin sur le terrain*, p. 129.
6. Julian Huxley, préface à George B. Barbour, *ibid.*, p. 8.
7. Cf. Stephen Jay Gould, « Le légendaire débat d'Oxford » dans *La Foire aux dinosaures. Réflexions sur l'histoire naturelle*, Paris, Seuil, « Science ouverte », 1993, p. 353ss.
8. Stephen Jay Gould, *L'Éventail du vivant*, Paris, Seuil, « Science ouverte », 1997, p. 12.
9. Cf. Daniel J. Kevles, *Au nom de l'eugénisme. Génétique et politique dans le monde anglo-saxon*, Paris, PUF, « Science, histoire et société », 1995 ; Pierre-Henri Gouyon, Jean-Pierre Henry et Jacques Arnould, *Les Avatars du Gène. La théorie néodarwinienne de l'évolution*, Paris, Belin, « Regards sur la science », 1997, p. 89 à 97.
10. « Le Phénomène humain », p. 314-315.
11. « Les Directions et les Conditions de l'avenir » (1948), *Œuvres*, tome 5, p. 301.
12. « L'Énergie humaine » (1937), *Œuvres*, tome 6, p. 166-167.
13. Cité dans Claude Cuénot, *Pierre Teilhard de Chardin*, p. 364.
14. *Lettre au Père André Ravier*, 24 septembre 1954.
15. Cité dans Claude Cuénot, *Pierre Teilhard de Chardin. Les grandes étapes de son évolution*, Paris, Plon, 1958, p. 365.
16. Julian Huxley, préface à George B. Barbour, *Teilhard de Chardin sur le terrain*, p. 8-9.
17. Albert Einstein, *Souvenirs de mes premières années*, cité dans Helmut de Terra, *Mes voyages avec Teilhard de Chardin*, p. 147.

Services

Télécharger

Personnaliser

Mail
Alertes
Votre site

18. *The Letters of Teilhard de Chardin and Lucile Swan*, p. 202.
19. Cf. « Un colloque scientifique sur l'Évolution », *Études*, 253 (1947), p. 4234-4236.
20. *Ibid.*, p. 4235.
21. *Ibid.*.
22. *Ibid.*, p. 4236.
23. « Le Phénomène humain », p. 163, note 1.
24. « Une défense de l'orthogenèse. À propos des figures de spéciation », *Œuvres*, tome 3, p. 388.
25. Jean Piveteau, *Le Père Teilhard de Chardin savant*, Paris, Fayard, « Bilan de la Science, 11 », 1964, p. 51.
26. « Le Phénomène humain », p. 29.
27. Clairette Karakash et Otto Schäfer-Guignier, « Typologie des articulations entre science et foi religieuse », dans Pierre Bühler et Clairette Karakash (éd.), *Science et foi font système. Une approche herméneutique*, Genèse, Labor et Fides, « Lieux théologiques, 21 », 1992, p. 64.
28. *Journal*, 28 août 1916.
29. Maurice Corvez, *De la science à la foi. Teilhard de Chardin*, Paris, Mame, 1964, p. 167-168 et 169.
30. « Le Cœur de la Matière », p. 50.
31. « Le Milieu mystique » (1917), *Œuvres*, tome 12, p. 165.
32. « Science et Christ » (1921), *Œuvres*, tome 9, p. 62.
33. Épître aux Colossiens 1, 19-20.
34. « Sur la valeur religieuse de la recherche » (1947), *Œuvres*, tome 9, p. 263.
35. « L'Apport spirituel de l'Extrême-Orient. Quelques réflexions personnelles » (1947), *Œuvres*, tome 11, p. 160.
36. « La Foi en l'Homme » (1947), *Œuvres*, tome 5, p. 243.
37. « Le Goût de vivre » (1950), *Œuvres*, tome 7, p. 246.
38. Réginald Garrigou-Lagrange, « La nouvelle théologie, où va-t-elle ? », *Angelicum*, 23 (1946) 3-4, p. 126-145.
39. *Ibid.*, p. 136.
40. Les passages retenus par le père Garrigou-Lagrange se trouvent dans « Comment je crois », p. 147-150.
41. Réginald Garrigou-Lagrange, « La nouvelle théologie, où va-t-elle ? », p. 142.
42. *Ibid.*, p. 145.
43. Bruno de Solages, « Pour l'honneur de la théologie. Les contre-sens du R. P. Garrigou-Lagrange », *Bulletin de Littérature ecclésiastique*, avril-juin 1947, p. 65-84.
44. *Ibid.*, p. 81-82.
45. *Ibid.*, p. 84.
46. *Lettre à George Barbour*, 24 mars 1947, cité dans George B. Barbour, *Teilhard de Chardin sur le terrain*, p. 132.
47. *Ibid.*, p. 135.

48. *Lettre à George Barbour,* 19 mai 1947, George B. Barbour, *ibid.*, p. 136.
49. *Lettre à une amie* (Rhoda de Terra), 6 août 1947.
50. *Lettre à l'abbé Breuil,* 15 juillet 1947.
51. *Ibid.*, 23 septembre 1947.
52. Cité dans René d'Ouince, *Un prophète en procès : Teilhard de Chardin et l'Église de son temps,* p. 127-128.
53. *Lettre à Pierre Leroy,* 24 mai 1952.
54. *The Letters of Teilhard de Chardin and Lucile Swan,* p. 228.
55. *Ibid.*, p. 228 et 229.
56. Pierre Leroy, *Lettres familières de Pierre Teilhard de Chardin mon ami. Les dernières années 1948-1955,* Paris, Le Centurion, 1976, p. 32.
57. « Carrière scientifique », *Cahiers Pierre Teilhard de Chardin,* n° 5, Paris, Seuil, 1965, p. 166-167.
58. *Notes de retraites (1919-1954),* p. 291.
59. 7 septembre 1948.
60. *Lettre à une amie* (Ida Treat), 3 décembre 1948.
61. *Lettre à Pierre Leroy,* 15 octobre 1948.
62. *Lettre à une amie* (Ida Treat), 3 décembre 1948.
63. Cité dans Jean Lacouture, *Jésuites. Une multibiographie. 2. Les revenants,* Paris, Seuil, 1992, p. 378. Lacouture ajoute que les termes de « sots » et d' « ignorants » avaient été utilisés, vingt ans auparavant, par Teilhard lui-même et devant Rivet, pour qualifier les autorités de l'Institut catholique de Paris qui venaient de l'évincer de ses charges d'enseignement.
64. *The Letters of Teilhard de Chardin and Lucile Swan,* p. 139 (traduction d'Édith de la Héronnière).
65. Les vieux-catholiques appartiennent à plusieurs Églises locales (parfois nationales) séparées de l'Église catholique : l'Église d'Utrecht, par exemple, établie en 1724, ou encore les communautés qui se sont constituées à partir de 1873 pour contester le dogme de l'infaillibilité pontificale.
66. Cité dans René d'Ouince, *Un prophète en procès : Teilhard de Chardin et l'Église de son temps,* p. 131.
67. Cité dans Jacques Arnould, *Darwin, Teilhard de Chardin et Cie. L'Église et l'Évolution,* p. 31.
68. Henri de Lubac, *Méditations sur l'Église,* Paris, Aubier, 1953, p. 225 (cité par René d'Ouince).
69. *Lettre à l'abbé Breuil,* 28 octobre 1948.
70. *Lettre à une amie* (Rhoda de Terra), 10 janvier 1949.
71. *Ibid.*, 14 février 1949.
72. Le texte de cette conférence sera ensuite publié dans l'*Almanach des Sciences,* sous le titre « Du pré-humain à l'ultra-humain. Ou les phases d'une planète vivante » (cf. *Œuvres,* tome 5, p. 375-385).
73. *Lettre à Pierre Leroy,* 31 mars 1950.

74. Cf. Pie XII, « Lettre encyclique *Humani generis* sur certaines opinions fausses qui menacent de ruiner les fondements de la doctrine chrétienne » (12 août 1950), *Documentation catholique*, 47 (1950) 1077, col. 1153-1168.
75. « Que faut-il penser du transformisme ? », *Revue des Questions scientifiques*, 49 (1930) 1, p. 96.
76. *Lettre à Pierre Leroy*, 19 octobre 1950.
77. *Lettre à Auguste Valensin*, 5 avril 1925.
78. *Lettres à une amie* (Rhoda de Terra), 17 et 28 août 1950.
79. *Lettre à Pierre Leroy*, 29 juillet 1950.
80. *Ibid.*, 31 mai 1953.
81. *Ibid.*, 5 juin 1952.
82. Cf. *Documentation catholique*, 5 octobre 1952.
83. *Lettre à Pierre Leroy*, 9 septembre 1952.
84. *Lettre à l'abbé Breuil*, 13 décembre 1952.
85. Camille Muller, un professeur de biologie de Louvain, tout en relevant l'immobilisme de l'encylique, propose d'en faire aussi une lecture positive : même si l'évolution ne reste qu'une hypothèse, elle n'en est pas moins reconnue comme telle et n'est plus totalement ignorée ; dès lors, l'Église ne peut pas la rejeter sans la remplacer par une autre au moins aussi plausible. L'encyclique peut également être lue comme une invitation faite aux savants et aux théologiens à poursuivre leurs recherches dans leur domaine de compétences, avec le soutien de l'Église. Muller, dont l'ouvrage sur l'encyclique sera condamné par Rome, n'a peut-être pas tout à fait tort (cf. Jacques Arnould, *Darwin, Teilhard de Chardin et Cie. L'Église et l'Évolution*, chapitre 3 : « L'encyclique *Humani generis* »).
86. *Lettre à Pierre Leroy*, 28 mars 1951.
87. *Lettre à une amie* (Ida Treat), 13 septembre 1935.
88. *Lettre au père d'Ouince*, 24 octobre 1948.
89. « Le Cœur de la Matière », p. 70.
90. « Le Milieu divin », p. 95.
91. *Lettre à George Barbour*, 24 février 1953, cité dans George B. Barbour, *Teilhard de Chardin sur le terrain*, p. 171.
92. *Lettre à Pierre Leroy*, 11 novembre 1950.
93. *Ibid.*, 9 mai 1951.
94. Cf. René d'Ouince, *Un prophète en procès : Teilhard de Chardin dans l'Église de son temps*, p. 171-172.
95. « L'Afrique et les Origines humaines » (1954), *Œuvres*, tome 2, p. 279 (publié par la *Revue des Questions scientifiques*, 20 janvier 1955).
96. Charles Darwin, *La Descendance de l'homme et la sélection naturelle*, Paris, Reinwald Éditeurs, 1891, p. 169.
97. « L'Afrique et les Origines humaines », p. 277-278.
98. *Lettre à George Barbour*, 14 décembre 1950, cité dans George B. Barbour, *Teilhard de Chardin sur le terrain*, p. 155.

99. Cité dans Claude Cuénot, *Pierre Teilhard de Chardin*, p. 380.
100. *Lettre à Claude Aragonnès*, 2 décembre 1951.
101. René Dubos, *Le Flambeau de la vie*, Paris, L'Harmattan, « Graveurs de Mémoire », 2002, p. 44-46.
102. *Lettre*, 2 octobre 1952, cité dans Claude Cuénot, *Pierre Teilhard de Chardin*, p. 396.
103. *Lettre à Pierre Leroy*, 13 janvier 1952.
104. *Ibid.*, 17 février 1952.
105. Cité dans Claude Cuénot, *Pierre Teilhard de Chardin*, p. 377.
106. *Lettre à Pierre Leroy*, 24 mai 1952. Mme Lacoste est l'épouse de Francis Lacoste, délégué suppléant de la France à l'ONU.
107. *Lettre à Pierre Leroy*, 13 janvier 1952.
108. *Ibid.*, 12 juillet 1952.
109. *Lettre à Jeanne Mortier*, 6 août 1952.
110. « En regardant un cyclotron. Réflexions sur le reploiement sur soi de l'énergie humaine » (1953), *Œuvres*, tome 7, p. 370.
111. *Lettre à Pierre Leroy*, 29 septembre 1952.
112. *Ibid.*, 24 décembre 1952.
113. *Lettre à Jeanne Mortier*, 15 mars 1953.
114. *Lettre à Pierre Leroy*, 16 avril 1953.
115. Jacques Maritain, *Le Paysan de la Garonne. Un vieux laïc s'interroge à propos du temps présent*, Paris, Desclée de Brouwer, 1966, p. 186 et 187.
116. *Lettre à Pierre Leroy*, 31 mai 1953.
117. *Ibid.*, 17 décembre 1953.
118. « L'Étoffe de l'Univers » (1953), *Œuvres*, tome 7, p.401.
119. *Ibid.*, p. 403.
120. *Ibid.*, p. 404.
121. *Ibid.*, p. 406.
122. *Lettre à Jeanne Mortier*, 30 juillet 1953.
123. *Lettre à Pierre Leroy*, 5 août 1953.
124. *Lettre à Joseph Teilhard de Chardin*, 2 septembre 1953.
125. Cf. *Lettre à Pierre Leroy*, 9 septembre 1952.
126. « Une suite au problème des origines humaines. La multiplicité des mondes habités » (1953), *Œuvres*, tome 10, p. 277-278.
127. Cité dans *Lettres intimes à Auguste Valensin, Bruno de Solages, Henri de Lubac et André Ravier*, note 5, 7, p. 40.
128. Pie XII, « L'œuvre de la paix commence dans la plénitude de la vérité » (24 décembre 1953), *Documentation catholique*, 10 janvier 1954, p. 1 et suivantes.
129. *Lettre à Pierre Leroy*, 9 février 1954.
130. *Lettre à Jeanne Mortier*, 2 février 1954.
131. *Lettre à Pierre Leroy*, Pâques 1954.
132. « L'Afrique et les Origines humaines », p. 290-291.
133. *Lettre à Auguste Valensin*, 12 décembre 1919.

134. *Lettre à Jeanne Mortier*, 22 septembre 1954.

135. Pierre Leroy, *Lettres familières de Pierre Teilhard de Chardin mon ami*, p. 224-225. Voir aussi Pierre Leroy, *Un chemin non tracé. Jésuite au XXe siècle*, p. 123.

136. *Lettre à Pierre Leroy*, 22 janvier 1955.

137. Lettre du père Leroy au père Ravier, cité dans *Lettres intimes à Auguste Valensin, Bruno de Solages, Henri de Lubac, André Ravier*, p. 467-468. « La dame » qui le soutient est Rhoda de Terra.

CONCLUSION

1. *Lettre à une amie* (Ida Treat), 2 juin 1926.
2. *Notes de retraites (1919-1954)*, p. 295.
3. « Le Cœur de la Matière », p. 91.
4. *Ibid.*
5. Édouard Boné, dans la *Revue des Questions scientifiques*, en janvier 1956.
6. *Lettre à Auguste Valensin*, 25 février 1929.
7. *Lettre à une amie* (Rhoda de Terra), 20 novembre 1939.
8. *Journal*, 17 mai 1918, Paris, Fayard, 1975, p. 325.
9. *Ibid.*, 18 septembre 1915, p. 22.
10. *Ibid.*, 10 octobre 1917, p. 225.

BIBLIOGRAPHIE

Œuvres de Pierre Teilhard de Chardin

Œuvres, tomes 1 à 13, Paris, Seuil, 1955 à 1976.
Écrits du temps de la guerre (1916-1919), Paris, Grasset, 1965.
Journal (26 août 1915-4 janvier 1919), Paris, Fayard, 1975.
Notes de retraites (1919-1954), Paris, Seuil, 2003.

Lettres de voyage (1923-1939), Paris, Grasset, 1956.
Nouvelles lettres de voyage (1939-1955), Paris, Grasset, 1957.
Genèse d'une pensée. Lettres (1914-1919), Paris, Grasset, 1961.
Lettres d'Égypte (1905-1908), Paris, Aubier-Montaigne, 1963.
Lettres d'Hastings et de Paris (1908-1914), Paris, Aubier-Montaigne, 1965.
Blondel et Teilhard de Chardin, Paris, Beauchesne (Bibliothèque des Archives de Philosophie), 1965.
Lettres à Léontine Zanta, Paris, Desclée de Brouwer (Christus, 19), 1965.
Accomplir l'Homme. Lettres inédites (1926-1952), Paris, Grasset, 1968.
Dans le sillage des Sinanthropes. Lettres inédites de Pierre Teilhard de Chardin et Johan Gunnar Andersson (1926-1934), Paris, Fayard, 1971.
Lettres intimes à Auguste Valensin, Bruno de Solages, Henri de Lubac, André Ravier, Paris, Aubier-Montaigne, 1974.
Pierre Leroy, *Lettres familières de Pierre Teilhard de Chardin mon ami. Les dernières années (1948-1955)*, Paris, Le Centurion, 1976.
Lettres à Jeanne Mortier, Paris, Seuil, 1984.
Pierre Teilhard de Chardin et Jean Boussac, *Lettres de guerre inédites*, Paris, O.E.I.L., 1986.
Lettres à l'abbé Gaudefroy et à l'abbé Breuil, Monaco, Éditions du Rocher (Littérature), 1988.
The Letters of Teilhard de Chardin and Lucile Swan, Washington (D.C.), Georgetown University Press, 1993.

Teilhard de Chardin en Chine. Correspondance inédite (1923-1940), Paris, Éditions du Museum/Éditions Edisud, 2004.

Pierre Teilhard de Chardin. Images et paroles, Paris, Seuil, 1966.

Œuvres sur Pierre Teilhard de Chardin

Claude Cuénot, *Pierre Teilhard de Chardin. Les grandes étapes de son évolution*, Paris, Plon, 1958.

Claude Cuénot, *Ce que Teilhard a vraiment dit*, Paris, Stock, 1972.

Édith de la Héronnière, *Teilhard de Chardin. Une mystique de la traversée*, Paris, Albin Michel (Spiritualités vivantes), 2003 (1999).

Ursula King, *Spirit of Fire. The Life and Vision of Teilhard de Chardin*, Maryknoll, Orbis Book, 1996.

Pierre Leroy, *Pierre Teilhard de Chardin tel que je l'ai connu*, Paris, Plon, 1958.

Henri de Lubac, *La Pensée religieuse du Père Pierre Teilhard de Chardin*, Paris, Aubier, 1962.

René d'Ouince, *Un prophète en procès : Teilhard de Chardin et l'Église de son temps* et *Un prophète en procès : Teilhard de Chardin et l'avenir de la pensée chrétienne*, Paris, Aubier-Montaigne (Intelligence de la foi), 1970.

Jean Piveteau, *Le Père Teilhard de Chardin, savant*, Paris, Fayard (Bilan de la Science), 1964.

Émile Rideau, *La Pensée du Père Teilhard de Chardin*, Paris, Seuil, 1965.

Claude Rivière, *En Chine avec Teilhard (1938-1944)*, Paris, Seuil, 1968.

Helmut de Terra, *Mes voyages avec Teilhard de Chardin*, Paris, Seuil, 1965.

Dominique Wang, *À Pékin avec Teilhard de Chardin (1939-1946)*, Paris, Éditions Robert Laffont, 1981.

Table

Cet ouvrage a été composé et imprimé par la
SOCIÉTÉ NOUVELLE FIRMIN-DIDOT
Mesnil-sur-l'Estrée
pour le compte des Éditions Perrin
76, rue Bonaparte
*Paris 6e*
en décembre 2004

Imprimé en France
Dépôt légal : décembre 2004
N° d'édition : 1973 – N° d'impression : 71631